U0582462

教育部哲学社会科学研究重大课题攻关项目（17JZD058）

山东省社会科学规划研究项目（16CJYJ13）

家庭应对儿童欺凌策略研究

董会芹◎著

人民出版社

目　录

序

欺凌（bullying）是儿童青少年中的普遍现象，世界范围内，约 35%的中小学生会卷入欺凌事件（Richardson & Hiu，2016），我国约 20%中小学生卷入欺凌问题。欺凌会对卷入者——不仅受欺凌者，也包括欺凌者（bully）、欺凌/受欺凌者，以及旁观者的身心健康和学业适应——产生严重危害。近年来，我国恶性校园欺凌事件频繁发生，引起政府、社会公众以及学术研究者的广泛关注。2016 年，李克强总理作出重要批示：严厉打击校园欺凌等行为。同年 5 月，国务院教育督导委员会办公室发布了《关于开展校园欺凌专项治理的通知》，要求各地各中小学（含中等职业学校）针对校园欺凌进行专项治理。2017 年 11 月教育部等十一部门又印发《加强中小学生欺凌综合治理方案》，要求各地各有关部门将按照属地管理、分级负责的原则，进行综合治理，结合本地区、本部门实际制定具体实施方案。上述一系列举措表明国家对校园欺凌问题的高度重视和对其进行治理的决心。

世界范围内的校园欺凌研究开始于 20 世纪 70 年代，20 世纪 90 年代末我国学者开始关注这一问题，我有幸成为最早的研究者之一。1999 年，我首次对中国校园欺凌做了大规模调研，初步揭示了我国校园欺凌问题发生的普遍性与基本特征。之后 20 余年，我带领研究团队在该领域进行了系列基础性研究，研发了适用于小学儿童欺凌的行动干预模式，出版了国内首部中小学校园欺凌与防治的学术著作《中小学生的欺负问题与干预》。

2017 年我们团队承担了教育部哲学社会科学研究重大课题攻关项目"预防和治理中小学校园欺凌对策研究（17JZD058）"。该项目的具体任务有四个：开发中小学欺凌的本土化测查工具，构建中小学校园欺凌的学校预防与干预模式，起草全国性反校园欺凌工作政策草案，制订预防和治理校园欺凌工作平台建设的建议方案。

预防和治理中小学校园欺凌需要揭示校园欺凌发生与维持机制。根据发展系统理论的观点，欺凌是生物、认知、人格等多个水平的个体因素与家庭、同伴、学校、社区等多个水平上的背景因素动态交互作用的结果。家庭因素与学生的欺凌、受欺凌有密切的关系，欺凌者缺乏同情心的"冷认知"特质、受欺凌者缺乏自信的人格特征均与父母教养密不可分。因此，揭示父母教养、家庭氛围、亲子关系等家庭因素与欺凌的关系是本课题研发"个体—生态模型"这一理论任务之一，制订防治中小学校园欺凌的家庭策略是本课题构建"预防与干预模式"的实践任务之一。董会芹博士 2004 年起加入我领导的校园欺凌研究团队，多年来参与了团队在校园欺凌领域的主要研究工作，发表了多篇揭示家庭因素与儿童欺凌、受欺凌关系的学术论文，特别是在欺凌的家庭预防、干预领域有比较丰厚的研究基础和实践经验。这部《家庭应对儿童欺凌策略研究》既是她在该领域多年研究工作的积累，也是我主持的教育部哲学社会科学研究重大课题攻关项目的系列成果之一。

校园欺凌的治理不仅需要学校采取系统预防干预措施，也需要家庭、社区的积极参与，以及三方密切协作。近年来陆续出版了一些有关欺凌、霸凌、欺侮、欺负的书籍，但能够立足国内外研究前沿，专门探讨家庭因素对儿童欺凌的影响、基于家庭的欺凌／受欺凌防治方案的学术著作还比较罕见。因此，本书的出版是对欺凌领域学术研究和实践工作的一个重要贡献。

张文新

2020 年 5 月 8 日于山东师范大学

第一章　儿童欺凌、受欺凌现状

　　儿童出生后既要学习人类社会的符号表征、解决问题的方法，提高自己的认知水平，同时也要通过人际互动学习社会规范、互动规则，这一过程被称为社会化历程。换言之，社会化是人与人之间交互作用、交互影响的过程。在这一进程中，儿童需要习得正确表达情绪情感、合作、分享等社会文化要求的行为（即社会性行为或社会行为）。在发展与教育心理学界，社会行为包括亲社会行为（prosocial behavior，也称利社会行为）和反社会行为（antisocial behavior）两类。本书所探讨的儿童欺凌行为属于反社会行为的亚类型之一。

一、欺凌、受欺凌概述

（一）欺凌的含义与类型

1. 欺负、霸凌还是欺凌

　　学术界对儿童欺凌研究已近 30 年，但对欺凌的看法仍存在争论，尚没有达成共识。即使同一国家内，学者们的观点也存在较大差异。"bullying"最早由挪威学者丹尼尔·奥威尤斯（Dan Olweus）提出，其著作《学校中的攻击行为：欺凌者和替罪羊》被认为是对校园欺凌现象的首次系统研究。奥威尤斯认为"bullying"指一名学生长期反复受到另外一个或多个学生消极行为的侵扰；"bully"则指那些使用直接（如推、搡、打、踢）或间接（如嘲笑、辱骂、威胁、起难听外号、散布流言）方式引发或试图引发他人产生恐惧情绪、不舒服感觉或伤害他人的人（Olweus，1993）。"bullying"一词后来被美国学者广泛使用，P.K. 史密斯等认为"bullying"是指力量强的一方对无力反抗的弱势一方不断重复实施的攻击行为，属于攻击行为一个亚类型（Smith et al.，2004）。与此同时，世界卫生组织对"bullying"也作出了相似的界定，认为"bullying"个体是有意使用身体力量或心理能力威胁、伤害他人或群体，使他人或群体受到身心伤害，出现发展不良、权利遭受剥夺甚至死亡等（World Health Organization，2002）。

"bullying"方面的研究与干预最先兴起于西方（严格意义上讲是说英语的西方发达国家）。我国学术界有关"bullying"的研究较西方稍晚，始于 20 世纪末。为研究与交流方便，学术界首先需找一个与英语"bullying"含义相当的中文词汇。A. 斯莫特等仔细分析了意大利、西班牙、葡萄牙、英国和日本学术界对"bullying"的解释，发现各国学者把"bullying"翻译为自己母语时，很难找到一个能够精准对应"bullying"原始含义的词汇（Smorti et al.，2003）。与其他国家一样，我国学术界同样在寻找汉语中与"bullying"相对应的准确表达。最初，有学者使用意义接近的欺负（张文新，1999），也有学者使用欺辱或欺凌一词，或使用音译"霸凌"（周常稳、任锐，2015；孙时进、施泽艺，2017；胡春光，2017；钱磊，2016）。2016 年 5 月，国务院教育督导委员会办公室发布了《关于开展校园欺凌专项治理的通知》；2017 年 11 月，教育部等十一部门印发《加强中小学生欺凌综合治理方案》。随着这两个政府文件的颁布，学术界逐渐达成共识，"欺凌"一词作为与英语单词"bullying"的中文翻译逐渐被学术界认可并使用。

目前国内外学术界通常认为，欺凌（bullying）是攻击（aggression）的一个子集，指一方对另一方实施身体或心理上的攻击。如何区分一般意义上的攻击与欺凌呢？这就涉及欺凌的关键特征或核心要素，目前学术界公认欺凌的关键特征有两个：伤害意图与力量的不均衡性（Olweus，

1993；张文新等，2006），前者指欺凌者的攻击行为具有明确的伤害动机，后者指欺凌者和受欺凌者在身体力量、心理能力以及社会特征上存在不均衡性，受欺凌者力量上处于弱势，无法有效保护自己不受侵犯。除上述两个关键特征之外，有学者认为欺凌还应该具备第三个特征——重复发生性（Smith，1991），但该观点并未在学术界达成共识。

我国学者陈光辉在其文章《跨文化心理现象的词源学考证：以欺负现象为例》[①]中，使用训诂法、文献考证法和比较法，对汉语语境中欺凌现象的本质内涵与特征做了考证，结果表明，中国文化背景下，欺凌是一种强者故意伤害弱者，且通常会给弱者带来痛苦的行为，欺凌具有故意性、力量不均衡性和伤害性三个界定性特征（陈光辉，2014）。根据陈光辉的分析，中西方在欺凌界定性特征上有两个共同之处：一是特征数目一样，都有三个基本特征；二是区分欺凌与一般攻击行为的标准一致，均认为力量不均衡性是欺凌区别于一般攻击的核心特征。不同之处是界定性特征的具体表现不一样，西方学者认为欺凌的三个特征是伤害意图、力量不均衡性和重复发生性，我国欺凌的三个特征则是故意性、力量不均衡性和伤害性。仔细分析发现，西方语境下的"伤害意图"是指欺凌和有意伤害受欺凌者，含有"故意性"和"意图伤害性"的含义，结合西方语境下的欺凌内涵界定，可知中西方欺凌特征区别只有一条，即我国文化背景下没有发现欺凌具有"重复发生性"这一特征。考虑到西方语境下，欺凌是否具有"重复发生性"特征也存在争议，本书采用陈光辉（2014）的界定方式。

2. 欺凌的类型

关于欺凌的类型，学术界同样存在不同的观点。有学者把欺凌分为公开欺凌（overt bullying）与隐蔽欺凌（covert bullying）两种类型（Espelage & Horne，2008）。R. S. 格里芬和 A. M 格罗斯根据攻击行为划分标准把欺凌分为反应性欺凌（reactive bullying）、挑衅性欺凌（proactive

----

① 该文中"欺负"与本书"欺凌"含义相同，为前后文表述一致，本书引用该作者文章相关内容时，直接使用欺凌一词。

bullying）和关系欺凌（relational bullying）三种，反应性欺凌指个体对危险刺激的防御性反应，通常伴有愤怒情绪表现；挑衅性欺凌是指有意使用恶意手段强迫或控制他人；关系欺凌则是排斥他人加入社交群体、散布流言、不向其透露秘密或在社交场合让某人丢脸等（Griffin & Gross，2004）。

目前，学术界往往根据欺凌方式将欺凌分为身体欺凌、言语欺凌、关系欺凌和网络欺凌等（张文新等，2006；Hinduja & Patchin，2012）。身体欺凌是个体使用打、拧、踢、推搡等形式对他人实施欺凌；言语欺凌是指个体使用辱骂、起外号、挖苦讽刺等言语形式实施欺凌；关系欺凌则是个体通过背后说坏话、散布流言、社会排斥等形式实施欺凌。关系欺凌需要欺凌者具有较高的认知能力，能够认识并操纵他人的心理状态。在发展心理学界，有些学者通常把关系欺凌称为间接欺凌，以区别于打、骂等形式实施的直接欺凌。关系欺凌通常会破坏受欺凌儿童的同伴关系、社交地位或阻碍他们获得相应资源等。由于关系欺凌无明显身体接触，通常持续时间长且较难把握，对受欺凌者造成身心伤害的持续时间也比较长，如使受欺凌者感到被孤立、不被人喜欢等（Crick et al，1999）。相对于身体欺凌与言语欺凌，关系欺凌通常不易察觉，因而不易受到教育者的重视。

网络欺凌是网络技术发展的产物。早期学术界把这种欺凌形式归于间接欺凌或关系欺凌，目前学术界则把网络欺凌单列出来，认为网络欺凌与关系欺凌是并列关系而不是包含被包含关系。网络欺凌是个体通过网络、手机以及其他电子产品向受害方发送有伤害性的邮件、消息、图片、录像以及音频资料，欺凌形式可能是公开的也可能是隐蔽的，这一点与关系欺凌不同。与关系欺凌相同的是，网络欺凌者也通过散布受害者的流言蜚语或通过社会排斥等手段攻击其声望或友谊关系（Jackson et al，2009），目的是为了伤害他人（Hinduja & Patchin，2012），欺凌者和受欺凌者一般为同一班级（Kowalski et al，2012）。网络欺凌具有欺凌的核心特征：意图伤害他人、重复发生性以及欺凌者和受欺凌者之间力量的不均衡性（Tokunaga，2010）。因此，网络欺凌从本质上讲仍然是关系欺凌的一种，只是实施方式多使用现代传媒手段而已。正如有些学者所述，欺凌的本质特征远远超越欺凌实施形式引发的差异（Dooley et al，2009；Låftman et al，2013）。鉴于此，我们认为可以把欺凌分为传统非电子形式的欺凌和网络欺凌两种形式。

网络欺凌既然被许多学者看作是一种新的欺凌形式，并被社会各界所关注，这说明网络欺凌与传统欺凌相比在实施方式、引发后果、干预方法方面可能存在差异。有研究发现，网络欺凌与传统身体欺凌和言语欺凌相比，对欺凌卷入者的消极影响更严重（Campbell et al.，2013）。为什么网络欺凌的负面后果更严重？首先，网络欺凌要比传统欺凌影响范围广。传统欺凌通常发生在某些固定情景中，范围比较小，而网络欺凌不受时空限制，可以在全天 24 小时内任何时间实施，并很容易通过电子媒体迅速扩大影响范围。其次，网络欺凌的干预要比传统欺凌难度大。教育者很容易获得传统欺凌（尤其是身体欺凌和言语欺凌）参与者的相关信息，监管相对比较容易。相比较而言，网络沟通允许匿名，欺凌者很容易隐匿自己的个人信息与个性特征，教育者很难获取网络欺凌参与者的信息，也就很难对网络欺凌者作出相应的惩戒措施。因此，寄希望于网络欺凌者自主停止欺凌行为无异于空想，与传统欺凌相比，网络欺凌更难监管。由于很难把网络欺凌者找出来，受欺凌者因此容易产生焦虑、愤怒、恐惧情绪，乃至产生脆弱无助感（Cassidy，Faucher，Jackson，2013；Mishna et al.，2012）。网络欺凌的独特特征及对受欺凌者的严重伤害引发众多学者的关注，网络欺凌的研究逐渐增多。

此外，有研究者还发现了欺凌的一种特殊形式——戏弄或捉弄（hazing），是指学生强迫其他同学做某些危险行为或丢人现眼行为，以此作为加入某组织或某团队的入门仪式（Thomas，2006）。研究发现，这种欺凌多发生在体育运动团队中，团队中 13% 的学生被他人捉弄过，且男生与女生之间差异不显著（Gershel et al.，2003）。也有学者发现男生群体与女生群体内有自己独特的欺凌方式，如 D.A. 菲利普斯提出了一种男生对男生的欺凌方式——"朋克"（punking），指在公共场合对他人使用言语和身体暴力等形式羞辱、指责他人（Phillips，2007），在中学男生中该词的含义与欺凌近似。

（二）受欺凌的含义与类型

1.受欺凌的含义

受欺凌，顾名思义是指遭到他人欺凌的经历，被他人欺凌的儿童称为受欺凌者（victim）。英文语境下，"bully"与"victim"相应，分别指欺凌者和受欺凌者，但没有与"bullying"相对应的准确术语，研究者通常用"being bullied""exposure to bullying"等表达受欺凌的行为过程。

研究儿童欺凌、受欺凌问题的英文文献中，经常使用"peer victimization"这一术语。国内学术界翻译也有两种，一种译为受欺负（刘俊升、赵燕，2013；李丹等，2017；刘小群等，2013；高峰强等，2017），一种译为同伴侵害（董会芹等，2013；刘娟等，2011；郭海英等，2017；李梦婷等，2018）。哪一种翻译更贴近英文文献中的原初含义呢？这就需要分析英语语境下，学术界对"peer victimization"的界定。目前有两种观点，一种认为"peer victimization"是个体遭受同伴攻击的经历（Mynard & Joseph，2000；Storch & Ledley，2005）；另一种认为"peer victimization"是指儿童遭受其他儿童（不包括同胞和重要同龄伙伴）攻击的经历（Hawker & Boulton，2000）。后者较前者内涵增加外延缩小，把同胞攻击和重要同龄伙伴（如朋友）攻击排除在外。不管哪种界定方法，英语语境下的"peer victimization"是与"peer aggression"相对应的术语，即"受同伴攻击"。欺凌是攻击的一个子集，把"peer victimization"译为"受欺凌"，实际上扩大了这一术语的内涵，缩小了其外延，把"受攻击"等同于"受欺凌"。因此，国内一些学者为了避免这两个概念的混淆，同时体现"peer victimization"术语中"peer"的含义，把"peer victimization"译为"同伴侵害"。但在实际研究中，研究者经常把"peer victimization"等同于"being bullied"。因此，本书在引用国外文献资料时，一律把"peer victimization"译为"受欺凌"，同时标注英文，供读者参考。

2. 受欺凌的类型

与欺凌一样，按照不同划分标准可以把受欺凌划分为不同类型。根据实施方式，受欺凌通常可以分为受身体欺凌（physical victimization）、受言语欺凌（verbal victimization）和受关系欺凌（relational victimization）三种形式。受身体欺凌是指受到同伴运用身体力量、通过身体动作来实施的攻击，如被同伴打、踢、推、撞以及被同伴抢夺、破坏物品等。受言语欺凌是指受到同伴的言语攻击，如被同伴辱骂、起外号、嘲讽等。受关系欺凌是指儿童受到同伴运用人际关系或关系网络来实施的攻击，主要包括被同伴背后说坏话、散布谣言、社会排斥、起难听的外号、忽视等（张文新等，2006）。

也有学者把受欺凌分为四种类型，如 H. 迈纳德和 S. 约瑟夫研究发现，11—16 岁儿童青少年中的受欺凌包括受身体欺凌、受言语欺凌、社会操纵（即受关系欺凌）和受财物欺凌四种类型（Mynard & Joseph，2000）。当然，学者们对上述几种受欺凌类型的称呼有些微差异。例如，T. N. 贝兰和 C. 维奥拉图认为受欺凌（peer harassment）是一种来自同伴的攻击行为，包括受身体欺凌（physical harassment）（如被同伴打）、受言语欺凌（verbal harassment）（如被同伴叫绰号）以及社会疏离行为（socially alienating behaviors）（如被同伴排除在活动之外）三种类型（Beran & Violato，2004）。P. 辛格和 K. 伯西认为受欺凌通常包括受身体欺凌、被辱骂以及受社会排斥等形式（Singh & Bussey，2010）。还有学者对受欺凌者类型做了更为细致的区分，把儿童分为没有或者很少受欺凌（non-or minimal-victims）、受关系欺凌（relational victims）、受言语欺凌（homophobic name-calling victims）和多重受欺凌（peer polyvictims）四种类型或情况（Espelage et al.，2012）。

根据受欺凌的稳定性，可以把受欺凌分为特质受欺凌（trait victimization）与情境受欺凌（state victimization）。受儿童活动地点与情境影响的受欺凌属于情境受欺凌，具有不稳定性特征。J. 斯奈德等人研究发现，童年早期的受欺凌具有情境性特征，儿童是否受欺凌依赖于其活动时间、地点、内容以及参与同伴（Snyder et al.，2003）。当然，并非所有受欺凌都具有情境性特征，有些受欺凌与儿童身心特征有关，具有稳定性，这种受欺凌称为特质受欺凌。特质受欺凌发生比较早，有研究指出，幼儿时期和小学一年级儿童受欺凌情况存在个体差异性。有些儿童持续受欺凌，受欺凌身份具有稳定性；有些儿童能够有效地应对同伴攻击，容易摆脱受欺凌身份，欺凌身份存在变化性（Ladd & Kochenderfer-Ladd，2002）。在心理学界，许多研究者一度把受欺凌等同于"稳定的受攻击"现象，即认为欺凌具有"重复发生性"这一特征。由于学术界不再把重复发生性作为欺凌的核心要素之一，受欺凌的含义也相应作出调整，既包括"稳定的受欺凌"，也包括"情境性受欺凌"，即缩小了欺凌、受欺凌内涵，扩大了外延。

考虑到网络欺凌是个体通过网络、手机以及其他电子产品伤害受欺凌者，从严格意义上讲属于间接欺凌的一种，本书中没有对网络欺凌进行单独研究，仍然按照传统方式把欺凌分为身体欺凌、言语欺凌和关系欺凌（或间接欺凌）。与欺凌的分类相一致，受欺凌也分为受身体欺凌、受言语欺凌和受关系欺凌（或受间接欺凌）三种形式。

（三）欺凌事件中的角色类型

卷入校园欺凌事件中的学生通常有数名，分别扮演不同的角色。早期研究多关注欺凌事件中的欺凌者（bully）和受欺凌者（victim），但有研究发现有些学生不是"纯欺凌者"或"纯受欺凌者"（Smith et al.，2004），他们既欺凌同伴又被同伴欺凌，这些学生被称为欺凌／受欺凌者（bully/victim）。所以欺凌事件中至少包含三类典型角色：欺凌者、受欺凌者以及欺凌／受欺凌者。

从 20 世纪 80 年代开始，一些学者对受欺凌者角色深入分析，根据多种研究方法区分受欺凌者的亚类型。例如，D. G. 佩里等使用同伴报告、自我报告以及教师评定的方法考察儿童受欺凌，发现有些儿童根据自我报告是受欺凌者，但根据教师评定却不是受欺凌者（Perry et al.，1988）。受此启发，S. 格雷厄姆与其合作者用此法对受欺凌者角色进行了细化，把自我报告受欺凌，而同伴报告或同伴提名不受欺凌的儿童称为"多疑症患者"；把自我报告不受欺凌，而同伴报告受欺凌的儿童称为"否认者"；只有当同伴评定和儿童自我报告吻合时，这种儿童才被称作受欺凌者（Graham & Juvonen，1998）。该项研究发现，六、七年级的学生中多疑症患者多于受欺凌者和否认者，多疑症患者为 17%，受欺凌者为 10%，5% 为否认者。同时期许多研究者也发现了这一问题，他们分别用不同的词语来描述那些自我评价和同伴评价不一致的个体。例如，对那些自己评价受欺凌而同伴评价不受欺凌的儿童，B. 舒斯特命名为敏感者，N.R. 克里克和 M.A. 比格比却用了较为中性的词汇，称之为"自我鉴别的受欺凌者"；对那些自己报告不受欺凌而同伴评价受欺凌的儿童，舒斯特命名为"防卫者"，克里克和比格比称为"同伴鉴别的受欺凌者"（Schuster，1999；Crick & Bigbee，1998）。

此外，有学者指出，欺凌事件中除了欺凌者、受欺凌者和欺凌/受欺凌者三种角色之外，还有众多学生没有直接参与欺凌事件，这种学生是旁观者角色（bystander）。学术界对旁观者的称呼与界定也不统一。有学者称之为欺凌事件的见证者（Atlas & Pepler，1998），S. W. 特威姆洛等称之为旁观者，包括欺凌发生时的观察者（viewer）、目击者（observer）、见证者（witness）以及过路者（passerby）等（Twemlow et al.，2005）。见证者和旁观者均是中性词汇，可能会帮助欺凌者或受欺凌者，也可能持中立态度，仅仅见证或观望而已。G. 金尼等的研究结论为此提供了依据，该项研究发现，旁观者并非都支持欺凌行为，有些旁观者同情受害者（Gini et al.，2008），但有些学者把旁观者角色等同于欺凌支持者。例如，J. D. 史密斯等人认为旁观者是欺凌事件中置身事外观看欺凌的学生，他们没有向受害者伸出援助之手，相反喜欢观看打斗场面，常常为欺凌者加油喝彩，或者为欺凌者站岗放哨，如果成人来了就向欺凌者提供信号等（Smith et al.，1999），史密斯等人眼中的旁观者实际上是欺凌的支持者，至少是站在欺凌者一方为欺凌者摇旗呐喊的帮手。

目前国际上对旁观者角色做深入系统研究的学者当属荷兰心理学家 C. 萨尔米瓦利教授，她带领其研究团队对旁观者的亚类型及其在欺凌事件中的作用进行了深入系统考察（Salmivalli, Lagerspetz et al.，1996；Saarento & Salmivalli，2015）。萨尔米瓦利等的研究发现，旁观者包括协同者（assistant）、保护者（defenders）和置身事外者（outsiders）等类型。协同者是指那些没有直接参与欺凌，但却在欺凌发生后站在周边围观，通过大笑、欢呼等方式帮助欺凌者，为欺凌行为摇旗呐喊；保护者为受欺凌者着想，站在受欺凌者一方，并对其提供帮助和支持；置身事外者对欺凌事件持被动态度，没有明确表达赞成或不赞成。这三种亚类型中，保护者和协同者旗帜鲜明，立场坚定，而置身事外者左右摇摆。有研究发现，保护者希望事件向好的方向发展，愿意向受欺凌者提供保护和帮助，目的是让受欺凌者心里好受些；助长欺凌者希望事件向不好的方向发展，不支持受欺凌者有好结局；置身事外者在欺凌事件中对结果和价值的预期存在矛盾冲突（PÖyhÖnen et al.，2012）。

随着研究深入，许多学者开始系统探讨欺凌事件中的旁观者，揭示协同者、保护者以及置身事外者的行为发生原因，为欺凌干预提供新的切入点。既有研究目前在两个方面达成共识：第一，支持欺凌还是同情受欺凌与儿童年龄和性别有关。研究发现，年长儿童比年幼儿童更可能支持受欺凌者，女孩更容易同情并支持受欺凌儿童，男孩多认为受欺凌者是罪有应得（Rigby，1997）。第二，保护者的帮助行为与其认知水平、移情能力以及社会地位有关。有研究发现，对自己帮助行为的高效能感（即相信自己有能力帮助受欺凌者）、移情能力强以及班级地位高（能够保障上述两种行动得以贯彻执行）的学生更可能成为保护者（PÖyhÖnen et al.，2010）。这些研究结论提示我们，欺凌干预时需要充分发挥旁观者的作用，采取适宜方法对不同类型的旁观者进行干预，如减少协同者与置身事外者，或改变协同者与置身事外者对欺凌的态度，使其成为受欺凌的保护者等。

（四）欺凌事件对儿童健康的影响

1. 欺凌影响儿童身心健康的理论观

对成年人而言，生活中存在诸多压力源，大至台风地震、亲人亡故，小至工作单位调动、朋友背叛，均会给个体带来不同程度的压力，引发个体的适应性反应。不仅当前压力会引发个体的适应问题，个体早期压力对其以后的发展也有影响，如有研究发现童年期经历的环境压力会使个体在青少年期出现适应不良（McLoyd，1998）。可见，个体当前身心健康问题可能是当前压力与过往压力累积的结果。对儿童来说，压力经历无论来自过去还是源自当下，从环境的近端与远端角度来说，压力多源自近端环境——家庭和同伴，如父母离异、父母失业、同伴排斥等。面对压力事件，个体必然采取应激措施。那么，什么是应激呢？根据 P.L. 赖斯对前人观点的概括，应激至少有三种含义：应激是指那些使人感到紧张的事件或环境刺激；应激是指个体的主观反应；应激可能是个体对需要或伤害侵入的一种生理反应（Rice，1992，中译本 2000）。赖斯认为，第一种观点实际指的是应激源或压力源，后两种观点指的是个体应激后的身心变化。

根据压力应对理论，个体面对压力源会产生应激反应，应激反应包括生理反应和心理反应两个方面。汉斯·塞利（Selye，1956）对应激的生理反应进行考察，指出个体应激时会表现出"适应性症候群"，具体包括警戒反应、抗拒和衰竭三个阶段。在警戒反应阶段，生理的防御性反应表现为肠胃失调、血压升高等，这是急性应激反应；如果急性应激未排除危机，没能解决问题，则进入抗拒阶段，个体需要调动更多生理资源抵抗压力，此时容易出现溃疡、动脉粥样硬化等症状；若第二个阶段的反应仍未度过危机，则进入衰竭阶段，个体为了抗拒压力会耗尽身体能量，并可能濒临死亡。

个体应激后的心理反应通常被称为压力应对策略，即个体为了保护自己所作出的各种努力，通常包括问题取向策略和情绪取向策略两类。问题取向策略为认知策略，指个体直面压力努力解决问题，具体表现为降低环境需求或者调动资源满足需求。情绪取向策略，顾名思义是情绪策略，是指向于个体内部的策略，个体想办法控制自己的情绪以应对压力，包括行为和认知两种具体方法。行为策略是指个体转移自己的注意力，如寻求他人帮助、看电视、体育锻炼等；认知方法指个体改变自己对压力事件或压力情景的看法，如不承认当前事件或情境让人不悦这一现实。当个体认为自己有能力解决问题时则更多采用问题解决策略，反之则采用情绪取向策略（Lazarus & Folkman 1984）。这两种应对策略的结果差距较大，直面压力的问题解决策略更可能得到积极的结果，情绪取向的策略更容易引发相应的心理问题（Carver et al.，1989）。

欺凌是儿童同伴交往中的消极事件，是儿童的主要压力源之一。儿童会使用哪些策略应对这种压力？现有研究发现，儿童同样会采取问题解决取向策略与情绪取向策略（如 Kochenderfer-Ladd，2004；董会芹、张文新，2011）。也就是说，儿童面对欺凌时必然出现应激反应，为保持内在身心稳定，调动生理、心理能量予以反击，应激的结果是身心健康受到影响。自 20 世纪 80 年代以来，许多研究者对欺凌的消极影响进行探讨，研究结论支持了压力应对理论，欺凌者、受欺凌者、欺凌／受欺凌者等均会产生诸多心理社会适应问题。

2. 欺凌对受欺凌者健康的影响

社会各界更关注欺凌对受欺凌者身心发展的影响，根据社会失配假设（Social Misfit Hypothesis）观点，态度行为与同伴群体不一致的儿童容易卷入欺凌中（Wright et al.，1986）。结合前述压力应对理论可推知，受欺凌儿童具有一些心理与行为的异常，相关研究也支持了这一假设。根据现有研究结果看来，欺凌事件对受欺凌者的消极影响不但严重，且涉及面宽。

首先，受欺凌者容易产生各种问题行为。受欺凌者不仅容易出现焦虑、抑郁、退缩和体诉等内化问题，也容易出现攻击、违纪以及注意问题等外化问题（Graham et al.，2006；Hawker & Boulton，2000；董会芹、张文新，2013；谢家树、梅里，2019），其中以内化问题更为明显（Rosen et al.，2011；纪林芹等，2011；董会芹，2010，2015）。许多学者专门对受欺凌者的抑郁、焦虑和孤独等情绪适应进行考察，发现欺凌易使受欺凌者产生抑郁（Kochel et al.，2012；Kokkinos et al.，2016；郭海英等，2017）、焦虑（Gren-Landell et al.，2011；纪林芹等，2011）、孤独（Kochenderfer & Ladd，1996；纪林芹等，2011）等情绪适应问题，自杀意念高于未参与者（刘小群等，2013）。元分析显示，短期内欺凌对儿童的健康影响明显，尤其表现在抑郁和焦虑方面（Schoeler et al.，2018）。可见，校园欺凌是儿童产生内外化问题行为的重要因素之一。

其次，欺凌破坏了受欺凌者的同伴关系并影响学业成绩。正如身体欺凌必然会伤害受欺凌者的身体一样，关系欺凌必然会伤害受欺凌者的人际关系。质性研究发现，儿童经常把受欺凌者和其他同学区分开来，认为受欺凌者不太正常，是些"古怪学生"，理应被敌视（Teräsahjo & Salmivalli，2003）。另有研究发现，持续受欺凌儿童青少年通常有人际关系问题，在学校中朋友比较少（Smith et al.，2004），普遍不被同伴喜欢，同伴地位较低（Hanish & Guerra，2000；Veenstra et al.，2005；王美芳、张文新，2002；陈健芷等，2013）。不同民族、不同年龄和不同国家研究中均得到一致的结论，说明欺凌对受欺凌者人际关系的破坏不仅具有跨时间的稳定性，同时也具有文化普适性。关于受欺凌与学业表现的相关研究也发现，欺凌影响了受欺凌者的学业成绩（Ma et al.，2009；Rubens et al.，2019）。

第三，不同欺凌类型对受欺凌者的消极影响不同，关系欺凌的消极后果更严重。关系欺凌是指儿童受到同伴运用人际关系或关系网络来实施的欺凌行为，主要包括背后说他 / 她的坏话、散布谣言、社会排斥、起难听的外号、忽视等（张文新等，2006）。研究早期，人们更多关注身体欺凌（如被同伴推、踢、打等）和直接言语欺凌（如被同伴骂、起外号等）的发生发展特征以及此类欺凌对儿童适应的影响。随着研究的深入，关系欺凌对儿童适应的影响也引起研究者的广泛关注。从研究所得结论来看，身体欺凌和关系欺凌均与个体的心理社会适应问题相关，但由于关系欺凌无明显身体接触，通常会破坏受欺凌者的同伴关系、社交地位或阻碍他们获得相应的资源，持续时间较长且较难把握，对受害者造成更严重的身心伤害，如使受欺凌者感到被孤立、不被人喜欢等（Crick et al.，1999）。因此，与身体欺凌相比，关系欺凌可能更伤害儿童青少年的人际关系，给他们带来的消极情绪更多或更严重（如 Cullerton-Sen & Crick，2005；Rosen et al.，2011；纪林芹等，2011）。

上述分析可知，欺凌对受欺凌儿童带来了太多不良影响，消极影响的累积必然会降低儿童的幸福感指数，有研究为此提供了支持性证据。我国学者朱晓伟等研究发现，受欺凌与儿童主观幸福感显著负相关（朱晓伟等，2018），即受欺凌越多或越严重，儿童主观幸福感越低。可见，欺凌事件严重影响了受欺凌者的身心健康。

3.欺凌对欺凌者健康的影响

人们通常会认为，欺凌对受欺凌者一定会有不良影响，但对欺凌者不会有消极影响，因为欺凌者是受益者，他们至少从欺凌中获得快感。课题组的调研发现，欺凌儿童的家长往往会认同此种观点，故而会放任自己的子女欺凌他人。遗憾的是，实证研究结果与人们的常识相悖，欺凌事件对欺凌者同样产生不良影响。

攻击领域的研究发现，儿童攻击行为不仅影响攻击者当前的身心健康，也影响其未来的身心发展。如 S. A. 德纳姆等研究发现（Denham et al.，2002），攻击性儿童在 5—6 岁时就表现出儿童对立违抗性障碍（Oppositional defiant disorder，简称 ODD）和行为失调（conduct disorder，简称 CD）；童年早期的攻击行为与青少年期甚至成年期的问题行为存在相关关系（Kerr & Schneider，2008；Zahn-Waxler et al.，2008）；持续不断、程度严重的攻击是个体以后精神变态的巨大潜在危险因素（Khatri et al.，2000；Schaeffer et al.，2003）。概括而言，攻击行为往往与其他问题行为具有共发性、相互影响，使攻击者或欺凌者的不良行为得以持续发展下去。换言之，攻击行为不仅对攻击者当前身心健康产生不良影响，同时也影响其以后直至成年期的身心健康。

具体到欺凌研究领域，学术界发现欺凌者通常具有各种心理社会适应问题。欺凌者存在严重学业问题，如学业成绩与学业能力较低（Mynard & Joseph，1997；Rubens et al.，2019）、学习焦虑高（余洪倩，2002）、学习问题多（陈世平，2003）等，同时欺凌者情绪适应问题多（Craig，1998），成年后犯罪率更高（Olweus，1993；Furlong et al.，2000）。也就是说，欺凌者与受欺凌者一样也会出现诸多身心问题，既有外化问题也有内化问题。结合攻击与欺凌领域的研究可知，欺凌行为是典型的损人不利己行为。

需要特别指出的是，儿童心理健康与欺凌、受欺凌的关系可能是双向的。即欺凌、受欺凌可能使儿童产生心理问题，也可能如症状驱动模型（或理论）所指出的那样，因为病理性问题（如抑郁、焦虑）使儿童容易成为攻击的对象。一项追踪研究支持了症状驱动模型，即症状增加了随后受欺凌的危险性，反之则不成立（纪林芹等，2018）。这提示欺凌干预工作者，需要改善受欺凌儿童目前的身心症状，避免因症状而遭受同伴欺凌。否则，受欺凌儿童容易陷入心理问题—受欺凌—症状更严重—受欺凌的恶性循环中。

二、儿童欺凌、受欺凌的发生率

（一）国内外校园欺凌发生率

关于欺凌的发生率，世界各国数据有一些差异。西方研究报告的发生率在 13%—30% 之间。以美国为例，美国政府机构资料显示，儿童青少年卷入欺凌的发生率高达 20% 以上。根据美国国家儿童健康与人类发展研究所（National Institute of Child Health and Human Development，2001）估计，全美约 570 万六至十年级学生卷入欺凌事件，1/4 的学生每月都会遭到同伴或同学欺凌，1/5 的学生欺凌同伴，1/3 的学生成为欺凌者、受欺凌者或者欺凌 / 受欺凌者。根据美国国立青少年暴力干预资源中心（National Youth Violence Prevention Resource Center）报告，公立学校 14% 的学生报告每周至少发生一次欺凌事件，初中生发生率最高（28%），其次是高中阶段（15%），小学生最低（9%）。美国教育部资料也显示，2005—2006 年间，24% 的公立在校学生每天或每周有欺凌行为。

美国学术界的研究结论与政府机构提供的数据相似，但自我报告受欺凌比例相对较高。以幼儿和小学生为样本的研究发现，欺凌是早期儿童群体中的普遍现象。例如，P. 奥皮纳斯团队以公立幼儿园和公立小学的儿童为对象进行大样本调查，结果发现幼儿和一、二年级学生中，32% 至少有一次攻击同伴的行为，三至五年级学生中 80% 发生过一次攻击行为，28% 的学生有过 10 次及以上攻击行为（Orpinas et al.，2003）。以中学生为样本的研究得出了相似结论。K. 博斯沃思等考察了美国中西部城市 558 名六至八年级学生中欺凌情况，结果显示，81% 的学生认为自己在学校欺凌过同伴，7.7% 的认为自己频繁欺凌同伴（Bosworth et al，1999）。D. L. 海尼等（2001）以美国马里兰州 4263 名中学生为样本，让学生报告自己在过去一年中欺凌与受欺凌情况，结果显示，24.1% 的学生至少欺凌过 1 次，其中 16.7% 的学生至少欺凌过 1 次或 2 次，7.4% 的学生欺凌他人 3 次甚至更多；总计有 44.6% 的学生报告自己遭到同伴欺凌，其中 13.7% 的学生被欺凌 1—2 次，30.9% 的学生被欺凌 3 次及以上（Haynie et al，2001）。D. 西尔斯和 J. 扬以 454 名七、八年级公立学校学生为研究对象对校园欺凌进行考察，24% 的学生报告自己卷入欺凌事件（Seals & Young，2003）。A. B. 克罗梅克等同样使用自我报告法对纽约校园欺凌进行考察，研究发现 13% 的学生报告自己欺凌过他人，9% 的学生报告自己遭受过同伴欺凌（Klomek et al，2007）。由此可见，欺凌是幼儿和中小学生中的普遍现象，且在中学阶段尤为严重。

东亚文化圈的中国、日本和韩国的中小学生中，欺凌同样普遍存在，且发生率较高。例如，韩国学术界研究发现，超过 40% 的青少年卷入欺凌事件（Kim et al.，2001；Kwon et al.，2012），欺凌发生率为 10.2%，受欺凌发生率为 5.8%（Koo et al.，2008）。我国学者张文新（2002）利用修订的奥维尤斯欺负问卷对中国 9205 名城乡中小学生进行了测查，发现欺凌者 227 人（2.5%），受欺凌者 1371 人（14.9%），欺凌 / 受欺凌者 148 人

(1.6%)。国内一项元分析揭示，我国中小学生欺凌行为的发生率较高，欺凌卷入率为 26.6%，其中欺凌发生率为 7.3%，受欺凌发生率为 15.9%，欺凌 / 受欺凌发生率为 4.8%（杨继宇等，2016）。

其他国家地区的研究均表明，校园欺凌的发生率较高。例如，来自西亚科威特的一项研究发现，七、八年级学生中欺凌者占 3.5%，受欺凌者占 18.9%，欺凌 / 受欺凌者占 7.8%（Abdulsalam et al.，2017），三类学生的比例分布与西方国家情况相似。土耳其的一项研究则指出，该国中学生中的欺凌和受欺凌的比例分别为 30.5% 和 27.9%，卷入欺凌事件学生占总人数的 42.0%（Hesapcioglu & Tural，2018），土耳其另一项欺凌研究则得出中学生中欺凌者比例为 12.0%、受欺凌比例为 15.9% 的结论（Çalışkan et al.，2019）。总体上来看，国外中小学生中欺凌发生率较高，我国发生率相对较低。

从 20 世纪 80 年代开始，许多学者专门考察儿童青少年中的受欺凌现象，即从受欺凌者角度研究校园欺凌问题，发现儿童青少年中受欺凌现象十分普遍，许多在校学生受到同伴严重或持续性攻击（Ladd et al.，2017；Smith et al.，2002；Snyder et al.，2003；张文新，2009）。但由于所用研究方法不同，受欺凌发生率差异比较大，从3%—38% 不等（Whitney & Smith，1993；Slee，1995；Perry et al.，1988；Newman et al.，2005；Undheim & Sund，2010；张文新，2002）。与早期欺凌相关研究结论较为一致的发现是，自我报告受欺凌发生率较高。例如，张文新等（2009）的研究发现，76.76% 的儿童有过身体侵害经历，其中 10.76% 的儿童频繁遭受身体侵害；75.26% 的儿童有过关系侵害的经历，其中有多于 2.54% 的儿童频繁遭受关系侵害（该文献中的同伴侵害与受欺凌含义相近，见前面的概念分析部分）。

概言之，欺凌、受欺凌发生率在不同国家、不同文化背景下存在差异。虽然国内学者已对儿童欺凌、受欺凌发生率进行了多次探讨，本书关注的重点也不是欺凌、受欺凌的发生率，但仍对此进行了分析，目的主要有三个：一是希望为社会各界提供当前文化背景下我国中小学生欺凌、受欺凌现状的最新资料，为校园欺凌干预提供事实依据。二是为后面章节家庭因素探讨与家庭干预策略提供证据。深入分析影响欺凌、受欺凌的家庭因素，揭示受欺凌的发生发展情况及与家庭教育的关系，需对受欺凌现状做较为深入的分析。三是使用不同方法对欺凌、受欺凌进行调查，查找前人研究结论不一致的原因。已有研究显示，欺凌、受欺凌发生率可能受研究者所使用的方法及测评工具的影响。对欺凌而言，同伴提名的发生率相对较高，自我报告的发生率相对较低；对受欺凌而言，情况发生了反转，同伴提名的发生率相对较低，自我报告的发生率则相对较高。事实是否如此？为此，课题组拟使用同伴提名和自我报告两种方法，对我国当前文化背景下儿童中欺凌、受欺凌现状进行分析，对上述问题做出解答。

（二）儿童欺凌与受欺凌发生率——同伴提名

课题组首先使用同伴提名法调查儿童群体中欺凌、受欺凌的发生率。研究样本为济南市两所公立小学 1978 名学生（男 1042 名，女 936 名），其中一年级 464 名（男 249 名，女 215 名），二年级 399 名（男 207 名，女 192 名），三年级 391 名（男 207 名，女 184 名），四年级 260 名（男 132 名，女 128 名），五年级 222 名（男 119 名，女 103 名），六年级 242 名（男 128 名，女 114 名）。

由于同伴提名可用于集体施测，故以班级为单位进行同伴提名，首先向学生讲述欺凌和受欺凌的含义，然后要求学生写出班里总是喜欢欺凌他人的 3—5 位同学（欺凌提名）和总是受欺凌的 3—5 位同学（受欺凌提名）。对每位学生欺凌、受欺凌提名频次进行班内标准化，所得 Z 分数作为欺凌、受欺凌的指标，以便于不同班级学生的比较。

根据同伴提名欺凌、受欺凌的标准分，把高于欺凌平均数一个标准差（M＞1）的儿童定义为欺凌者，高于受欺凌平均数一个标准差（M＞1）的儿童定义为受欺凌者，欺凌、受欺凌的标准分均高于平均数一个标准差的儿童定义为欺凌/受欺凌者（也称为挑衅性受欺凌者）。调查表明，1978 名儿童中 390 名卷入欺凌事件中，占总人数的 19.72%。其中，欺凌者、受欺凌者、欺凌者 / 受欺凌者分别为 172 人、186 人和 32 人，各占总人数的 8.70%、9.40% 和 1.62%（见图 1–1）。

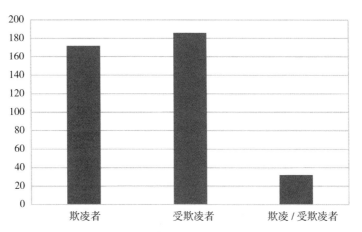

图 1–1 同伴提名欺凌、受欺凌人数对比

卡方检验发现，三类角色在人数比例上存在显著差异（$\chi^2 = 111.57$，$df = 2$，$P < 0.001$），两两比较发现，欺凌者与受欺凌者的人数比例差异不显著（$\chi^2 = 0.55$，$df = 1$，$P > 0.05$），欺凌者与欺凌 / 受欺凌者（$\chi^2 = 96.08$，$df = 1$，$P < 0.001$）、受欺凌者与欺凌 / 受欺凌者（$\chi^2 = 108.79$，$df = 1$，$P < 0.001$）的人数比例差异均显著，即三类角色中欺凌 / 受欺凌者人数最少，欺凌者和受欺凌者人数相当。

（三）儿童欺凌与受欺凌发生率——自我报告

课题组同时使用自我报告法考察儿童欺凌、受欺凌发生率，研究样本来自济南市公立小学和中学（初中）各一所，共 1133 名（男 571 名，女 562 名），平均年龄 11.97 岁，标准差 1.72。其中四年级 229 名（男 124 名，女 105 名），平均年龄 9.72 岁，标准差 0.31；五年级 201 名（男 107 名，女 94 名），平均年龄 10.70 岁，标准差 0.34；六年级 218 名（男 111 名，女 107 名），平均年龄 11.74 岁，标准差 0.51；七年级 177 名（男 93 名，女 84 名），平均年龄 12.78 岁，标准差 0.35；八年级 178 名（男 102 名，女 76 名），平均年龄 13.79 岁，标准差 0.34；九年级 130 名（男 60 名，女

70 名），平均年龄 12.08 岁，标准差 1.75。

使用奥威尤斯欺凌问卷（初中版）中文修订版（张文新等，1999）的总体欺凌和总体受欺凌题目，测查学生在学校里"本学期"欺凌、受欺凌的发生率。"一个月两三次"或更频繁（包括"大约一周一次"或"一周好几次"）欺凌他人的儿童被确定为"欺凌者"，而"每周一次"和"每周几次"欺凌他人的儿童属于"严重欺凌者"。"一个月两三次"或更频繁（包括"大约一周一次"或"一周好几次"）受他人欺凌的儿童被确定为"受欺凌者"，而"每周一次"和"每周几次"受他人欺凌的儿童属于"严重受欺凌者"。1133 名学生中，欺凌卷入者有 128 人，占总人数的11.30%。其中，欺凌者、受欺凌者、欺凌者 / 受欺凌者分别为 36 人、82人和 10 人，各占总人数的 3.18%、7.24% 和 0.88%（见图 1-2）。

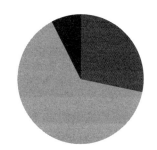

■欺凌者　■受欺凌者　■欺凌 / 受欺凌者

图 1-2　自我报告的欺凌、受欺凌人数对比

卡方检验发现，三类角色在人数比例上存在显著差异（$\chi^2 = 62.31$，$df = 2$，$P < 0.001$），两两比较发现，欺凌者与受欺凌者的人数比例差异不显著（$\chi^2 = 17.93$，$df = 1$，$P < 0.001$），欺凌者与欺凌 / 受欺凌者（$\chi^2 = 14.70$，$df = 1$，$P < 0.001$）、受欺凌者与欺凌 / 受欺凌者（$\chi^2 = 56.35$，$df = 1$，$P < 0.001$）的人数比例差异均显著，即三类角色由高到低依次为受欺凌者、欺凌者和欺凌 / 受欺凌者，其中后者人数最少。

比较同伴提名法和自我报告法的欺凌、受欺凌发生率可以看出，同伴提名的发生率高于自我报告的发生率，当然这种发生率的差异可能是两种测量中的筛选方法不同所致。如果我们不考虑欺凌、受欺凌的发生率，只对欺凌者、受欺凌者、欺凌/受欺凌者三类角色的相对比例进行比较，我们会发现一个有意思的现象，即同伴提名的欺凌者与受欺凌者人数比例差异不显著，但自我报告的受欺凌者人数却显著高于欺凌者，这与国内外学者的研究结论一致。具体原因分析请见专题讨论——欺凌、受欺凌人数比例与测评方法。

专题讨论：欺凌、受欺凌人数比例与测评方法

根据同伴提名，欺凌者与受欺凌者人数比例相似，但根据儿童自我报告，受欺凌者人数比例高于欺凌者人数比例。为什么会出现这一结果？这就需要对两种方法测评的偏重点以及个体心理进行分析。

根据同伴提名法的流程，首先以班级为单位进行同伴提名，然后对每位学生欺凌、受欺凌提名频次进行班内标准化，把高于欺凌、受欺凌平均数一个标准差的儿童定义为欺凌者、受欺凌者，欺凌和受欺凌的标准分均高于平均数一个标准差的儿童定义为欺凌/受欺凌者。可见，根据同伴提名法所得的欺凌者和受欺凌者，实际上是指那些在同班同学眼中，谁更多欺凌他人或受他人欺凌。有学者指出，该方法在鉴别学生群体中的攻击与欺凌时较为灵敏（Pakaslahti & Keltikangas-Jarvinen，2000），比较客观，能够发现儿童中典型的欺凌者和受欺凌者。但该方法也有缺陷，该方法甄别欺凌者与受欺凌者时基于班内标准化基础上所得，是相较于班级内其他同学提名率高的学生，所得欺凌、受欺凌发生率符合统计规律。

同伴提名法能够判断儿童中欺凌、受欺凌频次居于高位的儿童，但很难以客观评价儿童欺凌、受欺凌的实际发生频次，也无法判断欺凌、受欺凌的主观感受。而儿童自我报告欺凌、受欺凌的发生率能够弥补这一不足，且与同伴提名法相结合能够更好地揭示真正的受欺凌者，这是奥威尤斯欺凌问卷（自我报告）被学术界广泛用以考察欺凌、受欺凌发生率的原因之一。本研究使用奥威尤斯欺凌问

卷（初中版）中文修订版（张文新等，1999）中的总体欺凌和总体受欺凌题目，测查儿童在学校里"本学期"欺凌、受欺凌的生率，结果发现受欺凌者人数比例高于欺凌者人数比例，这与前人众多研究结论一致（如张文新，2002）。

如前所述，使用自我报告法获得的欺凌、受欺凌发生率，是儿童根据自己对欺凌、受欺凌的认知所做的估计，受社会赞许效应的影响，儿童自然会夸大自己受害的程度，缩小或忽视自己伤害他人的程度，出现受欺凌人数比例显著高于欺凌人数比例的结果就不难理解了。当然，就本研究所调查的对象来讲，受欺凌发生率高于欺凌发生率，还有一个重要原因是早期攻击与欺凌具有明显的情境性，即攻击性儿童并非每次都攻击同一个人，他们每次都是随机挑选攻击对象，导致攻击的目标比较多，年龄越小的儿童，这种情况越明显。早期儿童攻击与欺凌的情境性得到许多学者实证研究的支持。例如，斯奈德等人的追踪研究发现，童年早期的欺凌、受欺凌具有情境性，受儿童活动的时间、地点、内容以及活动时参与同伴的影响（Snyder et al.，2003）。

因此，有学者提出校园欺凌中，受欺凌的比例比较高可能是因为儿童比较敏感，夸大了自己受欺凌的经历，真正受欺凌的人数并没有那么多，如果仍然使用同伴提名法或儿童自我报告法中的一种做鉴别，很难筛选出真正的受欺凌儿童，不利于制定有效的、针对性的干预措施。

（四）真正受欺凌者的比例

课题组研究中发现一个有意思的现象，同伴提名的欺凌者与受欺凌者人数比例差异不显著，但自我报告的受欺凌者人数却显著高于欺凌者，这可能意味着有许多学生自认为被同伴欺凌了，但实际情况可能是自己过度敏感，把同伴间的一般冲突、玩笑等与欺凌等同。为了进一步揭示校园欺凌事件中真正的受欺凌发生率，我们以济南市城乡接合部两所公立小学三至六年级 1308 名学生为样本进行进一步分析，分别使用同伴提名和自我报告两种方法测量儿童受欺凌。自我报告受欺凌的测评使用采用迈纳德和约瑟夫编制的多维同伴侵害量表（Multidimensional Peer-Victimization Scale，简称 MPVS；Mynard & Joseph，2000）的中文修订版，由国内学者张文新等人 2009 年修订，修订后的量表仅包括受身体欺凌和受关系欺凌两个维度，故本书后面受欺凌的分析中仅涉及受身体欺凌和受关系欺凌两类。

　　为了把真正受欺凌儿童筛选出来，根据前人所使用的方法技术（Perry et al.，1988；Graham & Juvonen，1998；Crick & Bigbee，1998；Schuster，1999），我们把高于平均分一个标准差的儿童挑选出来，命名为"受欺凌者"，并把受欺凌者分为五种情况：同伴提名的受欺凌者、自我报告的受欺凌者、多疑者、否认者和真正受欺凌者。其中，同伴提名的受欺凌者是指那些在同伴提名分数上高于一个标准差的儿童；自我报告的受欺凌者是指那些在自我报告总均分上高于一个标准差的儿童；根据同伴提名不属于受欺凌者，但根据自我报告却属于受欺凌者的儿童，称为多疑者；根据同伴提名属于受欺凌者，但根据自我报告却不属于受欺凌者的儿童，称为否认者；在同伴提名分数和自我报告总均分上均超过一个标准差的儿童为真正受欺凌者，后三者是根据两种测评方法对受欺凌者所做的分类。

表 1-1　同伴提名受欺凌与自我报告受欺凌的相关分析

	1	2	3	4
1 同伴提名受欺凌	1			
2 自我报告身体受欺凌	0.15**			
3 自我报告关系受欺凌	0.11**	0.62***		
4 自我报告受欺凌总均分	0.14**	0.82***	0.94**	1

注：* 表示 p<0.05，** 表示 p<0.01，*** 表示 p<0.001，以下同。

　　首先对同伴提名的受欺凌和自我报告的受欺凌做相关分析，以考察两种方法之间的相关性，皮尔逊相关分析结果见表 1-1。由表 1-1 可知，同伴提名受欺凌与自我报告受身体欺凌、自我报告受关系欺凌、自我报告受欺凌总均分均呈显著正相关关系，但相关系数均小于 0.30，属于低相关，可见同伴提名的受欺凌者与自我报告的受欺凌者存在交叉的情况，但比例并不高。

表 1–2　同伴提名的受欺凌者与自我报告受欺凌者的人数（比例）

	同伴提名受欺凌者	自我报告受欺凌者	多疑者	否认者	真正受欺凌者
男生	79 (6.06%)	89 (6.83%)	70 (5.37%)	50 (3.83%)	19 (1.46%)
女生	37 (2.84%)	58 (4.45%)	48 (3.68%)	20 (1.53%)	10 (0.77%)
总	116 (8.90%)	147 (11.27%)	118 (9.05%)	70 (5.37%)	29 (2.22%)

由表 1–2 数据可知，真正受欺凌人数仅有 29 人，占总人数的 2.22%，这表明在测评儿童青少年受欺凌时，同伴提名法和自我报告法之间的相关较低。受欺凌者中，多疑者有 118 名，占总人数的 9.05%，表明许多儿童对同伴欺凌较为敏感，自我感知受到同伴欺凌，而在同伴看来他们并非是受欺凌者；受欺凌者中的否认者有 70 人，占总人数的 5.37%，也就是说有许多儿童对同伴欺凌不敏感或处于其他原因否认自己遭受同伴攻击的事实。就人数比例而言，卡方检验表明，多疑者、否认者和真正受欺凌者的人数比例差异显著（$x^2 = 915.31$，p＜0.001），其中多疑者显著多于否认者（$x^2 = 515.94$，p＜0.001）和真正受欺凌者（$x^2 = 609.31$，p＜0.001），否认者显著多于真正受欺凌者（$x^2 = 684.55$，p＜0.001），三类人数比例由高到低依次为多疑者、否认者和真正受欺凌者。简言之，真正受欺凌的人数比例较低，更多儿童是多疑者和否认者（见图 1–3）。

三、儿童欺凌与受欺凌：发展规律与性别差异

在儿童群体中，（受）身体欺凌、（受）言语欺凌和（受）关系欺凌这几种欺凌、受欺凌类型中，哪种欺凌、受欺凌类型发生率高？哪种欺凌、

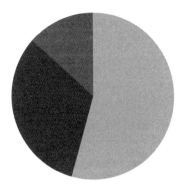

■多疑者　■否认者　■真正受欺凌者

图1–3　多疑者、否认者与真正受欺凌者人数对比

受欺凌类型发生率低？欺凌、受欺凌类型发生频率与儿童年龄是否存在关联？男生与女生的欺凌与受欺凌在发生率、类型上有没有区别？欺凌、受欺凌是否受儿童出生顺序、是否独生子女等因素的影响？

（一）既有研究分析

1. 欺凌、受欺凌与儿童年龄的关系

欺凌相关研究中，根据研究对象的年龄，学术界通常分为两个阵营，一部分学者关注小学生的欺凌现象，一部分学者关注中学生的欺凌问题，同时关注早期儿童（婴幼儿阶段）和中小学生阶段欺凌现象的研究较少。概括已有研究，欺凌、受欺凌的发展变化包括表现形式的变化和发生频率的变化两个方面。

对早期儿童欺凌现象的研究少且多聚焦于攻击行为。已有研究指出，攻击行为是年幼儿童中的普遍现象，12个月的婴儿已经有攻击同伴的行为表现（Caplan et al.，1991），进入幼儿园后，指向同伴的攻击行为非常普遍（Alsaker & Valkanover，2012；Crick et al.，1999；Kochenderfer & Ladd，1996）。例如，西方有学者使用自我报告法研究了幼儿受攻击情况，结果发现，1/5的幼儿报告自己受到同伴攻击（Kochenderfer & Ladd，1996）。国内相关研究也发现幼儿中受攻击的比例为18.48%（董会芹、张文新，2011），可见，欺凌、受欺凌在幼儿期就已出现并具有较高的发生率。关于受欺凌形式的变化，就目前研究结论来看，早期儿童受身体欺凌显著高于受关系欺凌（董会芹，2007）。

聚焦于小学阶段欺凌、受欺凌的研究较多，这些研究发现小学阶段欺凌发生率高，且有随年龄增长逐渐减少的趋势。攻击方面的研究发现，人类攻击行为的表现形式随年龄的增长不断发生变化。身体攻击在童年早期达到顶峰（Tremblay et al.，1999），而关系取向的攻击在童年晚期和青少年早期逐渐出现，是青少年阶段和成人期主要的攻击形式（Björkqvist et al.，1992），欺凌从童年到中学呈逐渐下降趋势（Fitzpatrick et al.，2007；Peskin et al.，2006）。就受欺凌的总体检出率而言，同伴提名法研究发现，小学儿童中的受欺凌者更多（Beran & Tutty，2002），这与早期儿童欺凌对象的情境性有关，即儿童欺凌并非针对某一个或几个人，欺凌的对象没有针对性。关于受欺凌的发展变化规律，研究发现受欺凌有随着年龄增长而下降的趋势。例如，G. M. 巴特奇和 H. M. 诺夫报告说，随着年龄增长和年级升高，受欺凌学生的比例显著下降（Batsche & Knoff，1994）；奥威尤斯研究发现，一至六年级的学生报告受欺凌的比率为 11.6%，而七至九年级学生报告受欺凌的比率为 5.4%（Olweus，1991）。例如，P. 奥康奈尔等对小学生操场上的欺凌行为进行研究，结果显示，四至六年级男生要比一至三年级男生卷入欺凌事件的比例更高，也就是说小学阶段年长男生较年幼男生更多参与欺凌事件中（O'Connell et al.，1999）。但也有研究没有发现受欺凌随着年龄增长而下降的趋势。佩里以三至六年级的学生为研究对象，用同伴评定法研究受欺凌问题，结果没有发现受欺凌随年龄增长而下降的趋势（Perry et al.，1988）。

另外，小学阶段不同类型的欺凌、受欺凌的发展变化规律具有细微差异。国内调查研究表明，小学生受身体欺凌的比例随年龄增长而逐渐下降，受言语欺凌的比例随年龄增长逐渐上升，受关系欺凌的比例在二至四年级之间相对稳定，五年级出现极其显著的下降。需要注意的是，由于欺凌者与受欺凌者之间存在着力量的不对等性，小学阶段极易出现高年级学生欺凌低年级学生的现象（张文新等，2001）。奥威尤斯研究发现，小学阶段的欺凌中，欺凌者和受欺凌者并不一定是同龄伙伴，低年级受欺凌的学生中，50% 是遭到高年级学生的攻击与欺凌，而年长学生主要是遭受同龄伙伴的攻击与欺凌（Olweus，1991）。

关注中学生欺凌、受欺凌现象的研究者获得了一些新发现，并提出了相应的理论假设。就欺凌发生率而言，诸多研究发现，初中生要比小学生更认为学校不安全，在学校中经历更多的欺凌事件（Astor et al.，2001；Dinkes et al.，2009；Kasen et al.，2004）。学者们认为，青少年早期是个体发展历程中的重要时间节点，个体为了在同伴群体中获得身份和地位，需要重新进行角色定位，青少年儿童为此可能会采取攻击策略，这一现象突出表现在个体由小学向初中转折的过渡期（Pellegrini，2002）。就中学阶段欺凌、受欺凌的发展变化规律来讲，研究发现初中阶段欺凌发生率随年龄增长而增长，但高中阶段却随着年龄增长而下降（Pellegrini & Bartini，2000；Smith et al.，1999）。我国的调查研究表明，初中阶段，身体欺凌、言语欺凌和关系欺凌等三类欺凌行为的发生比例相对稳定（张文新等，2001），年级越高，受欺凌的比例越低（张文新，2002）。芬兰学者萨尔米瓦利等的一项纵向研究也发现了受欺凌下降的趋势，连续受欺凌的儿童从六年级的 10.5% 下降到八年级的 4.7%（Salmivalli et al.，1998）。

也有学者同时考察小学和中学阶段的欺凌现象，尽管研究非常少，但也得出了很多有价值的结论。攻击方面的研究发现，人类攻击行为的表现形式随年龄的增长不断发生变化，身体攻击在童年早期达到顶峰（Tremblay et al.，1999），而关系取向的攻击行为在童年晚期和青少年早期逐渐出现，是青少年阶段和成人期主要的攻击形式（Björkqvist et al.，1992）。我国学者张文新等人（2002）调查表明，中小学生中言语欺凌是最为普遍的欺凌形式（小学为 45%，初中为 24.5%），其次是身体欺凌（小学为 25.3%，初中为 13.7%），关系欺凌的发生率最低（小学为 23%，初中为 13.6%）。另有研究发现初中生要比小学生所遭遇的身体、言语和关系欺凌要少（Varjas et al.，2009），受欺凌的比例总体上均表现出小学高于初中的特点（张文新，2002）。

概括而言，关于欺凌、受欺凌随年龄变化的规律，现有观点或结论有：小学阶段随年龄增长而下降；身体欺凌、受欺凌随年龄增长而下降，关系欺凌、受欺凌随年龄增长而上升；童年期欺凌、受欺凌发生率高于中学。上述几个研究结论之间存有矛盾冲突。目前阶段我国儿童青少年中欺凌与儿童年级或年龄存在怎样的关联？与上述哪一种发展规律一致？欺凌、受欺凌是否在小学向初中转折的过渡期出现增长的现象？为了回答上述问题，课题组将进行分析考察。

2. 欺凌、受欺凌的性别差异

关于欺凌、受欺凌与是否受儿童性别的影响，学术界意见较为一致，多数研究认为男生较女生更容易卷入欺凌事件（如 O'Connell et al.，1999；Rigby，1997；Seals & Young，2003；Varjas et al.，2009；Murphy et al.，2017；Hesapcioglu & Tural，2018），男生也更容易成为直接（或身体）欺凌者和受欺凌者，女生更容易经历间接欺凌，如社会排斥、关系攻击、散布流言等（Crick et al.，1999；Olweus，1993；O'Connell et al.，1999；Varjas et al.，2009）。例如，奥康奈尔等对小学生操场上的欺凌行为进行研究，结果显示，高年级（四至六年级）男生比女生更容易卷入欺凌事件中（O'Connell et al.，1999）。

也有研究得出了不同的结论，发现儿童性别不影响儿童的欺凌行为（Barboza et al.，2009；Goldstein et al.，2008），关系攻击也不是女性特有的攻击形式（Swearer，2008），关系攻击不存在性别差异（Goldstein et al.，2008）。一项元分析也揭示，间接攻击的性别差异微乎其微（Card et al.，2008）。对关系欺凌特殊形式——网络欺凌的元分析显示，不同地区（北美、欧洲及澳大利亚、亚洲）的性别差异量不同，亚洲样本中男女性别差异最大，其次是北美样本，欧洲及澳大利亚样本的网络欺凌几乎不存在性别差异（Sun et al.，2016）。这提示人们，欺凌、受欺凌的性别差异受各国文化背景的影响，学术界在作出欺凌行为的性别差异结论时应该慎之又慎。

许多学者专门考察受欺凌发生频率及表现形式的性别差异问题。以早期儿童为被试的调查（Olweus，1994；Sourander et al.，2000；董会芹，2010）和观察（Atlas & Pepler，1998）发现，男孩比女孩更容易成为受欺凌对象，但是也有研究者认为男孩和女孩受欺凌的可能性相等，只不过他们受欺凌的形式不同而已（Kochenderfer & Ladd，1996；Perry et al.，1988）。还有诸多研究指出，男孩和女孩所报告的受欺凌水平基本相同，但是男孩报告的受公开欺凌的形式多于女孩，而女孩遭受关系欺凌的经历显著高于男孩（Crick et al. 1999；Casey-Cannon et al.，2001）。男孩倾向于遭受直接欺凌，而女孩易遭受间接欺凌（O'Connell et al.，1999；Owens et al.，2005；Cullerton-Sen & Crick，2005）。但也有研究发现，性别差异仅表现在受身体欺凌上，男生受身体欺凌多于女生，在受关系欺凌方面，性别差异不显著（Kokkinos et al.，2016）。

此外，既有研究还发现，男女两性对欺凌的态度以及应对欺凌的策略不一样。男生对间接欺凌的容忍度更高（Salmivalli et al.，2000），他们较少把自己受欺凌的经历告诉同样受欺凌的同伴（Cowie，2000），更多采取同样的攻击行为予以反击，而女生面对欺凌时通常无能为力（Salmivalli，Karhunen et al.，1996）。

概括该领域研究发现，无论欺凌还是受欺凌，在发展变化规律、发生频率和表现形式的性别差异上，研究结论均存在矛盾。为此，课题组使用奥威尤斯欺负问卷（初中版）中文修订版（张文新等，1999）的相关条目（12个），6个题目测评欺凌（身体欺凌、言语欺凌和关系欺凌），6个题目测评受欺凌（受身体欺凌、受言语欺凌和受关系欺凌），每个维度均包含2个题目，量表使用5点记分法。研究样本来自济南市农村公立小学和中学（初中）各一所，共1133名（男571名，女562名），平均年龄11.97岁，标准差1.72。我们所关注的问题是：当前我国文化背景下欺凌、受欺凌随年龄发展变化的特点有哪些？欺凌、受欺凌的发生率是否受儿童性别影响？不同类型欺凌、受欺凌是否有性别差异？欺凌、受欺凌是否受儿童出生顺序的影响？

（二）儿童欺凌的发展规律与性别差异：调查结果

1. 欺凌随年级增长而减少

表 1-3　总体欺凌的平均分与标准差（N=1133）

		四年级	五年级	六年级	七年级	八年级	九年级
男生	M	0.32	0.18	0.19	0.24	0.14	0.04
	SD	0.63	0.39	0.47	0.69	0.27	0.10
女生	M	0.15	0.05	0.08	0.02	0.10	0.03
	SD	0.45	0.13	0.40	0.10	0.26	0.10
总体	M	0.24	0.12	0.13	0.23	0.11	0.03
	SD	0.56	0.31	0.44	0.53	0.26	0.10
LSD		四＞五、六、七、八、九；六、七、八＞九					

以儿童自我报告的欺凌总均分为因变量（见表 1-3），以儿童年级和性别为自变量做 6×2 方差分析，结果发现小学四年级至初中三年级（即四至九年级）中，儿童欺凌的年级主效应显著（F＝5.69，df＝5，P＜0.001），即欺凌发生情况存在年级差异，事后检验表明四年级显著高于五至九年级，六至八年极显著高于九年级，即四年级欺凌最多，九年级欺凌最少，五至八年级属于平稳发展期（见图 1-4）。R.E. 特伦布莱以加

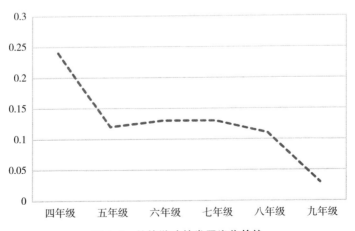

图 1-4　总体欺凌的发展变化趋势

拿大儿童为被试进行的研究发现，多数儿童的身体攻击行为从上学开始就逐渐下降，这种下降趋势一直保持至中学阶段（Tremblay，2002）。本研究与特伦布莱研究结论一致，没有支持前述研究中所提出的竞争假设，即欺凌发生率在个体发展的转折时期并未出现突然增加的情况。

具体到不同的欺凌类型，方差分析显示，身体欺凌（F = 6.60，df = 5，P＜0.001）、言语欺凌（F = 4.19，df = 5，P＜0.01）和关系欺凌（F = 4.34，df = 5，P＜0.01）的年级主效应均显著；事后分析发现，三种欺凌类型上，四年级欺凌均显著高于其他年级。身体欺凌方面，五、七年级显著高于九年级；言语欺凌方面，六、八年级显著高于九年级；关系欺凌方面，五、七年级显著高于九年级（见图1–5）。

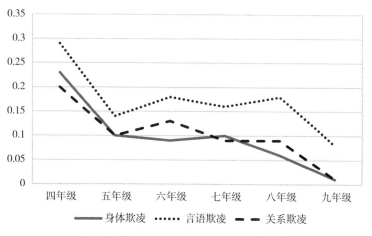

图1–5　不同类型欺凌的发展变化趋势

若追究差异的内在原因，初中生和小学生所处社会环境不同可能是其中的重要因素。小学阶段儿童的社会互动多为两两互动关系，儿童基于兴趣、爱好以及学业成绩相近等交友，如果两人关系不对等且相处不愉快，小学儿童通常会直接反击或逃避，因此小学阶段很难有人在班里具有支配地位，即使有也是暂时现象，难以形成等级结构，这就决定了小学阶段的欺凌具有较大情境性，很难形成稳定的欺凌、受欺凌关系，表现为欺凌发生率反而较高。小学高年级，至少男孩的社交关系具有了支配驱动特征（Pellegrini & Bartini，2000），小学高年级至初中阶段，儿童同伴交往由二人关系向复杂同伴集合关系期过渡（Cairns & Cairns，1991），同伴集合关系期要比二元关系复杂，出现了层级结构，班级成员的地位出现了不对等性，身体力量与心理能量大的儿童逐渐把相对弱小的一方固定为欺凌靶子，稳定的欺凌、受欺凌关系建立，导致欺凌发生率降低。

2. 男生欺凌行为显著高于女生

方差分析发现，总体欺凌的性别主效应显著（$F=24.93$，$df=1$，$P<0.001$），男生欺凌行为显著高于女生（男生：$M=0.18$，$SD=0.50$；女生：$M=0.08$，$SD=0.30$），年龄与性别的交互作用不显著（$F=1.75$，$df=5$，$P>0.05$）；具体到不同的欺凌类型，身体欺凌（$F=17.61$，$df=1$，$P<0.001$）、言语欺凌（$F=33.86$，$df=1$，$P<0.01$）和关系欺凌（$F=6.63$，$df=1$，$P<0.05$）的性别主效应均显著，男生均显著高于女生（见图 1–6），性别与年级的交互作用均不显著（$F_{身体欺凌}=1.37$，$df=5$，$P>0.05$；$F_{言语欺凌}=1.56$，$df=5$，$P>0.05$；$F_{关系欺凌}=1.48$，$df=5$，$P>0.05$）。

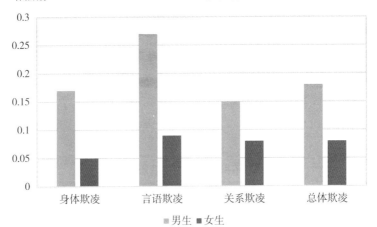

图 1–6　不同类型欺凌的性别差异

与以往多数研究中关于性别与欺凌关系的结论一致，证实了 S. J. 孙等人元分析的结论，亚洲样本的网络欺凌（关系欺凌的一种表现）性别差异显著（Sun et al.，2016）。本研究发现，总体欺凌与具体三种欺凌类型上，男生均显著高于女生，这可能与男女两性进化形成的身体特征及个性心理品质有关。根据进化心理学的研究，在人类进化发展的历程中，男性更多承担围猎、保护领地的责任，同时为了争夺更多繁衍权利需要与其他男性竞争，攻击行为成为男性得以生存发展的本能。作为攻击的子集，欺凌行为中男生多于女生符合进化心理学研究的结论；另外，也与我国传统文化对男孩破坏、不守规则等行为的宽容有关。教育实践中，男孩调皮、捣乱、打架等行为易被教育者所忽视，这也是男生欺凌显著高于女生的重要原因之一。

3. 欺凌与同胞数目、出生顺序无关

根据当前实际情况，我们根据儿童同胞数目的情况，把儿童分为三类：独生、二孩、三孩及以上。首先以身体欺凌、言语欺凌、关系欺凌以及欺凌总均分为因变量，以儿童类型为因变量做多元方差分析，结果显示 Wilks' Lambda＝0.99，F＝1.10，P＞0.05，表明欺凌与类型没有关系（见图1-7），即欺凌行为与儿童同胞数目关联不密切。

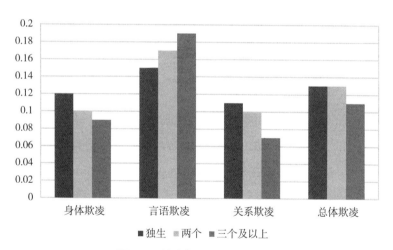

图1-7　欺凌与同胞数目的关系

此外，我们根据出生顺序把儿童分为独生、长子女、幼子女、中间子女四种情况，以身体欺凌、言语欺凌、关系欺凌以及欺凌总均分为因变量，以儿童出生顺序为因变量做多元方差分析，结果显示 Wilks' Lambda＝0.99，F＝0.87，P＞0.05，表明欺凌与儿童出生顺序没有关系（见图1-8）。

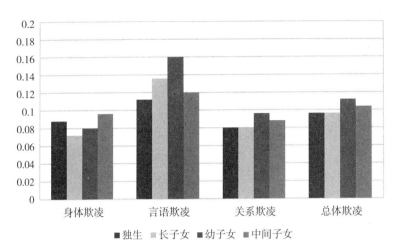

图 1-8　欺凌与出生顺序的关系

4. 言语欺凌多于身体欺凌和关系欺凌

以往许多研究发现，儿童早期阶段身体欺凌最多。随着年龄增长，身体欺凌逐渐减少，言语欺凌与关系欺凌逐渐增多。课题组以小学中高年级和初中生为研究对象，考察童年期向青少年期过渡阶段儿童欺凌类型的变化规律。由图 1-5 可知，言语欺凌要比身体欺凌和关系欺凌多。为了进一步揭示三种欺凌类型发生程度的差异，我们以欺凌均分为因变量，以欺凌类型为被试内变量，以儿童所在年级为被试间变量进行 3×6 的重复测量方差分析，欺凌类型的主效应显著（F＝28.59，df＝2，P＜0.001），言语欺凌（M＝0.18，SD＝0.51）显著高于身体欺凌（M＝0.11，SD＝0.51）和关系欺凌（M＝0.11，SD＝0.43），身体欺凌和关系欺凌之间差异不显著，欺凌类型与年级的交互作用不显著（F＝0.92，df＝10，P＞0.05）。也就是说，不管在哪个年龄段，至少在本研究所考察的儿童发展历程中，言语欺凌是发生最为频繁的欺凌形式（见图 1-5）。研究结果与我国学者张文新等人（2002）的调查结论相同，与西方文化背景下的结果有差异，表明欺凌的表现形式存在文化差异，我国文化背景下中小学生的欺凌形式以言语欺凌为主。

（三）儿童受欺凌的发展规律与性别差异：调查结果

1. 受欺凌随年级增长而逐渐减少

以儿童自我报告的受欺凌总均分为因变量（见表1-4），以儿童年级和性别为自变量做6×2方差分析，结果发现小学四年级至初中三年级（即四至九年级）中，儿童受欺凌的年级主效应显著（F＝11.33，df＝5，P＜0.001），即受欺凌发生情况存在年级差异，事后检验表明四年级显著高于五至九年级，五年级显著高于七至九年级，六年级显著高于七、九年级，即四年级受欺凌最多，七、九年级受欺凌最少（见图1-9）。可见，受欺凌与欺凌的发展变化规律相似，均有随年龄增长逐渐减少的趋势，没有发现童年期向青少年期过渡阶段受欺凌增长的现象。

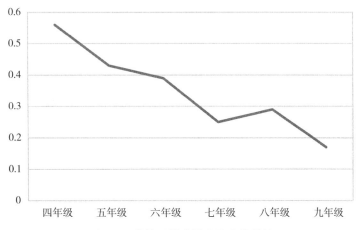

图1-9 总体受欺凌的发展变化趋势

表1-4 总体受欺凌的平均分与标准差（N＝1133）

		四年级	五年级	六年级	七年级	八年级	九年级
男生	M	0.65	0.44	0.49	0.27	0.37	0.23
	SD	0.83	0.62	0.71	0.50	0.58	0.44
女生	M	0.45	0.42	0.29	0.23	0.23	0.12
	SD	0.67	0.72	0.59	0.33	0.34	0.25
总体	M	0.56	0.43	0.39	0.25	0.29	0.17
	SD	0.76	0.67	0.66	0.42	0.47	0.36
LSD		四＞五、六、七、八、九；五＞七、八、九；六＞七、九					

　　具体到不同的受欺凌类型，方差分析显示，受身体欺凌（F＝14.57，df＝5，P＜0.001）、受言语欺凌（F＝8.45，df＝5，P＜0.001）和受关系欺凌（F＝4.03，df＝5，P＜0.01）的年级主效应均显著；事后分析发现，受身体欺凌方面，四年级显著高于五至九年级，五年级显著高于七至九年级，六年级显著高于七、九年级；受言语欺凌方面，四年级显著高于五至九年级，五、六、八年级显著高于九年级；受关系欺凌方面，四年级显著高于七至九年级，五、六年级显著高于七、九年级。总体而言，不同类型受欺凌的发展趋势也是随年龄增长逐渐减少，其中受身体欺凌逐渐减少的趋势更明显（见图 1–10）。

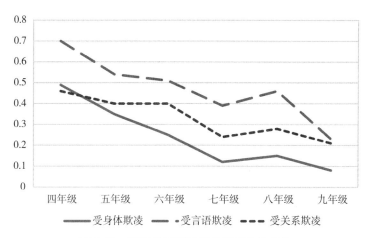

图 1–10　不同类型受欺凌的发展变化趋势

　　关于受欺凌的发展趋势，前人研究中，有些研究发现受欺凌随年龄增长表现出下降的趋势，有些则呈现随年龄增长上升的趋势。我们的研究结果表明，儿童受欺凌随年龄增长而减少，与以往诸多研究所得结论一致（如 Batsche & Knoff，1994；Olweus，1991，1993；O'Connell et al.，1999；Salmivalli et al.，1998）。与欺凌发展变化规律不同的是，受欺凌没有明显的转折点，而是呈现逐渐减少的趋势。

　　2. 男生受欺凌程度显著高于女生

　　方差分析发现，总体受欺凌的性别主效应显著（F＝12.9，df＝1，P＜0.001），男生受欺凌显著高于女生（男生：M＝0.43，SD＝0.66；女生：

M＝0.30，SD＝0.45），年龄与性别的交互作用不显著（F＝0.87，df＝5，P＞0.05）；具体到不同受欺凌类型，受身体欺凌（F＝14.57，df＝1，P＜0.001）、受言语欺凌（F＝8.45，df＝1，P＜0.001）和受关系欺凌（F＝4.03，df＝1，P＜0.01）的性别主效应均显著，男生均显著高于女生（见图1–11），性别与年龄的交互作用均不显著（F受身体欺凌＝1.21，df＝5，P＞0.05；F受言语欺凌＝1.74，df＝5，P＞0.05；F受关系欺凌＝0.55，df＝5，P＞0.05）。

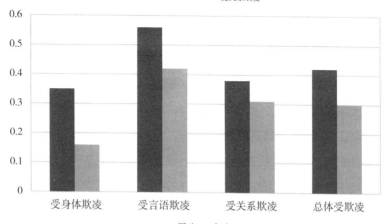

图 1–11　受欺凌的性别差异

　　关于受欺凌的性别差异，总体上男生受欺凌显著高于女生，这与以往诸多研究结论一致（Atlas & Pepler，1998；Olweus，1994；Sourander et al.，2000；Murphy et al.，2017；Hesapcioglu & Tural，2018）。根据前人研究，儿童从3岁起开始偏爱同性伙伴，之后同伴互动多发生在同性别之间（Ostrov & Keating，2004；Crick et al.，2006），攻击与欺凌行为同样多发生在同性之间（张文新、张福建，1996），由于雄性间的攻击更为普遍，据此可以推断，攻击行为作为同伴互动的一种自然也不例外。由于童年期儿童男生的攻击行为显著高于女生，与之相适应，男生遭受同伴攻击的情况显著多于女生也在情理之中了。

　　以往研究指出，男孩和女孩受欺凌的可能性相等，只不过他们受欺凌的形式不同而已（Kochenderfer & Ladd，1996；Olweus，1991；Perry et al.，1988）。西方研究发现，男生受身体欺凌显著高于女生，受关系欺凌则低于女生（如 Owens et al.，2000，2005；Cullerton-Sen & Crick，2005）。本研究并未支持这一研究结论，根据儿童自我报告可知，三种受欺凌类型上男生均显著高于女生。这可能与我国社会文化对男性和女性的社会角色期望有关。一般说来，在我国社会中人们期望男性应该具有刚强、有力量等个性心理特征，而对女性则强调温柔、顺从。在这种文化背景影响下，教育者对男生的各类攻击更可能给予宽容和谅解，甚至鼓励和怂恿，而对女性的攻击行为给予否定评价，至少不鼓励，这可能是导致男生各种欺凌均显著高于女生的主要原因。

3.受身体欺凌与同胞数目、出生顺序有关

首先考察儿童受欺凌与同胞数目的关系，以受身体欺凌、受言语欺凌、受关系欺凌以及受欺凌总均分为因变量，以儿童类型（根据同伴数目分为独生、二孩、三孩及以上四种情况）为因变量做多元方差分析，结果显示 Wilks' Lambda ＝0.99，F ＝2.39，P＜0.05，表明受欺凌与同胞数目有关。具体分析发现，仅受身体欺凌与儿童同胞数目有关（F ＝5.53，df ＝2，P＜0.01），事后分析表明，同胞数目 2 个的儿童较独生以及 3 个同胞的儿童受欺凌发生率低（见图 1-12）；受言语欺凌、受关系欺凌以及受欺凌总均分上均不受儿童同胞数目的影响（$F_{受言语欺凌}$ ＝0.23，df ＝2，P＞0.05；$F_{受关系欺凌}$ ＝0.80，df ＝2，P＞0.05；$F_{受欺凌总}$ ＝1.94，df ＝2，P＞0.05）。

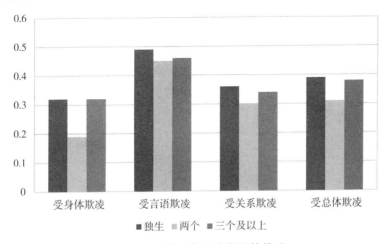

图 1-12　受欺凌与同胞数目的关系

其次，分析儿童受欺凌与出生顺序的关系。以受身体欺凌、受言语欺凌、受关系欺凌以及受欺凌总均分为因变量，以儿童类型（根据同胞数目分为独生、长子女、次子女和中间子女四种情况）为因变量做多元方差分析，结果显示 Wilks' Lambda＝0.99，F＝1.63，P＞0.05，表明受欺凌与儿童出生顺序没有关系。但具体到受欺凌的不同类型，仍然发现受身体欺凌与儿童出生顺序有关（F＝3.65，df＝3，P＜0.05），事后分析表明，独生子女和中间子女受欺凌程度显著高于长子女和幼子女，其他两两之间差异不显著（见图 1–13）；受言语欺凌、受关系欺凌以及受欺凌总均分上均不受儿童出生顺序的影响（F$_{受言语欺凌}$＝0.43，df＝3，P＞0.05；F$_{受关系欺凌}$＝1.35，df＝3，P＞0.05；F$_{受欺凌总}$＝1.62，df＝3，P＞0.05）。

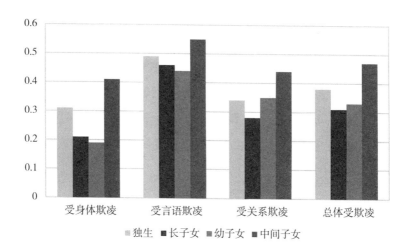

图 1–13　受欺凌与出生顺序的关系

由图 1–12 和 1–13 的数据可以看出，受欺凌类型中仅有受身体欺凌与儿童家庭中的同胞数目和儿童出生顺序有关。独生子女和同胞数目超过 2 个的多子女家庭中的儿童容易遭受同伴身体欺凌，而在多子女家庭中，中间子女受同伴身体欺凌的发生率高于长子女与幼子女。日常生活中，人们往往戴着有色眼镜看待独生子女，认为独生子女具有很多行为问题与不良品质，如违纪、攻击等。本研究结论与此不同，欺凌行为上独生子女与非独生子女相比差异不显著，表明至少在欺凌行为方面独生子女并不像社会大众所感知的那样比非独生子女严重。另外，无论哪种欺凌行为均与儿童所在家庭的同胞数目、儿童出生顺序无关。与欺凌不同的是，在受欺凌方面，独生子女和多子女家庭的儿童却显著高于两子女家庭的儿童，即独生子女以及多子女家庭的儿童更可能成为校园欺凌的对象，且多子女家庭中的中间子女更可能成为受欺凌者。

4.受欺凌发生率由高到低依次为受言语欺凌、受关系欺凌和受身体欺凌

前面的分析发现，四至九年级儿童中，言语欺凌最多，身体欺凌与关系欺凌差异不显著。那么，从受欺凌视角分析是否也会得出相似的规律？图1-10显示，受言语欺凌要比受身体欺凌和受关系欺凌多。为了进一步揭示三种受欺凌类型发生程度的差异，我们以受欺凌均分为因变量，以受欺凌类型为被试内变量，以儿童所在年级为被试间变量进行3×6的重复测量方差分析，受欺凌类型的主效应显著（F＝69.93，df＝2，P＜0.001），受言语欺凌（M＝0..49，SD＝0.79）显著高于受身体欺凌（M＝0.26，SD＝0.49）和受关系欺凌（M＝0.34，SD＝0.74），受关系欺凌显著高于受身体欺凌，即受欺凌发生率由高到低依次为受言语欺凌、受关系欺凌和受身体欺凌（见图1-14），可见受欺凌发生率在类型上的差异与欺凌既有相似性，也有差异性。

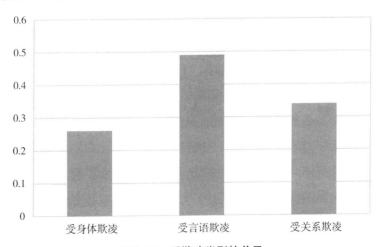

图1-14　受欺凌类型的差异

与欺凌不同的是，受欺凌类型与年级的交互作用显著（F = 2.16，df = 10，P < 0.05），进一步分析发现，小学四、五年级时，受言语欺凌显著高于受身体欺凌和受关系欺凌，后两者之间差异不显著；六至八年级时，受言语欺凌显著高于受身体欺凌和受关系欺凌，受关系欺凌显著高于受身体欺凌；九年级时，受言语欺凌和受关系欺凌显著高于受身体欺凌，前两者之间差异不显著（见图 1–15）。结合前面图 1–10 三种受欺凌类型的发展趋势可知，各类型受欺凌与欺凌一样随年龄增长而下降，但受身体欺凌的下降更为明显；其次是受言语欺凌与受关系欺凌变化相对稳定，使得各年龄阶段三种受欺凌类型发生率对比变化明显：小学四、五年级受言语欺凌占优势，初中三年级受言语欺凌和受关系欺凌同时占优势。

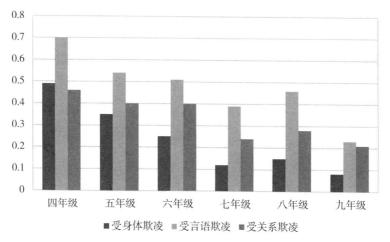

图 1–15 受欺凌类型与年级的交互作用

结合欺凌与受欺凌类型与年龄的关系可知，无论欺凌还是受欺凌，小学中高年级与初中阶段，言语欺凌与受言语欺凌均最多，至初中末期关系欺凌和言语欺凌旗鼓相当，成为主要的欺凌方式。这种欺凌、受欺凌类型发展变化的趋势符合儿童身心发展的一般规律。受儿童大脑功能发展的影响，早期儿童大脑功能尚未发育成熟（Giedd et al., 1999），对社会性情绪反应的控制作用有限，无法有效抑制自己的情绪行为，使早期儿童的攻击与欺凌是以直接的、反应性的身体欺凌为主。随着大脑结构功能的逐渐成熟，抑制能力稳步发展，童年晚期和青少年期阶段直接的身体、言语形式的攻击与欺凌逐渐减少，间接攻击与欺凌稳定发展，至成年期直接的攻击与欺凌表现形式逐渐被更为间接的、非身体形式所代替，与之相适应，受攻击与受欺凌也遵循相似的发展规律。

四、欺凌与受欺凌特征：理论思考与干预启发

（一）欺凌事件中受伤害最严重的是谁

1. 挑衅性受欺凌者发生率低但适应问题严重

欺凌事件中的角色主要有欺凌者、受欺凌者、欺凌／受欺凌者（挑衅性受欺凌者）。根据前述分析可知，无论根据同伴提名还是根据儿童自我报告，欺凌事件中欺凌／受欺凌者的人数均最少，但他们的适应问题却比较严重。许多研究揭示，与欺凌者和受欺凌者相比，挑衅性受欺凌者的抑郁、孤独水平最高（王丽萍，2002），亲社会行为、自我控制、学业能力、社会接受性以及自尊方面水平较低（Kochenderfer, & Ladd, 1996；Kochenderfer-Ladd, 2003），被同伴拒绝最严重（Perry et al., 1988）。此外，他们还有其他方面的行为问题，如酒精滥用、犯罪以及违反父母规则等，是班级群体中最不受欢迎的人。我国文化背景下三类角色的适应问题是否与前人研究结论一致？

以儿童类型（一般儿童、欺凌者、受欺凌者和挑衅性受欺凌者）为自变量，儿童年级和性别为协变量，以自尊、焦虑、孤独为因变量进行方差分析（结果见表 1–5），由表 1–5 统计分析结果可知，在自尊方面，挑衅性受欺凌者和受欺凌者最低，二者之间无显著差异；在社交焦虑方面，各类儿童之间差异不显著；在孤独情绪上，挑衅性受欺凌者最高，其次是受欺凌者，欺凌者和受欺凌者之间无显著差异。与前人研究结论相似，挑衅性受欺凌者孤独情绪较一般儿童和欺凌者严重，自尊水平同时也较低；但与以往研究不同的是，挑衅性受欺凌者与受欺凌者在自尊和社交焦虑方面并没有显著差异。

表 1–5 不同角色儿童适应指标的平均分与标准差（N＝993）

	自尊		社交焦虑		孤独	
	M	SD	M	SD	M	SD
1. 一般儿童	3.09	0.43	0.84	0.75	1.89	0.63
2. 欺凌者	3.09	0.	1.03	0.88	2.02	0.68
3. 受欺凌者	2.97	0.47	0.92	0.88	2.10	0.70
4. 挑衅性受欺凌者	2.70	0.45	1.11	1.13	3.02	0.96
总体	3.07	0.44	0.87	0.78	1.93	0.66
F	3.59^{**}		2.02		10.64^{***}	
事后比较（LSD）	1＞3、4；2＞4				4＞1、2、3；3＞1	

在实际研究过程中，课题组对 8 名挑衅性受欺凌者进行了全面调查和分析，结合教师、家长和同伴的访谈数据资料可知，挑衅性受欺凌者兼有欺凌者和受欺凌者的某些特征，如具有欺凌者的移情能力与自我控制能力比较差、敌意归因等特征，同时还有受欺凌者胆小、退缩等人格特质，这种"复合型"特征使他们容易招惹事端、主动攻击同伴，同时其攻击行为导致同伴群体的普遍排斥。这类儿童最不受同学喜欢，也最让老师烦心。某班主任教师对班内某挑衅性受欺凌者的描述，"某某总惹事，经常一天中有几位同学向我报告他打人，他还总是告诉我班里某某又欺负他了，其实就是管不住自己老是欺负同学，有的同学就还击，反过来把他打一顿。"这是一位比较典型的挑衅性受欺凌者的表现。在中小学中，这类儿童尽管远不及单一欺凌者或受欺凌者那么普遍，但他们所表现出的严重适应问题应当引起一线教育工作者的关注，是欺凌干预的重点对象。

2. 真正受欺凌者发生率低但适应问题严重

参考前人的鉴别方法（Perry et al.，1988；Graham & Juvonen，1998；Crick & Bigbee，1998；Schuster，1999），本研究根据同伴提名和儿童自我报告把受欺凌者分为三种情况：多疑者、否认者和真正受欺凌者，三类受欺凌者人数比例由高到低依次为多疑者、否认者和真正受欺凌者。校园欺凌干预中，在资源有限的情况下首先对哪些受欺凌者提供保护和支持？这就需要对不同类型受欺凌者的适应问题进行分析。

哪种受欺凌者的身心发展问题更多？为了回答这一问题，本研究以受欺凌者类型（一般儿童、多疑者、否认者和真正受欺凌儿童）为自变量，儿童年级和性别为协变量，以自尊、焦虑、孤独三个适应指标为因变量进行方差分析（结果见表1-6）。由表1-6统计分析结果可知，在自尊方面，真正受欺凌者最低；在社交焦虑和孤独两种情绪适应问题上，真正受欺凌者最高，其次是多疑者；否认者在自尊、社交焦虑和孤独方面均与一般儿童差异不显著。

表1-6　不同类型受欺凌者适应指标的平均分与标准差（N=993）

	自尊		社交焦虑		孤独	
	M	SD	M	SD	M	D
1. 一般儿童	3.11	0.41	0.78	0.72	1.83	0.58
2. 多疑者	2.93	0.49	1.36	0.87	2.38	0.74
3. 否认者	3.01	0.41	0.60	0.63	1.95	0.57
4. 真正受欺凌者	2.76	0.54	1.73	0.95	2.78	0.96
总体	3.07	0.44	0.87	0.78	1.93	0.66
F	11.80***		36.59		47.03	
事后比较（LSD）	1>2、4；3>4		4>1、2、3；2>1、3		4>1、2、3；2>1、3	

可见，在受欺凌儿童中，受伤害最严重的是真正受欺凌儿童，其次是多疑者，否认者并未受到伤害。真正受欺凌儿童适应问题最严重而否认者适应问题最少这一现象很容易理解，对否认者而言，同伴认为他们受欺凌频率较高或更严重，但他们自己并未感觉到，这种情况下欺凌很难以对其心理健康产生影响。

概言之，与未卷入欺凌事件的儿童相比，卷入欺凌事件的三种典型角色中，挑衅性受欺凌者和受欺凌者适应问题最严重，其次是欺凌者。受欺凌儿童中，受伤害最严重的是真正受欺凌儿童，其次是多疑者，否认者并未受到伤害。从心理健康视角来看，校园欺凌的预防与干预中，最需要心理援助的是挑衅性受欺凌者和真正受欺凌者，其次是欺凌者和多疑者，最后是否认者与一般儿童。

（二）雄性间攻击与异性间攻击

关于攻击、欺凌的性别差异，学术界有两种观点。对一般攻击、欺凌而言，学术界的研究结果比较一致，即男性攻击行为多于女性，只是在具体类型的性别差异结论上有不一致的地方。学术界主要从生物学和社会学视角对这一男女性别差异作出解释。进化心理学认为，男性因承担围猎、保护领地、争夺更多繁衍权利等需要更多竞争，由此逐渐进化形成了攻击的本能；社会学认为，文化对男性攻击行为的认可与宽容是导致男性攻击行为高于女性的主要原因。

实际上，这两个方面的解释很难割裂开来，进化形成的本能在文化的默许与鼓励之下逐渐内化为男性与女性的整体特质。在人类发展过程中，攻击源于群体繁衍和个体生存的需求。首先，攻击有利于维持生态平衡，保证个体和物种的生存。受环境所限制，某一特定环境中所能够养活的同一物种有限，同类间的攻击起到了保持生态平衡的作用。面对同类群体的竞争，某一群体能够生生不息就需要强有力的竞争力，以获得更多资源。在科学技术尚不发达的古代社会，攻击成为群体得以生存的重要竞争力，古往今来的战争正是人类攻击本能的体现。社会学家玛格丽特·米德（1988）在其著作《三个原始部落的性别与气质》中指出，原始部落之一"蒙杜古马族"之所以能占有高地上的肥沃土地，就是因为他们比任何邻居都更为凶残、更大胆妄动。其次，攻击有利于挑选出最优秀、最强壮的成员来繁殖后代，从而最大可能保持后代的竞争力。要想使民族文化得以延续，蒙杜古马族必须让后代具有本民族的传统素质——高攻击性，因此攻击性强、体格强壮的男性获得更多配偶，其基因得以传承。第三，攻击还有护雏功能，使物种得以延续。人类能够在地球上居于动物链顶端，不仅仅在于人类的智慧，还在于人类基于智慧的攻击能力。面对天敌时，人类强有力的攻击能够保护自己的后代，才得以繁衍。正是由于攻击的上述功能，攻击成为人类和动物的四大本能之一（张文新，1999）。在蒙杜古马族，攻击成为文化遗产，被族群宣传和鼓励，群体成员理解、接受并用行动予以实施，从而实现代际传递。可见，遗传进化形成的本能与文化的相互作用使男性攻击行为高于女性。

由于资源的竞争多发生在同性别之间，故男性出现了独特的性内攻击（intrasexual aggression），也叫雄性间攻击（Panksepp，1998）。人们发现，人类以及许多哺乳类动物中，攻击性与激素尤其是雄性激素（如睾丸激素）的分泌有关，与人类种系最近的动物狒狒、黑猩猩等，雄性比雌性更富有攻击性，这更进一步为男性攻击行为高于女性提供了佐证。

此外，除了同性别攻击外，也存在异性间攻击。由于男性力量远大于女性，男性对女性的攻击就成为许多学者关注的焦点。R. 舒特等的研究发现，男孩攻击女孩的事情几乎每天都会发生，欺凌方式多为言语欺凌或间接欺凌，很少使用身体欺凌或直接欺凌（Shute et al.，2008）。研究者认为，与男性之间的身体攻击不同，男性对女性的欺凌本质上就是性欺凌。一些学者专门考察了性别与性欺凌的关系，发现女孩更容易成为性欺凌的受害者（Pellegrini，2002；Shute et al.，2008）。为什么女孩更容易成为性欺凌的受害者？对此，可以用社会学中对男性气质的描述——男性支配地位（hegemonic masculinity）作出合理解释。男性支配地位是指男性认为自己在两性社会中应占据优势地位，女性属于从属地位。性欺凌是男性维护自己性别优势地位的合法方式（Robinson，2005），女性自然更容易成为性欺凌对象。女性主义理论家（feminist theorist）认为，年轻男性通过物化女性对女性实施性欺凌，物化的方式是常常讨论自己所希望的性行为方式或自己已经使用的性行为方式（Meyer，2008）。异性间欺凌的方式有哪些？对受欺凌一方（多为女性）具有怎样的伤害？为什么会出现异性间欺凌？如何预防与干预？这是未来我们需要进一步探讨的问题。

（三）没有得到验证的支配假设

社会支配论（Social Dominance Theory）对人类社会普遍存在的群体冲突和群体间不平等现象作出解释。该理论认为，社会存在层级现象，有支配群体和从属群体之分（Pratto，et al.，1994）。每个层次上都存在阶层内部"阶层增强"和"阶层减弱"相互平衡的力量，若失去平衡，两个群体之间便会出现或者倾向于不平等。当不平等满足了支配群体成员对于等级制度的需求且尚未导致动乱时，阶层之间就会实现新的动态均衡。在社会支配论中，最具有心理学意蕴的概念便是社会支配倾向（social dominance orientation），是个体对不同社会群体之间不平等的接纳程度，尤其是对强势群体支配弱势群体的接纳程度（张智勇、袁慧娟，2006；Pratto et al.，1994）。支配群体比从属群体的社会支配倾向更高，因为他们要维持自己对社会经济资源的优先使用权，从而巩固自身的支配地位（Pratto et al.，2006）。社会支配倾向激发了人们内心的意识形态及歧视，并以此来维持或提高群体的支配地位。

在攻击与欺凌研究领域，有学者使用支配理论（Dominance Theory；Hawley，1999）来解释欺凌发生的内在机制，认为个体总希望自己在群体中获得较高的地位。对学生而言，获得较高地位的方式有多种，如优异的成绩、突出的才艺、运动能力强等，攻击弱小的同学是中小学生获得资源以及较高同伴地位的方式。通过攻击与欺凌获得支配地位的学生，为了维护等级地位、巩固自己的支配地位，会继续使用攻击与欺凌方式保持自己的群体地位。因此，根据支配理论可以推测，在新团队建立时（如幼儿园小班、小学一年级、初中一年级等），团队成员都希望在团队中处于支配地位，并通过各种方式达到目的，攻击与欺凌就成为一些学生获得群体支配地位的方式之一。因此，如果社会支配理论成立，再加之学生进入青春期后，学生对社会性奖赏比较敏感（Sebastian et al.，2013），且自我控制能力相对滞后（Prencipe et al.，2011），本研究中应该得出初中一年级学生的欺凌与受欺凌显著高于小学高年级和初中二、三年级的结论。但是，我们的研究结论没有支持这一假设，至少现阶段我们所取的样本群体中，没有出现社会支配理论所预测的结果。

这一结论至少说明两个问题：第一，儿童欺凌、受欺凌发展变化的规律更可能受儿童生理、心理成熟水平的制约。随着儿童认知水平的提高，体现儿童社会认知能力的间接欺凌成为主要方式，而身体、言语等直接欺凌方式则逐渐减少；同时因认知能力增强，儿童解决同伴冲突、获得同伴地位的方式增多，攻击与欺凌逐渐被其他合理方法所取代，这也导致欺凌随年龄增长逐渐减少。第二，尽管儿童希望在群体中获得支配地位，但至少在我国文化背景下，欺凌不是儿童获得群体支配地位的主要方式。我国传统文化一直鼓励儿童通过优异的表现获得群体地位，如成绩优秀、组织能力强、亲社会行为多等，而不鼓励儿童使用攻击、暴力的方式争取资源，学校教育则通过实践落实了这一传统价值观，这可能是我国儿童在新团队建设初期很少通过攻击与欺凌获得社会地位的原因。

（四）优越与劣势——悖论中的合理性

研究发现了一个有意思的悖论，即占据家庭所有教育资源的独生子女与多子女家庭中容易被忽视的中间儿童更可能成为校园欺凌的对象，即优越与劣势均可能成为受欺凌的原因，而且仅表现在受身体欺凌方面。仔细分析，独生子女受欺凌多与多子女家庭的中间子女受欺凌多，其中的内在原因并不相同。

根据家庭经济学研究者 G. S. 贝克尔和 H. G. 刘易斯（Becker & Lewis，1973）提出的"子女数量—质量消长"理论可知，子女数量越少，家庭内部各种资源可分配给每个子女的就越多，最终有利于子女的发展。根据这一理论，独生子女家庭分配给儿童的资源最多，对儿童发展最有利。但我们的研究表明，至少在攻击与欺凌领域，独生子女身份不是优势，而是劣势。一方面，独生子女没有与兄弟姐妹竞争就能够独享家庭的全部教育资源与经济资源，这使得进化形成的攻击本能在家庭中无用武之地，攻击本能因得不到练习与强化而逐渐消退；另一方面，独生子女成为受欺凌者的概率高还可能与独生子女缺乏有效应对同伴欺凌的方法策略有关。家庭是儿童人际交往的训练场，是儿童习得人际交往技能、冲突处理策略的重要场所。与非独生子女相比，独生子女失去了通过与兄弟姐妹竞争、冲突而习得相应人际交往技能和冲突处理策略的机会，父母也缺少指导独生子女处理同胞冲突的实践机会。进入校园后，缺乏早期同伴冲突应对经验的独生子女更可能成为欺凌行为的受害者。可见，在攻击与欺凌领域，享有家庭各种资源最多的独生子女反而更容易成为欺凌对象。

与两个子女家庭相比，多子女家庭的儿童也更容易成为受欺凌者。进一步分析表明，并不是多子女家庭的所有子女具有同等受欺凌的可能性，与长子女和幼子女相比，中间子女更可能成为欺凌的靶子。为什么多子女家庭中，中间子女更可能遭受欺凌？一般而言，中间子女与长子女相比缺乏身心力量方面的优势，与幼子女相比缺乏父母的偏爱与支持，在争夺家庭资源时长子女凭借身心力量的优势、幼子女凭借父母的偏爱更可能达到目的，而中间子女处于相对被压迫的地位，长此以往，中间子女很容易使用退让、逃避等方式应对同胞竞争，也试图通过这种方式获得父母的关爱，在家庭中演练形成的消极应对方式或处理冲突模式使他们容易形成习得性无助感。根据习得性无助感方面的研究（Erdley et al.，1997）可推知，中间子女很容易形成"无助的"认知、归因和行为模式，而这些无助模式使他们成为新欺凌者攻击的对象。可以说，习得性无助意味着，即使环境发生了变化，但业已形成的无助的认知、归因和行为模式仍然相对稳定。中间子女在家庭中形成的无助的认知、归因和行为模式正好符合校园欺凌者理想靶子的条件，他们在学校中更容易被同伴欺凌就在情理之中了。

至于独生子女和中间子女为什么受欺凌发生率高仅表现在受身体欺凌方面，原因之一可能是同胞之间身体力量差异明显，多通过身体攻击获得相应资源，缺乏应对身体攻击有效策略的独生子女以及因竞争总是失败形成习得性无助模式的中间子女容易成为同伴身体攻击的对象。相反，独生子女和中间子女在言语能力、社会认知、社会交往能力等方面并不比长子女和幼子女差，他们被同伴选为言语欺凌和关系欺凌对象的概率当然也就不会比其他子女高。

简言之，独生子女占有较多资源的优势，这使得他们失去了资源争夺策略的练习，进入学校后容易受欺凌；多子女家庭中，中间子女一方面容易被家长忽视，另一方面又被长子女和幼子女挤压，容易形成无助的认知与行为模式，从而被选为欺凌目标。本研究无疑给教育者（尤其是父母）一个重要启示：给独生子女提供资源竞争的机会，提升他们冲突处理策略的能力；多子女父母要多关注中间子女，给予关爱与支持，不要因为缺爱把孩子推向危险的境地。

第二章　影响儿童欺凌的微观系统：家庭

　　如果地球是一座美丽的花园，家就是花园中一撮泥土，儿童则是生长在泥土上的一棵小苗。在人类生活的生态系统中，每一个家庭都可能如一撮泥土般微不足道，但却是每一棵小苗成长的土壤。儿童最终成为一棵参天大树，还是成为一棵默默无闻的小草，抑或是夭折、病变，家庭起着决定性作用。欺凌、受欺凌可以说是儿童成长过程中发生的病变，要治愈这一病变，就需要对引发病变的最初环境——家庭进行深入分析，找到致病的根源，对症下药，同时与学校、社会各界协同合作，有效制止或消除校园欺凌现象。

一、家庭的历史演变

　　《说文解字》中指出，"家"是个会意字，其甲骨文字形的上面是"宀"，表示与室家有关。下面是"豕"，即猪，古代生产力低下，人们多在屋子里养猪，所以房子里有猪就成了家的标志。可见，在中国古代，家是古人集会议事的地方，还可以圈养多余的猪。在古罗马，Famulus（家庭）的意思是一个家庭奴隶，而 Familia 则是指属于一个人的全体奴隶。古罗马人用 Familia 一词表示父权支配着妻子、子女和一定数量奴隶的社会机体。由于家庭起源于史前时代，无文字资料可查，只能凭考古学和人类学的调查结果做出推断，起源的具体时间段一直悬而未决。学术界较为一致的观点是，家庭是随着生产水平的提高，剩余产品的出现而逐渐出现的。

（一）家庭的产生

从人类祖先的家庭萌芽状态，演变为真正意义上的人类家庭，是一个漫长的渐进过程。可以说，家庭是随着人类进化，人类自身与社会因素相互作用的结果。有学者认为，促使家庭产生的三个关键要素是：发情期的消失、高级抽象思维能力的形成、狩猎经济和定居（王玉波，1992）。发情期的消失使人类摆脱动物性的、基于本能冲动的性生活，形成建立两性联合体的人类性爱；具有高级抽象思维能力的人类能够理性解决问题，接受社会规范的约束；而狩猎经济和定居使家庭关系持久化，家庭相对稳定，家庭职能得以发挥。

人类社会早期，受人类自身水平和社会生产力水平制约，两性联合体的家庭难以抵御自然环境的变化，人类故以氏族形式共同生活，物质生活资料、男女繁衍的后代均归部落群体所有。随着人类自身智慧的发展以及经验的积累，生产水平逐渐提高，人类能够制造工具用以捕猎、耕种和养殖，剩余产品出现，人的私有意识产生，于是具有相对稳定配偶和子女的家庭出现。因社会生产水平的低下、环境的恶劣，最初家庭很难以独立生存，稳定性也比较差，必须依附于氏族部落才能够生存下去。因此，家庭从部落中分化出来并最终成为社会组织单元，期间经历了一个漫长的演化过程。

（二）早期的家庭模式

家庭产生之后，其组织形式或构成发生了一系列变化，根据发生的早晚可概括为血缘家庭、普那路亚家庭、对偶制家庭和专偶制家庭四个阶段（恩格斯，1887；中译本，2018）。

1. 血缘家庭

血缘家庭，顾名思义是建立在血缘关系基础上的家庭，是人类家庭发展的第一个阶段。血缘家庭阶段，按照辈分划分婚姻集体，排除父母与子辈之间的性关系。具体来说，血缘家庭内部，祖父母辈的男女互为夫妻，他们的子女即父母辈也互为夫妻，同胞兄弟姐妹互相集体通婚。这种家庭的典型形式是一对配偶的子孙中，每一代都互为兄弟姊妹，也互为夫妻，但不同辈分之间不能成为夫妻。置于家庭发展的历史长河中，血缘家庭排除了父母和子女之间的性关系，避免了不同辈分之间的乱伦，在家庭组织上前进了一大步。

2. 普那路亚家庭

普那路亚家庭是家庭进化史上的第二个进步，与血缘家庭相比，普那路亚家庭排除了兄弟姊妹之间通婚。当然，这一过程是逐步实现的，先排除同胞之间通婚，然后发展到禁止旁系兄弟姐妹婚配。但普那路亚家庭仍然是集体通婚，即一群男子与另一氏族的一群女子集体通婚，其中每一个男子是每一个女子的丈夫，每一个女子也是每一个男子的妻子。若干的姊妹有共同的丈夫，但这些共同丈夫中，排除了她们的兄弟。这些丈夫之间彼此已不再互称兄弟，而是互称普那路亚，即亲密的伙伴。同样，若干兄弟与若干数目的女子（只要不是自己的亲姊妹）共同结婚，这些女子也互称普那路亚。生下的孩子称上述一伙丈夫"爸爸"，称上述的一伙妻子"妈妈"。毫无疑问，普那路亚家庭同时排除了不同辈分之间的通婚和同胞之间通婚，比血缘家庭前进了一大步。无论血缘家庭还是普那路亚家庭，子女只能确定亲生母亲，无法确定亲生父亲，无法避免后代之间近亲婚配。

3. 对偶制家庭

根据恩格斯的论述，对偶制家庭产生于蒙昧时代和野蛮时代交替的时期。随着生产水平的提高，女性有了固定居住场所，出现了"走访婚"，男性到女性家居住，成为家庭的一员，对偶家庭出现。所以说，对偶家庭是在普那路亚家庭的基础上发展而来的，是原始社会母系氏族时期的一种家庭形式。与普那路亚家庭不同，通婚的人数减少为两个人，子女属于母亲所有。与血缘家庭和普那路亚家庭不同，对偶家庭中男女相对较为固定，子女能够明确亲生父母。但实际上，一名男子可能到几个女子家走婚，只是几个女子中有一个主妻；同理，一名女子可能和几名男子发生性关系，只是几个男子中有一个最主要的丈夫。因此，对偶家庭的夫妻关系不大牢固，容易破裂，子女仍然无法确定生物学意义的亲生父亲。

4. 专偶制家庭

专偶制家庭是在野蛮期中级阶段和高级阶段相交时期，在对偶制家庭基础上逐渐演变形成的。随着生产力的提升，人类以家庭为单位生活，男性家长开始在家庭中占据主导权，为了确保剩余财产传递给亲生子女，父亲要明确子女与自己的血缘关系，专偶制家庭由此产生。与对偶制家庭相比，专偶制家庭下的婚姻关系更加坚固持久，双方不能任意解除婚姻关系。可以说，专偶制家庭是男性占据主导地位的产物，专偶制产生之后，历经奴隶社会、封建社会至今，一直是家庭的基本模式。可以说，专偶制家庭是随着母权制被推翻，父权制最终确立的产物。丈夫在家庭中掌握了决定控制权，而妻子则被贬低和奴役，这从古罗马语言 Famulus（家庭）的意思中可以清晰地感知到。

（三）现代家庭的本质

一夫一妻制婚姻经历了漫长的发展历程，其内涵与最初相比发生了比较大的变化。在当前社会，家庭是以血缘关系为纽带、相对比较稳定的社会组织形式。我国学术界对家庭的具体定义虽然有细微差异，但都强调"婚姻、血缘为纽带"，承认是社会生活的基本单位或组织形式。如费孝通从人类学和社会学的视角解读家庭，认为家庭一般是指由父母子女构成的基本三角（费孝通，1986）。潘允康认为家庭是以婚姻和血缘关系为纽带的社会生活的组织形式（潘允康，2002）。《中国大百科全书》中"家庭"条目的含义为"建立在婚姻和血亲基础上的社会组织形式，构成人类最基本的社会生活内容之一"[1]。《现代汉语词典》（第 6 版）家庭条目的解释，

---

[1] 中国大百科全书《民族》编辑委员会：《中国大百科全书·民族》，中国大百科全书出版社 1992 年版，第 197 页。

"是以婚姻和血统关系为基础的社会单位，包括父母、子女和其他共同生活的亲属在内"①。

有西方学者认为，家庭是一群人以婚姻关系或血缘关系为纽带建立起来的准环形关系（Simadi et al.，2003）。之所以说是一种准环形系统，是指家庭内部存在多个不同子系统，如夫妻系统、手足系统，个体在某一系统内的关系不是线性关系，而是准环形关系。家庭系统具有一些共同的特征：(1) 建立家庭以及家庭发展目的是接受新成员，如夫妻有了孩子之后需要建立新的家庭规则以适应家庭规模的变化；(2) 家庭整体重于任何组成部分，如家庭成员总体对某件事情看法高于家庭成员某一个体对该事件的看法。多数西方学者认为满足以下条件才能称为家庭：(1) 至少两个不同性别的成年人一起居住；(2) 家庭成员有劳动分工；(3) 家庭成员进行经济与社会交换，即互相为对方做事；(4) 家庭成员在物质活动和社会活动等方面共享，如一起吃饭、居住等；(5) 成年人与子女有亲子关系，父母对子女拥有权威的同时要承担保护、抚育的义务；(6) 孩子之间是兄弟姐妹关系，共同承担义务，互帮互助（古德，1986）。

概括中外学术界的观点，现代意义上的家庭应该具有以下基本要素：第一，家庭的基础是婚姻和血缘关系。家庭成员的主要关系有夫妻关系、亲子关系和同胞关系，其中夫妻关系是由婚姻缔结而成，是家庭中最主要的关系；亲子关系、同胞关系以夫妻关系为核心产生的血缘关系，是维系家庭的纽带。第二，家庭是社会生活的基本单位，家庭成员至少两人。家庭有"小家庭"和"大家庭"之分，小家庭指由父母子女构成的基本团体，如仅有夫妻组成的二人家庭、夫妻和子女、夫妻一方与子女、缺失父母的兄弟姐妹等组合方式。大家庭则指包含其他直系旁系亲属团体在内的基本单位，如祖父母、父母、叔伯父、子女等组成的家庭。第三，共同生活是家庭的现实条件。有血亲和姻亲关系但没有共同生活在一起的不能称

---

① 中国社会科学院语言研究所词典编辑室：《现代汉语词典》（第6版），商务印书馆2012年版，第621页。

为一家人，无血缘关系但生活在一起有抚育或奉养关系的可以组成家庭，如养父母与养子女家庭。

作为社会的基本单位，家庭在人类社会的发展进程中发挥了重要作用。作为儿童心理发展领域的工作者，我们应思考：当前一夫一妻制下的家庭具有哪些类型？家庭类型与儿童心理发展的关系如何？家庭在儿童心理发展中具有哪些职能？不同文化背景下的家庭结构、家庭功能是否相同？

二、家庭的结构类型

关于现代家庭的结构类型，不同领域学者们关注的视角不同，划分标准不同，具体分类差异较大。社会学领域更关注家庭产生以来，随人类生产力水平的提高以及社会文化的变迁家庭结构的变化规律，并根据血缘和姻缘关系划分家庭类型；而教育与心理学领域则站在儿童视角透视家庭结构类型对儿童身心发展的影响，以亲子关系的完整与否来划分家庭类型。

（一）社会学的分类

社会学领域的学者对家庭分类方式存在较大争议，可按照户主户籍把家庭范围分为流动家庭和非流动家庭，根据人口规模把家庭分为小家庭和大家庭，根据家庭中丈夫或妻子的对等情况分为一夫一妻家庭、一夫多妻家庭、一妻多夫家庭，根据婚后居住模式分为从父居家庭、从母居家庭、从舅居家庭、新居制家庭，依据家庭成员的完整情况分为完整型家庭和残缺型家庭，根据家庭内部构成把家庭分为核心家庭和扩大家庭等。但概括来说，以下三种分类方式在各类学术文献中使用的频率较高：其一，根据中国文化特征以亲子关系为核心标准对家庭结构进行分类；其二，借鉴西方发达国家的分类标准并结合我国当前家庭结构变迁进行分类；其三，以生命周期理论为依据，根据家庭的稳定性进行分类。

1. 以亲子关系为划分的核心标准

费孝通按照家庭中有无"夫妇"所形成的核心，以及夫妇核心的数量为划分标准，把中国家庭结构分为不完整的核心家庭、完整的核心家庭、包含其他不能独立生活成员的核心家庭以及联合家庭四类（费孝通，1982）。根据费孝通的观点，不完整的核心家庭指原有配偶中有一方死亡或离去，或父母双亡的未婚子女所组成的家庭；完整的核心家庭指夫妻和其未婚子女所构成的生活单位，相当于西方的核心家庭，在中国一般称"小家庭"；包含其他不能独立生活成员的核心家庭是指，核心家庭之外还包括其他不能独自生活的成员，他们大多是配偶死亡后和其已婚子女共同生活的鳏夫或寡母，也有些是其他较远的亲属或没有亲属关系的人；联合家庭则指两代重叠的核心家庭，即过去统称的"大家庭"。

这种传统的家庭分类模式没有考虑独居、未婚同居、已婚不育这些因社会变迁带来的新的家庭模式。因此，许多学者对其理论进行了修正和补充。如王跃生把家庭结构分为核心家庭、直系家庭、复合家庭、单人家庭、残缺家庭以及其他家庭等类型（王跃生，2006）。潘允康根据家庭代际层次和亲属关系把家庭结构分为核心家庭、主干家庭、联合家庭以及其他家庭四大类（潘允康，2002），把费孝通的一、二类合并为核心家庭，补充了其他类（如隔代家庭）。

2. 以家庭的代际关系为标准

我国学者钟年（1999）借鉴西方学者的观点，根据家庭的代际关系把家庭分为核心家庭和扩大家庭两类。核心家庭（nuclear family）也称基本家庭、自然家庭或初级家庭，是二世一支家庭，由父母和其未婚子女（含正式收养子女）组成的家庭。扩大家庭（expanded family）是由多个核心家庭通过血缘、姻缘或收养等关系缔结而成的家庭形式，如"三世同堂""四世同堂"的家庭，包括主干家庭（小型扩大家庭）、直系家庭（中型扩大家庭）和多世多支家庭（大型扩展家庭）三个亚类型。主干家庭（stem family）为三世一支家庭，仅一个子女与父母生活在一起并继承家庭遗产（Shanks，1987）。直系家庭（lineal family）是三世多支家庭，也叫共祖家庭、直系家庭，是一对夫妻及其诸子（从男系继嗣角度）或诸女（从女系继嗣角度）的生育家庭。多世多支家庭则是一对夫妻及其诸子、诸孙的生育家庭（从男系继嗣角度），或一对夫妻及其诸女、诸外孙女的生育家庭（从女系继嗣角度）。

3. 以家庭的稳定性与变化性为标准

受家庭生命周期（Family Life Cycle）理论的影响，划分家庭结构时既考虑血缘和姻缘关系，又考虑家庭产生后离婚、生育、死亡、子女成长经历、无子女等情况。换言之，需要同时考虑基于血缘关系的稳定性，以及因婚姻变故、家庭成员死亡等因素引发的变化性。例如，西方学者 P. E. 墨菲和 W. A. 斯特普尔斯根据夫妻年龄把家庭分为年轻家庭、中年家庭和老年家庭，每一种家庭里又包括单身、已婚无子女、已婚有子女、离婚无子女、离婚有子女等不同的亚类型（Murphy & Staples，1979）。该分类方法遭到许多学者的批判，原因主要有两个：其一，分类的参考因素太多太复杂，分类时同时考虑夫妻年龄、血缘和姻缘关系等多个因素，而这些因素本身的周期变化规律尚无定论（如发展心理学中对人类个体生命周期的划分本身就存在争论），用尚有争议或尚无定论的标准进行分类显然不够科学；其二，每个年龄阶段的家庭形式实际基本相似，增加年龄这一维度有一种画蛇添足的感觉。

有学者简化了分类要素，提出了更为简洁的分类方法。例如，宋健等（2014）以家庭生命周期理论为基础，结合当前我国家庭的变迁，根据"稳定性"把家庭分为"稳态家庭"和"失稳家庭"两种类型。稳定家庭指按照家庭生命周期的发展阶段是自然形成的，没有发生家庭成员得而复失的情况，包括未婚独居、已婚/同居未育、核心家庭和三代及以上同住家庭等亚类型；失稳家庭指曾经经历过一个或若干家庭成员缺失的家庭，包括离婚独居、丧偶独居、子女走失/去世家庭、"空巢"家庭、单亲家庭、隔代家庭等。其中，空巢家庭指子女成年后离开，家中只剩下年老父母的家庭。核心家庭与社会学领域的含义相同，指由父母和其未婚子女（含正式收养子女）组成的家庭。单亲家庭指父母一方去世或离异，由父亲或母亲独自养育孩子；或未婚生子，由父亲或母亲独自养育孩子。隔代家庭指由祖父母或外祖父母与孙子女或外孙子女组成的家庭。

4. 多指标分类

学者们一直试图综合多个指标对家庭进行详细、系统的分类，曾毅等（1992）的家庭分类具有这一特征。他们根据家庭户成员的婚姻、血缘、亲子与代际关系以及家庭户成员的数量将中国家庭户分为一人户、一对夫妇户、核心家庭户、隔代家庭户、三代直系家庭户、四代或四代以上直系家庭户、二代联合家庭户、三代联合家庭户、四代或四代以上联合家庭户等九种类型，同时对核心家庭、隔代家庭作出了明确的操作解读，其中核心家庭包括父母双全、单父单亲、单母单亲、单父分居和单母分居五类，隔代家庭包括祖父母与孙子女、单祖父单亲与孙子女、单祖母单亲与孙子女、单祖父分居与孙子女和单祖母分居与孙子女五种情况。曾毅等根据第四次人口普查的资料对我国家庭结构情况进行分析，我国家庭中上述九种类型的比例依次为 6.32%、6.49%、67.31%、0.66%、0.09%、16.65%、0.99%、0.59% 和 0.07%；核心家庭五种亚类型的比例依次为 57.81%、1.88%、3.18%、0.63%、3.81%；隔代家庭五种亚类型的比例依次为 0.34%、0.08%、0.01%、0.20% 和 0.03%。

该项研究表明，尽管各省（自治区、直辖市）的家庭结构类型分布存在差异，但总体而言核心家庭为主体，占总数的 67.31%，其中又以父母双全的为主，占总家庭数的 57.81%；其次是三代直系家庭的比例较高，占总家庭数 16.65%。虽然单父单亲、单母单亲、单父分居和单母分居四种家庭的比例都不高，但孩子随母亲居住的比例（6.97%）要比随父亲居住的比例（2.11%）高很多。

需要指出的是，社会学领域经常讨论 20 世纪 80 年代欧美出现的家庭模式——丁克家庭（DINKS family），DINKS 是英文"double in come no kids"的缩写，指家庭由夫妻两人组成，不要孩子，不与其他家人同住，独自生活（钟年，1999）。从严格意义上讲，夫妻刚结婚未生育或不能生育的家庭不能叫丁克家庭。在目前学术界，学者们称这种家庭为已婚未育或同居未育家庭，属于夫妻两人家庭的一种形式。

（二）教育学与心理学界的分类

儿童心理研究中，社会学领域的几种分类方式在实际中并不常用，如一人家庭、夫妻两人家庭并不在研究者调研范围。因此在实际考察中，学者们基于儿童的视角，以社会学关注的血缘、姻缘为基础，根据亲子关系的完整性、稳定性对家庭结构进行分类。

1. 基于儿童视角的分类

从儿童视角出发尝试对家庭进行分类的学者很多，无论使用何种分类标准，其共同特征是家庭中有儿童存在，即不包括社会学分类中的独居家庭、丁克家庭等。方晓义（2005）在其《家庭与儿童发展：一个充满生命力的研究领域》一文中指出，在儿童发展领域，大量的研究探讨了不同家庭结构下（如完整家庭、离异家庭、寄养家庭、再婚家庭、三代同堂家庭等）儿童的心理发展问题，表明基于儿童视角的家庭分类清楚指出了家庭中主要照顾者存在与否以及谁是主要照顾者，但没有考虑父母不在，祖父母及外祖父母与儿童居住一起的隔代家庭这一情况。

中国儿童中心（2017）在《中国家庭教养中的父母角色——基于0—6岁儿童家庭现状的调查》中，把家庭分为单亲家庭、核心家庭、主干家庭、隔代家庭和其他家庭五类。该项研究采用分层随机抽样的方法，从我国东部、东北部、中部和西部四个地区中抽取8个省（自治区、直辖市）的69个区（县），207个街道（乡、镇）共17898名0—6岁儿童家长进行调查，发现0—3岁儿童中单亲家庭、核心家庭、主干家庭、隔代家庭和其他家庭的比例依次为3.8%、48.5%、41.4%、4.5%和1.7%，3—6岁儿童中的比例依次为3.8%、53.0%、38.2%、4.0%和1.2%，以核心家庭和主干家庭为主，二者分别占总数的89.9%和91.2%。这一分类方式在教育与心理学界得到广泛的使用。

具体来讲，单亲家庭即由单父或单母和儿童生活在一起的家庭，核心家庭指父母和其未婚子女生活在一起的家庭，包含养父母与养子女、继父母与继子女生活在一起的情况；主干家庭指由祖辈、父辈及未婚子女一起生活的家庭；隔代家庭指祖辈和孙辈一起生活的家庭；不能包含在上述家庭类型中的成为其他家庭。此外，教育学与心理学文献中还经常出现重组家庭或再组家庭，顾名思义指由两个单亲家庭各自带着自己子女或一方带着子女和另一个单身方组成的家庭，这种家庭也是核心家庭的一种形式。

需要指出的是，为了考察家庭变故对儿童身心发展的影响，教育学与心理学界经常考察某些特殊家庭形式对儿童身心发展的影响，如离异单亲家庭、未婚单亲家庭、离异再婚家庭、丧偶再婚家庭等。前两种是单亲家庭的两种形式，后两种是核心家庭的两种表现形式。

2. 家庭结构类型的调查

当前我国儿童所生活的家庭结构分布情况如何？国内学者多从社会学视角进行分析和考察，较少从儿童视角进行专门研究。本书从儿童发展与教育的视角，对 3—12 岁儿童所在家庭的类型进行了考察。

（1）调查对象

研究对象为 3—12 岁儿童的教育者。被试来自山东省济南市城区、城乡接合部以及乡村的 3 所幼儿园和 3 所小学家长，城区、城乡接合部和乡村幼儿园、小学各 1 所，被试总人数 3802 人。

（2）研究工具

研究工具使用自编的家庭背景资料问卷，其中测评家庭结构的有两个题目，从儿童视角测评家庭的完整性，根据家庭中父母存在与否以及是否与子女具有血缘关系，把家庭分为完整家庭、离异单亲家庭、丧偶单亲家庭、再婚家庭和其他家庭五类。其中，完整家庭包含社会学分类标准下的核心家庭（孩子和父母生活在一起）和主干家庭（孩子和父母、祖辈生活在一起）两种情况，再婚家庭含离异再婚和丧偶再婚两种情况；为了考察离异单亲和丧偶单亲两种不完整家庭结构对儿童社会性行为的影响，把单亲家庭（孩子只和父亲或母亲生活在一起）分为离异单亲家庭和丧偶单亲家庭两类的分类方法，其他家庭为"不包含上述四种情况的家庭"，具体包含隔代家庭（孩子只和祖辈生活在一起）、组合家庭（孩子和父母以及其他亲属生活在一起）等情况。

（3）调查研究结果

全部 3802 个家庭中，完整家庭、离异单亲家庭、丧偶单亲家庭、再婚家庭和其他家庭的频次依次为 3513、81、34、71 和 103，分别占总家庭的 92.40%、2.13%、0.89%、1.87% 和 2.71%（见表 2–1）。

表 2–1　家庭结构类型的频次（比例）

	完整家庭	离异单亲家庭	丧偶单亲家庭	再婚家庭	其他家庭	合计
幼儿	1066	12	4	13	31	1126
小学	2447	69	30	58	72	2676
合计	3513	81	34	71	103	3802

其中，幼儿阶段的 1126 个家庭中，完整家庭、离异单亲家庭、丧偶单亲家庭、再婚家庭和其他家庭的频次依次为 1066、12、4、13 和 31，分别占幼儿阶段总家庭的 94.67%、1.07%、0.36%、1.15% 和 2.75%。小学阶段的 2676 个家庭中，完整家庭、离异单亲家庭、丧偶单亲家庭、再婚家庭和其他家庭的频次依次为 2447、69、30、58 和 72，分别占小学阶段总家庭的 91.44%、2.58%、1.12%、2.17% 和 2.69%（见图 2–1 和图 2–2）。

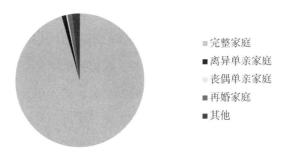

图 2–1　幼儿阶段家庭结构分布图

总体来看，幼儿和小学阶段完整家庭占绝对多数，其他四类家庭占家庭总数的 7.6%。小学阶段与幼儿阶段相比，完整家庭的比例下降了 3.23 个百分点，而离异单亲家庭、丧偶单亲家庭和再婚家庭分别上升了

完整家庭
离异单亲家庭
丧偶单亲家庭
再婚家庭
其他家庭

图 2–2　小学阶段家庭结构分布图

1.51、0.66 和 1.02 个百分点。这说明我国的家庭结构稳定中有变化，稳定为主旋律。

（4）对儿童心理发展研究的启示

尽管不完整家庭的比例不高（7.6%），但绝对数目不小（289 个家庭），如果放在全国范围内，绝对数目相当惊人。考虑到不完整家庭对儿童心理发展的影响（以消极影响为主，具体参考后面相关章节），社会各界需关注家庭结构与儿童发展的关系。学术界主要从家庭结构类型的角度探讨各类不完整家庭类型对儿童身心发展的影响，并提出相应的解决策略。由于研究者所处领域不同，研究思路或视角也不尽相同，目前多从以下两个思路展开研究：其一，考察如何保持家庭和谐、维持稳定的婚姻关系以避免婚姻破裂给儿童心理带来的身心创伤，社会学领域的研究多从这一视角出发；其二，探索如何利用社会支持、儿童自身心理能力等积极因素以对抗家庭不利因素，最大限度减少家庭变故给儿童带来的创伤性影响，发展与教育心理学领域多从遵循这一研究思路，并产生了相应的研究领域，如留守儿童问题、离异家庭中的儿童发展问题等，这些研究领域中就包含了儿童攻击、欺凌与家庭类型的关系。

三、家庭环境

在儿童发展领域，"家庭环境"一词的提出由来已久，系统论者在探讨儿童心理发展的机制时，对家庭环境做了详细解读（如

Bronfenbrenner，1979a；Minuchin，1985）。美 国 心 理 学 家 U. 布 朗 芬
布伦纳认为家庭属于直接影响儿童发展的微观环境的重要成分之一
（Bronfenbrenner，1979a）。英国学者 J. 贝尔斯基在《早期人类经验：家庭
观》一文中提出了父母与儿童相互影响、婚姻关系影响亲子关系的观点，
指出应从整体上研究家庭环境对儿童身心发展的影响（Belsky，1981）。
在随后的相关研究中，贝尔斯基使用家庭氛围（family climate）一词描
述家庭环境（如 Belsky et al.，2003；Belsky & Conger，2009）。美国心
理学家萨尔瓦多·米纽庆（Salvador Minuchin）从"家庭系统"视角对
家庭环境内部各亚系统之间相互影响、相互作用的模式做了详尽阐述
（Minuchin，1985）。在上述研究工作的基础上，R.H. 莫斯与其合作者编
制了《家庭环境量表》（*Family Environment Scale*；Moos & Moos，1986；
Moos，1990），开启了从系统论视角对家庭环境进行实证研究的时代。在
攻击与欺凌研究领域，学者们对家庭环境的影响作用做了哪些探讨？本节
将对这方面的研究做介绍。

（一）家庭环境的含义

家庭环境概念最早出现在 P.E. 维纳恩的《智力与文化环境》一书中，
作者认为家庭环境是家庭给受教育者提供学习所需的环境条件，如学习氛
围、所需器具（图书、设备等）、场所（Vernon，1969）。我国学者对家庭
环境与儿童发展的关系做了大量研究，但对家庭环境的解读存在差异。有
学者从系统论视角出发，认为家庭环境是家庭生活中人与人之间相互联系
所形成的一种气氛（武建清，1999；张庭辉，2009），此视角的定义强调
家庭内部子系统之间通过动态关联而形成的氛围，注重家庭环境中的精神
因素，强调家庭成员的生活作风、生活习惯、生活方式、处世之道、品德
修养、行为规范等。

教育界学者多从儿童社会适应的角度出发，提出家庭环境即为家庭
教育环境，指在家庭日常生活中，父母和其他长辈有意识地对儿童进行的
有计划与无计划相结合的影响活动及其过程（姚春荣、李梅娟，2005）。

文献资料中，从儿童教育视角解读家庭环境的居多，只是具体表述有细微差异而已。例如，王晓玲认为家庭环境是指在家庭中由父母组成，并且能够影响儿童的物质环境与生活环境，主要表现在亲密程度、情感表达、成功性、知识性以及社交娱乐等方面（王晓玲，2009）。有些学者从静态或结构视角分析家庭环境，既关注家庭的物质环境也关注家庭的精神环境（关颖，2014；原凯歌、刘航，2011）。例如，关颖（2014）指出，家庭环境是人的一生中在婚姻、血缘或收养关系基础上，为了共同生活内容与生活目标而构成的物质、文化、精神等各方面的综合。

概括目前学术界对家庭环境含义的分析，可以看出家庭环境有广义和狭义之分。广义上指子女生活在其中并赖以成长和发展的家庭客观环境的总和，可以分为家庭物质环境和家庭心理环境；狭义仅指家庭心理环境，是家庭中带有一定主观性质的环境因素（黄河清，2014）。本书中所指家庭环境为基于儿童发展视角的广义家庭环境。

（二）家庭环境的分类

在具体研究过程中，学术界要对家庭环境进行操作界定，因研究视角或所从事的研究领域不同，学者们对家庭环境的操作界定也有较大差异。目前来讲，主要有以下几种分类方法。

1. 物质环境和精神环境

许多学者从满足个体内外需要的角度，把家庭环境分为物质环境和精神环境（如谭杰群，1988；廖芳芳，2018）。家庭物质环境指家庭中一切与衣食住行有关的物品所构成的物质系统，满足个体的生理需求，具体包括家庭结构、父母学历、父母职业、家庭经济收入等；家庭精神环境则指家庭中一切家庭成员的世界观、气质、道德修养、学识水平、家庭活动氛围等（Miller et al., 2000）。另外，也有研究者认为家庭环境主要包括家庭基本环境、父母情绪特征和家庭互动三个子环境。其中，家庭基本环境和父母情绪特征属于物理属性的环境，而家庭互动则属于社会属性的环境（刘航等，2019）。严格意义上来说，刘航等人实际上是把家庭环境分为了物理属性的环境和社会属性的环境两类。

2. 客观环境和主观环境

从能否客观测评的视角，学者们把家庭环境分为客观环境和主观环境（李松，2007）。客观环境一般指不以人的意志为转移，或是家长在一定时期内无法改变的家庭环境，包括家长的职业、文化水平与社会地位，家庭的经济状况和自然结构，子女的出生次第、子女数量等，家庭客观环境直接关系到家庭的生活质量和生活水平。主观环境指可以由家长及其他家庭成员人为加以调节的家庭环境，包括家庭气氛、父母教养方式、家庭人际关系、家长的价值观念、生活方式和对子女的期望、态度等，家庭主观环境受家庭成员自身因素影响。

3. 硬环境和软环境

更多学者把上述两个方面结合起来分析家庭环境，把家庭环境分为软环境和硬环境（胡丹芝，2004；刘晓玲，2017；孟牒，2018）。硬环境主要包括家庭居住地、家庭结构、经济状况以及父母文化程度、职业、婚姻状况、人际关系的性质和特点、生活方式等；软环境主要是指 R.H. 慕斯和 B.S. 慕斯于 1981 年编制的《家庭环境量表》中所包含的 10 个维度，包括亲密度、情感表达、矛盾性、独立性、成功性、文化性、娱乐性、道德宗教观、组织性和控制性（见汪向东等，1999）。当然，也有学者对硬环境和软环境的看法不同，例如胡丹芝（2004）认为硬环境指家庭生活环境与游戏环境，软环境主要指家庭成员在家庭日常生活中的言行举止等的影响。从本质上讲，这里的硬环境更多指物质环境，而软环境更多指精神环境。基于此视角的研究发现，恶劣家庭氛围下的学生，易产生心理问题（吴永祥，2005），而家庭氛围越是亲密，子女越不容易有精神质的表现（张喜艳，2008）。

4. 显性环境和隐性环境

根据能否直观辨别，可以把家庭环境分为显性环境和隐性环境。如方明军（1996）以青少年犯罪者家庭为样本的研究就采取了这一分类方式，其中显性环境指外显的、家庭固有的特点，包括家庭结构、家庭关系、父母职业、成员文化、经济状况、思想素质等；隐性环境则指家庭成员之间的互动以及在此基础上形成的家庭氛围，主要是指 R.H. 慕斯和B.S. 慕斯于 1981 年编制的《家庭环境量表》中所包含的 10 个维度（见汪向东等，1999）。由于《家庭环境量表》能够有效测评家庭整体氛围，故被学术界广泛使用（如王璐等，2019；高兵玲等，2019）。

5. 过程因素与非过程因素

西方学者 N. C. 威廉斯以系统论为基础，从影响儿童发展的视角，根据是否存在家庭成员的互动，把家庭环境概括为非过程性因素和过程性因素两类，前者包括家庭结构、家庭社会经济地位、主要抚养者以及父母自身特征等静态因素，后者包括亲子关系、父母教养方式、家庭功能以及其他亲子互动等动态因素（Williams，2002）。依据这种分类，非过程因素指家庭环境中成员自身特征或家庭固有特征，故亦称为静态因素；而过程因素涉及家庭成员的互动，体现了家庭成员之间的互动关系以及由此形成的家庭氛围，故亦称为动态因素。

尽管学术界的分类方法不一样，仔细分析会发现，家庭环境所包含的具体成分基本相同。不同分类方法下的物质环境、客观环境、显性环境、硬环境所包含的具体内容基本一致，而精神环境、主观环境、隐性环境、软环境的内容也大部分相近。从影响儿童发展的角度来看，威廉斯划分方法更能够体现系统论思想，因此本书拟采纳威廉斯划分方法，把家庭环境分为非过程性因素和过程性因素两类。

（三）家庭环境的具体内容

家庭环境具体包括哪些方面？研究过程中，学者们的观点存在差异。本小节根据威廉斯的分类方法（Williams，2002），对家庭过程因素和非过程因素的具体内容做简要陈述（见图 2-3）。

1. 家庭非过程因素

非过程因素指家庭环境中成员自身特征或家庭固有特征，主要包括家庭基本环境和教养者特征。其中家庭基本环境又包括家庭结构、家庭嘈

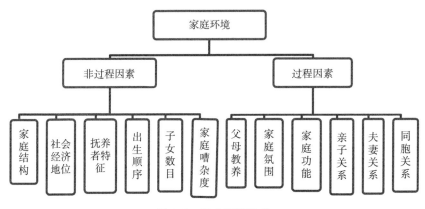

图 2-3　家庭环境组成

杂度、家庭中子女出生的顺序与子女数量、家庭社会经济地位等。家庭结构是家庭成员之间的组合形态，或者说家庭成员不同的层次和序列的结合，一般分为单亲家庭、核心家庭、主干家庭和联合家庭，本章第二部分做了详细分析，这里不再赘述。家庭嘈杂度是家庭基本环境的重要物理特性，客观反映了家庭环境的噪音大小、拥挤程度以及家庭环境的组织条理性等（Corapci & Wachs，2002；曾从周等，2014；邢晓沛等，2018），是影响儿童认知发展的不同于家庭环境其他维度的独立因素（Petrill et al，2004）。家庭社会经济地位代表着家庭所拥有和能获取的物质资源和社会资源，包括家庭收入、家长职业及受教育水平等（Matthews & Galloy，2011）。随着同胞的出生，儿童的家庭关系与身份角色随之发生巨大转变，对其身心发展产生巨大影响，故出生顺序对儿童个性特征的影响一直是发展心理学研究领域的关注点（见综述，庄妍，2017a。注：2017a 指的是引用作者 2017 年发表的第一篇文章；后文中 2017b 指引用的同年度第二篇文章）。

教养者（包括父母、祖父母、保姆以及其他参与教养者等）特征，具体包括教育者的身心特征（如性别、年龄、气质、性格、应对方式、情绪特征、认知风格等）、曾经的生活经历等。目前儿童发展领域，研究者比较关注父母特征（如羞怯、情绪特征）对儿童身心发展的影响作用。例如，攻击与欺凌领域的研究发现，父母一方或双方的心理健康存在问题，其子女更可能欺凌他人（Shetgiri et al.，2015），母亲心理不健康会增加儿童受欺凌的风险（Lereya & Wolke，2013）。

2. 家庭过程因素

家庭过程因素指家庭系统内部成员之间的互动以及经由互动形成的家庭氛围，从夫妻亚系统来看，主要有夫妻关系、夫妻冲突等内容；亲子亚系统中，主要有亲子关系（如亲子亲合、亲子冲突、亲子依恋）、父母教养方式与教养行为等；祖孙系统中包含祖父母教养、祖孙关系、祖辈教养压力等；同胞系统中包括同胞互助与支持、同胞欺凌、同胞冲突等。家庭亚系统内部的互动关系彼此影响，如父母矛盾冲突（即夫妻矛盾冲突）会直接影响亲子关系，父母与祖父母的关系（如婆媳矛盾）会影响夫妻关系等。在发展心理学领域，众多学者研究家庭各个亚系统以及亚系统之间相互作用对儿童身心发展的影响（如 Stutzman el ta.，2011；杨继平、王兴超，2012）。

家庭成员通过复杂互动形成的家庭氛围影响了家庭运转，于是许多学者从整体家庭功能、家庭氛围或家庭环境视角对影响儿童的家庭因素进行探讨。如探讨家庭环境与儿童问题行为（武宇琦等，2019）、攻击行为（王璐等，2019）、幼儿入园适应（冯晓颖等，2018）、网络成瘾（张莉等，2019）、学业（杨宝琰、柳玉姣，2019）的关系等。也有学者探讨家庭氛围与儿童身心发展的关系，如家庭冲突、强制性与儿童青少年攻击的关系（Boxer et al.，2013；Van Ryzin & Dishion，2013），家庭支持（Mazefsky & Farrell，2005）、家庭亲密度（Kliewer et al.，2006）在减少青少年攻击、酗酒等问题行为中的保护作用等。许多学者关注家庭功能与儿童心理发展的关系，取得了很多有价值的结论（参见本章第四部分）。

四、家庭功能

百姓常说，家和万事兴，吃尽滋味盐好，走遍天下家好；诗人说，家是温暖的港湾，家是月光下的倾诉，家是风雨之中的搀扶；学者则说，家庭乃是一种最早的制度。百姓用朴实的话语，诗人用浪漫的诗句，学者用严肃的术语说出了家庭的不同功能。

（一）家庭功能的含义

家庭功能也称为家庭职能，心理学界于 20 世纪 70 年开始进行研究，多使用"家庭功能"一词。目前学术文献中家庭功能的含义融合了中西方学术界的观点，从系统论视角出发，重视家庭系统的整体功能。

截至目前，心理学界对家庭功能的定义存在着两种观点，一是突出家庭具体特征的定义法，即结果取向。结果取向的家庭功能观强调家庭的静态功能，主要用家庭的某些具体特征和具体指标来定义家庭功能，强调家庭成员之间的关系、家庭对外部环境反应灵敏度、家庭规则等。D.H. 奥尔森的环形模型理论（Olson，2000；2011）和 R. 比弗斯的系统模型理论（Beavers & Hampson，2000）是该理论取向的代表性观点。环状模型理论认为家庭功能由家庭亲密度、家庭适应性和家庭沟通三个维度组成，并以此为基础将家庭划分为平衡、中间、极端三大类型。该理论认为，家庭基本功能与亲密度、适应性呈曲线关系，亲密度和适应性过高或过低均不利于家庭功能的发挥，平衡型家庭比不平衡型家庭的功能发挥要好，家庭沟通也较不平衡家庭好。基于家庭系统理论的学者们认为，家庭功能发挥的效果与家庭关系结构、反应灵活性等呈线性关系，而与家庭成员的交往风格之间呈非线性关系，处于两个极端的向心型交往和离心型交往均不利于家庭功能的发挥，家庭成员常会出现适应障碍（Beavers & Hampson，2000）。

家庭功能的第二种定义法则强调家庭任务的完成，即过程取向（Epstein et al.，1978；Skinner，2000）。过程取向的家庭功能观强调家庭功能运行良否对家庭成员身心发展的影响，强调家庭要为成员身心发展提供特定环境条件。为此家庭需完成一系列任务，如满足家庭成员衣、食、住、行等方面的物质需要，促进家庭成员发展，处理家庭突发事件等（李建明、郭霞，2008）。代表性理论模型有家庭功能模式理论（Epstein et al.，1978）和家庭过程模式理论（Skinner et al.，2000）。家庭功能模式理论指出，家庭功能是家庭成员身心健康发展的环境条件之一，主要包括问题解决能力、沟通、家庭角色分工、情感反应能力、情感卷入程度和行为控制 6 个方面，家庭功能发挥良好与否可从这 6 个方面进行衡量。H. 斯金纳的家庭过程模式理论认为，应该从任务完成、角色作用、沟通、情感表达、卷入、控制、价值观这 7 个维度来对家庭功能进行评价，任务完成是核心维度，家庭的首要目标是完成各种日常任务，包括完成危机任务（Skinner et al.，2000）。当然，每项任务都需要家庭一起去应对，以达到家庭功能的良好运转。

无论哪种界定方法，均承认家庭功能指的是家庭在人类生活和社会发展方面所起的作用，均认为家庭各功能之间相互关联。但家庭到底应该具备哪些功能，不仅受社会形态的制约，还受时代变迁的影响，即不同社会文化背景、不同历史时代，社会所赋予、所希冀的家庭功能不同。即使在同一历史发展时期同一文化背景下，不同领域的学者对家庭功能的看法也有差异。

（二）家庭的基本功能

综合社会学、教育学、心理学以及文化人类学领域的观点，我国文化背景下家庭最基本的功能有繁衍后代、赡养老人、文化传承、休闲娱乐、心理保健等功能，并由此而衍生出家庭的经济功能。

1. 繁衍后代

根据社会学的理论及相关研究不难发现，家庭从产生与建立的基础就清楚表明，繁衍后代是家庭最重要的职能之一，也是家庭与其他社会组织的显著区别之一。根据动物心理学家的观点，繁衍是动物和人类的四大本能之一，是动物与人类得以延续的基础。弗洛伊德在其经典精神分析理论指出，人类有两大本能系统：生的本能和死亡的本能，生的本能又包括性本能和自我本能。其中，性本能是人类得以繁衍后代生生不息的保障，自我本能是人类个体在复杂多变的环境中通过竞争、争斗获得生存资源，让自己及自己后代基因得以传承。弗洛伊德认为，死亡是生命的最后稳定状态，此时人类不再有为满足生理欲望而斗争的需要，也就没有了焦虑、抑郁等让人类困扰的情绪问题，所以所有生命的最终目标是死亡。死亡本能就是促使人类返回生命前非生命状态的内驱力，当它指向机体内部时，表现为人类个体的自责、自伤甚至自杀行为，成为自我攻击；当它指向外部世界时，表现为对他人的不满与仇恨，由此引发攻击、谋杀等行为，成为转向攻击。

可以说家庭的繁衍后代功能是确保人类存在的基础。因此，古往今来，无论社会发生怎样的变化或变革，人类社会的各种伦理、习俗规范都要维护家庭的繁衍功能。例如，血缘家庭、普那路亚家庭和对偶制家庭这三类家庭方式无法保证后代婚配中近亲结婚的可能，影响后代人口的质量，因此最终被专偶制家庭所取代，成为现当代社会多数国家和地区的主要家庭模式，许多国家还从法律层面反对近亲结婚。同理，尽管当前许多国家和地区对丁克家庭、未婚独居家庭给予一定的理解，但由于这种家庭模式对人类繁衍无益，因而没有得到法律、习俗方面的支持或鼓励。

繁衍后代不仅仅只生育后代，更重要的是养育后代。家庭的生物功能是繁衍，但只满足生殖欲望去生育而不抚养，后代存活的概率很小。因此，在整个人类发展的历史进程中，家庭要抚养和教育子女，即具备抚育功能。从生物演化进程来看，动物种系越高，神经系统越复杂，达到成熟所需要的时间越长，投入资源越多，最后的成就也越高。如小猩猩只需要1—2年即可到达成熟期，而人类却需要17—18年左右，人类的平均智力水平远远高于其他灵长类动物。由于人类成熟期远远长于其他动物，对后代投入的资源也最多，具体表现为养育时间长、养育质量高。对人类家庭而言，教育子女的重任一方面通过向学校支付教育费用，由社会办学统一进行教育之外，另一方面还通过家长的言传身教，教给其成员（主要是子女）生存的本领和生活技能，以保证子女长大成人后能够承担起新家庭的功能。具体到每一个家庭，家庭教育的主要途径有两个，一个是"言传"，即家庭年长成员（父母、祖父母及年长兄姐）通过指导、监督等方式教给年幼成员正确行为，并对其错误行为进行不间断矫正，从而达到传递生存能力的目标；二是"身教"，家庭年长成员正确榜样示范，年幼成员通过模仿学习最终获得在家庭或类家庭组织中生存的技能。

2. 赡养老人

动物界一直遵循优胜劣汰、强者生存的自然法则，弱者在这一法则下的命运是被消灭、被淘汰。许多肉食动物的年长者因其年老体衰失去了捕猎食物的能力可能饿死、病死，也可能被其他捕猎者杀死。在人类的发展史上，早期也曾经遵循这一法则，这可以从中外各国的历史中找到相应的证据。人类在物质生活极度贫困时，家庭经济无法满足家庭所有成员生存的需求，弱小仍然是最先抛弃的对象，历史上"易子而食""寄死窑"即为经济困难时出现的现象。

随着社会政治经济的发展，社会文明程度的提高，赡养家庭中的年长者或失去生活能力的成员成为家庭的主要功能之一。社会文明程度越高，老人越能够得到好的赡养。我国一直有尊老爱幼的传统，"家有一老，如有一宝"不仅是对老人智慧经验的肯定，更是对老人的尊重和关爱。因此，我国不仅法律规定家庭成员需关心和照料老年人，子女及其他依法负有赡养义务的人应当履行赡养老年人的义务，包括经济上供养、生活上照料和精神上慰藉；大众媒体也传递尊敬老人、赡养老人的优良传统，文化习俗、社会规范鼓励敬老、爱老的风尚与行为。

当前许多发达国家有减弱家庭赡养功能的取向，相应部分由社会共同承担，即由以前家庭全部负责赡养转变为家庭和社会共同赡养的模式，这一现象是社会发展的必然产物。首先，社会经济发展为这种共同赡养模式提供了经济基础。随着生产力水平的提高，生活水平的改善，人类寿命大大延长，年老子女无法对更年老的父母尽赡养义务，我们无法想象由古稀之年的子女照顾耄耋老人的场景。与此同时，大量剩余产品的出现，国家和政府有财力供养老年人。因此，社会力量帮助家庭承担部分赡养责任是社会发展的必然。其次，单身家庭、丁克家庭中的成员无直系后代负责赡养，他们年老之后的赡养责任必定由社会承担。我国当前出现人口发展特殊的情况，即 20 世纪 80 年代初至 90 年代末出生的人口中，有大批独生子女，这批独生子女逐渐成年并成家立业，他们的父母年老之时，如果仍然采用传统子女赡养老人的模式，他们至少承担四个老人的赡养（因为人口寿命延长，他们的祖辈可能同时需要他们赡养），同时还得抚育自己的多个子女，社会如果不予以分担，这一代年轻人将会面临前所未有的压力。鉴于以上原因，各国政府纷纷出台相应的养老政策，我国目前采取社会养老机构、养老金等形式，弥补家庭赡养的缺口。

3. 文化传承

文化是社会系统内社会—文化遗传基因（S-cDNA）的总和，其核心是所有成员共同的图腾、信仰、世界观、思维方式、价值和行为准则，其外围则是文学艺术、科学技术、生活常识和生活技能（闵家胤，2009）。文化传承是指文化在民族共同体内的社会成员中做接力棒似的纵向交接过程（曹能秀、王凌，2007）。家庭教育作为国民教育的重要组成成分，是中国传统文化传承的最基本途径，传承之侧重点是传统文化中的行为系统，主要包括人们在日常生活中所表现出来的具体行为方式、习惯及其背后支撑的伦理亲情、道德观念、生活制度、风俗习惯等，如传统礼仪、孝道等（容中逵，2008），以弥补学校教育侧重知识系统、大众传媒教育侧重价值取向系统的不足。这种分工是人类社会发展过程中，通过大量的实践探索逐渐发展演变形成的。例如，国家倡导国民重视传统节日，首先以制度的形式规定春节、端午节和中秋节放假，幼儿园、中小学教材增加以传统节日为主题的经典文本，并组织各种与节日有关的活动，中秋节举行"仲秋"主题诗词比赛、端午节举办龙舟赛等；与此同时，媒体做大量的宣传活动，各种媒体在节日前后发表围绕节日主题的文章、组织主题联欢会或举办仪式活动；家庭则在最微处负责落实、强化，如中秋节做月饼赏月、春节剪窗花吃饺子拜年、清明节给先人扫墓等，让下一代产生一种仪式感。

4. 心理保健

"家是温暖的港湾，家是月光下的倾诉，家是风雨之中的搀扶"，文学作品中对家庭的类似描述很多，指出了家是人类重要情感栖息地的事实。具体来讲，家庭包括心理慰藉和休闲娱乐的功能。根据精神分析理论的人格观，人格由本我、自我、超我三部分组成。本我包含生存所需的基本欲望、冲动和生命力，是一切心理能量之源，按快乐原则行事；自我是个体自己能够意识到的执行思考、感觉、判断或记忆的部分，遵循现实原则，需要约束本我的冲动，避免机体遭受伤害；超我是人格结构中代表理想的部分，个体在成长过程中通过内化道德规范、社会及文化环境的价值观念而形成，遵循道德原则。工作生活中，家庭成员面对家庭外人群时多表现"超我"，至少按照现实原则呈现"自我"，给人的感觉是"端着"，即压抑自己的本我，长时处于这种行为状态带给人沉重的心理压力，无处释放则会因"压抑"而产生各种心理问题。家庭可以接受家庭成员摘下面具，表达自己内心的想法，实际起到了心理疏导的作用，是家庭成员心理健康的保障。当然，当家庭成员在外遭遇困难和压力，遇到挫折时，家庭其他成员通常会理解他们，并及时给予安慰和帮助。家庭成员之间感情上的沟通、困难面前的帮助是心理保健功能的体现。

5. 休闲娱乐

家庭不但要抚育子女、赡养老人，还要给家庭成员提供良好的休闲娱乐的机会。猫妈妈带着幼子玩耍，两只熊猫一起爬树、打闹是动物界常见的家庭休闲娱乐方式。与动物相似，人类也需要休闲娱乐活动，但与动物相比，人类的休闲娱乐活动受社会发展水平、文化背景影响存在较大差异。中国文化背景下休闲方式多以静态为主，如喝茶聊天、下棋、画画、钓鱼等，当然也有踢毽子、放风筝、打太极等强身健体的活动；欧洲国家多以登山、攀岩、拳击、滑雪、探险等刺激性运动为主的休闲娱乐方式。

休闲娱乐的方式与质量还受社会生活水平的影响。随着人们生活条件的改善，家庭的休闲娱乐逐渐从单一型向多向型发展，日渐丰富多彩。首先，随着劳动生产率的提高，工作时间缩短，节假日增多，休闲娱乐的时间充裕。我国 1995 年起实行每周双休日，之后又增加了"十一"小长假，加上春节假期、端午节、五一劳动节、中秋节等假期，家庭有了更多时间一起休闲娱乐。其次，经济水平和科学技术水平的提高，许多以前不能尝试的休闲项目成为可能。例如，旅游尤其是远距离旅游在古代交通信息不发达时很难实现，而现在国内远距离旅游、国际旅游已成为许多较富裕家庭的常规休闲娱乐之一。

6. 经济活动

完成上述家庭的基本功能，就需要有经济基础。在整个人类发展的历史进程中，家庭几乎承担了生产、积累、分配、交换及消费等所有经济功能，这实际是为后代更好地生存或者说为了让人类更好繁衍的衍生功能。例如，抚养后代首先要满足后代存活的需要，这就需要家庭成员为此进行不间断的努力与奋斗。其次，要给后代提供医疗和护理费用。有文字记载以来的人类发展史上，医疗保障也是以家庭为单位进行的，即使医疗保障系统较为健全的发达国家，也不能给所有成员提供全面的健康保障服务。大多数发展中国家，医疗保健系统不健全甚至还没有建立起来，许多家庭因贫困而无法救治疾病。因此，家庭经济状况是一个人生存与发展的起点，家庭经济活动是家庭成员生存的基本保障。再次，抚育的重要一环是教育子女。抚育后代不仅仅是活下去，还要培养后代成年后具有从事经济活动的能力、教育子女的能力。中国是世界上极其重视家庭教育的国家之一，家庭教育与学校教育、社会教育鼎足而立，成为国民教育的重要组成部分。与之相应，我国也以法律形式明确了家庭的教育功能，规定父母或者其他监护人应当尊重未成年人接受教育的权利，必须使适龄未成年人按照规定接受义务教育，不得使在校接受义务教育的未成年人辍学。家庭在抚育子女的过程中，"抚养"和"教育"二者缺一不可，抚养是为了子女生命的延续，教育是为了后代素质的提升。当下中国，家庭承担了幼儿园、大学乃至研究生阶段的绝大部分教育费用，成为多数家庭中最重要的一项开支。

对人类社会而言，经济活动的目的除了抚育后代外，赡养老人、提高家庭成员的生活质量（如心理保健、休闲娱乐等）都需要强大的经济后盾。需要注意的是，动物界（如黑猩猩、大猩猩等灵长目动物）也有与人类相似的家庭活动，如有相对稳定的配偶关系、配偶间分工互补、类似人类的亲子依恋和母子间不发生性关系及育儿时间长等。但与人类家庭相比，动物家庭活动体现的主要是繁衍功能以及相应的养育功能，缺乏人类对老人的"赡养功能"、文化传承功能以及提高家庭生活质量的心理保健、休闲娱乐功能。

（三）家庭功能与儿童健康发展

由于家庭功能是衡量家庭系统运行状况良好与否的重要标志，也是影响家庭成员尤其是儿童心理发展的深层变量之一，故引发心理学领域研究者的广泛关注。自 20 世纪 70 年代起学术界就对家庭的心理健康维护功能做了大量深入系统研究，发现家庭功能在与儿童青少年心理健康发展中起着重要作用。

对处境不利儿童的研究表明，家庭亲密度越低，流动儿童的内化行为问题越多（李晓巍等，2008）；家庭功能越不完善，留守儿童的偏差行为越多（崔丽娟、邹玉梅，2010）；家庭功能发挥越好，留守儿童的孤独感就越低（吴明珍，2008）。如果家庭成员缺乏亲密情感与有效沟通，家庭管理比较混乱，儿童青少年更可能产生孤独情绪（辛自强、池莉萍，2003），有更多冒险行为（田录梅等，2018）。攻击领域的研究发现，家庭亲密度（梁玥、张卓，2013）、情感反应（段月维，2016；丁吉卓玛，2011）、问题解决（段月维，2016）等良好家庭功能是减少儿童青少年攻击行为的保护因素。当然，家庭功能与儿童青少年心理健康发展的关系可能受其他因素的制约，如有研究发现家庭亲密度与攻击的关联受种族文化的影响，与非裔美国人相比，西班牙裔青少年的家庭亲密度与攻击的负相关关系更强，研究者认为这可能与西班牙人较美国人更以家庭为本，更强调家庭成员之间忠诚、团结的文化传统有关（Cauce & Rodriguez，2000）。

既然儿童青少年攻击行为的发生发展与家庭功能有关联，那么作为攻击行为的亚类型之一的欺凌、受欺凌与家庭功能是否存在关联？既有研究发现，家庭治疗能够有效降低男性中的欺凌行为（Nickel，Krawcyzk et al.，2005）和女性中的攻击行为（Nickel，Nickel et al.，2005），表明家庭因素影响着儿童攻击与欺凌的发生发展。那么，家庭系统诸因素与欺凌、受欺凌存在怎样的关联？对此，我们将在第四章和第五章进行分析和探讨。

第三章　系统论视角下的家庭

　　谈起人类生活的环境，教育与心理领域的学者习惯上把它分为自然环境和社会环境两类。自然环境亦称地理环境，指环绕于人类周围的自然界，包括大气、水、土壤、生物和各种矿物资源等，是人类赖以生存和发展的物质基础。社会环境是指人类在自然环境的基础上，为不断提高物质和精神生活水平，通过长期有计划、有目的的发展，逐步创造和建立起来的人工环境，如城市、农村、工矿区等。从儿童发展视角来看，社会环境则可分为近环境和远环境。前者是儿童直接接触或对儿童直接产生影响的环境，后者是指通过近环境间接影响儿童发展的环境，家庭环境则属于近环境。不同层次水平的环境构成了复杂的环境系统，相互作用影响儿童的发展。社会学工作者从人类生存与发展视角阐述了家庭职能，而家庭在儿童身心发展中的作用则是教育学、心理学领域研究者以及一线教育工作者所关注的内容，本章主要分析系统论学者眼中家庭对儿童心理发展的影响。

一、儿童发展的系统观

　　关注人类发展的学者对割裂观（split position）和联系观（relational position）这两种背道而驰的观点之争并不陌生。在发展心理学界，以笛卡尔二元论或还原论为基础的割裂观一度主导了学术研究思路，许多研究者把发展系统分为对立的两部分予以研究，如天性与教养、连续性与非连续性、稳定与非稳定性、基础与应用等，基于天性观的大五人格理论（Five Factor Theory，简称 FFT）就是二元论思想下的产物。而联系观认为，人类发展过程由个体对环境的作用以及环境在多个水平上对个体的作用所构成（lerner 著，张文新译，2011）。本章所述系统论思想属于联系观。

系统论是 20 世纪广泛用于物理系统的科学范式，之后被扩展至生物系统和社会系统，并得到发展心理学领域学者的普遍认同。系统论之所以被发展领域的学者认可并广泛使用，源自割裂观哲学层面上的缺陷。割裂观无法合理解释人类发展的历程，相反，系统观却能够合理解释，并提供了鲜活的例证。系统论学者以生命存在的基本单位——细胞为例做了分析，细胞在分化期间就对外在调节做出反应，分化方向随环境因素的变化而变化，如分开抚养（环境发生了变化）的同卵双胞胎最终生活轨迹（分化方向）发生了变化。正如系统论学者 G. 戈特利布所讲，人类发展的过程是一个相互联系相互作用的整体系统，基因活动会通过细胞质受到系统中任何水平事件的影响（Gottlieb，1992）。以联系观作为哲学依据的系统论思想已成为当前心理学界主要的研究范式。20 世纪 70 年代，发展领域的研究者也以系统论思想为指导，分析人类有机体与机体外环境的相互作用方式，提出了人类发展的系统论观点，代表性理论有动态系统理论（Thelen & Smith，2006）、整体性人—情景互动理论（Magmusson，1981）、生态系统论（Bronfenbrenner，1979a）、发展情景论（Ford & Lerner，1992）等。

（一）动态系统论

埃丝特·斯蒂尔曼·西伦（Esther Stillman Thelen，1941 年 5 月 20 日—2004 年 12 月 29 日），出生于美国纽约西南部的布鲁克林，1964 年获得威斯康星大学（University of Wisconsin）动物学学士学位，婚后一边居家照顾孩子，一边攻读硕士、博士学位，1973 年获得密苏里大学哥伦比亚分校（University of Missouri Columbia）动物学硕士学位，1977 年获得该校生物学博士学位，毕业后留校任职，1985 年后任美国印第安纳大学明顿分校（Indiana University Bloomington）心理系终身教授。动物行为学、生物方面所受的训练对西伦心理学研究方法与研究思路影响巨大，她强调自然行为模式及其发展根源。印第安纳大学心理学实验室聚集了一批用动态系统方法研究婴儿心理的学者，她的合作者琳达·史密斯（Linda Smith）就是其中的一员。1994 年，两人合作完成著作《认知与行为发展的动态系统方法》，书中提出了发展科学的核心问题：新行为的起源、缺乏模式生成器产生模式的可能性、多因素相互作用对发展的影响以及不同时间发展变化的本质等。此后，她一直用动态系统的方法研究婴儿行为、记忆、思维等。

动态系统论（Dynamic Systems Theory）旨在阐述人类发展的机制，解释人类在不同时间点上、多水平的变化规律。该理论的核心思想是把事物发展变化放在"时间"这一历史系统中进行观察分析，认为事物随时间变化发生系统改变，各因素相互关联。发展心理学领域，评判某一发展理论是否为好理论的标准很多，阐明发展结果（包括个体的非典型结果与普遍的典型结果）、揭示发展变化机制是两个最基本的标准。如果根据这两个标准来衡量动态系统论，动态系统论则属于好的发展理论之一。

1. 好理论的重要指标——象征

动态系统论认为，任何理论都具有象征意义（metaphor），象征能帮助人们把理论与现实联系起来，好理论需具备这一特征。例如，认知领域中的信息加工理论把人的心理比喻成为一台计算机，清楚形象地描述了人类感觉登记、编码储存、提取的心理过程，信息加工理论符合此标准，是个好理论。西伦为了简洁明了地阐述人类心理的发展过程，也提出了一个形象的比喻——山涧，即人类心理发展像山涧一样在发展时间轴上连续流动，流动中不断变化（Thelen，2005）。山涧有其独特的流动模式，有水流比较平稳的旋涡，也有落差很大的瀑布。人类发展亦如山涧流动，有相似的发展模式，有发展变化较缓慢的平稳发展期，也有快速变化的重要转折点，且发展变化的时间点和阶段均可预期。也就是说，连续性和变化性是人类心理发展的两个重要特征，过去发生的任何事件都会影响未来将要发生的事件。

人类心理与环境的互动模式类似山涧流动模式与当地环境的互动模式，心理与环境相互影响、相互作用。一方面，山涧流动模式不是提前规划好的，最初流动模式受当地自然环境影响。流动模式不仅随当前河床、岩石以及气候的不同而发生变化，如山涧遇石或萦绕迁回，或穿石而下，同时还受整个生态环境系统的影响，河流的倾斜度、穿越山脉的路径与上一年冬天山上降雪情况、上一年夏天山脉条件以及该地区总体地质史等因素有关；另一方面，山涧也冲击阻挡的岩石与土地，塑造环境。到底是环境影响了山涧流动模式还是山涧塑造了周边环境，很难解释得清楚，但毫无疑问，整个系统交织在一起、相互影响。亦如山涧流动模式，人类发展也具有相似特征。一方面，儿童行为不仅受当前情景的影响，也受其过去行为模式、社会情境以及先天生物特征的影响，儿童当前任一行为都能在其以前行为中找到蛛丝马迹；另一方面，儿童行为反过来也会塑造其生活环境，为自己创造新的发展机会，也可能为自己挖坑，带来新的约束限制。以儿童攻击行为为例，攻击行为通常是某些遗传特征（如自控能力差）与家庭暴力环境相互作用的结果，攻击性儿童反过来又很容易和相似同伴建立伙伴群体（塑造环境），在同伴群体环境影响下儿童攻击行为进一步增多，成年之后甚至走向犯罪（挖坑模式）。

发展理论需要清楚描述原有发展模式的强度与坚固性，揭示原有发展模式与新环境的互动方式。西伦仍然以山涧做比喻进行分析。山涧流至凹处会形成深潭，向深潭处扔一块石头，水中泛起一圈圈涟漪，但很快会消失，山涧流动的模式未发生变化。如果向浅水处扔一块同样的石头，可能会改变山涧流动方向。同样行为在山涧流动不同地方引发的效果不同。人类发展如山涧一样，在某些时间点上，小事件引发大变化，在另外一些时间点上，引发的变化很小。例如，亲子分离可能会使幼儿产生严重分离焦虑，负面影响较大，但对青少年的负面影响较小。所以说，儿童心理发展模式如山涧一样不是线性发展模式，我们无法预测儿童在某一特定情境中可能发生的变化。那么，发展理论应该做什么？西伦认为，发展理论需要明确阐述以下几个问题：原有稳固模式如何抗拒改变？原有发展系统的开放程度如何？如何应对新变化？为什么同样事件在不同时间点上作用不同？

2. 有序模式形成的原则

动态系统论认为，在一定条件下，物体各部分通过自组织形成有序模式，有序模式的形成遵循复杂性（complexity）、时间的连续性（continuity in time）以及稳定性（dynamic stability）三个原则。

复杂性原则是指个体发展系统内外众多异质部分互动整合，关系模式复杂。动态系统论指出，系统内存在诸多异质性部分，如个体有不同细胞、器官，社会存在不同个体、机构，个体所处情境的物理特征不同等，这些异质部分若自由组合，组合方式的数目可以说是无限的。因此，人类发展过程中，个体不同细胞、结构与外界不同情境会产生无限多的不同组合，每人的发展模式都与众不同、独一无二。具体到人类行为，无论心理活动还是外显行为都是在特定活动、特定社会环境限制下多个成分相互作用的产物，每一行为都是不同组成成分互动整合的结果，关系非常复杂。例如，从屋子一边走向另一边，表面看似乎仅仅是手臂和腿的动作而已，但实际上却是高度复杂的生理、心理、代谢进程与地面、灯光等外部环境复杂交互作用的结果。决定行走动作的各因素具有同等作用，腿患有关节炎影响走路的步伐，地板比较滑、光线比较暗也会影响走路的步伐。因此，西伦认为，人们思考影响个体发展的因素时，必须考虑到每一个细微条件的作用以及各个条件之间非线性交互影响。由于影响人类发展的系统内外因素关系复杂，很难清楚描述先前事件与后继事件之间的因果关系，即很难准确估计引发某种结果的因素。需要指出的是，动态系统论更关注影响人类行为发展的内在系统，如感知觉、动机、情绪等心理进程对行为的影响。

连续性原则是指人类心理与行为的发展变化具有时间上的连续性，

即发展处于不断动态变化之中。动态系统论指出，人类个体自组织模式比较复杂，在整个发展时间轴上这种复杂互动作用一直存在。具体来讲，系统当前现状受其以前特征的影响，同时也对其未来发展产生影响，是未来发展的起始点。从细胞膜离子通道、神经元的网络化到个体长期发展，时间上的连续性特征在系统内各个发展水平上均有体现，而且某一方面的发展会嵌套在另一方面的发展之中。也就是说，人类心理与行为发展过程中，不仅各因素在同一时间点上相互作用，而且在不同时间点上这种相互作用在不断发生，每一个时间点上的互动作用还会对后来的互动作用产生影响。另外，动态系统论认为，人类的自我调整功能决定了发展具有动态变化性特征。人类发展是一个开放系统，为了发展得更好，人类在生命历程的任何时间都会主动获取环境中的资源，不断吸取外部能量，增加系统内的秩序，使系统内组织更完美。

稳定性原则是指系统发展在动态变化中具有相对稳定性。当复杂系统形成模型后，这些模型通常具有某种程度的稳定性和灵活性。人类某些行为非常稳定可靠，就像预先编好的程序一样。例如，只要没有伤残、没有发生生理病变以及被剥夺相应学习环境，儿童总会在特定时间学会行走，也总能学会说一种语言。也正因为如此，才会有学者认为人类独立行走与言语习得是先天的（如乔姆斯基）。动态系统理论不这么看，认为无论多么熟练、稳定的行为动作也有变化性，独立行走与会说话虽然是高度稳定的行为模式，但并不意味着一成不变。例如，某人以前走路姿势不佳（旧模式），于是练习新行走姿势（新模式），最近学会新行走姿势并逐渐替代了旧模式（熟练、稳固），只是旧模式在紧急情况下（如路遇危险）会重新出现而已。因此，动态系统论认为，儿童在某个年龄阶段形成的行为模式在一个时段内具有相对稳定性。在此时间段内，他们比较容易表现出这种行为模式，但很快新行为模式出现，旧行为模式出现频率随之降低。

动态系统论支持自我组织系统在时间轴上复杂的动态变化规律（Thelen & Smith 2006），用形象的比喻阐述了个体因素与情境因素在发展时间轴上相互作用的进程，既生动形象，又言简意赅，毫无疑问是揭示人类发展机制的好理论。可以说，动态系统论是一个融合多个学科的理论框架，它为研究新出现的、复杂的、非线性活动方式提供了多个理论视角（Karimi-Aghdam，2016）。在人类发展研究领域，动态系统论为描述、解释人类发展提供了系统的方法论，成为研究者考察个体心理发展机制的理论依据。

（二）生态系统论

生态学理论（Ecological System Theory）由俄裔美国心理学家尤里·布朗芬布伦纳（Urie Brofenbrenner，1917 年 4 月 29 日—2005 年 9 月 5 日）提出，揭示了环境系统对儿童发展的影响机制。布朗芬布伦纳 6 岁时随父母移居美国匹兹堡的田园城莱奇沃斯（Letchworth），1938 年进入康奈尔大学（Cornell University）读书，主修音乐和心理学，之后获得哈佛大学硕士学位，1942 年获得密歇根大学博士学位。毕业后，布朗芬布伦纳在美国战略情报局（Office of Strategic Services）和美国陆军航空队（Army Air Corps）工作一段时间。1948 年被康奈尔大学聘为教授，从事人类发展、家庭以及心理学方面的研究工作。1974 年美国心理学会在新奥尔良举办学术会议，会上布朗芬布伦纳提交了《实验人类生态学：社会化理论与研究重新定位》一文，文章中有一段让当时学术界极具震撼的话语，指出当时的发展心理学太强调用精准控制的实验来研究儿童，是"一门关于儿童在陌生情境中、最短时间内与陌生成年人关联时所表现的陌生行为的学科"，这段话引发心理学界对儿童研究思路与研究方法的思考，也是布朗芬布伦纳生态系统理论的起点。

1. 影响儿童发展的生态系统

布朗芬布伦纳于 1974 年发表了一篇题为《发展研究、公共政策及儿童生态》的文章。在文章中他提出了儿童生态（child's ecology）一词，指个体正在经历着的，或者与个体有着直接或间接联系的永恒环境。他认为，儿童生态有两层——直接影响层和外周层，布局就像一个同心圆，儿童在中心,生态环境围绕在儿童外周。紧挨儿童之上的一层是直接影响儿童的生态环境,包括家庭、学校、街道、游乐场等。每一个生态小环境都包含三个维度:(1)自然空间与物质环境的布局安排;(2)起不同影响作用的人及其互动关系;(3)生态情境中人的行为(包括他们之间的互动行为以及他们与儿童之间的互动行为)及其社会意义。直接影响层嵌套在外周层里面并被外周层制约,外周层有两个维度:(1)地理与自然环境,如人们的居住环境;(2)影响直接环境的组织机构,如健康服务机构。布朗芬布伦纳指出,许多环境受国家政策制约,如购物便利与否、公共交通情况、父母工作时长、交通规则以及其他社会习俗等,这些宏观政策虽然没有直接影响儿童,但却通过直接环境间接影响儿童发展。文章中,布朗芬布伦纳提出了几个主要观点。第一,儿童生态有直接和间接两种,间接生态环境通过直接生态环境影响儿童。第二,人与人之间的影响不是两人模型(two-person model),不只是父亲影响儿童、母亲影响儿童,应该是多人系统(N-person systerm)中的互相关联,如母子关系受父亲的影响,布朗芬布伦纳称之为第二顺序效应(second-order effect)。第三,儿童与他人之间的影响也是相互的,如父母影响儿童,儿童同样也会影响父母。

布朗芬布伦纳在之后的文章与著作中不断完善、丰富儿童生态观,形成了著名的生态系统论(Bronfenbrenner,1977;1979a;Bronfenbrenner & Crouter,1983),把儿童所处的环境分为微系统(microsystem)、中间系统(mesosystem)、外层系统(exosystem)和宏系统(macrosystem)四部分。微系统是个体最直接的生活环境(setting),包括家庭、学校、同伴群体、工作场所等,生活环境则是指具有某种身体特征的个体在某一特定时间以某种角色(如女儿、父母、教师、员工等)表现特定行为的场所,时间、地点、身体特征、行动、参与者以及角色是生活环境的构成要素。中间系统是指个体直接参与的微系统之间交互作用的效率、性质及影响。例如,对一名中学生来说,影响他的中间系统可能是家庭与学校、家庭与同伴群体、学校与同伴群体之间的关系。外层系统是指个体并未直接

参与但却对个体发展产生影响的环境，这一系统是中间系统的扩展，包括
邻里环境、大众传媒、地方政府机构等。宏系统是生态环境中最外层的一
个系统，指个体所处的整个文化或亚文化中的意识形态、态度、道德观
念、习俗及法律。各系统之间相互联系、相互作用，共同影响儿童心理与
行为的发展。

2. 过程—人—环境模型

布朗芬布伦纳与其合作者（Bronfenbrenner & Morris，2006）后来对
生态系统论进行了补充和修正，在上述四维环境系统变量的基础上，增加
了影响人类发展的"时间"维度（choronosystem），称为"过程—人—环
境模型"。他们认为在探讨影响儿童发展的因素及相互作用的规律时，应
该将各因素互动模式放在发展时间轴上进行考察，即考察儿童发展的动
态过程。例如，早期儿童言语发生发展的过程中，母亲与儿童有更多互
动，后来由于母亲工作，儿童多数时间由保姆照顾，儿童就需要根据照
顾者的特征（环境改变）适时调节自己的言语行为，这一变化就是生态
改变；在微系统改变的过程中，儿童自身也积极主动地适应环境（新的照
顾者），同时通过自己积极主动的行为（哭泣、微笑等体态语言）引起新
照顾者的注意。当然，儿童适应环境的能力，即主客体相互作用的模式
随时间的变化发生变化。例如，不同年龄阶段的儿童对父母离婚这一压
力事件的看法以及父母离婚对儿童身心的影响因发展阶段的不同而存在
差异。

时间系统关注人类发展过程中发生的重要事件对个体产生的影响，
布朗芬布伦纳把这些重要事件分为正常和异常两类，正常事件有入学、进
入青春期、参加工作、结婚、退休等，而非正常事件包括亲人去世或病
重、父母离异、迁居等。在人类发展时间轴上出现的事件会直接影响个体
的发展，如上学、进入青春期、父母离异等，也可能通过其他家庭变量间
接影响个体发展，如父母一方去世会影响另一方的情绪与行为变化，并通
过教养行为的改变对儿童发展产生影响。当然，任何发展过程中环境系统
的改变都可能会成为发展的动力，同时也可能对发展产生不利的影响。

3. 基因型向表现型转化的机制——近端进程

为了能够回答发展心理学界的重要主题——天性与教养如何相互作用，布朗芬布伦纳与其团队把生态学理论与行为遗传学的观点有机整合在一起，提出了生物生态学模型（Bioecological Model）。该模型详细分析了基因型转变为表现型的生物社会过程（biosocial trajectory），揭示基因型转化为表现型的内在机制（Bronfenbrenner & Ceci，1994；Bronfenbrenner & Morris，2006）。该理论认为，在生物社会过程的初始阶段，选择性注意、行动、反应方式等先天特征与有机体的生活情境相互作用、相互转化，促使遗传潜能不断变化并最终转化为表现型。在基因型向表现型转化过程中，近端进程（proximal processes）的影响最大。所谓近端进程，是指人类发展过程中个体与直接环境（即微观环境）相互作用的过程，在亲子互动、儿童与儿童之间的互动、团体活动、问题解决、完成复杂任务、获得新知识等活动中均能够找到近端进程的实例。由于个体特征与所处环境均在不断发展变化中，受其影响，近端进程的形式、力度、内容以及方向也处在不断变化中。

概括来说，生态学模型主要观点有四个：第一，近端进程是遗传潜能得以成为表现型的机制，近端进程增强则遗传力增强。第二，近端进程的作用大于环境，环境好坏对个体发展影响力的差异小于近端进程水平高低对个体发展影响力的差异。第三，好环境中近端进程对发展结果和遗传力的影响高于差环境，如图 3–1 所示，右边上下两端差距大于左边上下两端差距。第四，在人类发展的历程中，遗传与环境两大要素一直相互作用、相互转化，图 3–1 中垂直方向的虚线即表达此意。布朗芬布伦纳认为，人类从受精开始，遗传特征就使胚胎对宫内环境的反应方式出现差异。出生后，先天特质对儿童的影响也不会降低，它通过影响儿童与他人、物体等外部环境的互动方式，选择、修正自己所生活的环境，甚至部分程度上建构自己的世界。

受其理论影响，在研究方法上，布朗芬布伦纳重视研究的外部效度。许多研究者在描述人类行为、考察影响因素时，仅关注不同家庭规模、出

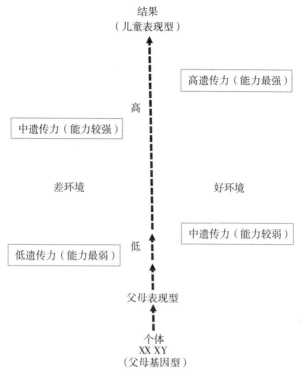

图 3-1　发展潜能向表现型变化的生物生态学模型

资料来源：Bronfenbrenner & Ceci，1994。

生顺序、母亲是否工作、单亲养育还是双亲养育等条件下的差异，布朗芬布伦纳反对这种结果取向的研究思想（Bronfenbrenner，1979b），同时他也反对仅用精准实验考查儿童在某种短时实验条件下的行为，或者陷入前面事件是后面事件原因的逻辑陷阱（Bronfenbrenner，1977）。他认为发展心理学要把儿童置于生态系统中去研究，关注各系统之间的相互关联对儿童的影响，如家庭与学校、家庭与同辈群体等。布朗芬布伦纳强调要在儿童所处的生态系统中去研究儿童的观点被广泛用于儿童发展研究许多领域，直至今天仍然是引领发展心理学领域研究的重要理论之一。

（三）发展情景论

发展情景论（Developmental Contextualism）由美国发展心理学家理

查德·M. 勒纳（Richard M. Lerner）提出，是对 W. F. 奥弗顿系统论思想（Overton，2015）的补充与发展。勒纳教授现任职于塔夫茨大学（Tufts University），任青少年发展应用研究所主任，专注于生命历程发展、发展系统理论、青少年人格与社会性发展等方面的研究工作。奥弗顿是对笛卡尔二元论思想进行批判、并在发展心理学领域主张过程—关系模式的领军人物之一。他认为，与笛卡尔二元论思想不同，过程—关系模式理论关注过程（即发展的系统性变化）、转变（从可能变为现实或者从过去、现在到未来的变化）、整体论（情境中实体与事件的意义）、关系分析（在发展系统中分析相互影响的关系模式）以及使用多视角解释方式（利用多个理论模型中的观点解释发展系统的变化）。在进程—关系发展模式下，有机体生来具有积极主动、自我创造（或自我再生）、自我组织、自我调整、非线性/复杂性以及适应性（Lerner et al.，2016）。在奥弗顿过程—关系模式的基础上，勒纳提出了发展情景论，关注个体与生态环境间的相互作用，认为个体通常不以提前预见的方式发展，而总是按照某种不可预见的方式进行，也就是说勒纳在哲学观上持或然渐成论（Lener，2002，中译本 2011 版）。勒纳认为，人类发展系统是一个开放的、自我调节和自我建构的系统，系统内各成分不断相互作用，同时也与环境相互作用，他把该理论或研究模式称为关系发展系统（Relational Developmental Systems，简称 RDS）。

1. 发展情景论的主要观点

情景是发展情景论的核心概念，指影响个体发展的社会变量所构成的交互作用系统，包括物理环境（physical setting）、社会成员（social components）、发展中的个体（developing person）和情景变量（context variable）四个方面（张文新、陈光辉，2009）。个体发展既受物理环境和社会成员的影响，又在发展中不断影响物理环境和社会成员，这种双向作用随时间不断发生变化。概括来说，该理论主要有以下四个观点：

第一，儿童是其自身发展的积极建构者，即儿童对自身发展有影响。早期家庭社会化方面的研究主要围绕单向模型展开，亲子关系是单向的，父母影响儿童，但儿童不影响父母，儿童在亲子互动中是被动的。发展情景论则认为（Lerner et al., 2016），人类是具有积极主动性和创造性的物种，具有主动调整自己以适应环境的能力（即适应性），并通过自身调整机制影响生活情境。也就是说，儿童是有主动性的生命体，亲子关系是双向的，父母影响儿童，儿童也积极主动地影响父母，并通过这种影响缔造自己的生存环境。例如，我们经常说"龙生九子，不成龙，各有所好"，即父母所生育的儿童长大后可能千差万别。每个儿童遗传基因可能不同，但并不是遗传基因直接决定了儿童的发展，而是儿童通过遗传的特征影响了环境并最终间接影响自己的发展。以儿童气质特征和父母教养方式的关系来说，儿童生来具有的不同气质特征影响了父母的教养方式，活泼伶俐的孩子可能得到父母更多的关爱，胆小怯弱的孩子会让父母不忍心严厉批评，这种现象即为儿童效应（child effects）。儿童对父母的影响反过来又影响了自己，因此可以说儿童是其自身生存环境的建构者。

第二，发展环境随着时间的变化发生变化，即生态环境具有发展变化性。该理论指出，人类所生活的生态情景并非静止不变，也处于不断变化之中。具体到个体所生活的家庭小环境，父母在内的所有家庭成员均随着时间的变化不断发展，对儿童的影响方式也在发展变化。以父母教养方式为例，父母承担着不同的社会角色，在孩子面前是父母，在父母面前是孩子，在单位是员工，这些不同的角色均随着年龄的增长发生变化。如母亲在单位升职，升职后的母亲照顾子女的时间减少，教养方式随之也会作出调整，并最终影响儿童的发展。与家庭一样，影响儿童身心发展的外部环境，如学校环境、社会政治经济制度等同样也在不断发展变化。

第三，儿童—父母间的双向互动具有循环作用。勒纳认为，个体与情景的关系在发展的不同时间和不同地点均会发生变化，这种变化可能是偶然性的，也可能是系统性的有序变化。家庭中儿童与父母关系同样如此。例如，父母生了两个儿子（假设两个孩子具有完全相同的基因），两个儿子小时候睡眠都不规律，生长子时缺乏教养经验，父母比较焦虑，也不知如何训练才能让孩子睡眠有规律，教养过程中可能使用了一些违反科学的方法，如大声呵斥。这种教养方法对长子心理有负面影响，长子可能形成胆小、羞怯的个性特征。养育次子时，父母积累了一些经验，通过学习也获得了科学的养育方法，次子与长子相比更活泼开朗。显然父母教养行为在两个孩子早期个性品质的养成方面起到了关键作用。接下来，在父母影响下形成的不同个性特征反过来又促使父母教养行为发生变化。两个孩子都犯了错，父母会根据儿童的个性特征因材施教，对长子耐心讲道理，对次子严厉批评。也就是说，儿童父母影响下形成的个性特征反过来促使父母调整教养策略。如此往复，形成了父母—儿童间相互影响的循环模式。

第四，发展系统中的各个水平之间相互影响，并处于动态变化之中。以亲子关系为例，由于亲子关系中的父母和儿童均处在更为广泛的社会网络之中，父母会受其同辈群体、夫妻关系、父母自己亲子关系等因素的影响，进而间接影响自己的教养理念与教养行为，并最终影响儿童身心发展。由于父母所处的所有环境（如社会文化、婚姻关系、工作环境等）也在不断变化中，对儿童的影响也随着时间系统的变化而变化，儿童身心也处于动态变化中，父母也会根据儿童的变化调整教养策略。因此，在儿童发展历程中，在外在环境与儿童效应的双重作用下，亲子关系也处于动态变化之中。

2. 对发展研究的要求

根据发展情景理论，人类个体与环境的相互作用以及各系统之间的相互影响处于动态变化之中，因此很难找到一个适用于所有人类个体成长的普遍发展模式，研究者需要关注个体与情景交互作用过程中的规则或本质。为了更好地、更深入地揭示人类个体或群体的功能、结构及内容，勒纳认为，在人类生命历程发展的研究中，需要注意两个方面：第一，重视实践对科学研究的影响。勒纳特别关注发展科学的描述和解释在政府政策和规划中的使用，他称之为优化利用或最大化使用。他指出，以往有关教育训练与教育计划研究往往只注重描述和解释，认为科学研究与应用之间是单向关系，即研究是为了用于实践，但没有考虑实践应用对研究的影响，即没有把优化利用纳入到目标体系中去（Lerner，2015）。科学研究与实践之间的关系亦如生态系统诸因素之间的关系一样，也是双向的，单向关系思路不仅让我们失去了验证生态学方法科学性的机会，也不利于寻找促进个体积极发展的策略方法。第二，发展研究需完成的具体任务或达到的标准有三个（Lerner & Castellino，2002）：鉴别环境如何促进或限制个体水平的发展进程（发展情景 developmental context），概括生命历程的连续变化并解释早期发展成就与后期发展成就的关联（心理发展时机 develop-mental timing），描述个体随时间出现的发展结果或发展变化（内容 content）。

勒纳等概括其他学者观点，指出发展领域的研究者需把握下面几个"是什么"问题（Lerner et al.，2014）：个体—环境关系与哪些因素有关？个体—环境关系的发展轨迹是什么？生命全程有哪些时间节点或有几部分？人为什么发展？在何种生态背景下、在哪个时期发展？只有如此，发展领域的学者们才能够理解人类发展过程中的适应性变化，才能为发展科学的实践应用奠定基础。勒纳的这种相互作用的观点被学术界广大学者所认可，越来越多的研究者围绕该理论范式探讨儿童发展变化的机制（如 Hilliard et al，2018；Seaman et al.，2017）。

（四）系统论视角的欺凌与受欺凌的发生机制研究

研究初期，学术界就对儿童欺凌的影响因素展开研究。研究者除了探讨儿童自身因素之外，还围绕儿童的生态背景进行分析，揭示家庭、学校、同伴等背景因素中对儿童欺凌、受欺凌的影响。已有研究发现，欺凌、受欺凌首先与个体因素有关。入学成绩低（Hesapcioglu & Tural，2018）、性取向有问题（同性恋和双性恋）的儿童青少年（Eisenberg et al，2015）容易卷入欺凌，冷漠无情、自恋冲动的儿童青少年容易欺凌他人（Van Geel et al，2017），高神经质的青少年更可能受欺凌（Kokkinos et al.，2016），自觉性高的青少年则能够有效应对同伴欺凌（Jensen-Campbell & Malcolm，2007）。其次，欺凌、受欺凌还受学校环境的影响。挪威学者奥威尤斯研究发现，学校监督不力、政策不保护有效反击等为欺凌发生提供了条件（Olweus，1993）。其他国家和地区学者对此也进行了深入研究，发现学校监管水平低、师生关系差，学生暴力活动就多（Alikasifoglu et al.，2004；Desouza & Ribeiro，2005），年级低、班里女生比例低，儿童容易卷入欺凌（Hesapcioglu & Tural，2018），学生感知的班级欺凌规范（曾欣然等，2019）、同伴群体支持欺凌者（Swearer & Espelage，2011）会使欺凌发生率增加，同伴关系差（Hong et al.，2017）、被同伴拒绝的儿童容易受欺凌（苑春永等，2014）。第三，儿童欺凌与社会环境、法律法规等有关。研究表明，有关欺凌的法律、政策、实践活动以及大众对欺凌的普遍态度等或多或少影响欺凌发生（Rivara & Le Menestrel，2016）。第四，欺凌、受欺凌与家庭环境关联密切。见证家庭暴力、在家受虐待的儿童在学校更容易受同伴关系欺凌或多重欺凌（Espelage et al.，2012），家庭功能越差，儿童受欺凌的可能性越大（蒋舒阳等，2018），父母控制（范翠英等，2017）、父母拒绝与过度保护（何丹等，2017）与网络欺凌显著正相关。

受系统理论影响，学者很少单独分析诸因素对儿童欺凌、受欺凌的单独影响，而是深入分析各因素之间相互作用影响儿童欺凌、受欺凌的复杂机制，国内外学术界均如此。有研究发现，消极的个性特征与暴力活动（指向同伴）之间显著正相关，且危险同伴在二者之间起了中介作用，也就是说具有消极个性特征的儿童（个体因素）更容易遭遇危险同伴（学校因素），接下来向同伴施暴的可能性增加（Chen & Astor，2010）。国内一项研究发现，父母控制对网络欺凌的影响受儿童本身道德推脱的影响（范翠英等，2017）。可见。个体因素、生态背景因素可直接影响儿童欺凌、受欺凌，也会通过其他因素间接影响儿童欺凌、受欺凌。基于生态系统论视角的学者希望能够揭示各因素相互作用的方式，为制定有效干预方案提供实证依据。

表 3–1　欺凌、受欺凌的危险因素与保护因素

		欺凌者	受欺凌者	欺凌 / 受欺凌者
社区	危险因素	犯罪率或暴力行为发生率高	犯罪率或暴力行为发生率高	犯罪率或暴力行为发生率高
	保护因素	—	社区娱乐活动	—
学校	危险因素	成人监督缺乏、与学校联系不密切	监督不够或缺乏、对欺凌所做的反应无效、政策不鼓励对欺凌作出及时有效反应、教师对欺凌的容忍	学生对学校持消极看法
	保护因素	学生对学校持积极看法，与学校联系密切	与教师关系密切	—
家庭	危险因素	家庭中有攻击与暴力、家庭矛盾冲突、父母监管缺乏、父母惩罚、温暖关爱少、儿童虐待	过度保护与专制型教养方式、不安全的母子依恋、儿童虐待	父母惩罚的教养方式、家庭矛盾冲突、儿童虐待
	保护因素	父母双全、母亲温暖、父母参与并支持、长辈的正面榜样、亲社会性的家庭参与	支持或权威型教养方式、安全的亲子依恋	—
同伴	危险因素	同伴疏离、同伴群体不良影响、对受欺凌者持消极态度、偏向欺凌的群体规范	同伴接纳低、社会支持低	同伴群体不良影响
	保护因素	亲社会的同伴	高同伴接纳、高社会支持、积极的友谊关系	—
个体	危险因素	外化问题、对他人持消极观点、社交能力强、社会问题解决能力差	内化症状、社交能力差、同伴关系差（孤独、被同伴拒绝）、情绪性应对策略、社会问题解决能力差、身体柔弱、消极自我概念、有受欺凌经历	内化症状、内化行为、情绪失调、社交能力差、社会问题解决能力差、消极自我概念、对他人持消极观点
	保护因素	—	问题解决策略	—

资料来源：Thomas et al.，2018。

　　随着研究的深入，在系统理论的指导下，学术界不仅对影响儿童欺凌、受欺凌诸因素进行了探索，分析了个体、家庭、学校、同伴群体、社区等生态背景因素中增加儿童欺凌、受欺凌发生率的危险因素，同时还从积极心理学视角考察减少或消除儿童欺凌、受欺凌的保护因素，获得大量有价值的结论。有研究发现，心灵财富（spiritual well-being）多的青少年欺凌他人与受他人欺凌的发生率均低于其他学生（Dutkova et al.，2017）。一项干预研究结果表明，利用合作学习提高学生之间的积极沟通合作能力，能够降低欺凌、受欺凌发生率（Ryzin & Roseth，2018），说明学生之间的积极合作沟通是降低欺凌发生的保护性因素。

　　当前学术界众多学者围绕系统论与积极发展观对儿童欺凌、受欺凌进行研究，取得了大量有价值的结论。H.J. 托马斯等对既往研究做了梳理（Thomas et al.，2018），对业已发现的影响欺凌、受欺凌的危险因素和保护因素进行整理（见表3–1）。由表3–1资料可知，目前学术界对儿童个体与生态背景中的危险因素分析比较多，其中对个体变量中的危险因素揭示最全面、最清晰，其次是对学校、家庭和同伴相关的危险因素分析，较为全面地揭示了引发儿童欺凌、受欺凌的危险因素。较为遗憾的是，学术界虽然从积极发展视角考察了减少或制止欺凌、受欺凌保护的因素，但相较于危险因素，研究数量较少，涉及范围较窄。

二、家庭系统观

　　系统论认为，儿童发展本质上是个体多样性与情境变化性之间的互动作用，并通过互动作用形成更高水平个性化的过程。系统论强调系统内各水平因果关系的循环性特征以及系统的动态性特征，认为只有在不断变化的环境系统中考察不断变化的儿童，才能够深入揭示儿童发展变化的规律，也才能够对儿童发展进行有效干预。根据系统论，家庭是镶嵌在宏观环境下的微观环境系统，由相互依存部分或子系统构成的、具有层级结构的有机整体。家庭系统中包括夫妻系统、亲子系统、手足系统和祖孙系统等更为细小的亚系统，子系统之间相互联系相互制约，保障家庭有序运转，完成家庭基本功能。家庭中各个子系统的组成模式不同，有成年人与儿童、男人与女人、同性别手足、异性别手足等多种组合方式。这些由不同年龄、不同性别组成的家庭子系统之间存在怎样的关系？对儿童发展具有怎样的作用？其影响模式有哪些？人类发展领域的学者们对此作出了不同的分析阐述，形成了不同的家庭系统观。

（一）米纽庆的家庭系统观

20世纪70年代，G.贝特森与其合作者把系统论理念用于心理咨询与治疗领域，并在家庭治疗中使用（Bateson，1972）。米纽庆则以贝特森以及同时代其他临床学者的系统论思想为基础（如 Hoffman，1981；Watzlawick et al，1967），提出治疗心理问题的家庭系统模型，指出了家庭系统论的五个基本原理（Minuchin，1974；Minuchin & Fishman，1981）。

1. 任何系统都是由相互依存因素组成的有机整体

任何系统均由相互作用的部分组成是系统理论的核心观点。系统论对传统科学范式提出了挑战，认为任何完整的系统理论上应该包含宇宙万物，系统内各因素就像俄罗斯套娃一样嵌套在一起，任何脱离情景因素只考虑部分的想法只会产生碎片化的无用资料。在心理咨询与治疗领域，实践人员和研究者需要把宇宙万物拆分为有意义的亚系统，家庭就是整个宏观系统中一个有特殊意义的社会系统。米纽庆认为，过去的咨询模式强调个体本身，忽视了个体生活的家庭系统，阻碍了治疗效果。他指出，世间从未有完全独立存在、不与生态背景发生关联的个体，必须把每一个人放在其所生活的情景系统中去解读。简言之，米纽庆重视在个体生存的环境系统中解读其心理与行为，家庭治疗需关注那些家庭内形成的、能够保持下去的、用以调整系统内成员行为的规范模式。

2. 系统呈环形结构而非线性结构

关于事物之间的因果关系，家庭系统论持非线性结构观。认为A引发 B 这种对客观现实的看法具有狭隘性，系统不是"A→B"这样的直线式，应该是"A1→B1→A2→B2→A3"这样一种螺旋式上升的环状结构。根据非线性结构观对现有理论进行分析，发现以往人们所持的某些观点可能有误，需要推翻并重新做订正。例如，过去有学者认为母亲过度保护引发了儿童的焦虑情绪，这一观点就是典型的"A 引发 B"直线思维模式。根据系统论的环形思维，儿童焦虑情绪形成的过程如下：母子系统中，儿童恐惧引发了母亲的关注行为，母亲的关注加重了儿童的恐惧，儿童加重的恐惧又使母亲的关注进一步增加，以此循环往复，儿童焦虑越来越严重。根据传统的"A→B"式思维，要想改变儿童的焦虑情绪，只需改变母亲过度保护的教养行为即可。但根据家庭系统论的"A1→B1→A2→B2→A3"环状结构观，则必须对母子系统进行干预，让母子系统发生改变。既要对儿童恐惧行为本身进行干预，也要对母亲的关注行为进行干预，干预人员只需要选择适宜的干预时机与干预方式。

3. 系统具有保持自我稳定的体内稳态性

D.D. 杰克逊首次提出体内稳态（homeostasis）一词（Jackson，1957），之后得到心理学领域学者的广泛关注。在心理咨询与治疗领域，体内稳态是指系统具有维持系统稳定性的特征，抗拒变化是家庭系统体内稳态的表现。米纽庆用体内稳态一词揭示家庭发挥功能的内在机制。家庭系统论指出，家庭的自我调整系统有一个重要组成部分——错误激活进程，该进程具有适应性特征。功能良好的家庭中，系统通过错误激活进程对不符合家庭模式的异常行为进行控制，并通过矫正反馈循环系统，重新达到家庭系统的平衡。相反，功能不良的家庭中，自我调整进程把症状、不适应行为纳入系统之中，并使之成为系统的必要组成部分，体内稳态机制使家庭保持现状，阻止家庭系统发生变化，使家庭更加僵化。在心理咨询与治疗中，如何破解不良家庭的体内稳态是咨询师所面临的困难问题。只有破解了功能不良家庭中的体内稳态，才能促使家庭系统启用错误激活程序，对家庭系统内的异常行为进行控制或修正。需要注意的是，心理学界认为个体也有体内稳态功能，但如果把体内稳态看作是系统功能，则个体（此时是系统的构成要素）不再具有此功能。以儿童自主性调节为例，如果把儿童自主性调节看作是家庭系统的体内稳态，则儿童自主性调节不是通过自己体内稳态自行调节，而是由家庭系统内多人通过多种行为完成。

4. 演化和变化是开放系统固有特征

开放式系统不仅具有体内稳态特征，同时也具有变化性特征（morphogenesis）。任何系统都有自己的运行模式，当某些异常事件破坏了原有模式时，系统就失去平衡。暂时失去平衡的系统则通过自身变化努力适应，直至重新建立平衡为止。在努力达到新平衡过程中，系统变化进程对现有模式提出挑战，不断探索替代模式，最终用更复杂、能更好适应环境变化的新模式替代旧模式。反复挑战、反复重新组织是家庭循环系统基本特征之一，借助此调整机制，家庭一般能够顺利应对发展过程中的变革，重新达到新平衡状态。当家庭无法通过自身努力解决发展过程中的变革时，需向心理咨询师求助。咨询师必须借助系统所具有的变化性特征，重新建构系统规则，使家庭系统回归正常。具体来讲，心理咨询师需要帮助家庭成员理清目前家庭模式的不足或缺陷，协助他们调动家庭资源，探索可替代家庭模式。当然，在用新家庭模式取代旧家庭模式时，家庭成员必须忍受变革引发的焦虑，并采取措施巩固新模式，直至新模式完全建立。需要注意的是，心理咨询与治疗过程中会出现系统内有些成员不需要系统重组，或者系统重组不是该成员提出的情况，此种情况下他们也必须参与家庭重组过程。也就是说，任何情况下家庭系统重组都需要系统内所有成员参与。原因很简单，个体生命发展周期与家庭生命周期以多种复杂形式交互影响，家庭系统任何细微变化均与不断变化的个体有关，抛开某个成员谈家庭系统重建没有意义。

5. 复杂系统由多个亚系统组成

家庭系统由多个亚系统构成。家庭系统中最小的家庭单元是单个独立的家庭成员，每个成员自成一个亚系统。但在心理咨询与治疗实践中，从事家庭治疗的心理咨询师通常不关注单个个体，而是关注家庭内更大的单元，这些较大单元或亚系统主要有夫妻亚系统（spouse subsystem）、父母亚系统（parent subsystem）、亲子亚系统（parentchild/parentchildren subsystem）、同胞亚系统（sibling subsystem）、祖孙亚系统（grandchildren）等。其中父母系统指父母共同组成的系统，不包括离异单亲家庭或再婚家庭中的单方父母。心理咨询与治疗过程中，治疗师需具有自动解读家庭亚系统的能力，注意儿童在各个亚系统中的身份，以便有效解决问题。

米纽庆认为，夫妻结婚后至生育子女之前，配偶系统就是整个家庭。生育子女之后，家庭里出现了新的双边关系——父母系统，父母通常需要共同协商，相互支持，担负起抚育子女的责任。如果有多个子女，家庭里出现同胞系统（也称手足系统），若子女人数较多且男女都有的情况下，同胞系统又可能包括兄妹系统、姐弟系统、女孩系统、男孩系统等。因此，家庭中成员性别、数量与代际越多，家庭结构越复杂，咨询师解决儿童心理问题时需要考虑的因素越多，难度也越大。

6. 亚系统之间既相互独立又跨界互动

米纽庆对家庭亚系统之间的关系模式进行分析，指出每个亚系统就是一个独立单元体，均有自己的独立功能，子系统之间既有明确界限，又相互联系、相互影响，成员无论在亚系统内部互动还是跨系统互动均需遵循共同制定的规则。

子系统间的界限太过僵硬或太过松散都不好。功能不良家庭中，问题多出现在亚系统边界维护与变动上。有的家庭在夫妻系统与亲子系统之间没有建立清晰牢固的边界，无法有效控制夫妻冲突，子女当裁判或沦落为替罪羊，成为纠缠型（enmeshment）家庭；有的家庭边界太过僵硬，没有根据子女需求变化灵活调整策略，成为疏离型（disengagement）家庭。这两类家庭面临压力均会产生问题，纠缠型家庭中亚系统之间边界模糊或混淆，家庭成员之间距离太近，彼此干扰过多，导致家庭角色混乱。例如，父母管控过多，过度关注子女的一举一动，子女任何细微变化（如子女不听父母的意见买自己喜欢的文具）都会引发父母的激烈反应。这种纠缠型家庭不利于儿童独立品质培养，对儿童自我成长不利。相反，疏离型家庭中子系统之间界限过于死板，成员关系僵化或疏远，缺乏彼此联结的纽带，相互孤立。在家庭教育上，父母对子女关注和支持太少，甚至漠不关心，这种关系模式下，儿童通常无法正常社会化。除此之外，还有联合对抗（coalition）、三角缠（triangulation）和倒三角关系（perverse triangle）等关系类型，均在不同程度上影响儿童健康发展。因此，亚系统边界和互动规则必须随个体发展变化和外界环境变化不断作出调整。如果出现上述各种问题，则需要咨询师按照心理咨询与治疗的程序，根据家庭系统当前的现实情况与各个亚系统功能运行现状，重新建立亚系统边界，明晰成员互动规则，确保家庭正常运行。

米纽庆秉承了系统论思想，强调把个体置于家庭系统中去解读，个体出现问题意味着家庭系统出现问题。咨询与治疗实际上是利用家庭固有的稳态性和变化性特征，重构家庭规则、重建亚系统边界，用新健康家庭模式替代原有不良家庭模式的过程。

（二）鲍恩的家庭系统论

美国著名心理治疗专家 M. 鲍恩与其合作者 M. E. 科尔从临床心理学视角提出了家庭系统理论（Bowen，1978；Kerr & Bowen，1988）。该理论将整个家庭看作一个情绪单位，认为家庭是一个"成团的情绪体"。家庭问题是上一代传给下一代的心理动力，是三角关系彼此纠缠的互动结果。鲍恩的家庭系统论关注家庭内形成的用以平息个体焦虑的关系模式。他认为，个体焦虑产生的关键原因是家庭内某种关系过于亲密或过于疏离，而个体焦虑程度由当前家庭外部的压力水平以及通过代际传递下来的敏感特质所决定。任何家庭成员如果不能对家庭内部人际关系困境进行思考，而是用焦虑方式对他人情感需求作出反应，则会产生焦虑情绪。心理治疗就是通过唤醒个体的情绪系统功能、提高辨别能力以降低慢性焦虑。因此，心理治疗的焦点是改变自我而不是试图改变他人。鲍恩提出了情绪融合与自我分化（Emotional Fusion and Differentiation of Self）、三角关系及三角关系进程（Triangles and Triangling）、慢性焦虑（Chronic

Anxiety)、核心家庭的情感过程（Nuclear Family Emotional System）、多代传承的过程（Multigenerational Transmission Process）、家庭投射过程（Family Projection Process）、排行的位置（Sibling Positions）、情感断绝（Emotional Cutoff）、社会性倒退（Societal Regression）等核心概念系统，以此分析心理问题产生的原因及治疗原理。下面对其中的几个核心概念做简要介绍。

1. 情绪融合与自我分化

鲍恩的家庭系统理论认为，个体身上有两种最基本的生命力：个体性（individuality or separateness）和群聚（togethernses or fusion）。个体性是人类追求独立思考与行动的动力，使每个人成为不同于他人的独立个体。群聚是指个体希望获得家庭认同和接受，能够维持与家庭其他成员的亲密关系。群聚是个体寻求归属的动力，它使家庭成员在情绪上相互联系、行动上相互响应，进而达到相互融合（Kerr & Bowen，1988）。鲍恩指出，个体性与群聚是家庭系统中的两个重要平衡剂。理想状态的家庭关系是这两股力量处于平衡状态，此时家庭成员既有各自的独立性，又能保持相互间的密切联系。如果父母溺爱子女，子女与家人情感卷入过深，则情绪情感的分化水平低，独立性则比较差。这与米纽庆的家庭系统观点具有相似之处。此外，个体性与群聚不仅在家庭内部两两关系（如母子关系）中发挥作用，还在"核心家庭情绪系统"中发挥作用。哺乳类动物中，群聚这一内在动机使群体产生凝聚力，群体成员在互惠互利原则下互相帮助以确保后代生存。例如，危机关头，群聚动机使人们忘记了自己的个体性，不再各自为战，而是团结起来共同面对困难。也就是说，关键时刻为了生存个体利益让位于群体利益。

为解释情绪成熟水平存在差异的内在机制，鲍恩提出了自我分化的概念。分化是指个体能够将情感和理智区分开来，平衡理智与情感的关系，理性管理情绪的能力水平是个体情绪成熟的体现。分化程度高的个体既有强烈的情绪情感和自主行为，也能够自我克制保持理智，他们通常能够有效应对多重压力。相反，分化程度差的人（如精神疾病患者），管理情绪的能力差，应对压力的能力也差，其行为更多是自动化的非理性行为。自我意识明确的个体通常自我分化水平比较高，他们即使在高压力、高焦虑状态下也能保持理智，根据既定规则做出适宜行动。

虽然鲍恩所用术语与米纽庆不同，但对家庭成员之间互动关系的阐述非常接近。与米纽庆家庭系统观点不同的是，鲍恩更为详细地阐述了各系统之间微妙的关系，并指出自我分化在家庭成员心理健康中的作用，这从他对家庭三角关系、核心家庭情绪系统、家庭投射过程等的阐述中可窥见一斑。

2. 三角关系及三角关系进程

三角关系进程是鲍恩家庭系统理论的核心部分。鲍恩认为，三角关系是描述家庭成员之间相互影响的动力模式，是最小的、稳定的关系单位。三角关系进程指家庭内部两成员通过关注第三人解决焦虑的进程。根据鲍恩的观点，三角关系中两两之间的关系并不平等，总有两个人关系比较近些，他们是"当事人"（insider），而另一个人被排斥在两个当事人的亲密关系之外，被称作"局外人"（outsider）。当事人与局外人不是静止不变的，局外人随时通过某些方法与其中一位成为当事人，而把另外一人变成局外人（转引自张志学，1990）。三角关系会发生下面四种变化：（1）两人平衡关系会因第三人加入而失去平衡。例如，母子和谐的关系在儿子结婚后失去平衡，儿子与妻子关系密切而使母亲成为局外人。（2）平衡的两人关系因第三人的离去而失去平衡。例如，夫妻二人共同养育孩子，关系和谐，孩子考上大学离家后夫妻出现矛盾。（3）不平衡的两人关系会因第三人加入而达到平衡。如兄弟两人冲突中，父亲到达主持公道，矛盾减少。（4）不平衡的两人关系会因为第三人的离开而达到平衡。例如，在父子冲突中，母亲指责父亲诱发夫妻关系紧张，若此时母亲走开，则矛盾减少（转引自易春丽等，2004）。根据鲍恩的观点，自我分化与三角关系是影响子女发展、决定代际传承的重要因素。

3. 核心家庭情绪系统

核心家庭情绪系统包括夫妻冲突、配偶生病等，这些核心家庭情绪对家庭其他关系（尤其是亲子关系）产生巨大影响。夫妻冲突对其他家庭关系影响最大。冲突初期，夫妻通常只关注双方，儿童则在夫妻冲突的情绪系统之外，此时夫妻冲突没有对儿童产生消极影响。当夫妻冲突与儿童问题同时出现时，夫妻冲突情绪进程则会伤害儿童，夫妻冲突中产生的强烈消极情绪（如愤怒）会影响儿童，使儿童产生相应的情绪与行为问题。关于配偶疾病对儿童的影响，鲍恩指出，父母一方有功能失调障碍时，儿童几乎不会受影响，但却存在另外一个问题，即儿童可能会继承有疾病一方父母的生活模式，而这种生活模式会影响其未来生活。例如，在母亲抑郁父亲健康的情况下，儿童并没有遗传母亲的抑郁易感性特征，但在母亲教育与榜样示范效应下，儿童可能会形成消极应对方式，这种应对方式对其未来生活工作产生不良影响。

4. 家庭投射过程

家庭投射过程是指家庭中父亲—母亲—儿童的三角关系中，未能自我分化的父母会通过投射过程影响甚至伤害子女。分化水平低或未自我分化的父母，处理生活中的矛盾冲突时缺乏灵活性与理智性，很难建立良好的婚姻关系，不太可能采取适宜的教育方法、理性处理亲子矛盾。因此，未能自我分化的父母容易出现婚姻冲突、配偶患病、子女有心理问题等现象。例如，分化水平低的夫妻经常发生矛盾冲突，经常向子女发火，子女则时时刻刻关注父母的要求与情绪表现，无法按照自己的需求思考行动，长时间处于高度紧张状态，情绪压力强度过大，最终出现心理问题。

5. 情绪阻断／隔离

为了描述情绪阻断／隔离过程，鲍恩提出了一个术语——情绪依恋摆脱，指个体在情感上脱离重要他人。情绪依恋摆脱程度越高越不利于个体的健康发展。情绪依恋摆脱有两种表现形式：一种是情感远离，指在某些重要时刻，家庭中成员因相互间无法做到情绪与情感有效沟通，出现情绪阻断或隔离现象；一种是身体远离，有些家庭因多年没有联系，出现身体上的阻断或隔离，造成身体远离。儿童因年龄小，无法独立生活，通常与父母住在一起，似乎不太可能出现情绪依恋摆脱，但实际情况并非如此。

鲍恩认为，儿童与父母情感依恋摆脱并不受空间距离远近的影响，而与儿童自身情感远离或行动远离有关，儿童在情感远离父母的同时伴随着身体远离。情感远离是儿童自我否认和自我隔离的心理进程，而身体远离是儿童主动逃离的行为。儿童对一方父母情绪依恋摆脱的程度决定了他们理性处理成人之间紧张关系的能力，影响自己及后代的生活。情绪依恋摆脱程度越高，儿童越可能采取不利于自主发展的行为策略，应对人际关系中的压力、处理人际变化的能力越差。个体与过去隔离越明确，未来婚姻中越可能出现其父母婚姻中出现的问题，且问题可能会更严重，其子女在未来婚姻中也更可能在情绪情感上与他们隔离或阻断。

6. 多带传递过程

家庭进程模式可能会传递多代。在多子女家庭中，至少有一位是家庭进程传递的首要目标，该儿童自我分化程度比父母还要差。其他儿童受父母的影响较少，他们的自我分化水平与父母持平或相似。也就是说，在多子女家庭中，那些受家庭情绪进程影响较少的子女，其自我分化程度要好于父母。这些分化好的子女能够理性控制自己的情绪，有效应对各种压力，保持心理健康。

7. 慢性焦虑

鲍恩认为，慢性焦虑与个体对群聚与分化的需求不同有关。焦虑可能源自冲突、不被认同或被拒绝等，个体为了回避冲突选择群聚而牺牲自我分化，由此产生焦虑。例如，某青年同意学医，不是因为他想学，而是因为无法解决自己与父母矛盾产生的焦虑。于是该青年遵从父母期望学医，心理压力反应暂时降低，似乎没有什么负面效应，但从长远来看，该青年会一直为缺乏自主决定能力而担忧，这种担忧不会消失，并以症状形式表现出来。也就是说，某个人有心理症状，但该症状不是起源于他本人，而是源于所在家庭未分化。家庭未分化现象伤害了家庭中的"脆弱"成员。简言之，有心理症状的个体把本该属于系统中其他成员的慢性焦虑吸收到自己身上，并以症状形式表现出来。

分化水平高的家庭，父母与子女观点有矛盾冲突时，父母通常会向子女表达自己的不同观点，但会尊重子女的选择，尊重他们提出的未来规划方案。因此，家庭分化水平高，情绪管理成熟水平也高，生活在这类家庭中的儿童更有能力应对父母的异议，也能够找出适宜方法解决问题（如自我安慰），降低自己的焦虑水平。这种家庭中的儿童不会为了愉悦父母向他们妥协，也没有采取情感阻断的方法切断与他们的联系。当然，面对压力时的自我安慰能力多半需要个体具有清醒的意识、能够深思熟虑且行为果断，同时需要家庭成员之间对彼此情绪敏感并能及时作出准确反应。因此，家庭分化水平高，儿童通常不会产生心理问题，而家庭未分化或分化水平低，儿童容易产生慢性焦虑。鲍恩指出，为了维持人际和谐而放弃个体自主性，为了适应个体性—群集性冲突的压力而敏感地捕捉他人期望并努力迎合，这是慢性焦虑产生的重要原因。

鲍恩的家庭系统理论为儿童青少年临床心理学研究提供了研究新思路，许多学者以此理论为基础，考察家庭各系统相互影响作用于儿童心理发生发展的机制，尤其为探讨亲子关系质量对家庭成员心理社会适应能力的影响提供了一个新的分析框架。有研究发现母亲分离焦虑与子女分离焦虑之间存在显著正相关关系，儿童分离焦虑与母亲自我分化之间显著负相关（Peleg et al.，2006），即母亲自我分化越低，其子女的焦虑水平则越高，支持了家庭进程的多代传递模式。

无论米纽庆还是鲍恩，其家庭系统理论都强调家庭内部各亚系统之间相互影响，这一理念被心理咨询与治疗、人类发展领域的学者广泛认可。从家庭系统论的逻辑思路来看，家庭成员中任何一个进入转变期都将是整个家庭系统的挑战。首先，儿童的变化会影响家庭系统。例如孩子开始上学或进入青春期，整个家庭必须进行重组，父母需做好准备，逐渐放手让儿女独立。当然，这个过程比较长，会经历多个互动循环过程。最初子女独立意识增强，不断寻求自主自立，父母妥协并让渡权力；子女不安分，父母不能接受的行为迅速增多，于是父母声明重新加强控制；青少年继续抗争，父母再次妥协。如此多个循环往复，青少年最终取得了自主权。当青少年获得更多自主权后，弟妹们则可能失去了一个伙伴，必须承担更多家务劳动，但同时也获得了一些新权利。与此同时，在如何处理家庭事务尤其是管控子女上，父母双方不仅需要重新建构相互支持的方式，还要注意青少年逐渐出现的性意识对夫妻关系的影响。其次，父母的变化会影响儿童。例如，为了丈夫的职业发展，某个家庭移民海外，这使得家庭系统陷入紊乱。对妻子而言，移民前有一份满意工作，有自己的朋友圈，现在不但失业在家，而且也没有朋友；对子女而言，失去了原有伙伴群体，新的伙伴群体未形成，语言、习俗、价值观等都需要重新适应。另外，家庭成员突然生病或去世、新成员的加入（如弟妹出生）等意味着整个家庭系统的重新组织，均会改变整个家庭系统的运行轨迹，这些已被相关研究所证实（如 Kreppner et al., 1982）。因此，研究儿童发展过程，不能仅仅关注个体自身的变化，还要关注整个系统的变化对儿童的影响，也就是把儿童置于家庭系统中进行研究。

三、基于家庭系统论的欺凌与受欺凌研究思路

不同学者分析人类发展的理论建构不一样。学习理论（Learning Theories）关注个体变化的规律和法则，整体论（Organismic-Holistic Theories）关注个体不同发展阶段的组织形式，以及个体从一个阶段向另一个阶段的变化进程。例如，整体论者皮亚杰使用失调、平衡等重要概念解释个体在某些时间点上（如入学、离开家、退休等）的行为表现，此时旧系统被打乱，新模式尚未完全建立。与上述理论不同，系统论强调个体存在于系统之中，其行为受系统规则的控制与约束。研究者不应关注个体内在进程，而应关注个体所在系统的功能。根据家庭系统理论，儿童出现适应问题时，研究者和治疗人员关注焦点不是儿童的内在进程，而是儿童直接接触的微观系统——家庭，查找家庭系统内存在的问题。受家庭系统论的影响，学术界越来越重视家庭系统因素对儿童欺凌、受欺凌的影响。

（一）不同家庭结构水平对儿童欺凌与受欺凌的影响

个体生存的生态背景由多个不同层次、不同水平的情景组成。嵌套在宏观系统下的家庭也是由多个子系统按照一定层级结构组成的动态系统，包括夫妻、亲子和同胞等较小的子系统（邓赐平、刘金花，2000）。家庭系统中，也有相对较大系统和较小系统之分，较小的子系统受较大系统影响，如多子女家庭中的姐妹系统受同胞系统的影响。平行的子系统之间相互影响，如夫妻矛盾冲突会影响亲子关系、亲子关系紧张会影响夫妻关系等。家庭最小的系统是单个成员，成员与成员之间相互影响，如某个家庭成员的生活事件会影响家庭系统中其他所有成员。传统家庭研究主要致力于揭示家庭系统内各子系统间的关系模式，而系统模型的层级观为揭示家庭在儿童发展中的功能提供了新分析思路。学术界已沿着此思路进行研究，获得了不少有价值的结论。

1. 把儿童置于系统中去研究

儿童发展离不开生活情景，把儿童置于生活背景系统中研究已在学术界达成共识。儿童生活在大小不一、层级水平高低不等的多个系统中，需遵循每个系统的规则。每个系统的运行规则不同，儿童在不同系统中的心理与行为表现就不一样。家庭内部不同的亚系统也有自己独特规则，如亲子系统中的人际互动规则与同胞系统中的人际互动规则差异很大，亲子系统中父母对儿童有权威，儿童更多服从父母，而同胞之间地位相对平等。由于家庭各亚系统的运行规则不同，儿童在不同家庭亚系统中的心理与行为表现自然也不同，儿童发展方面的研究结论支持了这一论点。依恋方面的研究发现，父子系统与母子系统的运行规则存在差异，在陌生情景实验中，母亲在场和父亲在场两种情况下，婴儿的行为模式差异明显，而且这种差异具有跨时间的稳定性（Grossmann et al.，1981；Main & Weston，1981）。问题行为方面的研究发现，小学儿童问题行为与父母教养行为的关系存在细微差异，母亲的溺爱会使小学生的退缩、攻击和社交问题增多，但父亲的溺爱对小学生问题行为没有影响；母亲低权力的教养方式会减少小学生违纪、攻击、社交问题以及注意问题，但父亲的低权力却会使小学生体诉问题增多（董会芹，2016）。如果说儿童与父亲、母亲依恋行为表现的差异既与父母照料婴儿的方式、父母反应性不同有关，同时也与婴儿内在的积极主动性有关，那么父母相同教养方式下儿童产生的问题行为不同，说明了儿童会根据不同情景系统调节自己的行为，以适应环境变化（父亲在场还是母亲在场）。

欺凌与受欺凌研究领域也有类似的研究发现。前人研究揭示，男孩受欺凌与父母教养的关系模式不同于女孩受欺凌与父母教养的关系模式。对男孩受欺凌者而言，其母亲通常采用过度保护、过度控制、约束而且溺爱的教养方式，父亲则采用疏远、严格的教养方式；女孩受欺凌者，其母亲多采用敌意、拒绝的教养方式，或被父母虐待、忽略（见综述：董会芹、张文新，2005）。也就是说，家庭过分亲密，母亲过分溺爱、保护的教养方式下，男孩容易成为受欺凌者；而父母的敌意、拒绝、情感虐待等不良教养下，女孩容易成为受欺凌者。可见，儿童欺凌、受欺凌的形成原因与其家庭中所处的子系统互动模式有关。

2. 子系统之间的相互影响

目前学术界对家庭系统中平行子系统之间的相互影响进行了考察，揭示了各子系统之间相互关系模式，相关研究多围绕补偿假说（Compensatory Hypothesis）、溢出假说（Spillover Hypothesis）和交叉假说（Crossover Hypothesis）开展。

补偿假说认为，某一子系统关系不良会促使家庭成员把精力投向另一子系统以满足情感需求，如婚姻关系紧张的父母会把精力投向子女。该假设得到临床实践工作者的支持。心理咨询与治疗的临床实践发现，夫妻关系紧张时母亲通常会把大量情感投向子女，满足自己的情感需求，母子关系尤为密切。补偿假说也得到了实证研究的支持。一项考察学前儿童睡眠问题与母亲婚姻满意度、父母教养行为关系的研究发现，母亲婚姻满意度与母亲温情、母亲理解性等积极教养显著正相关，与母亲侵入、控制和忽视等消极父母教养方式呈显著负相关（Park et al.，2018）。国内有研究显示，父亲、母亲婚姻满意度与子女感知的父亲心理控制和母亲心理控制均显著负相关（于静，2019）。研究结论表明，婚姻满意度差的父母会把精力投放到子女教养上，对子女有更多管控，多使用消极的教养方式；相反，婚姻满意度高的父母更多使用积极的教养行为，对子女管控更少，符合补偿假设。

溢出假说认为，家庭成员在某个子系统中产生的情绪与行为会影响其在另一个子系统中的情绪与行为（Erel & Burman，1995），如夫妻系统会影响亲子系统，这一假设得到了许多研究的支持。有研究发现，婚姻满意度（即夫妻系统）影响父亲教养（即父子系统）。父亲的婚姻满意度越高，父亲教养投入越多（陈玲玲等，2014），父母婚姻质量均与自身亲子亲密显著正相关（李苗苗等，2019）。同样，夫妻系统也会影响同胞系统。研究表明父母使用暴力方式解决夫妻对话中的冲突与子女使用严重暴力来解决兄弟姐妹冲突存在关联（Stocker & Youngblade，1999）；用敌意、退缩的方式处理婚姻冲突的父母，与那些用健康方式处理婚姻冲突的父母相比，其子女表现出更多的消极情绪，而且同伴关系不和谐（Katz & Woodin，2002）。父母与祖父母的亲子系统同样也会影响父母与子女的亲子系统。有关父母教养方式代际相传与儿童心理与行为关系的研究发现，如果儿童祖父母具有冲动性反应的特征，则父母具有反社会特征，并采用严厉的教养方式，儿童出现反社会行为的可能性增加（Patterson & Dishion，1988）。这在帕特森儿童问题行为形成的偶然学习假设中有明确体现。该理论认为，如果父母陷于婚姻冲突之中，对儿童行为的监控就会减少。为了引起父母的注意，儿童就会作出一些破坏性行为或其他引发家长注意的行为；儿童的这些行为引起了家长的注意，于是儿童心目中形成了一种观念，只有这样的行为家长才会关注我，于是父母的关注强化了儿童破坏性行为的频率（Patterson et al.，1989）。在这一强迫循环模型中，父母婚姻冲突（夫妻系统）影响了教养行为（亲子系统），且影响的模式是溢出方式。

交叉假说认为家庭内部不同亚系统间情感和行为的转移不仅会发生在个体内，而且也发生于个体间，如母亲在夫妻子系统中的情绪与行为会影响父亲在父子系统中的行为（Pedro et al.，2012）。也有一些学者指出，溢出、补偿和交叉假说可能同时发生，并得到了一些研究的支持。如陈玲玲等（2014）的研究发现，父亲的婚姻满意度越高，父亲教养投入越多，支持了溢出假说；母亲的婚姻满意度越高，父亲的亲子投入越多，支持了交叉假说；父亲对其婚姻不满意时，会通过增加与幼儿的亲密来补偿其在婚姻关系中未满足的需要，支持了补偿效应。

在儿童欺凌与受欺凌领域，学者们很早就从系统论观点出发探讨家庭子系统之间相互影响引发儿童欺凌、受欺凌的机制。前人研究发现，亲子系统会影响同胞系统从而对儿童攻击与欺凌行为产生间接影响，这种影响被称为同胞效应（sibling effects）。如父母采用强迫管理模式，儿童会在同胞中的同性别系统中练习这种强迫模式，于是在兄弟系统和姊妹系统形成攻击、强迫关系，接下来，儿童又把这种攻击强迫的行为模式带到学校或其他同伴群体中去（Slomkowski et al.，2001；Garcia et al.，2000），研究结论支持了溢出假设。此外，研究还发现，父亲比母亲更容易把婚姻冲突转向父子关系中（Schofield et al.，2009；Stover et al.，2016），与父亲脆弱假设（Fathering Vulnerability Hypothesis）观点一致（Cummings，et，al.，2004），由此可以推测儿童更容易遭受父亲的敌意与严厉管教。可见，儿童攻击与欺凌行为发生发展还受家庭子系统之间互动方式的影响，研究结论为家庭系统理论注入新经验。

3. 家庭系统对家庭外系统的影响

有研究发现，家庭亚系统内夫妻冲突会影响儿童的同伴关系。已有研究发现，父母存在婚姻冲突，子女同伴关系也不和谐（Stocker & Youngblade，1999；Katz & Woodin，2002），说明家庭系统会影响家庭外系统的运行。为什么会出现这种现象？为了回答这一问题，研究者提出了一些理论模型对此予以解释。在攻击与欺凌领域，E. 英戈尔兹比等人提出了专门解释家庭内攻击与同伴攻击之间关系的家庭系统模型（Ingoldsby et al.，2001）。该理论模型指出，家庭某一亚系统内的冲突首先影响其他亚系统以及家庭情绪氛围，进而影响儿童在家庭系统外的行为表现，且家庭内多个亚系统的合力要比一个亚系统对儿童的影响力大。该理论得到许多研究的支持。例如，M. M. 加西亚等研究发现，家庭内部仅有一个亚系统有问题（亲子关系有问题或同胞关系有问题），生活在这种家庭中的儿童，其攻击行为远比那些生活在两个家庭亚系统（亲子关系与同胞关系）都有问题的儿童少（Garcia et al.，2000）。C. 麦金农－刘易斯等人研究发现，增加同胞关系这一预测变量后的模型，要比只用父母—儿童关系作为预测变量的模型对同伴攻击、同伴接纳的解释力更强，说明两个亚系统合力大于单个亚系统的作用。此项研究还发现，同胞关系是儿童与父母的拒绝关系、儿童与同伴攻击关系之间的调节器（Mackinnon-Lewis et al.，1997）。概言之，家庭内某亚系统内冲突（如父母冲突、亲子冲突、同胞冲突等）与师生冲突、同伴冲突之间相关性不高，只有当家庭内多个亚系统发生冲突时，儿童与老师、儿童与同伴等冲突的可能性才会上升。欺凌领域的研究也发现了相似的规律。相关研究发现，受欺凌者的家庭通常具有亲和性，而且家庭成员之间过分亲密；欺凌者家庭亲和性较低，家里很可能没有父亲，而且家庭缺乏温暖，家庭成员权利需求度高等（见综述：董会芹、张文新，2005）。

在攻击与欺凌研究领域，亲子系统（家庭亚系统）影响同伴系统（学校亚系统）的研究较多，主要围绕依恋理论展开。根据依恋理论，与父母形成安全依恋的儿童通常认为自己值得被爱、被关注，他人值得信任。这种婴儿期形成的内在心理预期或内部工作模式（Internal Working Model；Bowlby，1973）在青少年期逐渐稳固下来，影响了儿童青少年的社会信息加工过程。具有此种内部工作模式的儿童青少年，在人际交往中通常对他人充满积极期待，因而容易与他人建立良好关系。因此，安全依恋程度高的儿童青少年较少卷入欺凌事件中，很少成为欺凌者或受欺凌者。许多研究为此提供了支持性证据。研究发现儿童与父母的依恋关系影响随后的社会关系（见综述：Pallini et al.，2014），具有安全型依恋的儿童受欺凌水平要低（Klomek et al.，2016），依恋安全水平越高，儿童成为欺凌者的可能性就越低（Innamorati et al.，2018）。

4.家庭宏系统对子系统的影响

在家庭系统内部也存在着相对较宏观的系统，这些宏观系统下也包含相应的子系统，母系统与子系统之间存在相互影响相互制约的关系。如在多子女家庭中，同胞系统中包含姐妹系统、兄弟系统、姐弟系统、兄妹系统等。根据系统运行规律，同胞系统会影响其下的子系统。在儿童发展领域，很少有学者探讨家庭宏观系统对子系统的影响。在欺凌、受欺凌领域，学术界对家庭社会经济状况（家庭宏观环境）影响亲子系统方面的考察较多，并取得了较为一致的结论。研究发现，家庭社会经济地位影响了父母的教养方式。家庭经济状况较好，家庭矛盾冲突少，父母容易给儿童提供良好的家庭环境，对子女的学习设施投资、与子女互动时间投入同时增加（祁翔，2013），越能用比较科学的方式教育儿童（曹瑞，2011）。相反，社会家庭地位低的家庭中，父母更加重视自身的控制感和孩子的遵从感，他们更倾向于采用一些消极的教养行为（White et al.，2015；王玲晓等，2018），如使用惩罚性和控制性的教养策略、对儿童的反应性较低（Bradley et al.，2001；Conger et al.，1994），而消极的教养方式使儿童更可能受欺凌（Olweus，1993；董会芹，2018）。可见，家庭社会经济地位通过影响父母教养方式而影响欺凌、受欺凌。

另外，许多学者试图探索家庭系统与其他系统的相互关联对儿童欺凌、受欺凌的影响。如 G. S. 扬和 V. C. 迈克劳埃德考察了家庭系统与儿童自身生理特征的相互作用对儿童受欺凌、反社会行为的影响，发现父母教养方式对儿童受欺凌、反社会行为的影响受儿童性别的制约，女孩父母如采用温暖关爱的教养方式、亲子沟通好则会减少儿童受欺凌以及其他反社会行为的发生率（Yang & McLoyd，2015）。尽管该项研究未探讨家庭系统内各因素相互作用影响儿童欺凌、受欺凌的机制，但却发现家庭因素对儿童欺凌、受欺凌的影响受儿童自身生理因素的影响，为以后探索家庭因素与个体、家庭外其他系统的相互作用机制提供研究思路。

（二）家庭因素与儿童欺凌、受欺凌关系的动态变化

正如动态系统论（Thelen & Smith，2006）所指出的那样，系统具有动力特征，能够平衡内部系统、调整自己以适应外部环境。系统的稳定性与变化性是系统自我调整功能的重要表现，家庭系统同样如此。

1. 家庭系统内部的动态变化

家庭结构随时间的变化而不断发生变化，家庭系统的自我调整功能首先体现在应对家庭内部结构的变化上。家庭系统内任何细微的变动均会引发整个家庭系统功能的变动，包括新成员加入（如婴儿出生）、家庭成员减少（如父母离异、父母意外去世）、儿童在时间轴上的身心变化（如入学、进入青春期）以及夫妻一方或双方失业等。

为了分析新成员加入对家庭功能的影响，这里以夫妻两人组成的核心家庭为例进行说明。婴儿出生使家庭系统由原有单一夫妻系统增加为夫妻系统、母子系统和父子系统三个亚系统，亚系统数目增加直接影响了家庭成员角色分工，家庭经济功能、抚育功能和教育功能等均需进行微调以适应系统的变化。由于夫妻二人增加了父亲和母亲角色，所承担的家庭任务也相应增加。婴儿未出生前夫妻共同工作、共同承担家庭经济功能，婴儿出生后家庭增加了抚育子女和教育子女的功能，新分工、合作方案未形成之前，家庭功能可能出现暂时紊乱。此时，家庭通常有四个解决方法：方法一，夫妻一方回归家庭承担抚育和教育子女的功能，另一方承担全部家庭的经济功能。这种分工模式清楚明了，不足之处是短时间内经济压力骤增，甚至会引发家庭矛盾。原因很简单，以前两人工作获得经济收入供给两人生活，变成一人工作收入供给三人乃至多人（多子女家庭）生活，再加上子女抚养与教育需要大量经济投入，故而家庭经济状况大幅度下降，影响其他家庭功能（如休闲娱乐）运行。方法二，夫妻双方共同承担抚育和教育子女的功能。这种模式下，夫妻双方既要工作还要照顾好子女，往往会顾此失彼。父母因照顾子女影响了工作的晋升，间接影响家庭的经济收入；父母为了兼顾工作而在某些方面对子女照顾不周或发生失误，子女发展可能出现偏离。方法三，夫妻双方共同承担抚育和教育子

的功能，雇保姆辅助抚育功能。这种解决方案使家庭出现了新问题：一是保姆的加入增加了新人际关系，家庭系统内增加了保姆与儿童父母、保姆与儿童的亚系统，家庭内部平衡再次被打破；二是保姆费用增加了家庭的经济压力；三是子女的抚育质量受保姆素质高低的直接影响。方法四，夫妻双方共同承担抚育和教育子女的功能，祖辈或其他亲属辅助抚育功能。根据钟年的家庭分类标准（1999），由于祖辈的加入使核心家庭变成了"三世同堂"的扩大家庭，家庭内部系统随之变得复杂起来。除原有子系统之外，祖辈参与增加了婆媳（公媳）关系或翁婿（岳母与女婿）、祖孙关系等。如果其他亲属加入，家庭关系更复杂。上述四种问题解决方法，均会因家庭工作分工不合理、教育理念不同等产生许多矛盾冲突。此时，家庭系统就会发挥自我调整功能，协调内部矛盾，找到最佳分工合作模式，让家庭向良好方向发展。例如，选择第一种模式，母亲或父亲回归家庭照顾孩子，另一方努力工作提供经济保障，暂时减少或放弃其他次要功能，双方互帮互助，携手渡过难关。选择第三种模式——雇佣保姆照顾子女，夫妻两人既要与保姆和睦相处，又要更加努力工作支付额外增加的经济支出。

因离异、丧偶、子女夭折、子女长大离开家庭等因素导致家庭成员减少，家庭系统也会产生暂时不平衡现象。例如，儿童发展过程中，父母一方意外伤亡，家庭中原有的三个亚系统夫妻系统、母子系统和父子系统减少为一个系统——父子或母子系统。家庭经济功能、抚育功能和教育功能全部由一人承担，父亲或母亲压力陡增，家庭功能运行通常会出问题，如为了解决经济功能而无法顾及教养和抚养功能等。此时，家庭需要做适时调整，解决方案通常也有多个，再婚组成新的核心家庭是比较常见的方案。再婚让家庭恢复原有的内在结构和分工模式，但再婚后家庭关系又产生新问题，再婚家庭出现了新的亲子关系——继父母与继子女的关系，如果继父母也有子女则还会出现无血缘关系的同胞关系（西方学术界称为半同胞关系），家庭关系更加复杂。因此，再婚后的一段时间内家庭矛盾冲突增多，家庭需再次使用调整功能，协调内部矛盾，直至家庭重新达到平衡状态。

儿童在时间轴上的变化（如身高体重的增长、入学或升学等）同样会使家庭系统发生变化。变化中的儿童与不断发展变化的家庭系统发生动态相互作用，各变量之间复杂的作用模式使发展结果表现出多样性。例如，儿童天生的气质类型为安静型，父母则会根据其气质类型选择适宜的活动类型（如读书、画画、拼积木等），此时亲子关系良好，儿童一直处于良好的发展进程中。进入青春期后，儿童开始逆反，亲子关系紧张，父母管教子女过程中受挫或无法找到合适的方法与子女沟通，受挫的父母双方可能会相互指责进而影响夫妻关系，接下来又影响父母的工作效率，并最终影响家庭功能的良好运转。多数家庭都会发挥系统的自适应能力（即自我调整功能），对家庭系统进行重组，避免儿童发展出现问题。如父母通过积极学习，迅速找到了与青春期子女有效沟通的方法，使家庭功能重新恢复正常。此外，夫妻一方或双方失业、父母婚姻冲突等，家庭同样需要不断发挥其适应功能，维持家庭的正常运转。

在攻击与欺凌研究领域，许多研究者从系统论视角出发，考察家庭内在系统的动态变化对儿童欺凌、受欺凌的影响，但目前学者们多关注儿童自身变化的影响作用。澳大利亚学者克罗斯等研究发现，儿童欺凌行为在 11 岁时表现出迅速增长的特征（Cross et al.，2009）。此阶段儿童欺凌行为的迅速增长可能受各类环境的影响，如学业竞争、教师对欺凌的态度以及大社会环境中攻击发生率高等（Pellegrini，2002；Pellegrini & Bartini，2000；Underwood et al.，2009）；也可能是儿童自身发展需求的表现，小学到初中的转折期需要重新建立友谊关系（Pellegrini & Bartini，2000）、获得社会地位（Salmivalli，2010；Sijtsema et al.，2009）。建立新的友谊关系、获得社会地位是该阶段儿童欺凌与攻击的内在重要动机，也是青少年获得权力和群体统治地位的手段（LaFontana & Cillessen，2010；Salmivalli，2010）。上述这些研究结论表明，欺凌、受欺凌受儿童自身社会性发展历程（动态变化）的影响。遗憾的是，儿童自身变化对家庭功能的影响以及这一影响如何作用于儿童欺凌、受欺凌，学术界缺乏深入探讨。

2. 家庭系统与外部环境的动态交互作用

为达到系统内外平衡，家庭系统积极应对外部环境的变化，这也是家庭自我调整功能的表现之一。家庭系统与外部环境息息相关，相互影响、相互作用。一方面，社会环境以多种路径或方式通过家庭影响儿童。根据系统论，家庭系统作为儿童生活的微观系统必然受社会环境的影响。由于社会环境复杂多变、每一家庭系统运行模式不同，社会环境通过家庭影响儿童的路径或方式必然也具有多样性。以宏观社会环境对儿童发展的影响为例，我们简单分析互动作用的复杂性。首先，社会宏观环境通过影响父母职业声望、价值观，进而影响家庭经济收入、夫妻关系、教养行为，并最终影响儿童身心发展。例如，受20世纪80年代改革浪潮的影响，某儿童父亲下海经商。通过几年打拼，父亲成为企业家，其职业声望迅速提升，家庭收入也大幅度增长。此时，母亲职业收入对家庭经济贡献微不足道，母亲遂辞职回家专心照顾子女。母亲回归家庭使家庭分工发生变化，由最初父母共同承担家庭经济功能和养育子女功能，变为父亲主管经济功能，母亲承担抚育功能，全职照顾子女。全职母亲对子女的教育与父母共育对儿童身心发展的影响通常会有差异。此外，随着收入的增加，家庭可能会更换居住地，由普通小区搬到较为富裕的小区，邻里环境、儿童就读学校等随之发生变化，儿童在新环境影响下身心也会发生变化（如兴趣、爱好等）。其次，宏观环境还通过制度、媒体导向等形式影响父母的教养理念，进而间接影响儿童。例如，政府通过媒体宣传父亲教养的重要性，或通过制度影响父亲参与教养的积极性与频率（如学校规定父亲需参加家长会），父亲教养的频率增加以及教养质量的提高对儿童身心发展产生了影响。可见，发展领域的研究者需更深入认识环境变化对家庭结构、家庭组织和生活轨迹等各方面的影响，并在这一背景下考察儿童的社会化进程。

另一方面，面对外部环境的影响，家庭系统需要通过多种方式去应对。我们以家庭系统如何应对宏观社会经济变化和政治变革为例作出说明。如上例，父亲辞职经商成为企业家，父亲由于职业发展好，独自一人就能够完成家庭经济功能。在母亲职业收入对家庭经济贡献微小到可以忽略不计的情况下，家庭系统随之作出调整，母亲辞职养育子女，从而达到家庭功能的良好运转。与此同时，为了子女享受更好的教育，在自己经济条件许可的范围内，为子女提供更好的社区环境和教育资源，迁居至更好的社区，把子女送到更好的学校读书等。同理，当父亲或母亲一人无法完全承担经济功能时，家庭系统也会迅速作出调整，父母双方都出去工作，由祖辈或其他人帮助抚育子女，保持家庭经济功能和养育功能良好运转。

许多学者从家庭的自我调整功能角度入手，着重考察在外部环境影响下，家庭紊乱时期各子系统变化对儿童发展变化的影响。例如，随着科学技术的发展，广大农村地区出现大批富余劳动力资源，大量乡村人口向城市流动成为进城务工人员，子女养育就成为进城务工人员面临的问题。如何解决子女教养问题？或者说家庭抚育功能由谁承担？方法主要有两种：一种是把子女留在老家由祖辈或其他亲属帮忙照顾，子女成为留守儿童；另一种方法是把子女带在身边自己教养，子女则成为城市流动儿童。留守儿童与流动儿童的产生实际上是家庭应对外部环境变化作出的调整策略，即当父母必须外出打工以保障家庭经济功能良好运转时家庭被迫作出的应对策略。当然，留守儿童由于父母教育的缺失会产生诸多问题，流动儿童则因为父母忙于工作无暇照顾也出现诸多心理社会适应问题，也会因身份和家庭社会经济状况问题被同伴排斥等。国内学者对城市流动儿童、农村留守儿童等城市和乡村地区的处境不利儿童做了深入系统研究，考察这些处境不利儿童社会适应问题、形成原因，并探讨关爱援助的方法策略（如赵景欣等，2013；袁晓娇等，2012），希望帮助这些家庭重新达到平衡。

（三）家庭系统理论在欺凌、受欺凌预防与干预中的应用

系统论思想不仅影响了欺凌、受欺凌发生发展机制的研究方法与研究思路，也影响了预防与干预工作的思路。根据家庭系统理论，欺凌、受欺凌的发生发展是儿童所处生态系统出现了问题，预防或干预儿童欺凌需

要对儿童所处生态系统进行干预，修复生态系统中存在的问题。因此，研究者或干预人员制定干预计划时不仅要针对问题儿童本人，更要针对儿童所处系统（尤其是家庭系统）。生态干预技术以及家庭系统疗法正是系统论思想的综合体现。

1. 以学校为中心家庭参与的干预

系统理论强调儿童所处的生活情境——生态，这是一个包括付出和收益的规范结构，它为儿童提供了社会互动的舞台，同时也为儿童提供了履行社会义务的机会。攻击与欺凌发生发展机制的研究支持了系统论观点，预防与干预自然也要从影响攻击与欺凌的各种情景因素入手进行综合干预。学术界与一线教育工作者对此做了许多尝试，只是不同的研究者与实践工作者关注的重点不同。有些研究者关注欺凌发生的微观生态背景——学校氛围的改善，学校积极行为干预与支持计划（School-wide Positive Behavioral Interventions and Supports，简称 SWPBIS）即从系统论视角出发改善学校环境以此降低校园欺凌的尝试（Bosworth & Judkins，2014）。D. 克罗斯等是以系统论为基础的欺凌干预研究中比较有代表性的，他们研制的第一项校园欺凌干预计划是"友好学校"（Friendly Schools，简称 FS），该计划重点关注儿童生态背景中的微观环境——学校，旨在发挥学校潜能，同时让学校鼓励家长参与欺凌行为干预（Cross et al.，2011）。"友好学校"计划唤起了家长对欺凌行为的关注，取得了不错的效果，但计划有诸多不足之处，突出问题是没能为家长提供支持儿童的有效方法与工具，既没有告诉家长在学校欺凌事件中如何制止自己孩子的欺凌，也没有告诉家长当自己孩子成为受欺凌者时如何给孩子提供支持。此外，"友好学校"计划还发现，学校虽然动员家长参与欺凌干预，但响应者往往是母亲，父亲缺乏参与意识。父亲既不参加学校邀请的家长会，也不阅读领会学生带回家的相关资料，很少参加学校组织的干预活动。

2. 学校和家庭并重的干预

世界各国的反欺凌项目很多，如挪威的奥威尤斯欺凌干预项目（Olweus & Limber，2010）和零容忍项目（Roland et al.，2010）、芬兰的

KiVa 项目（Salmivalli et al.，2013）等。这些欺凌干预多以学校为中心，同时把家庭纳入干预计划之中。随着干预研究的深入，人们发现有些干预方案没能达到降低校园欺凌发生率的效果。有综述研究指出，截至 2013 年，22 项测量欺凌行为的研究中，只有 50% 显示干预显著有效，27 项测量受欺凌的研究中有 67% 显示受欺凌行为显著降低（Evans et al.，2014）。干预效果不太理想的原因很多，家庭环境没有得到较好改善毫无疑问是主要原因之一。克罗斯等认识到了这一点，于是他们进行了第二个研究，把家庭环境的改变作为干预的目标之一。

在"友好学校"干预项目基础上，克罗斯与其合作者通过补充、修订研制了第二个欺凌干预方案——"友好校园友好家庭"研究计划（Friendly Schools Friendly Families，简称 FSFF），并在小学儿童中进行实验研究（Cross et al.，2012）。与 FS 不同的是，FSFF 重视儿童生态背景中的家庭环境，关注家庭行为模式对儿童欺凌应对方式的影响。他们认为学生在家庭中习得的行为模式会影响他们在学校中的欺凌行为，儿童在欺凌事件中成为旁观者、欺凌对象或欺凌者均受家庭因素的影响。因此，FSFF 特别重视家庭态度、期望等在校园欺凌干预中的重大作用，计划中有完整、详细的家庭干预措施。干预计划特别强调要充分利用家庭积极教育资源，如亲子沟通、家长的榜样示范、家长对欺凌的态度与信念、家庭中有关欺凌的规范、家庭管理方法、父母教养方式、家庭凝聚力等。"友好校园友好家庭"干预计划有两个重点，其一是帮助家长认识欺凌，让家长明晰欺凌不是儿童成长过程中的正常现象，对欺凌者与受欺凌者均产生不良影响。其二是告知家长在子女遭遇欺凌时采取何种策略以及学校可能提供的相关支持，提醒父母自身攻击行为模式对儿童的影响，并告诉家长一些简单处理家庭内部同胞欺凌的方法策略。

为了让父母尽可能获得所有关键信息资料，"友好校园友好家庭"计划采取了多种方式方法：在学校举办家校互动活动（如家庭快乐周末活动），用简短的内部新闻稿与家长沟通交流，通过学校家委会和联谊会发动家长参加欺凌干预活动，邀请家长参与学校反欺凌政策的制定，通过学生交流表（要求学生和家庭成员一起完成相关作业，如家庭访谈）发动家长参与欺凌干预活动，通过学生表现让家长获得相关信息资料等等。为了调动家长的积极性，"友好校园友好家庭"还用了一些小妙招，例如，家长更愿意参加包含自己孩子的各种活动。FSFF 项目利用了家长这一心理需求，通过学生戏剧活动、音乐表演以及其他艺术形式把欺凌干预信息传递给家长。

　　"友好校园友好家庭"还通过干预实验考察了不同类型干预方案的有效性。研究共设计了三套干预方案：高强度干预（包括学校整体能力塑造与家长积极参与）、中等强度干预（仅有学校整体能力塑造）和低强度干预（无能力塑造的标准学校干预方案），并经过为期三年的实验检验不同干预方案的效果。克罗斯等发现高强度干预要比中等强度干预效果好，与低强度干预相比，高强度效果大大提高（Cross et al.，2012）。研究还发现，第一次后测时，四年级和六年级学生中，高强度干预效果要比中低强度干预效果好；第二次后测结果表明，四年级高强度干预组的欺凌行为显著少于同年龄中强度干预组；第三次后测结果发现，四年级高强度组的欺凌行为显著少于同年龄低强度干预组；后测一和后测二中，对六年级群体来说，高强度干预条件在鼓励学生报告自己受欺凌方面的效果明显优于低强度干预组。干预实验结果表明，干预强度越高，效果越好；不同强度干预模式（外部环境）的效果受儿童年龄（个体因素）的影响。干预强度越高，意味着需要干预的生态背景涉及面越广，强度越高的干预模式效果越好，说明多个生态背景合力大于单一生态背景的影响力。干预强度效果受儿童年龄影响，表明干预效果是环境与个体因素相互作用的结果。该项研究结论支持了系统论的核心观点——个体水平的因素与不同环境水平的因素在不同发展时期相互作用模式不同，为系统论提供了事实依据。同时，研究结论也为勒纳系统论观点（Lerner，2015）——科学研究与实践相互影响——提供了证据，即科学研究为实践提供了智力支持，实践为验证生态学方法的科学性提供了机会，二者相互影响帮助科学工作者找到促进个体积极发展的策略方法。

3. 针对家庭系统干预的尝试

发展研究领域针对儿童欺凌、受欺凌的欺凌干预方案与干预计划很多，但迄今为止尚未见专门针对家庭系统的反欺凌项目。在临床心理学领域，有研究者尝试通过干预家庭系统中某个亚系统，降低儿童欺凌、受欺凌的发生率。叙事家庭治疗（Narrative Family Therapy）和结构式家庭治疗（Strategic/Structural Family Therapy）是目前临床心理学界影响力较大的两个治疗技术，且干预效果较好。叙事家庭治疗旨在帮助欺凌者改变自己欺凌身份认同，同时帮助家庭成员学会使用问题解决技术。研究显示该方法能够改善家庭环境，增强家庭积极氛围（Butler & Pratt，2008）。结构式家庭治疗的目的是改善攻击与欺凌儿童家庭的沟通模式，提高家庭成员的冲突解决能力。相关研究显示该方法效果较好，能够减少儿童的欺凌行为（Nickel et al.，2006）。虽然叙事家庭治疗和结构式家庭治疗均为临床心理咨询与治疗的方法，但对欺凌干预方案制定与实施具有很高的参考价值。因此我们将对 J. L. 巴特勒和 R. A. 普拉特叙事家庭治疗的基本流程做简要介绍，希望能给欺凌、受欺凌干预提供某些有价值的思路。

（1）叙事治疗理论的核心术语

在介绍巴特勒和普拉特叙事疗法操作流程之前，首先要明确理论中的核心术语——主导故事（dominant stories）。所谓主导故事，是指个体依据自己观点创编的故事，是个体对现实社会思考的反应。主导故事往往会影响个体生活，如果主导故事不能代表个体生活经历，则个体可能出现了问题。当个体能够有效解决问题时，则意味着他们能够摆脱主导故事的约束与影响。叙事治疗理论的基本原理是，引导个体创编新的主导故事，替代原有不利于自己身心健康发展的主导故事，新的主导故事影响个体生活，帮助个体摆脱心理问题，恢复身心健康。

谈话过程中，治疗师通过向来访者询问表露性问题（externalizing questions）、活动范围问题（landscape of action questions）和意识范围问题（landscape of consciousness questions），引导儿童及其家庭成员发现问题、解决问题。与儿童及其家庭成员谈话时，咨询师要依次提出这三类问题。

咨询师首先询问表露性问题，如"这些问题如何控制了你的生活?"等来访者发现问题后，再问活动范围问题，如"哪些时候不会出现这些问题?"最后是意识范围问题，如"你怎么知道这个解决问题方法是正确的?"

（2）欺凌干预的过程

在该项欺凌干预方案中，巴特勒和普拉特以米纽庆的家庭系统理论为依据，通过改善家庭环境达到减少儿童欺凌的目标。干预方案也需要学校密切配合，主要为家庭提供人力物力支持，如为儿童及其他家庭成员介绍咨询师、让学校教师和咨询人员协助干预、给儿童提供与咨询师和教师面谈的机会以及提供谈话房间等。整个干预过程共包括三个步骤或阶段：结构性改变（structuring change）、改变故事（changing the story）和巩固变化（solidifying change）。

第一阶段，运用权力重建技术解决欺凌儿童家庭系统中的权利差异问题。欺凌儿童家庭亚系统中通常存在权利差异问题，即某些成员权利过多（如父母过于独断），某些成员权利过少（儿童完全没有自主性），差距过大引发儿童欺凌问题。在此阶段，咨询师需与欺凌儿童家庭的全部成员进行面谈，面谈时需运用联合（joining）、边界（boundary marking）和去平衡（unbalancing）等技术改变家庭系统问题（如父母过于独断）。联合是指咨询师要和家庭所有成员一一面谈，让所有家庭成员感受到咨询师的关注，知道自己是本次活动的重要参与者。边界技术是指咨询师通过谈话让欺凌儿童家庭制定明确的规则系统，家庭成员明晰各自的职责、不越界。去平衡技术旨在解决家庭执行功能系统的权利差异问题，如在父亲过于强势的家庭中，咨询师通过与家庭成员会谈赋予母亲更多的权利，打破原有平衡状态。

第二阶段为改变故事阶段。咨询师通过提问表露性问题、活动范围问题和意识范围问题引导来访者改变原有主导故事。巴特勒和普拉特认为，欺凌如果成了儿童生活中的主导故事，必然影响他们的日常生活。通过询问表露性问题，治疗师让儿童意识到自己需要摆脱"问题儿童"身份，在家长协助下儿童重新撰写新的主导故事。活动范围问题可以帮助儿童明确自己在学校的身份，知道自己除了欺凌身份外，还有其他身份。如欺凌儿童并不总是欺凌同伴，不欺凌时可能有其他优秀表现。通过询问上述三类问题，引导儿童找到问题根源，学会有效管控自己，最终达到减少欺凌的目的。最初儿童和家长可能会把儿童描述为"问题儿童"，这种思维模式限制了他们的解决问题能力，他们此时很难想出有效解决问题的手段。随着谈话的深入，在咨询师引导下（通过提问），家长逐渐明晰自己问题所在，知道哪些教养方式对儿童发展有积极作用，儿童也发现自己有能力解决欺凌问题。

巩固变化阶段。当欺凌儿童家庭成员知道自己有能力改变现状，发现解决问题的方法后，干预进入最后一个阶段——巩固变化，此阶段，心理咨询师需帮助儿童及家庭成员找出自己独特的解决方法。谈话中，为避免家庭成员给儿童贴"欺凌"的标签，重新回到第一阶段的主导故事情境中，问题中尽量不要直接出现"欺凌""攻击"等，如咨询师可以问父母"你怎么帮助孩子解决现在的问题?"最后阶段需要给儿童和家长颁发证书，家长证书要强调他们在咨询过程中作出的努力，巩固咨询结果。巴特勒和普拉特甚至还建议咨询师向儿童发放一个证明积极向上的"出生证"，一个证明欺凌终止的"死亡证"，并让学校管理人员知晓。出生证预示着新生活的开始，死亡证意味着过去"欺凌"主导故事的终结，让学校管理人员知晓的目的是改变学校对儿童的刻板印象。实施以上措施的最终目的是巩固咨询结果，让儿童新的主导故事得到巩固。

可以说，家庭系统理论阐明了家庭关系和家庭行为模式在儿童攻击与欺凌行为形成中的作用。基于系统理论的研究方法或干预思路，强调欺凌是个体、同伴群体、学校、社区以及文化背景各个因素复杂交互作用的结果。即使把欺凌干预置于学校背景中进行，也要考虑家庭系统的重要作用以及家庭与其他系统的复杂互动关系。巴特勒和普拉特的叙事家庭治疗，虽然以家庭系统理论为基石，围绕家庭进行咨询干预，但同样遵循系统论法则，在干预治疗过程中学校管理人员、教师和咨询人员共同参与，充分发挥各系统联动效应，达到了较好的干预效果。

第四章　家庭非过程因素与
儿童欺凌、受欺凌

在儿童欺凌、受欺凌成因的研究中，早期学者更多从社会信息加工理论（Social Information-Processing Model）出发探讨诱发儿童攻击与欺凌的认知与情绪因素，随着研究的深入，越来越多的学者从生态系统理论视角考察引发欺凌行为的各种环境因素以及各因素之间的相互作用方式。其中，微系统之一的家庭环境对儿童欺凌、受欺凌的影响作用得到学术界的广泛关注。考察家庭因素与儿童欺凌、受欺凌关系之前，需理清家庭系统的具体分析单元。

一、儿童发展研究中的家庭单元

在发展心理学领域，研究者在探寻影响儿童社会性发展的家庭因素时，需要考虑具体分析单元。家庭可以作为研究的具体分析单元，但家庭内部又具有更细小的分析单元，如家庭环境、家庭功能、亲子冲突、父母婚姻质量、同胞数目等，现有文献资料中涉及家庭系统分析单元众多，让人眼花缭乱，初学者往往感到迷茫，无从下手，或者随便抓一两个。其实，研究者所使用的分析单元通常受其理论观点的影响，不同理论指导下，所使用的分析单元、分析思路差异很大。概括儿童社会性发展方面的文献，研究者多以家庭系统论和生态系统论两种理论观点为依据，剖析家庭系统中的分析单元。

（一）基于家庭系统论的分析单元

根据人类发展的系统观，家庭属于影响儿童身心发展的近端环境，由多个亚系统组成，把家庭看作是一个由夫妻系统、亲子系统、手足系统和祖孙系统等多个子系统组成的且各子系统相互作用的整体家庭环境。基于家庭系统论的研究者，既要把家庭看作诸多亚系统相互联系的整体，考察家庭整体环境、氛围、功能对儿童发展的影响，也要分析每一个亚系统（如亲子系统）、每一个亚系统内的微观变量（如亲子系统中的亲子冲突）以及各变量相互作用模式（如前述溢出假设）对儿童发展的影响，同时还要揭示各变量随时间动态变化规律与儿童发展的关系。因此，系统论研究者使用的家庭分析单元有三类。

第一类分析单元关注家庭整体对儿童的影响，用家庭环境、家庭功能、家庭氛围、家庭规则等作为具体研究的分析单元。第二类分析单元关注家庭的关系系统，用亲子关系（如亲子冲突、亲子亲合、母婴依恋、父子关系、母子关系、教养方式等）、父母关系（父母冲突、父母婚姻质量等）、同胞关系（如同胞效应、同胞冲突、同胞亲密等）以及祖孙关系（如祖孙依恋、祖孙关系等）作为分析单元。第三类分析单元关注家庭系统随时间变化的相互作用机制，用儿童父母双向关系、父母离异、迁居、进入青春期等作为分析单元。本书第三章对系统论影响下的相关研究做了系统分析，同时简要回顾了系统论影响下欺凌、受欺凌方面的研究与干预。

（二）基于生态系统论的分析单元

布朗芬布伦纳的生态系统论也关注时间系统对儿童发展的影响，但该理论的重大贡献则是强调系统的层次性和影响的直接与间接性。该理论认为微观环境——家庭是影响儿童发展的直接因素，镶嵌于其他系统之中，受文化背景、社会政治经济制度等外环境和宏环境的影响。为了解释先天遗传因素与生态环境相互作用影响儿童发展的理论，布朗芬布伦纳与其合作者提出了近端进程论（Bronfenbrenner & Morris，2006）。受其理论影响，许多研究者提出了影响儿童发展的近远端环境观，认为远端环境通过近端环境间接影响儿童，并以此为理论依据展开研究（如 Margalit，2003；Kearns et al.，2016；McLinden，2017）。在这一理论视野下，影响儿童的家庭分析单元可分为两类：家庭远端环境和家庭近端环境。家庭远端环境指那些需要通过近端环境才能影响儿童发展的家庭因素，包括家庭社会经济地位（家庭收入、父母职业、父母受教育程度、家庭拥有物等）、家庭结构、父母特征（生理特征与心理特征）、家庭神话、家庭故事、家庭仪式等。近端环境则是那些直接影响儿童发展的因素，包括父母教养行为、亲子关系、同胞关系等。

　　但在实际研究中，这两种理论指导下的分析单元很难揭示影响儿童发展的全部家庭因素。家庭系统论指导下的分析单元关注各子系统之间的复杂关联，对家庭社会经济地位、父母特征等家庭因素的关注不够。近远端环境理论关注远端环境直接作用于儿童，或通过近端环境间接影响儿童的内在逻辑关系，但往往较少关注远端环境之间、近端环境之间相互联系的机制，另外也很难区分它们之间的界限以及各自对儿童发展的影响。

　　因此，为了把家庭系统论和生态系统论视野下的家庭分析单元融合在一起，本书借鉴威廉斯（Williams，2002）的分类方法，把家庭因素分为家庭过程因素和非过程因素两个二级分析单元。非过程因素指家庭成员自身特征与家庭固有特征，主要包括家庭基本环境和教养者特征两个方面。家庭基本环境的具体分析单元包括家庭结构、家庭嘈杂度、家庭中子女出生的顺序与子女数量、家庭社会经济地位等；教养者（指父母、祖父母、保姆以及其他参与教养者等）分析单元包括教育者身心特征（如性别、年龄、气质、性格、应对方式、情绪特征、认知风格等）、曾经的生活经历等。家庭过程因素指家庭系统内部成员之间的互动以及经由互动形成的家庭氛围，具体的分析单元与家庭系统论视角下的分析单元基本相同。家庭过程因素直接影响儿童，家庭非过程因素多通过家庭过程因素间接影响儿童。从近远端环境角度来分析，前者可称为远端家庭环境，后者可称为家庭远端环境。与近远端环境观不同的是，这一分类方法强调近端环境之间、远端环境之间均可能发生相互作用，远端环境也可能直接影响儿童。

二、既有研究综述

欺凌研究早期，学术界就对家庭结构、家庭社会经济地位、父母特征等家庭非过程因素的影响作用予以高度关注，初步揭示了这些因素中容易诱发欺凌、受欺凌发生的危险因素，以及减少或降低欺凌、受欺凌的保护性因素。

（一）家庭结构与儿童欺凌、受欺凌

关于家庭结构与儿童发展的关系，学者们往往从家庭结构类型角度探讨各类不完整家庭类型对儿童身心发展的影响，并提出相应的解决策略。由于研究者所处领域不同，研究思路或研究视角也不尽相同，研究者多从以下两个思路展开研究：其一，考察如何保持家庭和谐、维持稳定的婚姻关系以避免婚姻破裂给儿童心理带来的创伤，社会学领域的研究多从这一视角出发；其二，探索如何利用社会支持、儿童自身心理能力等积极因素以对抗家庭不利因素，最大限度减少家庭变故给儿童带来的创伤性影响，发展与教育心理学领域多沿着这一思路研究。发展与教育心理学界的这一研究思路产生了相应的具体研究领域，如留守儿童问题、离异家庭中儿童的发展问题等，这些具体领域已得到社会各界广泛关注。

关于儿童欺凌、受欺凌与家庭结构的关联，学术界多遵循第二个研究思路：从儿童发展视角出发，探讨何种家庭结构容易使儿童卷入欺凌事件，何种家庭结构中的儿童不易卷入校园欺凌。遵循这一思路的研究也有三种情况：第一，考察代际数量对儿童欺凌、受欺凌的影响。如刘建榕（2003）根据家庭成员的数量和组成把家庭结构分为独生子女核心家庭、三代同堂的独生子女家庭、三代同堂的非独生子女家庭和无老人多子女的核心家庭，发现家庭结构与儿童的攻击性行为无关。第二，关注母亲缺失的消极作用。众所周知，相较于父亲，母亲对儿童的影响作用更大，故关注母亲是否缺失与儿童攻击、欺凌关系的研究比较多。研究发现，重组家庭、单亲母亲家庭中儿童容易发生攻击性行为（Pearson et al.，1994；Ram & Hou，2005），与受欺凌者相比，欺凌者家庭中缺乏亲生父母的情况更多（Spriggs et al.，2007）。第三，关注完整家庭中父母教养缺失或亲子分离对儿童欺凌、受欺凌的影响。随着城市化进程推进，乡村青壮年劳动力进城务工人员增多，其子女随父母在城市读书被称为城市流动儿童，留在乡村由祖辈或其他亲属辅助教育的称为乡村留守儿童。这两类儿童身心健康发展引发学术界的关注，攻击与欺凌领域的研究者试图揭示这两类儿童的欺凌、受欺凌现状。研究表明，单亲家庭（余毅震等，2005）与流动家庭的儿童攻击性更高（崔洪波等，2018），完整家庭的儿童欺凌发生率低（Jansen et al.，2011），父母离婚家庭中的学生受欺凌发生率要比父母未离婚家庭中的学生多 2.7 倍（Çalışkan et al.，2019）。

当然，也有研究发现家庭结构与欺凌之间没有联系。例如，D.L. 埃斯皮莱奇等以 1361 名六至八年级学生为被试（最终同意接受调查的被试为 558 名），把家庭结构分为完整家庭（与父母一起居住）、单亲家庭和隔代家庭（与祖父母一起居住）三种情况，考察了家庭结构与欺凌的关系，发现二者之间不相关（Espelage et al.，2000）。研究结论的差异除文化背景的影响外，还可能与研究者所使用的家庭结构分类方法不同有关。

总体而言，以往研究多探讨攻击、欺凌与家庭结构的关系，鲜有文献报告家庭类型与儿童受欺凌之间的关联。另外，因学者们对家庭结构的分类不同，关于家庭结构与儿童欺凌关系的研究结论并不一致。鉴于此，本章拟根据当前发展与教育心理学界普遍认可的方法，从儿童发展的视角把家庭分为完整家庭、离异单亲家庭、丧偶单亲家庭、再婚家庭和其他家庭五种类型，考察家庭类型与儿童欺凌、受欺凌的关系。

(二) 家庭社会经济地位与儿童欺凌、受欺凌

家庭社会经济地位（Socioeconomic status，简称 SES）包括主观家庭社会经济地位与客观家庭社会经济地位（Kraus et al.，2011）。有学者使用主观家庭社会经济地位（如张羽等，2017），但更多研究者认为客观家庭地位更能够代表家庭社会经济地位的实际情况，研究中多使用客观家庭社会经济地位。那么，如何衡量家庭的客观家庭地位就成为学术界研究的课题之一。学术界通常把父母职业、父母教育水平和家庭收入作为客观家庭社会经济地位的主要指标（任春荣，2010）。有研究者指出，作为家庭静态因素之一的家庭社会经济地位，直接影响儿童青少年成长过程中各个方面的发展（Bradley & Corwyn，2002），家庭社会经济地位低对儿童身体健康、认知发展、情绪适应和行为问题等方面均有消极影响（Bradley & Corwyn，2002；Klanšček et al.，2014；张卫等，2007）。

在实际研究中，学者们往往对家庭社会经济地位进一步具体化，考察其中某一维度或某一指标与儿童发展的关系，如家庭收入、家庭拥挤情况、家庭嘈杂度等。在众多家庭人口学特征中，家庭收入作为家庭社会经济地位的指标之一，与儿童发展关系已在学术界达成共识，即家庭收入为儿童发展的个体差异提供了生态背景。物质条件好的家庭，儿童居住条件、玩具、儿童读物都比较充足，对促进儿童智力发展、塑造儿童道德品质非常重要。家庭拥挤情况也是衡量家庭社会经济地位的重要物质指标，研究者常常用空间与人口的比例或儿童个人空间大小来衡量，一般认为其比值越高或儿童的个人空间越大对儿童行为发展越有利。另有学者提出家庭嘈杂度概念，试图揭示家庭物理性嘈杂（如缺乏结构性和常规、拥挤混乱、噪音等）和社会心理性嘈杂（如居住地变更、父母工作不稳定等）与儿童行为发展有关系（Evans & Wachs，2010）。这方面也得出了较为一致的结论，如果儿童缺少安静的家庭环境，如流动人口较多导致家庭混乱、儿童没有安全的个人空间等，不利于儿童身心健康发展。

探讨儿童欺凌、受欺凌关系的文献中，有学者考察总体家庭社会经济地位对儿童欺凌、受欺凌的影响，也有学者仅考察家庭社会经济地位的

某一方面（如家庭居住面积、家庭收入）对儿童欺凌、受欺凌的影响。从总体家庭社会经济地位进行考察的研究结论并不一致。如有研究发现，来自低家庭社会经济地位或家庭贫穷的儿童更可能成为欺凌者（Whitney & Smith，1993；Jansen et al.，2012）和受欺凌者（Jansen et al.，2012；Seo et al.，2017），家庭社会经济地位低的儿童受欺凌发生率比高家庭社会经济地位儿童多 2.5 倍（Çalışkan et al.，2019）。但也有研究发现家庭社会经济地位与儿童欺凌、受欺凌没有关系（Veenstra et al.，2014）。关于家庭社会经济地位的某一方面与儿童欺凌、受欺凌的关系，研究结论较为一致。有研究发现，父母失业下岗和职业地位较低的儿童，其攻击性行为显著多于父母职业地位高的儿童（余毅震等，2005）；父母文化知识水平较高的儿童，其攻击性行为发生率较低（陈洪岩等，2014；韩斌等，2009），父母受教育水平低的儿童成为欺凌者、受欺凌者以及欺凌 / 受欺凌者的概率高（Von Marées & Peterman，2010），家庭贫穷（Chaux et al.，2009）的儿童受欺凌的概率增加。有学者对涉及家庭社会经济地位与欺凌、受欺凌关系的 28 项研究做了元分析，发现受欺凌者、欺凌 / 受欺凌者更可能来自较低社会经济地位的家庭，欺凌者、受欺凌者来自社会经济地位较高家庭的可能性较低（Tippett & Wolke，2014）。另外，家庭社会经济地位与儿童欺凌、受欺凌的关系受儿童性别的影响。如有研究发现父母受教育程度低的男孩更可能具有攻击行为，而家庭收入低、单亲家庭的女孩容易有攻击行为（Harachi et al.，2006）。

概括已有研究可知，前人多研究家庭社会经济地位与攻击、欺凌的关系，对家庭社会经济地位与受欺凌关系的探讨较少；关于总体家庭社会经济地位与儿童欺凌的研究结论存在矛盾冲突。因此，本章将对家庭社会经济地位与儿童欺凌、受欺凌可能存在某种关联做进一步考察。

（三）父母特征与儿童欺凌、受欺凌

儿童是父母的一面镜子，父母对儿童的影响无处不在。在攻击与欺凌领域，多年来学者们不断探寻父母哪些特征与儿童欺凌、受欺凌存在关

联，哪些是危险因素，哪些是保护因素。既有研究发现，父母一方或双方的心理健康存在问题、父母情绪调节能力差（Shetgiri et al.，2015）、父母使用药物或酗酒（Turner et al.，2013）等是儿童欺凌的危险因素，同时母亲心理不健康会增加儿童受欺凌的风险（Lereya & Wolke，2013）。

除了父母情绪调节能力、抑郁等，还有哪些父母特征与欺凌、受欺凌相关？根据家庭系统理论，父母对欺凌的态度、应对方式、气质特征等会影响其教养方式与教养行为，从而间接影响儿童欺凌、受欺凌。例如，具有内倾气质类型的父母更可能采取消极的应对方式，这种行为模式通过观察学习被子女习得，而具有这种消极应对方式的儿童更可能成为同伴欺凌的对象；相反，具有外倾型气质类型的父母更可能采取积极应对方式解决问题，这种行为模式同样通过观察学习被子女习得，而具有积极应对方式的儿童不太可能成为同伴欺凌的对象。同理，如果父母对欺凌持鼓励态度，这一态度会通过某种方式被子女所接受，其子女更可能在同伴交往中欺凌同伴；相反，如果父母对欺凌持反对态度，其子女在学校中欺凌同伴的可能性会降低。

因此，我们认为父母对欺凌的态度、应对方式、气质特征以及他们中学时期是否有欺凌、受欺凌的经历等均可能与儿童欺凌、受欺凌存在某种关联。本章拟采用同伴提名法和问卷调查法考察儿童青少年欺凌、受欺凌与家庭结构、家庭社会经济地位以及父母自身特征（包括气质、中学时期受欺凌的经历、应对方式、父母对欺凌的态度等）等家庭非过程因素的关系，系统分析上述因素与儿童欺凌、受欺凌的关系。

三、研究方法

（一）研究被试

1. 采用整群抽样法，抽取济南市城乡接合部公立小学和中学（初中）各 1 所，共 1133 名（男 571 名，女 562 名），平均年龄 11.97 岁，标准差 1.72。其中四年级 229 名（男 124 名，女 105 名），平均年龄 9.72 岁，标准差 0.31；五年级 201 名（男 107 名，女 94 名），平均年龄 10.70 岁，标准差 0.34；六年级 218 名（男 111 名，女 107 名），平均年龄 11.74 岁，标准差 0.51；七年级 177 名（男 93 名，女 84 名），平均年龄 12.78 岁，标准差 0.35；八年级 178 名（男 102 名，女 76 名），平均年龄 13.79 岁，标准差 0.34；九年级 130 名（男 60 名，女 70 名），平均年龄 12.08 岁，标准差 1.75。该部分被试用以考察父母应对方式、父母羞怯、父母对欺凌的态度与儿童欺凌、受欺凌的关系。

2. 采用整群抽样法，抽取济南市城乡接合部两所公立小学 1978 名学生（男 1042 名，女 936 名）为本研究被试，其中一年级 464 名（男 249 名，女 215 名），二年级 399 名（男 207 名，女 192 名），三年级 391 名（男 207 名，女 184 名），四年级 260 名（男 132 名，女 128 名），五年级 222 名（男 119 名，女 103 名），六年级 242 名（男 128 名，女 114 名）。该部分被试用以考察家庭结构、家庭社会经济地位、父母欺凌与受欺凌经历与儿童欺凌、受欺凌的关系。

（二）研究工具

1. 欺凌、受欺凌的测评

使用奥威尤斯欺负问卷（初中版）中文修订版（张文新等，1999），选用修订版中欺凌、受欺凌相关条目，用于揭示儿童欺凌、受欺凌情况。欺凌、受欺凌量表均包括 7 个题目，总体欺凌、受欺凌各 1 个题目，分别测查学生在学校里"本学期"欺凌、受欺凌的总体情况，也可用于评估欺凌、受欺凌的发生率。欺凌、受欺凌类型的测量，均包含 3 个维度（身体欺凌与受欺凌、言语欺凌与受欺凌、关系欺凌与受欺凌）6 个题目，每个维度均有 2 个题目，维度得分越高表示某类欺凌、受欺凌越频繁。

2. 家庭结构

研究工具使用自编的家庭背景资料问卷，其中测评家庭结构的有两个题目。本研究中采取儿童视角的家庭结构分类方法，把家庭分为完整家庭、离异单亲家庭、丧偶单亲家庭、再婚家庭和其他家庭五类。其中，完整家庭包含社会学分类标准下的核心家庭（孩子和父母生活在一起）和主干家庭（孩子和父母、孩子的祖辈生活在一起）两种情况，再婚家庭含离异再婚和丧偶再婚两种情况；为了考察离异单亲和丧偶单亲两种不完整家庭结构对儿童欺凌、受欺凌的影响，把单亲家庭（孩子只和父亲或母亲生活在一起）分为离异单亲家庭和丧偶单亲家庭两类的分类方法，其他家庭为"不包含上述四种情况的家庭"，具体包含隔代家庭（孩子只和祖辈生活在一起）、组合家庭（孩子和父母以及其他亲属生活在一起）等情况。本研究中发现，其他家庭类型只有 2 例，样本太小，故而研究中没有分析这类家庭类型与儿童欺凌、受欺凌的关联。

3. 家庭社会经济地位

本书使用客观家庭社会经济地位作为儿童家庭社会经济地位的指标，主要包括父母受教育水平、父母职业和家庭收入等。由被试报告其父母的职业和文化程度，然后由研究人员根据师保国和申继亮（2007）提出的职业分类标准将职业划分为 5 个等级：（1）临时工、失业和待业人员、非技术及农业劳动者阶层。（2）体力劳动工人和个体经营人员、技术工及同级工作者。（3）一般管理人员与一般专业技术人员、事务性工作人员。（4）中层管理人员与中层专业技术人员、助理专业人员。（5）职业高级管理人员与高级专业技术人员、专业主管人员。父母受教育程度包括"小学及以下""初中""高中或中专""大专""大学"和"研究生及以上"六个类别，在编码时对这些选择分别赋予 1—6 的分值。家庭实际收入具体情况由母亲报告，把家庭月收入分为 6 个等级：3000 元以下，3000—5000 元，5000—7000 元，7000—9000 元，9000—11000 元，11000 元以上，分别赋予 1—6 的分值。参照有关研究（师保国、申继亮，2007；石雷山等，2013），我们分别将父母文化程度、父母职业和家庭月收入的得分转换为标准分数进行统计分析，共同构成家庭社会经济地位的测量指标。

4. 父母欺凌、受欺凌的经历

关于欺凌，首先向家长介绍什么是欺凌，列出欺凌的具体表现形式：起难听的外号或取笑、讽刺、骂人；不让某人参加某一活动，将其排斥在外；打、踢、推、撞或其他的身体伤害；散布谣言，试图使其他人不喜欢某人等等。4点记分法，从来没有、偶尔欺凌（总共约两三次）、有时欺凌（每年几次或在某一年中经常）、频繁欺凌（持续多年欺凌多次），分别记0—3分。

关于受欺凌，首先向家长介绍什么是受欺凌，列出受欺凌的具体表现形式：如其他同学对你说一些难听的话或给你起难听的外号，骂你、取笑或讽刺你；其他同学不让你参加某些活动，把你排斥在他们的朋友之外，或者让他们的朋友完全不理你；其他同学打、踢、推、撞你，或者威胁你；其他同学散布关于你的谣言，并试图让其他同学也不喜欢你等，然后让家长回忆中学时期受欺凌的经历。4点记分法，从来没有、偶尔受欺凌（总共约两三次）、有时受欺凌（每年几次或在某一年中经常）、频繁受欺凌（持续多年受欺凌多次），分别记0—3分。

5. 父母羞怯

使用 J.M. 奇克和 A.H. 巴斯编制（Cheek & Buss，1981）、奇克修订（Cheek，1983）的羞怯量表测评儿童父母的社交焦虑和行为抑制（见汪向东等，1999）。问卷包括13个题目，5级评分制，1＝完全不符合，2＝不太符合，3＝一般，4＝比较符合，5＝完全符合，分数越高表明羞怯程度越高。问卷具有良好的信度，Cronbach 之 a 值为 0.90，间隔45天后的重测信度为 0.88。

6. 父母应对方式

采用张育昆和解亚宁（1995）编制的简易应对方式问卷，由积极应对和消极应对两个维度（分量表）组成，包括20个题目（见戴晓阳，2010）。12个题目测评积极应对，8个题目测评消极应对。积极应对是指个体遇到困难或新环境时具有积极乐观的心态，能够使用多种方法解决或试图解决问题；消极应对是指个体遇到困难或新环境时持消极悲观的态度，采取等待、逃避等方式应对困难与挫折。4级评分，0＝不采用，1＝偶尔采用，2＝有时采用，3＝经常采用。总量表的重测相关系数为 0.89，内部一致性 α 系数为 0.90，积极应对分量表的 α 系数为 0.89，消极应对

分量表的 α 系数 0.78。

7. 父母对欺凌、受欺凌的态度

根据宫秀丽（2003）编制的《教师对学生欺凌态度问卷》改编，共10 个题目，包括支持欺凌与受欺凌（欺凌他人可以提高自尊）和反对欺凌与受欺凌（受欺凌者通常是自作自受）两个维度，每个维度均由 5 个题目组成。五点记分法，1 = 完全不同意，2 = 不太同意，3 = 有点同意，4 = 比较同意，5 = 完全同意，分数越高表明支持或反对欺凌、受欺凌的程度越高。问卷具有良好的信度，支持与反对维度的 Cronbach 之 a 值分别为0.76、0.80。

（三）施测程序

欺凌、受欺凌使用儿童自我报告法，以班级为单位进行施测，由经过严格培训的研究生担任主试，每班两名主试。整个施测过程中，老师不在现场，被试完成后由主试统一收回问卷，施测过程约 20 分钟。家庭结构、家庭社会经济地位、父母中学时期受欺凌的经历、父母羞怯、父母应对方式（包括积极应对和消极应对）、父母对欺凌的态度由儿童父母报告，由主试在下午放学时统一发放给学生，学生带回家由家长填写，班主任第二天统一收回。所有问卷的施测均取得了学校和学生家长的同意。采用SPSS17.0 对数据进行处理。

（四）研究思路

第一，从积极发展视角考察影响儿童欺凌、受欺凌的家庭保护因素。在儿童心理发展领域，学者们发现影响儿童健康发展的因素可以分为保护性因素和危险性因素两类，保护性因素（如社会支持、儿童自身的心理韧性）能够促进儿童向良好方向发展，削弱或阻止危险因素对儿童带来的伤害。相反，危险因素则增加了儿童不良发展（如情绪、行为、学业等方面的适应问题）的发生率，而且危险因素累积的不良后果要高于单个危险因素。本章主要分析家庭非过程因素中与儿童欺凌、受欺凌相关的危险因素与保护因素，为校园欺凌干预提供相应实证资料。

第二，关注受欺凌儿童的家庭因素。早期研究者多从欺凌者视角研究儿童青少年中的欺凌问题，探讨欺凌的发生发展规律。但研究者却发现，欺凌者选择的靶子通常具有不确定性，即受欺凌者的身份具有某种变化性，即有些儿童青少年可能会成为欺凌者稳定的攻击对象，有些儿童则不是。那么，哪些家庭非过程因素使某些儿童更容易成为欺凌者的目标？这是本章需要揭示的重要内容之一（见图 4–1）。

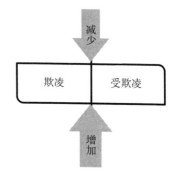

图 4–1　研究思路图

四、研究结果

（一）家庭结构与儿童欺凌、受欺凌

1. 家庭结构与儿童欺凌无关

不同类型家庭中儿童欺凌的平均分与标准差见表 4–1，以身体、言语和关系欺凌均分为因变量，以家庭结构类型为自变量，以儿童性别和年龄为协变量做方差分析，结果显示儿童身体欺凌（$F = 0.87$，$P > 0.05$）、言语欺凌（$F = 0.90$，$P > 0.05$）和关系欺凌（$F = 0.24$，$P > 0.05$）均不受家庭类型的影响，即儿童欺凌与家庭结构无关。

表 4–1　不同类型家庭中儿童欺凌的平均数与标准差

	身体欺凌		言语欺凌		关系欺凌	
	M	SD	M	SD	M	SD
完整家庭	0.11	0.45	0.18	0.52	0.11	0.44
离异单亲家庭	0.15	0.43	0.20	0.39	0.15	0.38

续表

	身体欺凌		言语欺凌		关系欺凌	
	M	**SD**	**M**	**SD**	**M**	**SD**
丧偶单亲家庭	0.00	0.00	0.12	0.30	0.04	0.14
再婚家庭	0.02	0.10	0.05	0.19	0.09	0.26
总体	0.11	0.44	0.18	0.51	0.11	0.43

2. 离异家庭的儿童更可能受关系欺凌

不同类型家庭中儿童受欺凌的平均数与标准差见表 4–2，以受身体、言语和关系欺凌均分为因变量，以家庭结构类型为自变量，以儿童性别和年龄为协变量做方差分析，结果表明家庭类型在受身体欺凌（$F = 1.18$，$P > 0.05$）和受言语欺凌（$F = 1.22$，$P > 0.05$）上主效应均不显著，但在受关系欺凌上显著（$F = 2.80$，$P < 0.05$）。事后分析表明，离异家庭中的儿童受关系欺凌显著高于完整家庭中的儿童（$P < 0.05$），其他两两之间差异不显著（$Ps > 0.05$）。简言之，三种受欺凌类型中，仅受关系欺凌与家庭类型有关，离异家庭的儿童较完整家庭的儿童更可能被同伴所排斥，表明离异家庭这种家庭结构模式可能是引发儿童受关系欺凌的危险因素之一。

表 4–2　不同类型家庭中儿童受欺凌的平均数与标准差

	受身体欺凌		受言语欺凌		受关系欺凌	
	M	**SD**	**M**	**SD**	**M**	**SD**
完整家庭	0.25	0.63	0.48	0.78	0.33	0.71
离异单亲家庭	0.39	0.79	0.66	1.00	0.62	1.05
丧偶单亲家庭	0.08	0.28	0.46	0.75	0.23	0.39
再婚家庭	0.20	0.63	0.38	0.53	0.38	0.81

3. 家庭结构与儿童欺凌、受欺凌关系的分析

离异日益成为一个不容忽视的重要社会问题。根据民政部发布的社会服务发展统计公报，2014—2018 年全国依法办理离婚分别为 363.7、

384.1、415.8、437.4、446.1 万对，依次比上一年增长 3.9%、5.6%、8.3%、5.2%、2.0%，粗离婚率分别为 2.7‰、2.8‰、3.0‰、3.2‰、3.2‰，呈现逐年递增趋势（中华人民共和国民政部，2014—2018）。从儿童角度来说，离婚率上升意味着越来越多的儿童生活在离异家庭中，父母离异对儿童心理与行为适应产生怎样的影响、儿童如何应对家庭的变故等问题成为研究者关注的重要课题之一。从现有研究结果来看，离异家庭儿童相较于完整家庭儿童表现出情绪行为问题更严重，学习成绩和社会关系质量也更差（盖笑松等，2007；Kelly & Emery，2003）。有研究指出，父母离异不仅对儿童当前健康发展产生消极影响，而且这些消极影响甚至会持续到成年期（Amato，2014）。

　　与完整家庭相比，离异家庭至少多出三个危险因素：第一，离异是一个复杂的过程，离婚前的争吵、冷漠等对父母而言意味着一系列冲突和压力（Amato，2014；王永丽、俞国良，2005）。这些冲突和压力通过影响父母心理与行为间接作用于父母的教养行为，导致离异家庭出现家庭氛围不良、父母对儿童关怀度较差等情况（王新刚等，2012）。第二，离婚后作为儿童监护人的父母容易出现心理适应问题。研究发现，绝大部分经历过离异的成年人都会出现不同程度的适应不良，如焦虑、抑郁、愤怒和自我怀疑等（Kitson & Morgan，1990）。在这种消极情绪下，监护父母往往很难关注到儿童的需求，他们更容易采取强制手段对待儿童，亲子关系紧张，并进而影响儿童的情绪行为适应（Chang et al.，2004；Stroud et al.，2011）。第三，离婚后儿童教养者的残缺，缺少父母一方的关爱。对父母离异与儿童身心健康关系的研究发现，父母离异或寄养等往往使子女失去父母一方的保护和情感温暖，子女因而出现心理健康问题（赖文琴，2000）。此外，离异的一个重要原因是父母有效沟通能力不足，无法给儿童提供良好的同伴沟通榜样，儿童不能从家庭的"训练场"中习得有效沟通的方法。受上述危险因素的制约，离异家庭中的儿童一方面容易形成多疑的个性特征，在同伴群体中容易被歧视；另一方面，同伴交往能力不足使得他们很难处理好同伴矛盾冲突，难以与同伴建立亲密友谊，群体活动中容易自卑、退缩。关于儿童身心特征与受欺凌关系的研究发现，同伴接纳水平低（Beran & Violato，2004）、自尊心较低（Lagerspetz et al.，1982）、自卑感较强（Lagerspetz et al.，1982）或人际交往自我概念消极（Callaghan & Stephen，1995）、焦虑退缩（Olweus，1993；Smith，1991）的儿童容易成为同伴攻击的对象。父母离异更可能使儿童出现上述不良的个性特征，从而增加了儿童受欺凌的危险性。可见，并不是离异家庭本身导致儿童容易成为攻击与欺凌的对象，而是父母离异前后压力事件对儿童直接或通过家长间接影响了儿童个性特征，最终增加了儿童受欺凌的可能性。

需要注意的是，再婚家庭和丧偶家庭中的儿童与完整家庭中的儿童在受欺凌各类型上差异不显著，这一现象至少预示着两层含义：第一，丧偶家庭虽然家庭结构不完整，但儿童并未遭受离异家庭曾经经历的家庭矛盾冲突，亲子关系较好，部分程度上弥补了失去亲人的创伤性经历所带来的消极影响。第二，再婚家庭中尽管家庭关系比较复杂，但相对离异家庭而言，家庭结构完整，继父继母一定程度上给儿童提供了亲子教育。另外，影响儿童问题行为的关键并不是家庭中缺少父亲或母亲，而在于家庭成员之间是否存在良好的关系、父亲或母亲能否关心儿童并给儿童提供良好的成长环境和社会资源。

（二）家庭社会经济地位与儿童欺凌、受欺凌

家庭是人类生活的最基本单位，是影响个体成长与发展的重要场所。作为家庭静态因素之一的家庭社会经济地位，直接影响儿童青少年成长过程中各个方面的发展，且家庭社会经济地位低对儿童的身体健康、认知发展、情绪适应和行为问题等方面均会产生诸多消极影响。那么，家庭社会经济地位与儿童欺凌、受欺凌是否存在关联？

1. 家庭社会经济地位低是儿童直接欺凌的危险因素

通过多层线性回归分析考察家庭社会经济地位与儿童欺凌的关系，以家庭社会经济地位为预测变量，分别以儿童身体欺凌、言语欺凌和关系欺凌作为结果变量，在控制性别（对性别进行虚拟编码）和儿童年龄的基

础上考察家庭社会经济地位对儿童欺凌的影响。研究结果表明，控制了儿童性别和年龄因素后，家庭社会经济地位对儿童身体欺凌和言语欺凌均具有显著负向预测作用，但对关系欺凌的预测作用不显著（见表4–3）。

表4–3　家庭社会经济地位对儿童欺凌的预测作用

		身体欺凌 B (β)	t	言语欺凌 B (β)	t	关系欺凌 B (β)	t
1	性别	0.10 (0.11)	3.81***	0.18 (0.17)	5.71***	0.08 (0.09)	3.03**
	年龄	−0.03 (−0.13)	−4.48***	−0.03 (−0.09)	−3.00**	−0.03 (−0.12)	−3.94***
	R^2	0.03		0.04		0.02	
	F	18.46***		21.97***		13.18***	
2	SES	−0.01 (−0.06)	−1.97*	−0.01 (−0.07)	−2.42*	−0.001 (−0.01)	−0.21
	ΔR^2	0.04		0.04		0.02	
	ΔF	3.89*		5.87*		0.04	

注：SES 指家庭社会经济地位；*p<0.05，**p<0.01，***p<0.001，下同。

2. 家庭社会经济地位与儿童受欺凌无关

控制了儿童年龄和性别因素后，家庭社会经济地位对儿童三类受欺凌均无显著主效应，对受言语欺凌的预测作用仅达到边缘显著（见表4–4）。

表4–4　家庭社会经济地位对儿童受欺凌的预测作用

		受身体欺凌 B (β)	t	受言语欺凌 B (β)	t	受关系欺凌 B (β)	t
1	性别	0.18 (0.14)	4.78***	0.13 (0.08)	2.38*	0.08 (0.05)	1.44
	年龄	−0.08 (−0.22)	−7.41***	−0.08 (−0.18)	−5.42***	−0.05 (−0.12)	−3.71***
	R^2	0.07		0.03		0.02	
	F	41.37***		18.43***		8.32***	

续表

		受身体欺凌 B (β)	t	受言语欺凌 B (β)	t	受关系欺凌 B (β)	t
2	SES	−0.02 (−0.06)	−0.76	−0.02 (−0.02)	−1.87	−0.02 (−0.06)	−0.18
	ΔR²	0.00		0.003		0.00	
	ΔF	0.57		3.51		0.03	

3. 家庭社会经济地位与儿童欺凌、受欺凌的结果分析

攻击与欺凌领域的研究发现，来自弱势家庭背景的儿童青少年可能遭遇校园欺凌，如家庭经济条件差（Due et al.，2009）、父母受教育程度低（Analitis et al.，2009）等，本研究支持了前人的研究结论。我们发现，家庭社会经济地位能够负向预测身体欺凌和言语欺凌，相对于间接欺凌，这两种欺凌是儿童通过身体和言语对同伴的直接欺凌，表明儿童家庭社会经济地位越差，直接欺凌的发生率就越高。当然，这并不意味着家庭社会经济地位决定了儿童欺凌的发生频率和严重程度，而是家庭社会经济地位通过某些方式间接影响了儿童。正如社会学家兰德·康格与其合作者所言，经济压力引发了父母的挫折感，恶化了父母的婚姻生活，使父母和青少年发生经济方面的争执增多，即研究结论符合家庭压力模型（Family Stress Model）的观点（Conger et al.，1994，2002，2010；Masarik & Conger，2017）。

首先，经济压力使父母容易出现心理问题，并影响到他们的教养质量，进而影响儿童的身心健康。根据家庭压力模型，环境变量通过父母教养以及其他家庭进程影响儿童青少年发展。该理论模型认为，低收入、高债务以及其他经济困难因素（如失业、工作不稳定、资金需求增长）等经济困难引发家庭经济压力，影响家庭功能和个体适应能力。经济困难主要表现在三个方面：一是不能满足衣食等生活基本需求；二是收支不平衡；三是不得不去掉必要支出（如医疗保险）。当经济压力大时，父母容易出现情绪问题（抑郁、焦虑、愤怒等）和行为问题（如药物滥用、反社会行为等）。而

有情绪与行为问题的父母容易出现婚姻冲突，婚姻满意度下降，对子女的教养减少。也就是说，父母被自己的心理问题与婚姻压力所羁绊，变得易怒、冷酷、言行不一致，对子女的教养与关注相应减少。由于父母的养育和投资是儿童情绪、行为、认知和心理健康发展的必要条件，经济压力将最终把儿童置于危险之中，引发儿童各种心理与行为问题，包括积极适应（认知能力、社交能力、学业成功以及亲子依恋等）的降低、内化问题（如抑郁、焦虑）和外化问题（如攻击和反社会行为）的增多。根据此理论，家庭社会经济地位对儿童的影响路径是：家庭社会经济地位影响了家长的精神健康和婚姻关系，从而间接影响了父母的教养方式，继而影响子女身心发展。一项研究为家庭压力模型提供了证据，E.C. 谢利贝以 4898 个家庭为样本做追踪研究（从儿童出生至 9 岁），结果发现，儿童出生及 1 岁时家庭收入低与儿童 1 岁时家庭经济困难显著正相关，1 岁时家庭经济困难增加了儿童 3 岁时母亲的抑郁症状，3 岁时母亲的抑郁症状与儿童 5 岁时母亲积极教养显著负相关、儿童 5 岁时母亲消极教养显著正相关，5 岁时母亲消极教养越多、积极教养越少，儿童 9 岁时行为问题越多（Shelleby，2018）。

其次，家庭社会经济地位通过影响父母的教养时间和精力间接影响儿童。家庭投资理论（Family Investment Model）从另一个视角揭示了家庭社会经济地位对儿童发展的影响机制（Conger & Donnellan，2007）。根据该理论模型，家庭投入主要包括四个方面：家庭中的学习资源（如图书）、父母对学习的直接支持和间接支持（如请老师辅导）、家庭生活指标（衣食住行、医疗等）以及有利于儿童发展的居住环境。每一个家庭都希望给儿童提供有利于儿童发展的环境，如居住在好的社区（意味着邻里环境好、能够上好学校、有素质高的同伴等），但限于家庭资源的限制，对儿童发展的投入力度以及目标均不相同，高社会经济地位家庭有能力把资源投入到儿童发展上，而低社会经济地位家庭更需要把宝贵的资源投入到家庭基本需求上。另外，高社会经济地位家庭中的父母，其经济能力（如收入）、社会能力（如职业地位）和人力资本（如受教育程度）均高于低社会经济地位家庭中的父母，父母投资更多指向儿童学业和社会交往的能力上，希望子女在这些方面取得成功。具体来说，受教育程度、社会声望以及收入高的父母对儿童的投资体现在两个方面：其一是给儿童提供未来工作所需的社会资本，其二是对儿童进行训练使其获得未来事业成功所需的品质。也就是说，社会经济地位高的家庭，父母眼光更为长远，家庭投入旨在儿童的长远发展。

基于家庭投资理论的研究较多，目前达成的共识是，家庭社会经济地位影响父母的教养理念。相关研究发现，作为家庭社会经济地位的指标之一的父母受教育程度与教养观点有关，父母受教育程度越低，越关注儿童学习成绩，而父母受教育程度越高，越关注儿童全面发展，包括儿童的学习成绩、身体状况、心境、人品等各个方面；同时，父母受教育程度越高，越能用比较科学的方式教育儿童，受教育程度相对较低的父母较多用批评数落、体罚等方式对待孩子（曹瑞，2011）。多项研究也发现，社会经济地位通过影响父母的价值观、信仰而间接影响父母的教养实践。社会经济地位高的家庭中，母亲更倾向于积极参与儿童的活动（Schneider et al.，2000）。相反，社会经济地位低的家庭中，父母更可能使用消极教养方式（White et al.，2015）。其中的内在逻辑可能是，社会经济地位低的家庭中，父母更可能从事收入相对较低的职业，而家庭收入低容易引发父母的挫折感，恶化父母之间的关系，家庭成员之间容易发生冲突（Sobolewski & Amato，2005）。家庭矛盾冲突必然会影响父母的教育质量，如投入的时间和精力少，容易把事业上不成功的怒火间接发泄在儿童身上，父母教育子女的过程中耐心减少，更严厉专制，更容易使用不恰当的、拒绝的惩罚方式，并且很难保持对孩子管教方式的一贯性等。与此相应，处于矛盾冲突之中的儿童青少年更可能变得富有攻击性，或者更容易感到压抑和沮丧，出现心理和行为问题的风险随即增高。尤为严重的是，简单粗暴的教养方式为儿童提供了模仿的榜样，当儿童面对压力和挫折时很容易效仿父母的行为，以攻击方式来对待兄弟姐妹、学校同伴以及他们未来的配偶和孩子。相反，社会经济地位越高的家庭，父母经济压力较小，更有时间陪伴儿童，教育子女的方法也可能更为恰当（王立，2015），对子女的学习设施投资、与子女互动时间投入同时增加（祁翔，2013）。总之，家庭经济压力不仅会减少家庭可利用的经济资源，而且会造成家庭成员间的冲突，形成不良的家庭气氛。

此外，家庭经济压力对儿童的影响可能具有代际相传性，有研究认为这种消极后果甚至会"一直流传到第四代"。如果父母本身属于易怒暴躁的气质类型，经济压力对孩子带来的破坏性影响尤为严重。当这些孩子长大成人后，他们自己可能会变得脾气更糟。这种特点又反过来影响他们的婚姻关系和行为，影响了他们的教养方式，形成了恶性循环。这种传递不能只从遗传角度解释为气质随时间而保持的某种稳定性，而应该是一种先天素质与后天环境相结合的产物（Elder & Caspi，1988；Conger et al.，2010）。

简言之，家庭社会经济地位对儿童欺凌的影响主要通过影响父母的教养质量（父母照料较少、监管不到位、消极教养行为等）间接起作用。至于为什么家庭社会经济地位与受欺凌的关系不密切，可能因为受欺凌主要与儿童的个性特征有关，而个性特征受家庭社会经济地位的影响较少。

（三）父母学生时期欺凌与受欺凌经历对儿童欺凌、受欺凌的影响

1. 父母学生时期欺凌、受欺凌经历与儿童欺凌无关

多层线性回归分析显示，控制儿童年龄和性别因素的影响后，父母学生时期欺凌、受欺凌的经历对儿童三类欺凌均无显著预测作用，表明儿童欺凌与其父母学生时期的欺凌、受欺凌经历无关（见表4–5）。

表4–5　父母欺凌、受欺凌的经历对儿童欺凌的预测作用

		身体欺凌 $B(\beta)$	t	言语欺凌 $B(\beta)$	t	关系欺凌 $B(\beta)$	t
1	性别	0.10 (0.11)	3.46**	0.17 (0.16)	5.08***	0.08 (0.08)	2.60**
	年龄	−0.03 (−0.12)	−3.67***	−0.03 (−0.10)	−3.18**	−0.03 (−0.12)	−3.80***
	R^2	0.03		0.04		0.02	
	F	13.53***		19.03***		11.21***	

续表

		身体欺凌 B (β)	t	言语欺凌 B (β)	t	关系欺凌 B (β)	t
2	欺凌经历	0.04 (0.03)	0.94	0.06 (0.04)	1.01	0.06 (0.04)	1.16
	受欺凌经历	0.02 (0.02)	0.65	0.02 (0.02)	0.42	0.02 (0.03)	0.75
	ΔR^2	0.002		0.002		0.003	
	ΔF	1.04		0.89		1.52	

2. 父母受欺凌其子女也容易受欺凌

回归分析表明，控制儿童年龄和性别因素的影响后，父母学生时期欺凌经历对儿童三类欺凌均无显著预测作用，但父母学生时期受欺凌经历对儿童三类欺凌均具有显著正向预测作用，表明儿童受欺凌与其父母学生时期的欺凌经历无关，但与父母学生时期受欺凌经历有关（见表4-6）。

表4-6　父母欺凌、受欺凌的经历对儿童受欺凌的预测作用

		受身体欺凌 B (β)	t	受言语欺凌 B (β)	t	受关系欺凌 B (β)	t
1	性别	0.20 (0.15)	4.85***	0.12 (0.08)	2.36*	0.10 (0.07)	2.04*
	年龄	−0.08 (−0.20)	−6.36***	−0.07 (−0.15)	−4.62***	−0.04 (−0.09)	−2.70**
	R^2	0.07		0.03		0.01	
	F	37.99***		14.20***		6.08**	
2	欺凌经历	0.01 (0.004)	0.13	0.05 (0.02)	0.58	0.03 (0.01)	0.34
	受欺凌经历	0.14 (0.11)	3.32**	0.19 (0.12)	3.43**	0.19 (0.13)	3.66***
	ΔR^2	0.01		0.02		0.02	
	ΔF	6.70**		8.00***	0.89	8.51***	

3. 父母欺凌、受欺凌经历与子女欺凌、受欺凌的相关性分析

研究结果显示，父母学生时期欺凌经历与儿童欺凌、受欺凌无关，

父母学生时期受欺凌经历与儿童欺凌无关，但与受欺凌关联密切。研究结果向我们展示了一个形象的画面，即父母欺凌并没有被子女继承，但受欺凌似乎被继承了，其中内在原因是什么？

首先，根据 H. 格塞尔和 G.W. 拉德提出的素质—压力模型，个体心理问题的产生来自于个体的脆弱性因素，或者称之为素质因素（Gazelle & Ladd，2003）。欺凌领域的研究发现，受欺凌者通常具有较低的同伴接纳水平，自尊心较低，表现出较强的自卑感（Beran & Violto，2004）。他们在气质和性格方面也表现出某些共同的缺陷。受欺凌者通常比较内向，且情绪不稳定（Mynard & Joseph，1997）。受欺凌者这些素质的形成，一方面与通过遗传从父母身上获得的某些特质有关，如父母内倾、羞怯的气质特征可通过遗传方式传递给子女；另一方面，具有此类气质类型的父母用符合其气质类型的行为方式行事，给子女提供了日常行为的榜样。根据班杜拉的社会学习理论可知，其子女通过观察学习获得了这些行为方式。在遗传与后天榜样示范效应下，儿童在个性特征方面与其父母高度相似，大量行为遗传学的研究资料提供相应的支持。本节后面将分析父母羞怯的气质特征与儿童欺凌、受欺凌的关系，以进一步验证素质—压力模型的可靠性。

其次，父母学生时期受欺凌的经历表明，他们自身具有攻击者喜欢的某些个性特征，如前所述的自卑感、自尊心低等，这些个性特征通过遗传与后天影响成功地复制在其子女身上。与此同时，具有此种个性特征的父母很难以通过亲子互动、教养行为培养子女养成积极应对的行为模式，遗传素质与后天教养的相互作用极易使子女复制父母的个性特征。因此，父母学生时期受欺凌的经历成为儿童受欺凌的危险因素，就不难理解了。

另外，欺凌没有被子女继承，而受欺凌被子女继承可能有以下两个原因：第一，欺凌行为是一件并不光彩的事情，受社会赞许效应的影响，父母往往会少报或者漏报；其二，欺凌者在欺凌过程中往往体验到成就感和快感，通常是一种愉快的体验，至少不是消极的情感体验，因此很容易忘记；相反，受欺凌往往是一种痛苦的体验，持续受欺凌经历往往给受害者带来严重的心理伤害，使其终生难以忘怀。因此，需采用其他方法进一步考察欺凌的代际相关性，如使用追踪研究考察当前欺凌者未来其子女的欺凌情况。

（四）父母羞怯与儿童欺凌、受欺凌

1. 父亲羞怯与儿童欺凌、受欺凌无关

回归分析显示，控制儿童性别和年龄因素的影响后，父亲羞怯对儿童欺凌的预测作用不显著，对受欺凌的预测作用仅边缘显著（见表4-7），可见儿童欺凌、受欺凌与父亲羞怯的气质表现关联不密切。

表4-7　父亲羞怯对儿童欺凌、受欺凌的预测作用

		欺凌 B (β)	t	受欺凌 B (β)	t
1	性别	0.55 (0.28)	12.45***	0.22 (0.11)	4.76***
	年龄	0.01 (0.01)	0.47	−0.003 (−0.01)	−0.21
	R^2	0.08		0.01	
	F	77.65***		11.33***	
2	父亲羞怯	−0.03 (−0.02)	−0.91	0.07 (0.04)	1.83
	ΔR^2	0.00		0.002	
	ΔF	0.82		3.33	

2. 母亲羞怯是增加儿童受欺凌的危险因素

与父亲羞怯与儿童欺凌、受欺凌关系不同，回归分析结果显示，控制儿童性别、年龄等因素后，母亲羞怯对儿童欺凌预测作用不显著，但对儿童受欺凌具有显著正向预测作用，也就是说，母亲具有羞怯气质特征，其子女更可能被同伴欺凌（回归分析结果见表4-8）。

表4-8　母亲羞怯对儿童欺凌、受欺凌的预测作用

		欺凌 B (β)	t	受欺凌 B (β)	t
1	性别	0.54 (0.27)	12.28***	0.20 (0.10)	4.36***

续表

		欺凌 B (β)	t	受欺凌 B (β)	t
	年龄	0.01 (0.01)	0.54	−0.01 (−0.01)	−0.38
	R^2	0.08		0.01	
	F	75.57***		9.54***	
2	母亲羞怯	0.03 (0.02)	0.68	0.08 (0.05)	2.19*
	ΔR^2	0.00		0.003	
	ΔF	0.46		4.78*	

3. 父母羞怯与儿童欺凌、受欺凌的关系分析

母亲羞怯是儿童受欺凌的危险因素为格塞尔和拉德（Gazelle & Ladd，2003）提出的素质—压力模型提供了支持。依恋理论认为，个体与重要他人的依恋状况会影响个体对他人的心理表征，即"内部工作模式"（Bowlby，1973），进而影响个体的人际互动行为（如同伴冲突）。安全依恋的个体具有较强的联结感和安全感，对自己和他人持积极态度，认为他人值得信赖，因此更容易对周围环境作出积极反应；相反，不安全依恋的个体对他人持怀疑态度，较少能知觉、注意及回忆他人的善意信息，对他人行为持消极期待并给予负面解释（Rowe & Carnelley，2003），而这些负面的工作模式会妨碍个体态度和行为。母婴依恋方面的研究发现，母亲对儿童反应敏感、情感表达积极是建立安全母婴依恋的重要条件（马健等，2016）。相对外向开朗的母亲，羞怯的母亲积极情感表达较少，更可能与儿童建立不安全的依恋模式。儿童按照此种模式处理同伴关系时更容易遭遇困难，进而被同伴排斥，乃至成为欺凌的对象。另外，羞怯的母亲还通过遗传机制让后代继承了羞怯气质特征，而具有羞怯特征的儿童容易成为校园欺凌的对象（Mansour et al.，2017）。

需要注意的是，为什么父亲羞怯对儿童受欺凌没有显著影响呢？首先，在我国文化背景下，"严父慈母""男主外女主内"的家庭分工模式一直被社会大众所认可。在现实生活中，这种分工模式也被多数家庭所运用，因此儿童的主要照顾者多为母亲，日常生活中与母亲交往较其他家庭

成员更多一些。亲子依恋也多为母子依恋，即儿童更可能与母亲建立亲密情感依恋。如此，母亲羞怯的行为模式更可能影响儿童，被儿童习得并使用。"三岁看大七岁看老"，早期儿童养成的行为习惯在以后生活中很难改正，具有类似母亲羞怯行为模式的儿童自然很容易成为校园欺凌者的靶子。其次，根据胎儿期程序设计（Foetal Programming）或健康与疾病发展起源假设（Developmental Origins of Health and Disease' Hypothesis），孕前环境欠佳会改变母亲器官结构、功能以及生理调节能力，进而引发后代压力应对方式的改变（Kapoor et al., 2006），该假设得到了相关研究的支持。如有研究发现，孕期遭遇压力会增加母亲行为失调与抑郁的风险（Pawlby et al., 2011），影响下丘脑的功能（Glover, 2011），而心理不健康的母亲会增加儿童受欺凌的风险（Lereya & Wolke, 2013）。据此理论以及既有研究结论，可发现母亲对儿童受欺凌的影响路径如下：母亲孕前或孕期遭遇压力，引发母亲心理与行为问题，通过母亲生理与心理功能作用于儿童并最终增加儿童受欺凌的风险。也就是说，在儿童尚未出生之前，母亲的身心特征还可能通过母体环境影响儿童的应对方式，这可能是母亲羞怯对儿童受欺凌有影响而父亲没有影响的原因之一。

（五）父母应对方式与儿童欺凌、受欺凌

1. 父亲积极应对是减少儿童受欺凌的保护性因素

表4-9的回归分析结果显示，控制了儿童性别和年龄因素后，父亲积极应对方式显著负向预测儿童受欺凌，父亲日常生活中面临压力时所采取的消极应对方式对儿童欺凌预测效应仅边缘显著；父亲积极应对方式对儿童欺凌、父亲消极应对方式对儿童受欺凌均无显著预测作用。

表4-9　父亲应对方式对儿童欺凌、受欺凌的预测作用

		欺凌 B (β)	t	受欺凌 B (β)	t
1	性别	0.55 (0.28)	12.44***	0.21 (0.11)	4.74***
	年龄	0.01 (0.01)	0.47	−0.003 (−0.01)	−0.20

续表

		欺凌 B (β)	t	受欺凌 B (β)	t
2	R²	0.08		0.01	
	F	77.51***		11.26***	
	父亲积极应对	0.04 (0.02)	0.76	−0.10 (−0.05)	−2.06*
	父亲消极应对	0.08 (0.04)	1.77	−0.02 (−0.01)	−0.52
	Δ R²	0.002		0.003	
	Δ F	2.14		2.49	

2. 母亲应对方式与儿童欺凌、受欺凌无关

表4–10的结果表明，控制了儿童性别和年龄因素后，母亲日常生活中面临压力时所采取的积极应对方式和消极应对方式对儿童欺凌、受欺凌均无显著预测效应。

表4–10 母亲羞怯对儿童欺凌、受欺凌的预测作用

		欺凌 B (β)	t	受欺凌 B (β)	t
1	性别	0.53 (0.27)	12.23***	0.19 (0.10)	4.29***
	年龄	0.01 (0.01)	0.49	−0.01 (−0.01)	−0.42
	R²	0.07		0.01	
	F	75.01***		9.29***	
2	母亲积极应对	−0.03 (−0.01)	−0.63	−0.07 (−0.04)	−1.60
	母亲消极应对	0.002 (0.001)	0.04	0.03 (0.01)	0.61
	Δ R²	0.00		0.001	
	Δ F	0.20		1.32	

3. 父母应对与儿童欺凌、受欺凌关系分析

随着积极心理学的兴起，家庭系统中的积极因素对儿童心理和行为的增益性作用受到越来越多研究者的关注。基于这一理论视角，我们认为父母日常生活中面对压力时所表现出的积极应对方式对儿童受欺凌具有

保护作用，其内在逻辑是：父母积极应对给儿童提供了积极进取的态度榜样，以及遇事不怕困难、迎难而上的应对方式，这种乐观生活态度与积极行为方式会通过榜样示范传递给子女，而具有这种生活方式的儿童不太容易成为攻击的对象，即使偶尔成为同伴攻击对象也会因其积极应对方式和乐观生活态度而免遭心理伤害。

与研究预期不完全一致的是，本研究发现，父亲的积极应对策略对儿童受欺凌具有显著负向预测作用，但母亲的积极应对方式对儿童受欺凌的预测作用不显著（见表4-9和表4-10）。这说明父亲的积极生活方式具有保护作用，可以有效减少儿童受欺凌的发生率，母亲的积极应对方式没有起到相应的保护作用。为什么母亲和父亲所起的作用不同呢？这可能有两个方面的原因：第一，父亲更具权威性。相关研究发现，无论父母就业状况如何，儿童最初主要照顾者是母亲，儿童社会化（如带孩子与其他儿童交往）、教育（如陪儿童读书）以及日常照顾（如帮助儿童吃饭穿衣）多由母亲担负，而父亲主要和儿童一起做体育运动游戏，如户外活动（Schoppe-Sullivan et al.，2013）。由于母亲所负责的总是一些琐碎的生活琐事，且母亲对儿童的情绪表达多鼓励（Cassano et al.，2007），很难在儿童面前树立起权威形象。相反，在身体运动游戏中，父亲则要求儿童服从规则，使用正确的社交规则处理同伴冲突（Paquette，2004），对儿童的情绪表达不屑一顾或者惩罚（Cassano et al.，2007），由此父亲在儿童面前树立了权威形象。这可能是父亲的行为方式较母亲行为方式更有榜样示范效应的原因之一。第二，父母对儿童影响的侧重点不同。根据发展情境观，文化价值观会赋予某种行为以特定含义，影响人们对该行为的知觉、评价、反应，进而影响该行为的发展（Chen，2012；Chen et al.，1998）。尽管儿童的主要照顾者是母亲，儿童也模仿了母亲大量的行为方式，但在当前文化背景下，母亲多处理家庭"内务"，父亲多处理家庭"外务"，校园中的同伴冲突事件（本研究中的欺凌与被欺凌）属于外务，即如何和同龄伙伴交往。这种社会文化背景使儿童更可能关注父亲的行为方式，仿照父亲的行为方式调整、修正自己的行为。当儿童遭遇同伴冲突事件时，父亲更可能出面帮助儿童解决，这可能是父亲积极影响对儿童受欺凌产生影响的内在原因之一。未来需采用不同的研究方法对二者之间的关系做进一步考察。

（六）父母对欺凌、受欺凌的态度与儿童欺凌、受欺凌

父母对欺凌的态度包括两个维度，其一是认为欺凌、受欺凌对儿童的发展有价值，如认为"欺凌他人可以提高自尊""受欺凌有助于塑造孩子的品质"；其二是反对欺凌，认为"欺凌事件破坏了班级和学校秩序""听说有学生受欺凌时，我很生气"。因此，我们预计，持支持欺凌、受欺凌的家长其子女更可能卷入欺凌事件中，成为欺凌者或受欺凌者，而对欺凌、受欺凌持反对态度的家长，其子女更不可能卷入欺凌事件中。

1.儿童欺凌与父母对欺凌、受欺凌态度无关

多层线性回归分析发现，排除儿童性别、年龄的影响后，父母支持态度与否定态度对儿童欺凌均没有显著影响作用（回归分析结果见表4–11）。

表4–11　父母态度对儿童欺凌的预测作用

		身体欺凌 B (β)	t	言语欺凌 B (β)	t	关系欺凌 B (β)	t
1	性别	0.10 (0.11)	3.67***	0.18 (0.17)	5.68***	0.08 (0.08)	2.60**
	年龄	−0.03 (−0.12)	−4.09***	−0.03 (−0.09)	−2.81**	−0.03 (−0.12)	−3.80***
	R^2	0.03		0.04		0.02	
	F	16.14***		21.15***		11.80***	
2	父母支持欺凌	−0.01 (−0.01)	−0.31	0.01 (0.01)	0.45	0.00 (0.00)	−0.05
	父母反对欺凌	−0.02 (−0.04)	−1.40	−0.01 (−0.02)	−0.50	−0.01 (−0.01)	0.75
	ΔR^2	0.002		0.00		0.00	
	ΔF	0.98		0.27		0.09	

2. 父母支持欺凌、受欺凌是儿童受欺凌的危险因素

回归分析表明，排除儿童性别、年龄影响后，父母否定态度对儿童受欺凌无显著预测作用，但父母支持态度对儿童受言语欺凌和受关系欺凌均具有显著正向预测作用。也就是说，父母越认为欺凌、受欺凌对儿童发展有好处，其子女越可能遭受同伴的言语欺凌和关系欺凌（回归分析结果见表4-12）。

表 4-12　父母态度对儿童受欺凌的预测作用

		受身体欺凌 B (β)	t	受言语欺凌 B (β)	t	受关系欺凌 B (β)	t
1	性别	0.18 (0.14)	4.71***	0.11 (0.07)	2.39*	0.08 (0.05)	1.76
	年龄	−0.08 (−0.22)	−7.40***	−0.07 (−0.16)	−5.24***	−0.04 (−0.10)	−3.32**
	R^2	0.07		0.03		0.01	
	F	40.86***		17.43***		7.44**	
2	父母支持欺凌	0.04 (0.04)	1.24	0.12 (0.09)	2.88**	0.09 (0.07)	2.25*
	父母反对欺凌	−0.01 (−0.02)	−0.56	0.001 (0.001)	0.02	0.00 (−0.001)	−0.02
	ΔR^2	0.002		0.01		0.01	
	ΔF	1.06		4.25*		2.60	

3. 父母对欺凌、受欺凌态度与儿童欺凌、受欺凌关系的分析

研究结果与研究预期部分一致，即父母越支持欺凌、受欺凌，儿童则更容易遭受同伴言语欺凌和关系欺凌。与研究预期部分不一致，研究结果显示儿童欺凌与父母对欺凌、受欺凌的态度无关，儿童受欺凌与父母反对欺凌、受欺凌的态度无关。父母不支持欺凌、受欺凌与儿童欺凌、受欺凌关系不密切，这一结论比较容易理解。父母认为欺凌、受欺凌对儿童发展不利，心理上同情受欺凌儿童，则在行动上更不可能鼓励儿童卷入欺凌事件中。

为什么会出现父母支持欺凌、受欺凌，儿童则更容易遭受同伴言语欺凌和关系欺凌呢？父母如果认为欺凌事件对欺凌者和受欺凌者的身心发展有好处，态度上支持欺凌，则在行动上更可能放任儿童卷入欺凌活动，或者不太在意儿童是否欺凌或受欺凌，与之相应，儿童参与欺凌事件的发生率则可能相对较高。但我国文化一直崇尚"人不犯我，我不犯人"的规则，父母通常会按照这一社会默许定律教育子女，即不主动欺凌他人，但若遭遇同伴欺凌必须予以反击。受这种教育理念的影响，尽管有些父母支持欺凌，但并不会教育子女主动欺凌他人。但也有些父母不仅思想理念上支持儿童欺凌，行动上也放任儿童欺凌同伴，这些儿童更可能遭受同伴的强烈反击，反而成为受欺凌者。这可能是父母支持欺凌与儿童欺凌无关，但与受欺凌显著正相关的内在逻辑。

五、研究结论及启示

本章考察了家庭结构、家庭社会经济地位、父母羞怯、父母学生时期欺凌与受欺凌的经历、父母应对方式、父母对欺凌的态度等家庭非过程因素与儿童欺凌、受欺凌的关系，对其中的危险因素和保护因素进行分析，得出了一些值得深思的结论。

（一）研究结论

1.儿童欺凌的危险因素与保护性因素。研究结果显示，家庭社会经济地位高是减少儿童欺凌的保护因素；相反，家庭社会经济地位低是增加儿童欺凌的危险因素（见图4-2）。

2.受欺凌的危险因素与保护性因素。研究发现，家庭类型中的离异单亲家庭、母亲羞怯、父母支持欺凌以及父母学生时期受欺凌的经历是家庭非过程因素中引发儿童受欺凌的危险因素；与之相反，家庭类型中的完整家庭、父亲积极应对是家庭非过程因素中减少儿童受欺凌的保护因素（见图4-2）。

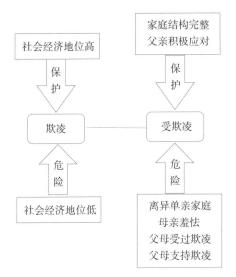

图 4-2   影响儿童欺凌、受欺凌的家庭非结构因素

(二) 研究启示

根据系统论观点，个体生存的生态背景是由多个不同层次水平的情景组成。在整个人类生活的生态系统中，家庭只是其中的一个微小部分，它自身也受到社区、国家社会政治经济等亚文化和宏观文化影响，或者说宏观背景通过影响家庭系统而间接影响儿童。如整个生态系统一样，家庭也是由多个子系统按照一定的层级结构构成的动态系统，它由夫妻、亲子、同胞等较小的子系统构成，子系统之间相互影响，如夫妻关系紧张会影响亲子关系；同时，家庭系统内的子系统受宏观系统的影响，如多子女家庭中的姐妹系统受同胞系统的影响。

此外，根据近远端环境理论，即使在微观家庭系统内部，影响儿童的因素也有近端因素与远端因素之分，如父母的教养行为、亲子关系等是直接影响儿童心理发展的近端因素，家庭结构、家庭社会经济地位等非过程因素或静态因素则是影响儿童心理发展的远端因素。根据远端因素通过近端因素影响儿童心理发展的规律，我们推测家庭社会经济地位可能会通过父母教养行为、家庭功能、亲子关系等一系列近端因素影响儿童欺凌与受欺凌。

鉴于上述分析，接下来我们将分析家庭功能、父母教养方式、亲子关系等家庭动态因素对儿童欺凌、受欺凌的影响，同时进一步探索家庭结构、家庭社会经济地位以及父母自身的某些特征等家庭远端环境通过家庭近端环境对儿童欺凌、受欺凌的影响机制。

第五章 家庭过程因素与儿童
欺凌、受欺凌

本书第四章分析了家庭结构、家庭社会经济地位、父母特征等家庭远端环境与儿童欺凌、受欺凌的关系，探讨了其中的危险因素与保护因素。家庭系统中的近端环境与儿童欺凌、受欺凌又具有怎样的关联？本章着重分析家庭功能、家庭氛围、父母教养方式等家庭过程因素（即家庭近端环境）与儿童欺凌、受欺凌的关系，分析家庭系统中各子系统互动关系对儿童欺凌、受欺凌的影响。

一、家庭过程因素概述

许多学者认为，如果家庭系统中多个亚系统均出现不良行为模式，且存在人际冲突，这些行为模式及关系模式会延伸至家庭系统之外。也就是说，家庭过程因素与儿童欺凌、受欺凌必定存在关联，国内外学者对此做了大量研究，取得了许多有价值的结论。

（一）亲子系统
1. 父母教养行为与教养方式

父母教养方式是亲子系统中的核心要素，是父母对子女教养态度与教养方式的集合。在探讨父母教养与儿童欺凌、受欺凌关系时，有些研究者从类型学角度把教养方式分为权威性、放任型、民主型及专制型，考察不同类型教养方式对儿童欺凌、受欺凌的印象；也有一些学者从特质角度，把父母教养分为积极教养（包括鼓励、温暖等）和消极教养（包括惩罚、拒绝、溺爱等）维度，分析欺凌、受欺凌与父母教养方式各维度的关联。

（1）欺凌者父母的教养方式

关于欺凌者的父母教养方式，较为一致的发现是：父母惩罚、专制、放纵以及教养不一致是儿童欺凌的危险因素。有研究表明，儿童攻击、欺凌与父母惩罚、敌意、缺乏温暖的教养（Flouri & Buchanan，2003；韩斌等，2009；丁吉卓玛，2011）、遭受家庭暴力和虐待（Fujikawa et al.，2016；Espelage et al.，2013；Yodprang et al.，2009）、父母独裁（Georgiou et al.，2013）、母亲对攻击的纵容（Baldry & Farrington，2000）、母亲拒绝（Garcia et al.，2000）等密切关联。例如，一项研究指出，母亲在童年早期打孩子屁股能有效预测孩子随后几年的欺凌行为（Turns & Sibley，2018），父亲采用专制型教养方式的儿童青少年更可能与欺凌者交朋友（Knafo，2003）。此外，父亲教养与儿童欺凌的关联模式不同于母亲教养与儿童欺凌，有研究发现，父亲敌对和苛刻行为与小学儿童欺凌行为有关，而母亲行为的影响则不那么明显（De Vries et al.，2018）。

许多研究者考察父母消极教养方式——心理控制与儿童攻击和欺凌的关系。心理控制是指父母对儿童心理世界的控制，其目的是使儿童在情感上依赖父母（Symeou & Georgiou，2017）。多项研究发现，心理控制是引发儿童青少年攻击性行为的危险因素。例如，有研究发现儿童身体攻击、言语攻击与母亲控制和父亲控制均呈显著正相关关系（陈洪岩等，2014；纪林芹，2007），父母心理控制水平越高，青少年关系攻击和身体攻击则越多（Nelson et al.，2013）。这些研究结论表明，家庭系统中父母对子女的教养模式会扩展至子女的同伴群体中。惩罚、专制型父母倾向于使用强势手段管理儿童，如对儿童进行身体惩罚，这为儿童提供了不良示范，儿童随即模仿父母的攻击行为模式，并在同伴中使用；相反，放任型父母未能对儿童攻击、欺凌行为做有效管理，纵容儿童不良行为，使儿童把攻击与欺凌行为视为正常并成为习惯。

(2) 受欺凌者父母的教养方式

关于受欺凌者的父母教养方式，较为一致的发现是：父母虐待、父母控制或专制、对不良行为的宽容等是增加儿童受欺凌的危险因素。研究表明，遭受父母虐待（见综述：Duncan，2004）、对青少年饮酒宽容（Georgiou et al.，2013）、父母支持水平低（Haynie et al.，2001）、父母心理控制（Finnegan et al.，1998）等与儿童受欺凌关系密切。父母虐待、父母控制或专制、过度保护，可能会阻碍儿童独立性的发展及社会交往技能的掌握，使儿童在同伴冲突中处于劣势，容易成为攻击的对象。同欺凌与父母教养的关系模式一样，也有研究发现，男孩受欺凌与父母教养方式的关系不同于女孩，即父母教养方式对受欺凌儿童影响存在一定性别差异，父母虐待与过度保护可能增加男孩受欺凌的风险，父母拒绝与缺乏温暖则可能增加女孩受欺凌的风险（Finnegan et al.，1998）。自主性发展受母亲阻碍的男孩、沟通性发展受母亲阻碍的女孩容易成为受欺凌者（见综述：Duncan，2004）。母亲过度保护的男孩之所以容易成为受欺凌者，是因为他们在母亲的过度保护下很少经历过消极事件，没有学会解决困难、处理冲突所需的自主意识与必要技能，缺乏维持同伴地位所必需的自主性。与男孩不同，如果母亲疏远女儿、对女儿充满敌意或情感虐待，这意味着母亲没有给女儿提供正确的人际交往技能榜样，母亲这种教养行为很难让女孩习得适宜的社会交往技能，因而容易成为受欺凌者。

2. 亲子关系

根据依恋的"内部工作模式"理论，个体与重要他人的依恋状况会影响个体对他人的心理表征，进而影响个体的人际互动行为（Bowlby，1973）。不安全的内部工作模式将对儿童的人际关系产生不良影响，使儿童表现出不安全行为或焦虑行为。据此可以推论，亲子关系紧张（如亲子冲突）的儿童更容易卷入校园欺凌中，许多学者对此进行了考察。

（1）欺凌者的亲子关系

既有研究表明，亲子关系越好，儿童欺凌行为越少（凌辉等，2018），亲子冲突（Georgiou et al.，2013；邓林园等，2018）、亲子之间沟通不畅（Spriggs et al.，2007）、父母参与缺失（Barboza et al.，2009；Flouri & Buchanan，2003）等父母方面的因素与欺凌有关。例如，有研究分别考察了亲子冲突、父母监控以及儿童坦诚表露三种亲子关系与儿童欺凌之间的关联，发现母亲对子女的高监控与青少年欺凌行为负相关，母子冲突、父子冲突都能够单独预测儿童欺凌，可见亲子冲突是儿童欺凌的危险因素（Georgiou et al.，2013）。

亲子关系与欺凌的关联是否受父母性别和儿童性别的影响？关于前者，有些研究发现欺凌者的父子关系、母子关系都相对紧张（Pepler et al.，2008；邓林园等，2018）。但也有研究得出了不同的结论，儿童欺凌仅与母子关系紧张有关系，而不受父子关系的影响（刘小群等，2012）。从亲子依恋视角所做的研究发现，依恋水平低、不安全依恋是儿童攻击、欺凌的危险因素（Walden & Beran，2010），母子不安全依恋的女孩与父子不安全依恋的男孩关系攻击更多（Casas et al.，2006）。关于后者，研究结论比较一致，即亲子依恋与儿童攻击、欺凌的关系受儿童性别影响。从依恋类型视角的研究发现，父母依恋安全水平与男孩的欺凌行为有关，但与女孩的欺凌行为关系不密切（Murphy et al.，2017）。另外，也有少数研究发现，亲子关系与欺凌行为之间的关系还受儿童种族与民族的影响。有研究发现，白人、非裔和拉美裔美国儿童中，亲子沟通与亲子互动缺乏与欺凌有关，与亲生父母生活在一起是欺凌的保护因素，但这一保护作用仅在白人青少年中存在（Spriggs et al.，2007）。

研究发现良好的亲子关系是减少儿童欺凌发生率的保护因素。如向父母袒露自己行为及活动的青少年，他们的欺凌发生率均较低（Georgiou et al.，2013）；与父母建立安全型依恋的儿童青少年攻击行为更少（Gomez & Mclaren，2007），其他许多研究均发现安全的亲子依恋是减少儿童欺凌行为的保护因素，依恋安全水平越高，儿童成为欺凌者的可能性就越低

（刘小群等，2012；Innamorati et al.，2018；Murphy et al.，2017）。

为什么缺乏亲子沟通与亲子互动的儿童青少年容易有欺凌行为？依恋理论可为此作出合理的解释。根据理论，早期依恋质量影响儿童的人际交往能力，早期与父母建立安全依恋关系的儿童之后容易与他人建立积极的人际关系，而早期未能与父母建立安全依恋关系的儿童，社会交往技能比较差，问题行为比较多，容易与同伴产生冲突并被同伴所拒绝。相关研究结论支持了依恋理论（如 Kennedy & Kennedy，2004）。

（2）受欺凌者的亲子关系

受欺凌者与其父母具有怎样的亲子关系？就已有研究结果来看，消极的家庭互动（Spriggs et al.，2007）、儿童虐待（Shields & Cicchetti，2001；Yodprang et al.，2009）等因素与受欺凌有关；相反，亲子关系越好，儿童受欺凌越少（凌辉等，2018）。这可能因为，家庭中受虐待儿童容易形成类似于欺凌者与受欺凌者之间的同伴交往风格（见综述：Duncan，2004）。换言之，家庭中受虐待儿童与父母的关系模式与欺凌者与受欺凌者之间的关系模式类似。此外，受虐待的儿童由于无法有效保护自己从而会产生无力感（Finkelhor & Browne，1985），而脆弱、无助的儿童容易成为攻击与欺凌的靶子。而亲子关系良好的家庭中，儿童习得了与他人相处的有效行为模式，因自身行为不佳、处事方式不妥、问题解决能力不强而陷入受欺凌境地的可能性较小。

关于依恋与受欺凌的关系，相关研究发现，不安全依恋的儿童更可能欺凌他人，同时也容易受他人欺凌（Smith & Myron-Wilson，1998；May et al.，2002）。当然，亲子依恋与儿童受欺凌的关系受其他因素影响，如亲子依恋可有效改善同伴关系，进而减少受欺凌现象的发生（陈健芷等，2013）。也有学者分析了欺凌事件中不同角色儿童的安全依恋水平，发现挑衅性受欺凌者的父子安全依恋、母亲安全依恋水平较一般儿童低（Guedes et al.，2018）。

关于受欺凌的保护因素，与欺凌的结论相同，向父母袒露自己行为及活动的青少年受欺凌发生率较低（Georgiou et al.，2013）。在压力情

景下，安全依恋起到保护作用，使儿童免遭欺凌或欺凌他人（Dallaire &
Weinraub，2007）。以学习障碍儿童及多动症儿童为对象的研究也发现，
安全型依恋的儿童其受欺凌水平要低（Klomek et al.，2016），具有双重安
全依恋的儿童欺凌与受欺凌发生概率最低（刘小群等，2012）。

（二）同胞系统（或手足系统）

同胞关系或手足关系是家庭系统中子女之间的关系，从社会地位来
看，由于儿童都处于"子女"这一地位上，手足之间应该是平等关系。但
实际情况并非如此，除独生子女外，子女之间由于出生顺序的关系，也存
在地位的不平等，即使是双胞胎或多胞胎也不例外。一般的手足关系中，
长子女不仅年龄较弟妹大，且承担的家庭责任与义务多，家庭地位相对高
一些，其行为方式对弟妹的影响也较大。当然，长子女对弟妹影响的大小
还与年龄差距大小有关，年长较多的同胞在弟妹前往往起到"教师"的作
用，对弟妹的影响更大（Tucker & Updegraff，2009）；年龄差距小的同胞
之间是互惠关系，他们一起生活学习，在冲突与合作中习得社会交往技
能，如观点采择能力和沟通协商（Howe et al.，2004）。

反社会行为、攻击与欺凌领域均发现了同胞的影响作用。美国犯罪
学研究者 J. L. 劳里斯顿用全国性大样本证实了这一关系模式。该研究发
现，无论男女，其违法犯罪行为均受其同胞不良行为的影响，而且这一影
响模式不受家庭特征以及其他社会因素的影响（Lauritsen，1993）。欺凌
方面研究也发现，欺凌者与同胞间通常存在力量的不平衡，他们的兄弟姐
妹（特别是与他们最亲近的兄弟姐妹）力量更强（Bowers et al.，1992）。
在学校有欺凌行为的儿童，家庭中同胞之间的欺凌发生率很高（Duncan，
1999），欺凌兄弟姐妹的儿童与其他儿童相比更可能卷入校园欺凌，经
常遭受兄弟姐妹欺凌的儿童同样更可能在学校中欺凌他人（Wolke &
Samara，2004）。另外，出生顺序对儿童关系攻击有影响，有姐姐或哥哥
的儿童关系攻击更多（Stauffacher & DeHart，2006）。

值得关注的是，许多研究发现，同胞之间的影响多发生在同性别之

间，即兄弟之间或姐妹之间，异性同胞之间无此关系（Rowe & Gulley，1992；Snyder et al.，2005），研究者把这种同性别之间的行为相似性称为同胞效应。学术界对同性别同胞相互影响的作用机制进行了探讨，并提出了两种理论模型：关键病原体论（siblings as key pathogens）和帮凶论（partners in crime）。

关键病原体论由美国学者帕特森等提出，该理论认为同胞如病原体一样为儿童提供了社会学习或训练的榜样，同胞成为儿童违规行为养成的关键人物（Patterson et al.，1984）。同胞的病原体作用可以用下面两个家庭基本互动过程来解释：一是观察学习过程，即儿童观察到同胞与父母的消极互动方式，然后通过模仿学会了这些消极互动方式；二是练习过程，即儿童在与同胞互动过程中不断练习业已学到的消极互动方式。可见，同胞不仅为儿童练习如何用强迫、攻击等方式操纵他人提供了学习榜样，同时还提供了练习场所与练习机会，儿童学会之后再用到家庭以外的情景中（Slomkowski et al.，1997）。该理论模式得到了许多研究的支持，帕特森等观察研究发现，来自行为失常家庭中的配对同胞（sibling pairs）其反社会行为发生率高于普通家庭中的配对同胞（Patterson et al.，1984）。可以说，在儿童反社会行为（包括攻击行为）的发生发展与维持中，同胞之间的强迫与冲突关系起到了病原体的作用。

与关键病原体论不同，有学者提出了帮凶论，认为儿童会与具有违纪行为的同胞一起违规（Rowe & Gulley，1992）。该理论模型吸收共同犯罪理论的观点，指出同胞之间反社会行为的相似与其说是同胞关系的消极方面（如强迫互动关系）引发的，不如说是同胞关系的积极方面引发的。该项研究发现，同性同胞（包括兄弟和姐妹）在违纪行为上的相似受同伴关系中积极面（如温暖和支持）的影响，但异性同胞的违纪行为相似性不受此影响。同胞之间关系越亲密、友好，越可能一起作出违纪行为，儿童越可能在同胞召唤下参与反社会行为。

从字面上看，病原体论和帮凶论似乎完全不同，甚至相互矛盾，但是如果考虑儿童的年龄，这两个模型就能够有机统一，很好地解释同胞在儿童违纪行为中的作用。支持病原体论的研究多以青少年期以前的儿童为样本，而帮凶论的支持性证据则来自青少年和青年早期样本群。换言之，这两个理论模型分别揭示了在不同年龄阶段上个体违纪行为发生发展中，同胞作用的两个不同进程。在童年期以及童年向青少年过渡阶段，儿童通过直接训练（同胞之间的练习）习得违纪行为。例如，在强迫式家庭中，同胞在互动进程中可能使用攻击行为或表现出攻击倾向性，同胞之间漠不关心或冷酷无情，从而进一步引发了个体虐待他人的行为。与该理论相对照，帮凶论则可以解释童年期在家庭中习得的违纪行为或反社会行为，如何在青少年和青年早期阶段继续发挥作用，并使之在家庭外环境中得以表现。

（三）夫妻系统与家庭氛围

1. 家庭暴力氛围

攻击与欺凌领域的研究发现，暴露于家庭暴力环境中的儿童在同伴中的攻击行为发生率高，同时也更可能遭受欺凌（Baldry，2003；Bauer et al.，2006），目击家庭暴力的青少年与其他青少年相比更难以与同伴建立亲密友谊关系（见综述：Holt et al.，2008）。这些研究表明，家庭暴力氛围与儿童攻击与欺凌关系密切。家庭系统中，家庭氛围是在夫妻关系、亲子沟通和同胞关系基础上形成的，其中夫妻关系决定家庭氛围的重要因素。在探讨家庭氛围与欺凌、受欺凌的关系时，有些学者关注夫妻冲突与亲子冲突，也有一些学者从整体家庭环境或家庭氛围进行考察。

2. 夫妻冲突

父母之间的暴力冲突是家庭暴力氛围的重要组成成分之一，是影响儿童欺凌的重要家庭因素。同伴冲突与攻击方面研究揭示，父母暴力冲突是影响子女同伴冲突的危险因素（McCloskey & Stuewig，2001），父母冲突会使孩子产生以暴力和冲突来解决问题的错误观念，因而在处理同伴关系时多采用攻击性行为（Stutzman el ta.，2011；杨继平、王兴超，2012）。欺凌方面研究也得出了相似的结论，父母暴力冲突是儿童欺凌的危险因素

（Bauer et al.，2006；McCloskey & Lichter，2003），欺凌者的父母冲突频率和冲突程度显著高于未参与者（邓林园等，2018），经常目睹家庭暴力的孩子更容易成为欺凌者（Bowes et al.，2009；Turner et al.，2013）。例如，美国学者 N. S. 鲍尔等以 112 名 6—13 岁儿童为样本对儿童问题行为与父母暴力冲突的关系进行考察，结果显示在家庭中目击父母暴力冲突的儿童在学校中更可能欺凌同伴（Bauer et al.，2006）。史密斯等研究发现，如果家庭成员习惯使用攻击行为解决问题，家庭中充满消极情绪，且鼓励儿童遇到骚扰时还击，那么这种家庭中的儿童更容易成为欺凌者（Smith et al.，2004）。

此外，研究还发现，欺凌者认为父母双方之间存在严重的力量不平衡，通常父亲是强势的一方（Bowers et al.，1992）。夫妻间暴力冲突与儿童欺凌关系受儿童性别的影响。A.C. 鲍德里以 1059 名意大利小学生为样本研究发现，无论男女，见证了父母暴力冲突的青少年要比其他同龄人更可能欺凌同伴，但对女孩的影响更显著（Baldry，2003）。

3. 家庭功能

关于家庭功能与欺凌的关系，研究发现亲密度水平高（家庭温暖、低水平敌意等）、适应性高（常若松等，2015）、总体功能好（蒋舒阳等，2018；赵宝宝等，2018）的家庭中，儿童青少年成为欺凌者的可能性越低。相反，亲密度较低（Bowers et al.，1992；Stevens et al.，2002）、情感反应差（Stevens et al.，2002）、问题解决能力低（Loeber, & Dishion，1984）、沟通能力低（Nocentini et al.，2019）、总体功能差（Eskisu，2014；Mazzone & Camodeca，2019）的家庭中，儿童青少年成为欺凌者的可能性越高。当然，家庭功能与儿童欺凌的关系可能受其他因素的制约，如有研究发现，男孩家庭中的沟通不足与学校欺凌有关，而女孩家庭沟通不足则使她们容易受欺凌而非欺凌他人（Rigby，1994），家庭参与低的男孩更可能具有攻击行为（Harachi et al.，2006）。此外，由于家庭凝聚力与家庭功能有关，家庭凝聚力水平高的家庭能更好地实现家庭功能，因此，攻击与欺凌领域的研究也考察了家庭凝聚力的影响。研究发现，家庭凝聚力水平高（家庭温暖、低水平敌意）是欺凌的保护因素，这种家庭环境下培养出欺凌者的可能性较低，而家庭凝聚力低的家庭更容易培养出欺凌者（Bowers et al.，1992；Stevens et al.，2002）。

关于家庭功能与受欺凌的关系，前人研究表明，家庭亲密度低（Forster et al.，2013）、亲子沟通困难（Makri-Botsari & Karagianni，2014）、父母参与及支持水平较低（Haynie et al.，2001）、家庭出现困境与压力（Turner et al.，2013）是增加儿童青少年受欺凌的危险因素，甚至有研究发现受欺凌儿童的家庭功能除了行为控制维度外均有问题（Eskisu，2014）。与欺凌相似，家庭功能与儿童受欺凌的关系同样受其他因素的制约。有研究发现，父母过度保护行为及情感投入可能会增加男孩受欺凌的风险，而父母缺乏温暖、支持水平较低则可能会增加女孩的风险（Finnegan et al.，1998）。

二、研究方法

（一）研究被试

1. 采用整群抽样法，抽取济南市城乡接合部公立小学和中学（初中）各 1 所，共 1133 名（男 571 名，女 562 名），平均年龄 11.97 岁，标准差 1.72。其中四年级 229 名（男 124 名，女 105 名），平均年龄 9.72 岁，标准差 0.31；五年级 201 名（男 107 名，女 94 名），平均年龄 10.70 岁，标准差 0.34；六年级 218 名（男 111 名，女 107 名），平均年龄 11.74 岁，标准差 0.51；七年级 177 名（男 93 名，女 84 名），平均年龄 12.78 岁，标准差 0.35；八年级 178 名（男 102 名，女 76 名），平均年龄 13.79 岁，标准差 0.34；九年级 130 名（男 60 名，女 70 名），平均年龄 12.08 岁，标准差 1.75。该部分被试用以考察父母对欺凌的态度、家庭亲密度与适应性、家庭矛盾冲突与儿童欺凌、受欺凌的关系。

2. 采用整群抽样法，抽取济南市城乡接合部两所公立小学 1978 名学生（男 1042 名，女 936 名）为本研究被试，其中一年级 464 名（男 249

名，女215名），二年级399名（男207名，女192名），三年级391名（男207名，女184名），四年级260名（男132名，女128名），五年级222名（男119名，女103名），六年级242名（男128名，女114名）。该部分被试用以考察父母教养方式、家庭功能、家庭暴力环境与儿童欺凌、受欺凌的关系。

（二）研究工具

1.欺凌、受欺凌的测评

使用奥威尤斯欺负问卷（初中版）中文修订版（张文新等，1999），选用修订版中欺凌、受欺凌的相关条目，用以揭示儿童欺凌、受欺凌情况，欺凌、受欺凌量表均包括7个题目。总体欺凌、受欺凌各1个题目，分别测查学生在学校里"本学期"欺凌、受欺凌总体情况，也可用于评估欺凌、受欺凌的发生率。欺凌、受欺凌类型的测量，均包含3个维度（身体欺凌与受欺凌、言语欺凌与受欺凌、关系欺凌与受欺凌）6个题目，每个维度均有2个题目，维度得分越高表示某类欺凌、受欺凌越频繁。

2.家庭功能问卷

使用N. B.爱泼斯坦等（Epstein et al.，1978）编制的《家庭功能问卷》测评家庭功能的完成情况，问卷采用4点记分法，数字1—4分别表示"完全不符合"到"完全符合"。问卷共有60个题目，包括问题解决、沟通、家庭角色、情感反应、情感卷入、行为控制以及总功能7个维度（见汪向东等，1999）。家庭功能的7个维度中，问题解决是评价家庭成员面对危机时有效解决问题，完成家庭功能的能力指标；沟通是对家庭成员之间能否清楚地进行信息交流、信息传递是否直接的评价；角色指家庭是否建立了一系列完成家庭功能的行为模式，家庭分工是否公平、明确，家庭成员能否各负其责，认真完成任务；情感反应评价家庭成员对刺激的情感反应程度；情感卷入评价家庭成员之间对彼此活动和一些事情的关心和重视程度；行为控制评价一个家庭针对不同情形是否有明确的行为规范；家庭总功能是对家庭各方面功能的综合评定。总问卷的内部一致性信度α

系数为 0.90，达到了测量学的要求。

3. 父母教养方式

使用陈欣银等修订的《父母教养方式量表》测评幼儿父母的教养行为，5 点记分法，数字 1—5 分别表示"完全不符合"到"完全符合"（Chen et al., 1997）。问卷由 45 个题目组成，由温暖、拒绝、低权力、鼓励自主、鼓励成绩、惩罚、监督控制及溺爱 8 个维度组成，各维度的题目数分别为 4、4、4、7、4、7、6 和 9。温暖是指父母使用温和、亲切的态度与儿童对话，当儿童遭遇困难时能够给予帮助和理解；拒绝是指父母对儿童提出的要求不予理睬或忽视、忘记等；低权力指父母在儿童做错事、遭遇困难或与父母意见相左时，父母均能够耐心与儿童沟通，听取儿童意见，不用父母特权压制并强迫儿童服从自己；鼓励自主指父母鼓励儿童独立自主，对自己的行动负责，而不是要求儿童唯父母命是从；鼓励成绩指父母鼓励儿童努力做好，争取比他人更优秀；惩罚指父母采取批评、指责乃至体罚等方式对儿童进行管教，使儿童遵从自己的意志或遵守自己制定的规则；监督控制指父母对儿童管控严格，时刻把儿童的言语行为置于自己的管控范围之内；溺爱是指父母宠溺儿童，对儿童有求必应、百依百顺。本研究中各维度的内部一致性信度 α 系数依次为 0.74、0.62、0.66、0.71、0.62、0.62、0.69 和 0.72，总问卷的内部一致性信度 α 系数为 0.83。

4. 家庭暴力环境

使用埃斯皮莱奇与其合作者编制的《家庭暴力问卷》测评儿童家庭暴力氛围，共 3 个题目，3 点记分法，1 表示"从未发生"，2 表示"有时发生"，3 表示"经常发生"，分数越高，表明家庭暴力越严重（Espelage et al., 2012）。问卷信度指标较好，本研究中问卷的内部一致性信度 α 系数为 0.73。《家庭暴力问卷》的三个题目中，两个测评儿童父母之间的暴力行为，如父母互相打、谩骂等；一个题目测评亲子之间的暴力行为，父母对子女实施暴力行为。需要注意的是，这里的父母施暴行为与父母教养方式中的惩罚不同，父母教养方式中的"惩罚"指父母通过惩罚方式（如批评、斥责等）对子女进行教育。

5. 家庭矛盾冲突

问卷来自沈其杰等（1999）修订《家庭环境量表》（中文版，FES-CV，第三次修订）的矛盾性维度，共9题。原始问卷为两点记分法，若回答"是"评"1"分，若回答"否"则评为"2"分等。本研究中使用5点记分法，1＝完全不符合，2＝不太符合，3＝有点符合，4＝比较符合，5＝完全符合，分数越高表明家庭矛盾冲突越多。家庭矛盾冲突是家庭环境中的一个方面，测评家庭成员之前的矛盾冲突，其暴力程度要比家庭暴力环境相对较低，是对家庭暴力环境的一个补充。

6. 家庭亲密度与适应性

1982年奥尔森等编制了《家庭亲密度与适应性量表》（第二版，FACES II），该量表为自评量表，包括两个分量表，共有30个题目（见戴晓阳，2010）。FACESII主要评价两方面的家庭功能：（1）亲密度（Cohesion），即家庭成员之间的情感联系；（2）适应性（Adaptability），即家庭体系随家庭处境和家庭不同发展阶段出现的问题而相应改变的能力。问卷使用五点记分法，1＝不是，2＝偶尔，3＝有时，4＝经常，5＝总是。许多学者把家庭亲密度与适应性作为家庭功能的测评指标，与爱泼斯坦等（Epstein et al., 1983）所述的家庭功能关注点不同。本书使用该问卷作为爱泼斯坦等所述家庭功能的补充，希望对家庭功能做较为全面的测评，考察家庭功能与儿童欺凌、受欺凌的关系。

（三）施测程序

家庭暴力环境、欺凌、受欺凌使用儿童自我报告法，以班级为单位进行施测，经过严格培训的研究生担任主试，每班两名主试。整个施测过程中，老师不在现场，被试完成后由主试统一收回问卷，施测过程约20分钟。家庭功能、父母教养方式、家庭矛盾冲突、家庭亲密度与适应性由儿童父母报告，由主试在下午放学时统一发放给学生，学生带回家由父母填写，其中父亲教养方式由父亲填写，其他问卷由母亲填写，班主任第二天统一收回。所有问卷的施测均取得了学校和学生家长的同意。采用

SPSS17.0 对数据进行处理。

（四）研究思路

概括国内外相关研究不难发现，目前学术界已对父母教养方式、亲子关系、同胞关系、夫妻冲突等家庭过程因素与欺凌、受欺凌的关系做了大量研究，得出了众多有价值的结论，能够对欺凌者、受欺凌者的家庭过程因素有较为清楚的描述与分析，但某些方面仍需要进一步探索：一是需进一步揭示家庭过程因素中能够减少儿童欺凌、受欺凌的保护因素；二是要深入分析父母对欺凌的态度、家庭功能、家庭暴力氛围等与儿童欺凌、受欺凌的关系。鉴于此，本章一方面揭示中国文化背景下父母教养方式、家庭矛盾冲突与欺凌、受欺凌是否与西方存在同样的关系模式，为西方的家庭系统理论注入新经验；另一方面，对家庭功能、家庭暴力氛围、家庭亲密度与适应性等目前较少探索的家庭过程因素与欺凌、受欺凌的关系进行分析，揭示其中的危险因素与保护因素，为家庭视角的欺凌预防与干预提供实证依据，研究的思路见图 5-1。考虑到当前在校学生中独生子女所占比重较大，故仅在第一章分析了出生顺序与儿童欺凌、受欺凌的关系，未考察同胞关系对儿童欺凌、受欺凌的影响。

图 5-1　研究思路图

三、研究结果

（一）家庭功能与儿童欺凌、受欺凌

1.儿童欺凌与家庭功能无关

相关分析显示，儿童欺凌行为与问题解决（r＝0.01，P＞0.05）、沟

通（r＝0.01，P＞0.05）、家庭角色（r＝－0.002，P＞0.05）、情感反应（r＝－0.01，P＞0.05）、情感卷入（r＝－0.03，P＞0.05）、行为控制（r＝－0.01，P＞0.05）以及总功能（r＝－0.01，P＞0.05）相关均不显著；回归分析也显示，排除儿童性别和年龄因素后，家庭功能各维度对儿童欺凌的预测作用不显著，表明儿童欺凌与家庭功能无关。

表5-1　儿童欺凌、受欺凌对家庭功能的回归分析

步骤		欺凌		受欺凌	
		B (β)	t	B (β)	t
1	性别	0.53 (0.27)	12.28***	0.20 (0.10)	4.37***
	年龄	0.01 (0.01)	0.48	－0.01 (－0.01)	－0.47
	R²	0.08		0.01	
	F	75.36***		9.65***	
2	问题解决	0.03 (0.02)	0.53	－0.11 (－0.05)	－1.75
	沟通	0.09 (0.04)	1.01	0.02 (0.01)	0.25
	角色	0.02 (0.01)	0.23	0.09 (0.04)	1.19
	情感反应	－0.01 (－0.003)	－0.09	－0.06 (－0.03)	－0.99
	情感卷入	－0.05 (－0.02)	－0.78	－0.16 (－0.07)	－2.58*
	行为控制	－0.03 (－0.01)	－0.39	－0.08 (－0.03)	－1.10
	总功能	－0.08 (－0.03)	－0.78	0.04 (0.01)	0.33
	ΔR²	0.001		0.01	
	ΔF	0.43		2.95*	

注：性别为虚拟变量，女＝0，男＝1，下同；5-2与5-3表第一步与本表相同，故仅呈现步骤2的结果。

2. 家庭成员彼此之间关注越少，儿童越容易受欺凌

相关分析显示，儿童受欺凌与问题解决（r＝－0.07，P＜0.01）、沟通（r＝－0.06，P＜0.01）、家庭角色（r＝－0.06，P＜0.01）、情感反应（r＝－0.05，P＜0.05）、情感卷入（r＝－0.08，P＜0.01）、行为控制（r＝－0.06，P＜0.01）以及总功能（r＝－0.06，P＜0.01）均显著负相关。层次回归分析揭示，控制背景因素的影响后，家庭功能的情感卷入（M＝

3.23，SD = 0.43）显著负向预测儿童受欺凌，其他 6 个维度（问题解决：M = 3.23，SD = 0.46；沟通：M = 3.29，SD = 0.40；角色：M = 3.09，SD = 0.39；情感反应：M = 3.06，SD = 0.53；行为控制：M = 3.12，SD = 0.38；总功能：M = 3.21，SD = 0.34）对儿童受欺凌的预测作用不显著（见表 5–1）。研究结果表明，家庭成员之间彼此相互关爱，父母关心子女的内心情绪活动，在这种家庭中生活的儿童成为受欺凌者的概率较小。

3. 家庭功能与儿童欺凌、受欺凌的关系分析

家庭作为影响儿童的微观系统具有多项基本功能，如解决家庭矛盾、制定家庭规则、分配任务等。只有较好执行并完成家庭应有功能，家庭成员才可能具有积极健康的心态，相反，若家庭没能较好地执行并完成其应有的功能，则容易导致家庭成员出现各种身心健康问题，研究结果支持了这一推论。本研究结果表明，良好家庭功能的执行与受欺凌有关，其中家庭情感卷入程度越高，儿童受同伴欺凌的可能性越低，与 T.W. 哈拉奇等研究结论基本一致（Harachi et al.，2006）。只是哈拉奇等更关注家庭参与，且发现家庭参与低的男孩更可能具有攻击行为。正如儿童青少年心理发展的心理韧性理论所述，危险因素并不必然导致儿童青少年身心发展不良，儿童青少年仍然有机会保持身心健康发展，其关键在于儿童青少年是否拥有应对危险的保护性因素。

需要注意的是，本研究发现儿童欺凌与家庭功能并无直接的关联，但受欺凌却与家庭功能的情感卷入相关联，这与欺凌、受欺凌的性质差异有关。欺凌是儿童运用身心力量使用打、踢、推、撞、言语辱骂等直接形式，或使用散布流言、社会排斥等间接形式对同伴进行攻击，这类行为的形成更可能与儿童身心力量、家庭教养等因素有关，而与家庭功能关联不大。相反，从受欺凌者视角来看，欺凌者通常会选择身心力量比自己弱小的同伴作为攻击的靶子，而儿童心理能力的强弱与家庭功能的某些方面可能存在关联。具体来说，家庭情感卷入程度高表明家庭成员之间彼此关心，置于亲子系统中则表明父母对子女情感方面的关注较多。受欺凌儿童通常心情压抑，心理压力巨大而又无法释放，家庭其他成员，尤其是父母

的关注会给儿童以巨大的心理安慰，减轻其心理压力，也会给儿童以直面同伴欺凌的勇气，这种情感的关怀会使儿童更快、更大程度上恢复自信心；同时，父母的情感关注给儿童提供了良好的沟通榜样，受父母榜样示范的影响，儿童容易与同伴建立良好的关系，自然就不容易成为欺凌对象。

（二）父母教养方式与儿童欺凌、受欺凌

1.父母惩罚、控制是引发儿童欺凌的危险因素

父母职业、家庭经济状况、父母学历等家庭结构因素对儿童欺凌行为的影响需要通过父母教养行为这一过程因素起作用，欺凌行为的形成正是在父母教养行为直接影响下产生的。相关分析显示，儿童欺凌与母亲惩罚（r=0.11，P<0.001）、控制（r=0.07，P<0.01）显著正相关，与母亲温暖、拒绝、低权力、鼓励自主、鼓励成绩及溺爱相关不显著；与父亲惩罚（r=0.11，P<0.001）、控制（r=0.12，P<0.001）显著正相关，与父亲温暖、拒绝、低权力、鼓励自主、鼓励成绩及溺爱相关不显著。分层回归分析表明（结果见表5–2），控制性别、年龄等背景因素影响后，父母教养方式仍对儿童欺凌行为具有显著正向预测作用，表明儿童欺凌行为与母亲教养方式有关。其中，父母惩罚与控制的教养行为均能显著正向预测儿童欺凌行为，说明父母惩罚、控制越多，儿童欺凌行为越多，即父母的惩罚和控制是引发儿童产生欺凌行为的危险因素。

表5–2   儿童欺凌对父母教养方式的回归分析

步骤		欺凌（母亲教养为预测变量）		欺凌（父亲教养为预测变量）	
		B（β）	t	B（β）	t
2	温暖	−0.002（−0.01）	−0.04	0.02（0.01）	0.38
	拒绝	−0.03（−0.02）	−0.75	−0.03（−0.02）	−0.68
	低权力	−0.06（−0.04）	−1.16	−0.04（−0.03）	−1.01
	鼓励自主	0.03（0.02）	0.58	−0.03（−0.02）	−0.63
	鼓励成绩	−0.06（−0.04）	−1.40	−0.04（−0.02）	−0.81

续表

步骤		欺凌（母亲教养为预测变量）		欺凌（父亲教养为预测变量）	
		B (β)	t	**B (β)**	t
	惩罚	0.14（0.09）	3.18**	0.09（0.06）	2.00*
	控制	0.09（0.07）	2.37*	0.18（0.12）	4.60***
	溺爱	−0.05（−0.03）	−1.30	0.01（0.01）	0.35
	△R²	0.01		0.02	
	△F	3.62***		5.49***	

2. 母亲拒绝、父亲溺爱是引发儿童受欺凌的危险因素

相关分析显示，儿童受欺凌与母亲拒绝显著正相关（r＝0.07，P＜0.01），与母亲低权力（r＝−0.07，P＜0.01）、鼓励成绩（r＝−0.06，P＜0.05）显著负相关，与母亲温暖、鼓励自主、惩罚、拒绝及溺爱相关不显著；与父亲惩罚（r＝0.05，P＜0.05）、溺爱（r＝0.05，P＜0.05）显著正相关，低权力显著负相关（r＝−0.07，P＜0.01），与父亲温暖、拒绝、鼓励自主、鼓励成绩以及控制相关不显著。分层回归分析发现（见表5–3），排除背景变量影响后，母亲拒绝的教养行为显著正向预测儿童受欺凌，父亲溺爱的教养行为显著正向预测儿童受欺凌，说明母亲拒绝越多、父亲教养行为越溺爱，儿童受欺凌的可能性越大。换言之，母亲拒绝、父亲溺爱是引发儿童受欺凌的危险因素。

表5–3　儿童受欺凌对父母教养方式的回归分析

步骤		受欺凌（母亲教养为预测变量）		受欺凌（父亲教养为预测变量）	
		B (β)	t	**B (β)**	t
2	温暖	0.04（0.03）	0.82	0.09（0.06）	1.86
	拒绝	0.08（0.06）	2.08*	0.02（0.01）	0.51
	低权力	−0.07（−0.05）	−1.38	−0.08（−0.06）	−1.81
	鼓励自主	−0.05（−0.03）	−0.92	−0.05（−0.03）	−0.93
	鼓励成绩	−0.04（−0.03）	−0.98	0.01（0.003）	0.11

续表

步骤		受欺凌（母亲教养为预测变量）		受欺凌（父亲教养为预测变量）	
		B (β)	t	**B** (β)	t
	惩罚	−0.04（−0.02）	−0.80	0.04（0.02）	0.72
	控制	0.01（0.01）	0.37	−0.02（−0.01）	−0.48
	溺爱	0.01（0.004）	0.17	0.10（0.06）	2.42*
	ΔR²	0.01		0.01	
	ΔF	1.94*		2.02*	

3. 父母教养方式与儿童欺凌、受欺凌关系分析

需要注意的是，父母教养方式的"控制"与家庭功能中"行为控制"的含义并不相同，父母教养方式中的控制是指父母采取高压政策让子女服从自己的意愿，不允许子女独自做决定，从亲子关系视角进行界定；而家庭功能中的行为控制则是从家庭实际管理角度界定，指家庭针对发生的各类事情是否有明确的行为规范。

（1）父母教养方式与欺凌关系

研究结果显示，从亲子系统这一家庭亚系统来看，父母教养行为对儿童欺凌、受欺凌有显著影响，但作用方式不同。对欺凌而言，无论父亲还是母亲，惩罚、控制的教养行为均为增加儿童欺凌的危险因素；但引发儿童受欺凌的父亲教养行为和母亲教养行为却不相同，母亲拒绝、父亲溺爱的教养之下，儿童更可能遭受同伴的欺凌。可见，父母教养行为与儿童欺凌、受欺凌的关联存在某些细微差异。但总体来看，无论惩罚、控制、拒绝还是溺爱均属于消极教养，可以说，消极教养是引发儿童欺凌、受欺凌的危险因素。

为什么惩罚、控制的教养行为是引发儿童欺凌行为的危险因素呢？20世纪末 R.D. 帕克等提出了三元模型（Tripartite Model），揭示父母影响儿童有两条路径：一是亲子关系与父母的养育风格直接影响儿童；二是父母作为直接引导者、教育者和咨询者对儿童产生影响（Parke et al.,

1994)。第二条路径的影响方式有很多形式，如父母可为儿童提供解决问题的策略与建议，也可以为儿童发展提供机遇等。父母教养对儿童欺凌的影响也符合这一模型。

首先，惩罚、控制的教养行为直接影响儿童。如何直接影响？帕特森的强迫模型做了清晰描述。帕特森在强制理论（Coercive Theory）中指出，父母不理智的行为方式强化了儿童身上所存在的父母不期望的行为，而儿童的这些行为又唤起了父母强制、严厉的行为（Patterson et al.，1984）。帕特森认为这种强制训练（coercion training）过程可分为四步：第一步，家庭某一成员对儿童活动进行干扰，引发儿童产生厌烦情绪；第二步，儿童作出反击行动，如大吵大闹、冷漠相对等；第三步，成人让步，由干扰转向中立反应或积极反应，具体表现为停止责骂或不再要求儿童服从成人意愿，这是整个过程中关键的一步；第四步，成人的让步得到强化，成人停止要求，儿童于是也停止了反击。帕特森用下面的案例说明了这一强迫环（coercive cycle）的形成：母亲让儿童完成某一任务，儿童拒绝做这项任务；于是母亲大声喊叫让儿童服从，儿童同样大声叫嚷着拒绝母亲要求；儿童与母亲的争吵升级，最后母亲因失败而放弃争吵，自己亲自去做这项任务。当这种模式多次重复，儿童就会明白"只要我坚决反对，我就可以不做我不想做的事情"。于是儿童知道了反击、强迫的作用，学会了用这些消极的行为方式获得自己想得到的东西。因此，儿童的不良行为模式是形成于家庭之中，儿童与父母、兄弟姐妹的关系为儿童提供了一块"训练场地"。帕特森的强化循环模式揭示了父母惩罚、控制的教养行为引发儿童攻击与欺凌的内在逻辑。另外，社会学习理论对此路径也做了很好的解读，即父母惩罚、控制行为会成为儿童模仿的榜样，儿童也会用这种方式强迫那些比自己弱小的同伴。

其次，父母作为直接引导者、教育者和咨询者对儿童欺凌产生影响。欺凌者父母惩罚、控制的教养行为旨在儿童面前树立权威，控制儿童遵从自己的意愿，这种做法也会使儿童产生较强的权力欲，这些在家庭中深感无助的学生通过转向攻击以获得某种权力欲和对环境的控制感。攻击的挫折假设理论指出，挫折是攻击的重要诱发因素，个体遭遇挫折后会以某种形式的攻击释放自己的挫败感（张文新等，2006）。父母惩罚、控制的教养行为使儿童感到压抑、愤怒，很可能转向欺凌同伴来宣泄心中的怒气，让同伴成为替罪羊。

（2）父母教养方式与受欺凌关系

以往研究揭示，父母拒绝、过度保护、缺乏温暖等教养行为是引发学生受欺凌的主要因素（刘艳丽、陆桂芝，2017；何丹等，2016）。本研究部分支持了前人的结论，但与前人研究结论有不同之处。本研究发现影响儿童受欺凌的母亲教养行为与父亲教养行为存在差异，母亲拒绝是引发儿童受欺凌的潜在危险因素，而父亲溺爱是儿童受欺凌的诱发因素。女性遗传进化形成的特点（如情绪控制能力、忍耐力强等）以及母亲对子女早期的细心照顾使她们容易与子女建立安全的亲子依恋关系，安全的亲子依恋是儿童产生安全感和幸福感的源泉，男性进化形成的强壮体格给子女以力量的榜样，我国传统文化一直崇尚的"严父慈母"教养理念符合进化形成的心理行为特征。母亲拒绝、父亲溺爱的教养行为与传统教养理念截然相反，与子女交流时间长、沟通频率高的母亲经常拒绝子女提出的要求，对子女过于冷漠严厉，容易使子女产生焦虑不安的情绪；溺爱的父亲不能给子女树立强有力的榜样，这样的教养行为容易使子女形成胆小、神经质、柔弱等身心特征，而具有这些特征的学生极易成为同伴欺凌的靶子。此外，父亲过度保护、过分溺爱的教养方式通常意味着儿童缺乏直面困难的勇气，缺乏主见，在同伴面前比较柔弱，而这些特征正好符合了同伴攻击靶子的特征。此时，如果母亲面对儿童的求助给予冷酷拒绝，则儿童更缺乏直面压力的勇气和信心，使儿童面对同伴身体攻击时更难以有效应对。

正如第三章所分析，家庭系统诸因素与儿童相互作用、相互影响，儿童自身的积极主动性使得各种互动模式复杂多变，突出表现为儿童在不同家庭亚系统中行为存在差异。与父母教养方式对儿童问题行为影响方式相似（董会芹，2016），同样的教养方式，父亲对儿童的影响与母亲不同，表明母子互动模式与父子互动模式存在细微差异。这种差异一方面可能受父母性别的影响，同样的关爱行为，母亲更可能是细心呵护、嘘寒问暖，父亲则可能是提供经济、力量与精神的支持。另一方面也受儿童内在积极主动性影响，他们会根据父母个性特征、行为方式适时调节自己的行为，以期与父母建立良好的亲子关系，达成自己的某些愿望。可以说，父母因性别不同所形成的心理与行为模式差异以及受文化影响所承担的家庭职责不同，与具有积极主动性的儿童相互作用，产生了不同的互动模式，并最终影响儿童行为，这一结论无疑为家庭系统论提供了支持性证据。遗憾的是，前人研究多把父母教养方式作为一个整体来研究，由母亲报告父母教养方式。父母分别报告自己教养方式或儿童分别报告父亲与母亲教养方式并做对比的研究较少，无法为本研究结果提供更多佐证。

需要特别指出的是，既有研究发现父母消极教养对儿童欺凌、受欺凌的影响可能受其他因素影响，同样处在父母消极教养之下，有些儿童成为欺凌或受欺凌者，而有些儿童则没有。例如，李丹等（2017）以初中生为样本的研究发现，母亲拒绝惩罚与受欺凌的关系受学生性别角色类型的影响，母亲拒绝惩罚正向预测未分化型学生受欺凌，却无法预测双性化和单性化型学生受欺凌，即母亲拒绝惩罚是未分化型学生受欺凌的危险因素。这提示我们，未来研究需进一步深入分析父母教养方式对儿童欺凌、受欺凌的作用机制，为制定针对性干预方案提供科学依据。

（三）家庭暴力环境与儿童欺凌、受欺凌

家庭暴力环境与儿童欺凌、受欺凌存在怎样的关联？根据观察学习理论，父母作为儿童的第一任教师，其日常行为方式直接成为儿童模仿学习的榜样，正所谓"观子而知父母，观器而知模范"。家庭暴力范围越浓厚，也就意味着家长习惯于使用体罚、暴力等方式对待子女，父母之间会更多使用暴力解决夫妻冲突。在这样的模范效应下，儿童参与校园欺凌行为的可能性会增加。当然，如果父母用强压的方式对待儿童，儿童就可能形成胆小怕事、谨小慎微的个性特征，而这样的个性特征很容易成为攻击

的目标。因此，我们推测，家庭暴力环境越严重、家庭矛盾冲突越多，儿童欺凌、受欺凌就越多。

1. 家庭暴力环境越严重，儿童欺凌越多

分层回归分析显示，控制儿童性别、年龄等因素的影响后，家庭暴力环境对身体欺凌、言语欺凌和关系欺凌均具有显著正向预测作用（结果见表5-4），也就是说，家庭暴力环境是引发儿童欺凌的危险因素。

表5-4　儿童欺凌对家庭暴力环境的回归分析

		身体欺凌 B (β)	t	言语欺凌 B (β)	t	关系欺凌 B (β)	t
1	性别	0.09 (0.11)	3.56***	0.18 (0.17)	5.66***	0.08 (0.09)	3.02**
	年龄	−0.03 (−0.13)	−4.26***	−0.03 (−0.08)	−2.80**	−0.03 (−0.12)	−4.01***
	R	0.03		0.04		0.02	
	F	16.48***		21.00***		13.45***	
2	暴力氛围	0.20 (0.16)	5.46***	0.20 (0.13)	4.57***	0.27 (0.22)	7.36***
	ΔR^2	0.03		0.02		0.05	
	ΔF	30.18***		20.23***		53.56***	

2. 家庭暴力环境越严重，儿童受欺凌越多

家庭暴力环境显著正向预测三类儿童欺凌行为，即家庭暴力越多，儿童欺凌他人的可能性越大。那么，作为欺凌的另一面，受欺凌是否与家庭暴力氛围有关？分层回归分析显示，在控制儿童性别、年龄等因素的影响后，家庭暴力环境对三种受欺凌仍然具有显著正向预测作用，结果见表5-5。

表5-5　儿童受欺凌对家庭暴力环境的回归分析

		受身体欺凌 B (β)	t	受言语欺凌 B (β)	t	受关系欺凌 B (β)	t
1	性别	0.17 (0.13)	4.51***	0.10 (0.06)	2.12*	0.07 (0.05)	1.54

续表

		受身体欺凌 B (β)	t	受言语欺凌 B (β)	t	受关系欺凌 B (β)	t
	年龄	−0.08 (−0.21)	−7.29***	−0.08 (−0.16)	−5.49***	−0.05 (−0.11)	−43.50***
	R	0.07		0.03		0.01	
	F	39.04**		18.08***		7.70***	
2	暴力氛围	0.40 (0.22)	7.44***	0.44 (0.20)	6.59***	0.40 (0.18)	6.14***
	Δ R²	0.05		0.04		0.03	
	Δ F	55.33***		43.39***		37.63***	

3. 家庭暴力环境与儿童欺凌、受欺凌关系分析

在攻击行为领域，许多学者用代际相传（intergenerational transmission）分析儿童攻击行为的形成机制。攻击的代际相传是指原生家庭有暴力行为（被父母体罚虐待或见证父母之间暴力冲突）的儿童成年后对配偶（恋人）、子女实施暴力行为的危险增大。代际相传的机制很复杂，G. 马戈林等概括前人研究资料建构了攻击行为代际相传的模型，对攻击行为家庭传递的路径做了详细分析（Margolin et al.，2016）。具体来说，早期见证或遭受家庭暴力的儿童在青少年时期攻击同伴、恋人以及其他家庭行为的危险增大，成年后攻击配偶、子女的危险增加。欺凌属于攻击的子集，我们推测欺凌行为的发生也应该遵循这一路径，即见证家庭暴力的儿童卷入欺凌的危险性增加。

研究结果显示，家庭暴力环境对三种欺凌、受欺凌均具有显著正向预测作用，也就是说，家庭暴力越多，儿童卷入欺凌成为欺凌者和受欺凌者的概率越大。研究结果支持了我们的预期，与前人研究结论一致（Baldry，2003；Bauer et al.，2006），即暴露于家庭暴力环境中的儿童在同伴中的攻击行为发生率高，同时也更可能遭受欺凌。为什么家庭暴力环境下的儿童更容易成为受欺凌者呢？根据帕特森的强制理论模型，儿童在家庭"训练场地"里学会了攻击行为模式，无论基于"演练"还是"转向攻

击"，儿童很自然地把这种模式运用于同伴交往之中，由于攻击的互动性，这些率先使用攻击方式的儿童也容易遭到同伴的强烈反击，成为挑衅性受欺凌者。此外，根据社会认知理论，长期处于家庭暴力氛围中的儿童，习惯了家长的控制、体罚与谩骂指责，容易形成一种特定的个性特征，如退缩、不自信、胆小怕事等，而这些特征很容易在同伴交往中成为攻击者的靶子。

（四）家庭矛盾冲突与儿童欺凌、受欺凌

与家庭暴力环境相同，家庭矛盾冲突一方面给儿童提供了不良的家庭氛围，另一方面也向儿童传递一种理念，即人与人之间的矛盾冲突是一件日常生活中的普通事件。由于儿童极易模仿成人之间、亲子之间的冲突范式，并用于同伴交往之中，由此可能引发同伴之间的冲突，导致欺凌、受欺凌的发生率增加。因此，我们预测家庭矛盾冲突是引发儿童欺凌、受欺凌的危险因素。

1. 家庭矛盾冲突越严重，儿童言语欺凌越多

分层回归分析显示，控制儿童性别、年龄等因素影响后，家庭矛盾冲突显著正向预测言语欺凌，对身体欺凌和关系欺凌正向预测作用为边缘显著（见表5-6），表明家庭成员之间矛盾冲突越多，儿童越容易卷入欺凌事件，成为欺凌者。

表 5–6   儿童欺凌对家庭矛盾冲突的回归分析

		身体欺凌 B (β)	t	言语欺凌 B (β)	t	关系欺凌 B (β)	t
1	性别	0.10 (0.11)	3.85***	0.18 (0.17)	5.88***	0.08 (0.09)	3.09**
	年龄	−0.03 (−0.13)	−4.26***	−0.03 (−0.09)	−2.90**	−0.03 (−0.12)	−3.94***
	R	0.03		0.04		0.02	
	F	17.55***		22.59***		13.33***	

续表

		身体欺凌 B (β)	t	言语欺凌 B (β)	t	关系欺凌 B (β)	t
2	矛盾冲突	0.04 (0.06)	1.89	0.08 (0.09)	3.20***	0.04 (0.05)	1.73
	ΔR^2	0.003		0.01		0.003	
	ΔF	3.57		10.24**		2.98	

2. 家庭矛盾冲突越严重，儿童受欺凌越多

家庭矛盾冲突越多，儿童欺凌他人的可能性越大。受欺凌与家庭暴力氛围是否也存在类似的关联？分层回归分析显示，控制儿童性别、年龄等因素的影响后，家庭矛盾冲突对三种受欺凌均具有显著正向预测作用，结果见表5–7，表明家庭矛盾冲突是导致儿童受欺凌的危险因素之一。

表5–7　儿童受欺凌对家庭矛盾冲突的回归分析

		身体欺凌 B (β)	t	言语欺凌 B (β)	t	关系欺凌 B (β)	t
1	性别	0.18 (0.14)	4.73***	0.12 (0.07)	2.44*	0.07 (0.06)	1.63
	年龄	−0.08 (−0.21)	−7.26***	−0.07 (−0.16)	−5.44***	−0.05 (−0.10)	−3.50***
	R	0.07		0.03		0.01	
	F	39.78**		18.67***		7.84***	
2	矛盾冲突	0.13 (0.12)	4.31***	0.15 (0.12)	4.00***	0.09 (0.08)	2.54*
	ΔR^2	0.02		0.01		0.01	
	ΔF	18.59***		15.98***		6.43*	

3. 家庭矛盾冲突与儿童欺凌、受欺凌关系分析

学术界关于家庭暴力氛围与儿童欺凌、受欺凌关系的揭示相对较少，但可以从品德、犯罪学以及攻击方面的研究获得某些启发。犯罪学领域的研究发现，父母教养压力越大，儿童青少年未来犯罪的可能性更大

(Lucero et al.，2015)；道德领域的研究指出，家庭环境与儿童品行障碍有关（王民洁、李宝林，1997）；攻击方面的研究发现，生活在消极家庭环境下的儿童攻击性水平较高，单亲家庭、亲子冲突与青少年早期的问题行为、犯罪、吸毒、性行为、学习不良等关系密切（Huff et al.，2014），家庭不完整、家庭生活质量低对青少年今后犯罪具有预测作用（Shek & Lin，2015）。有学者指出，父母教养行为、家庭成员间的相互作用对儿童反社会行为的解释力达 30%—40%（Leas & Mellor，2000）。攻击与犯罪学方面的研究结论表明，家庭矛盾冲突是儿童产生不良行为的危险因素之一。

攻击与欺凌方面的研究揭示，父母暴力冲突是影响子女同伴冲突的危险因素（McCloskey & Stuewig，2001），同时也是攻击与欺凌的危险因素（Baldry，2003；Bauer et al.，2006；McCloskey & Lichter，2003），研究结果支持了前人的结论，也为家庭系统论的溢出假说和交叉假说提供了依据。根据家庭系统理论，家庭各亚系统之间存在着相互依存、相互影响的关系，夫妻关系与同胞关系会影响亲子关系。根据溢出假说，家庭成员在某个子系统中产生的情绪与行为会影响其在另一个子系统中的情绪与行为（Erel & Burman，1995），家庭的夫妻冲突、同胞冲突等会影响亲子系统。同理，家庭的同胞冲突、亲子冲突也会影响到儿童另一个微观环境——学校中的同伴关系。为什么家庭矛盾冲突只对言语欺凌的影响显著？这可能与大多数家庭矛盾冲突的表现形式为言语冲突有关，如争执、斥责、批判等，受此影响，儿童也容易在同伴中使用此种方式欺凌他人。

人们很容易理解家庭矛盾冲突是儿童言语欺凌危险因素的内在逻辑，但对于家庭矛盾冲突成为儿童受欺凌危险因素的内在机制，可能存在疑虑或困惑。我们认为，家庭矛盾冲突对儿童受欺凌的影响机制类似于家庭暴力氛围，这是因为家庭矛盾冲突本身就是家庭暴力氛围的重要组成部分，长期处于家庭暴力氛围中的儿童，容易形成退缩、不自信、胆小怕事等消极的个性特征，而具有这些消极个体特征的儿童容易被欺凌者挑选为欺凌对象。

（五）家庭亲密度、适应性与儿童欺凌、受欺凌

学术界一直关注家庭环境对儿童健康发展的影响作用，前面我们分析了家庭暴力环境、家庭矛盾冲突这些消极环境与儿童欺凌、受欺凌的关系，发现消极家庭环境是欺凌、受欺凌的危险因素。那么，积极向上的家庭环境能否减少儿童欺凌、受欺凌发生率，起到某种保护作用呢？教育界通常以家庭亲密度与适应性作为衡量家庭环境的重要指标，家庭亲密度越高、家庭适应性越好，表明家庭环境越好，家庭功能运转也越好。我们预期，良好的家庭环境与儿童欺凌、受欺凌存在关联，能够起到减少欺凌、受欺凌发生率的作用。

1. 家庭亲密度高是减少儿童言语欺凌、受欺凌的保护因素

分别以三种欺凌为因变量，控制年龄和性别因素的影响，分析家庭亲密度和适应性对三种欺凌的影响，回归分析表明，家庭亲密度仅对言语欺凌起到显著负向预测作用，亲密度对身体和关系欺凌无显著预测作用；适应性对三种欺凌均无显著预测作用（结果见表5–8）。

表5–8　家庭亲密度与适应性对儿童欺凌的预测作用

		身体欺凌 B (β)	t	言语欺凌 B (β)	t	关系欺凌 B (β)	t
1	性别	0.10 (0.12)	3.89***	0.18 (0.17)	5.86***	0.08 (0.09)	2.89**
	年龄	−0.03 (−0.12)	−3.95***	−0.03 (−0.08)	−2.80**	−0.03 (−0.12)	−3.87***
	R^2	0.03		0.04		0.02	
	F	16.38***		22.17***		12.37***	
2	亲密度	−0.04 (−0.05)	−1.21	−0.09 (−0.10)	−2.51*	−0.01 (−0.01)	−0.32
	适应性	−0.004 (−0.01)	−0.15	0.01 (0.01)	0.19	−0.04 (−0.05)	−1.35
	ΔR^2	0.003		0.01		0.004	
	ΔF	1.63		5.41**		2.32	

与欺凌相似，家庭亲密度、适应性与受欺凌的关系仅体现在亲密度与受言语欺凌方面，即家庭亲密度越高，儿童遭受同伴言语欺凌的可能性越小，即家庭亲密度对受欺凌起到了保护作用（见表5-9）。

表5-9　家庭亲密度与适应性对儿童受欺凌的预测作用

		受身体欺凌 B (β)	t	受言语欺凌 B (β)	t	受关系欺凌 B (β)	t
1	性别	0.19 (0.14)	4.78***	0.12 (0.08)	2.48*	0.07 (0.05)	1.59
	年龄	−0.08 (−0.21)	−7.07***	−0.07 (−0.15)	−5.00***	−0.05 (−0.10)	3.36**
	R^2	0.07		0.03		0.01	
	F	38.56***		16.34***		7.26**	
2	亲密度	−0.08 (−0.07)	−1.84	−0.12 (−0.09)	−2.22*	−0.06 (−0.04)	−1.06
	适应性	−0.02 (−0.01)	−0.37b	−0.04 (−0.03)	−0.72	−0.01 (−0.01)	−0.29
	ΔR^2	0.01		0.01		0.003	
	ΔF	4.23*		7.16**		1.46	

2.家庭亲密度、适应性与儿童欺凌、受欺凌关系分析

一直以来，学术界关注的焦点是引发儿童欺凌、受欺凌的危险因素：哪些因素导致儿童欺凌他人？哪些因素使儿童陷入受欺凌的境地？其内在的机制是什么？多年来，学术研究者一直高度关注上述问题。随着积极心理学的兴起，关注点由揭示危险因素逐渐转向探讨减少或制止欺凌发生的保护因素上（见本书第七章相关论述）。另外，随着欺凌干预的深入研究，一线干预人员需要从积极发展的视角找到有效预防或减少校园欺凌的方法，从而倒逼学术界寻找欺凌、受欺凌的保护因素，从根子上解决问题，把欺凌、受欺凌扼杀在萌芽状态。

基于上述学术背景和社会需求，我们从积极发展视角探索家庭良好环境与儿童欺凌、受欺凌的关系。研究发现，家庭亲密度与儿童言语欺

凌、受欺凌相关，家庭成员的亲密度越高，儿童言语欺凌、受欺凌越少，这与以往的研究结论一致（如 Forster et al，2013；常若松等，2015），可见家庭亲密度高是有效预防儿童卷入言语欺凌事件的保护性因素。为什么家庭亲密度与儿童身体欺凌/受欺凌、关系欺凌/受欺凌无关，而仅仅与言语欺凌、受欺凌显著相关呢？家庭成员之间沟通交流、相互关爱是家庭亲密度的主要指标，家庭亲密度高意味着家庭成员之间沟通交流多，相互关爱与相互支持力度大、频率高，无论沟通交流还是关爱支持，多以言语形式进行。这种交往模式或关注方式逐渐被儿童模仿、内化，成为儿童自身的基本素养。根据系统论观点，家庭行为互动模式会被儿童迁移至家庭外的社会交往活动中，儿童自然就以这种模式与同伴相处，从而有效避免言语欺凌、受欺凌的发生。

值得注意的是，良好家庭环境的另一个维度——家庭适应性与儿童欺凌、受欺凌无关，这与本章第三部分家庭功能的相关结论相互补充、相互印证。家庭功能与儿童欺凌、受欺凌的结果显示，有效解决家庭困难问题、家庭角色分工明确等家庭功能与儿童欺凌、受欺凌无关，而家庭问题解决顺畅、角色分工明确、沟通良好等表明家庭适应性比较强，而这些方面均与欺凌、受欺凌的直接关系不密切。当然，良好的家庭功能运转、家庭适应性强等可能与儿童欺凌、受欺凌存在某种间接关系，对此需要未来进一步探讨。

四、研究结论及对欺凌干预的启示

（一）欺凌、受欺凌的危险因素与保护因素

研究考察了家庭功能、父母教养方式、家庭暴力环境、父母冲突等家庭过程因素对儿童欺凌、受欺凌的影响，对其中的危险因素和保护因素进行分析。

1.家庭过程因素中影响儿童欺凌的危险因素与保护因素。研究结果显示，父母惩罚、控制的教养方式，家庭暴力环境以及家庭矛盾冲突是增

加儿童欺凌的危险因素，即父母教育子女时惩罚、控制越多，家庭暴力环境越浓厚，家庭矛盾冲突越多，儿童欺凌同伴的发生率越高。相反，家庭亲密度高是减少儿童言语欺凌发生率的保护因素。

2. 家庭过程因素中影响儿童受欺凌的危险因素与保护因素。研究发现，母亲拒绝、父亲溺爱、家庭暴力环境以及家庭矛盾冲突是增加儿童受欺凌发生率的危险因素。换言之，如果父母教养方式中母亲习惯使用拒绝的方式，而父亲又溺爱，同时家庭里总是充满暴力冲突，其子女更容易成为校园欺凌的靶子。关于儿童欺凌的保护因素，研究发现，家庭情感卷入程度高、家庭亲密度高是减少儿童受欺凌的保护因素。

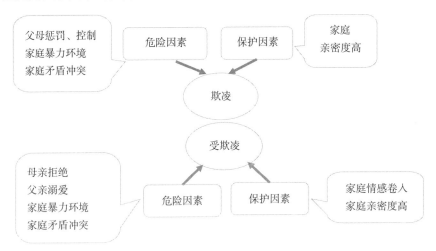

图 5-2　影响儿童欺凌、受欺凌的家庭过程因素

（二）对欺凌干预的启示

家庭过程因素中引发或增加儿童欺凌、受欺凌危险因素虽然不太一样，但概括起来不难发现，父母的消极教养（包括惩罚、控制、溺爱、拒绝等维度）是增加欺凌、受欺凌的危险因素，家庭整体氛围中，消极家庭范围（包括家庭暴力氛围、家庭矛盾冲突）同样是儿童卷入欺凌事件的危险因素。如果从家庭系统论观点出发，不难看出，可能发生在夫妻系统、亲子系统以及同胞系统中的家庭暴力环境和家庭矛盾冲突对儿童欺凌、受欺凌起到促发作用，即发生在多个家庭亚系统中的消极家庭环境的危险作

用巨大。而代表亲子系统的父母教养行为中，消极教养起到了同样的作用。可见儿童欺凌、受欺凌并非是家庭单一系统作用的结果，而可能是多个危险系统共同作用的结果。

根据压力应对理论，儿童发展过程中会面对多种多样的危险因素，而最终发生问题的仅仅是少数，主要原因之一是这些危险因素并未在同一时间作用于同一儿童身上，儿童自身具有的心理能力（如心理韧性、较高的自我效能感等）抵消了消极因素引发的不良后果，这一原理对欺凌、受欺凌同样有效。如果儿童仅仅遭遇了一个危险因素，如家庭社会经济地位低或者家庭存在暴力氛围或矛盾冲突环境，儿童成为同伴攻击靶子的发生率可能性较低，但当离异单亲家庭、家庭社会经济地位低、母亲羞怯、母亲学生时期受欺凌的经历、家庭功能运转不好、父母消极的教养方式、家庭暴力环境、家庭矛盾冲突等诸多危险因素同时作用于儿童时，欺凌、受欺凌的发生则成为大概率事件。

发展心理病理学指出，个体适应问题的产生受许多因素影响，这些因素增加了个体罹患心理疾病的危险性，而有些因素却起到了保护作用，使个体免遭身心疾病的困扰。既然欺凌、受欺凌的发生是多种危险因素共同作用的结果，对欺凌、受欺凌干预而言，危险因素越多，用以抵消危险因素的保护因素就越多。那么，家庭环境诸变量中，是否有某些因素起到了保护作用，减少或消除欺凌、受欺凌的发生？研究结果显示，家庭亲密度高是减少儿童言语欺凌、受欺凌发生率的保护因素，家庭情感卷入程度高的儿童被同伴欺凌的发生率降低。

正如系统理论所指出的那样，健康发展的儿童会有一个积极的支持系统，而发展不良的儿童背后有一个消极的支持系统。对儿童受欺凌进行干预，需对儿童背后的支持系统进行干预，就家庭系统而言，需对家庭中的夫妻系统、亲子系统和同胞系统进行全面干预；但另一方面，由于各系统之间这种要好一起好、要坏一起坏的共进或共退模式，我们干预时也可以抓住系统内重点，牵一发而动全身，一个关键环节好转带动整个系统好转，抓关键环节进行干预的模式会起到事半功倍效果。

    遗憾的是，受多种条件制约，本研究未对家庭系统中的诸变量进行全面考察，如家庭嘈杂度、同胞关系、父母教养压力等。未来研究须进一步考察家庭系统内诸因素对儿童欺凌、受欺凌的影响，重点揭示家庭系统中减少儿童欺凌、受欺凌的积极因素，为干预工作提供更为丰富翔实的事实性依据。

第六章　欺凌与受欺凌的家庭环境特征

欺凌儿童家庭与受欺凌儿童家庭具有怎样的特征？目前国内外学者对何种家庭环境下儿童更容易成为欺凌者有了较为清晰的描述，但对影响儿童受欺凌的家庭因素探讨较少，描述不够清晰。本书第四章和第五章分别对家庭静态因素和动态因素做了分析和解读。本章将在上述两章的基础上，进一步梳理家庭系统内部各因素之间的关系模式，并结合前人研究结果对两类儿童家庭生态背景做总体描述，以期给读者呈现一幅清晰的"家庭生态图"。

一、欺凌防治的基础：明晰家庭中的危险因素与保护因素

明晰影响儿童欺凌、受欺凌家庭危险因素与保护因素是欺凌防治的前提条件，唯有如此，制定的干预方案才能对症下药，针对性与可操作性强。本节内容是对第四章和第五章数据分析资料的汇总，并结合前人研究为欺凌儿童家庭和受欺凌儿童家庭做素描，显示两类儿童家庭中存在的危险因素，以及可能使他们摆脱欺凌、受欺凌身份的保护因素。

（一）欺凌儿童的家庭环境

1.危险因素。根据课题组研究可知，处于这种家庭氛围中或在这样一种家庭系统中生活的儿童更可能成为校园欺凌者（见表6–1）：

表 6–1 影响欺凌、受欺凌的家庭因素

| | | 危险因素 | 保护性因素 | |
		过程因素	非过程因素	过程因素	非过程因素
欺凌	家庭矛盾冲突	家庭社会经济地位低	家庭亲密度高	家庭社会经济地位高
	家庭暴力环境			
	父母惩罚、控制			
受欺凌	家庭矛盾冲突	母亲受过欺凌	家庭亲密度高	父亲积极应对
	家庭暴力环境	母亲羞怯	家庭情感卷人	家庭结构完整
	父母溺爱	离异单亲家庭		
	母亲拒绝	父母支持欺凌		

（1）父母教育子女时多采用惩罚、控制的教养方式。惩罚意味着当儿童未能达到父母的要求、违反父母制定的规则或有其他父母不满意的表现时，父母会使用体罚、斥责等方式教育子女；控制则意味着家长对儿童管控太多，要求儿童事事按照自己的意愿与要求去做，儿童失去了话语权和自主权。

（2）家庭暴力环境。课题研究中的家庭暴力项目主要测评两个家庭亚系统之间发生的暴力行为：夫妻之间的暴力与亲子之间的暴力，问卷由儿童报告，即从儿童视角解读。夫妻之间的暴力冲突，儿童视角看则是父母之间暴力冲突，表现为父母之间的身体冲突与言语冲突等，如父母打架、争吵等。从儿童角度看，亲子之间的暴力主要指父母对儿童的身体虐待行为，如打骂子女。需要注意的是，儿童视角的亲子之间暴力冲突与父母教养方式中的惩罚维度含义不同，后者是指父母使用斥责、剥夺权利、体罚等方式管教子女。家庭系统中的两个亚系统暴力事件多，意味着家庭暴力氛围环境严重，儿童生活环境不佳。

（3）家庭矛盾冲突。家庭矛盾冲突是家庭消极环境中的另一表现，主要指夫妻系统、亲子系统和同胞系统等所有家庭亚系统内，成员之间吵架、发火、相互批评指责等，其消极程度要比家庭暴力环境低，在本研究中作为家庭暴力环境的一个佐证或补充。家庭矛盾冲突越多，表明家庭成员多采用指责批评、相互埋怨的方式解决家庭问题，很少用协商与互帮互助的方式相处。

（4）家庭社会经济地位低。如前所述，家庭社会经济地位有主观和客观之分，本研究采用前者作为家庭社会经济地位的指标，由父亲职业、母亲职业、父亲受教育程度、母亲受教育程度、家庭收入五个方面组成。家庭社会经济地位低则指这五个方面的综合分数较低，也就意味着父母受教育程度、家庭收入相对较低，所从事的职业社会声望低、职业所带来的经济收入较少等。

2. 保护因素。如表6–1所示，在下面家庭中生活的儿童成为校园欺凌者的概率低：

（1）家庭亲密度高。亲密度指家庭成员之间的情感联系，亲密度高则表明家庭成员之间联系紧密、沟通密切，一起生活、娱乐，共同应对家庭面临的困难，携手解决家庭中的突发问题等，是家庭功能运转良好的一个重要指标。

（2）家庭社会经济地位高。家庭社会经济地位高是指父亲职业、母亲职业、父亲受教育程度、母亲受教育程度、家庭收入等五个方面的综合分数较高，它表明父母受教育程度、家庭收入相对较高，所从事的职业社会声望高、职业所带来的经济收入也相对较高等。

（二）受欺凌儿童的家庭环境

1. 危险因素

调查研究结果显示，受欺凌儿童大多处于如下家庭氛围中（见表6–1）：

（1）母亲拒绝、父亲溺爱。受欺凌儿童的母亲多采用拒绝的教养方式，对儿童提出的要求不予理睬，忽视儿童的需求，或者由于心理不重视而总是忘记儿童的需求；相反，父亲多使用溺爱的教养方式，对子女要求百依百顺、有求必应。

（2）父母支持欺凌。受欺凌儿童的父母更可能支持欺凌，认为欺凌对儿童发展有利。具体来说，他们通常认为欺凌是儿童成长过程中的正常事件，欺凌他人可以提高自尊，受欺凌可以塑造儿童的品质等。父母越支持欺凌，儿童越可能遭受欺凌。

（3）家庭暴力环境。与欺凌相似，家庭暴力环境越严重，儿童受欺凌的概率越高。或者说，夫妻系统与亲子系统中的暴力冲突越多，儿童越容易成为校园欺凌的靶子。

（4）家庭矛盾冲突。与欺凌相似，家庭各亚系统内部的矛盾冲突越多，成员之间指责批评、相互埋怨越多，儿童就越容易成为欺凌事件中的受害者。

（5）离异单亲家庭。本研究从儿童发展的视角把家庭分为完整家庭、离异单亲家庭、丧偶单亲家庭、再婚家庭和其他家庭五类，结果发现离异单亲家庭这一非过程因素与儿童受欺凌关联密切，生活在这种家庭的儿童更可能遭受同伴排斥，成为关系欺凌的受害者。

（6）母亲羞怯。羞怯指个体有社交焦虑，害怕、担忧与他人交往，在社交活动中畏缩不前，表现为行为抑制。我们的研究结果显示，母亲羞怯，其子女更可能成为校园欺凌的对象。

（7）父母学生时期受欺凌的经历。研究结果显示，受欺凌具有代际相关性，即父母学生时期受欺凌越多，其子女越容易成为欺凌事件中的受害者。

2. 保护因素

如表 6-1 所示，在以下家庭中生活的儿童成为校园欺凌对象的概率低：

（1）家庭情感卷入程度高。家庭情感卷入是衡量家庭功能运行良好与否的一个重要指标，卷入程度高表明家庭成员之间彼此较多关心和相互重视，置于亲子系统中表明父母对子女情感方面的关注多，置于夫妻系统中则表明夫妻之间关系融洽，置于同胞亚系统中则意味着兄弟姐妹之间彼此关爱。也就是说，家庭成员之间关系越好，就越彼此尊重，相互关爱。

生长在这种家庭环境中的儿童成为同伴欺凌对象的可能性较低。

（2）家庭亲密度高。与欺凌相似，如果家庭成员之间相互联系、沟通密切，同甘苦、共快乐，则儿童受欺凌的可能性减少。

（3）家庭结构完整。完整家庭包含社会学分类标准下的核心家庭（儿童和父母生活在一起）和主干家庭（儿童和父母、祖辈生活在一起）两种情况，生活在完整家庭中的儿童遭受同伴关系欺凌的可能性要比离异家庭中的儿童低。

（4）父亲积极应对。积极应对是指个体遇到困难或面临新环境时具有积极乐观的心态，能够使用多种方法解决或试图解决问题；消极应对是指个体遇到困难或新环境时持消极悲观的态度，采取等待、逃避等方式应对困难与挫折。生活中父亲使用积极应对方式，其子女成为欺凌受害者的可行性低。

（三）中外儿童欺凌与受欺凌的家庭环境异同

1. 相同的家庭环境特征

关于家庭与儿童欺凌的关系，西方学者研究发现，家庭中有攻击与暴力、家庭矛盾冲突、父母监管缺乏、父母惩罚、温暖关爱少、儿童虐待等是让儿童成为欺凌者的家庭危险因素，父母双全、母亲温暖、父母参与并支持、长辈的正面榜样、亲社会性的家庭参与等是减少儿童欺凌可能性的保护因素。关于家庭与儿童受欺凌的关系，西方学者研究发现，过度保护与专制型教养方式、不安全的母子依恋、儿童虐待是让儿童陷入受欺凌境地的危险因素，而支持或权威型教养方式、安全的亲子依恋是让儿童免遭欺凌的保护因素（见综述：Thomas et al.，2018）。其中，攻击与暴力、家庭矛盾冲突、父母监管缺乏、父母惩罚的家庭环境中，儿童容易成为欺凌者，过度保护与专制型教养方式下的儿童容易成为受欺凌者，亲社会性的家庭参与是减少欺凌的保护因素等几个结论与本研究一致。与本书研究结论做仔细对比分析发现，影响中外儿童欺凌、受欺凌的家庭因素中，相似之处主要体现在引发欺凌的危险因素方面。

2. 不同的家庭环境

课题组的两次调查研究结果与西方研究结论有许多不同之处，同时存在于欺凌、受欺凌两个方面。在欺凌与家庭因素的关系上，我们的研究并未发现父母双全、母亲温暖、父母参与并支持是减少儿童欺凌的保护因素；在受欺凌与家庭因素的关系上，西方学术界没有发现父亲积极应对会让儿童避免受欺凌。可见，不同文化背景下家庭因素与欺凌、受欺凌的关系模式不同。这提示我们，把西方研究结论、防治方案与措施应用于我国文化背景时要慎重，文化的对接中需要适当作出修正。具体到欺凌干预方案的制定以及干预方法的选择上，学术界应基于我国文化背景做深入调研，并和政府机构、一线教育工作者相互配合，制定适用于我国文化背景的干预计划。

3. 课题组的新发现

在影响儿童欺凌、受欺凌的家庭因素上，课题组有新发现。对欺凌方，课题组的研究结果表明，家庭非过程因素——社会经济地位低是增加儿童欺凌的危险因素，而家庭亲密度高、家庭社会经济地位高则是防止儿童陷入欺凌的保护因素。对受欺凌一方，课题组的研究结果显示，母亲拒绝、父亲溺爱、父母支持欺凌、家庭暴力环境、家庭矛盾冲突、离异单亲、母亲羞怯、父母学生时期受欺凌的经历等诸多因素都会使儿童受欺凌的可能性增加，而家庭情感卷入程度高、家庭亲密度高、家庭结构完整、父亲积极应对是减少儿童受欺凌的保护因素。可以说，研究结果向我们显示了一个欺凌、受欺凌儿童较为全面的家庭环境全貌，为未来制订欺凌防治政策和欺凌干预计划提供丰富的事实依据。

当然，正如本书第三章所述，家庭系统包含多个亚系统，每个亚系统又含有多个微观成分，对所有家庭因素进行全面调研需要巨大的人力物力。受此所限，课题组未考察亲子关系、儿童虐待、家庭亲社会氛围、长辈正面榜样等因素与儿童欺凌、受欺凌的关系，没有考察家庭亚系统——祖辈系统与儿童欺凌、受欺凌可能存在的关联，未来研究需对此进一步探索。

二、家庭诸要素之间的关联

根据系统理论，影响儿童欺凌、受欺凌的家庭危险因素之间存在某种关联，如家庭社会经济地位低可能预示着父母更多使用消极的教养方式，家庭暴力、矛盾冲突相对较多，家庭功能运行不顺。对此，我们使用方差分析、回归分析等方法对数据进行处理，以检验这一假设的可靠性，分析家庭社会经济地位、家庭结构、母亲羞怯、父亲应对方式等家庭非过程因素与家庭过程因素的关系。

（一）家庭社会经济地位与家庭过程因素的关系

1.家庭社会经济地位越高，父母更可能积极教养

既有研究显示，家庭社会经济地位与权威型教养显著正相关，与专制型和纵容型教养显著负相关（张羽等，2017），与父母温暖理解（Kang Sim et al.，2012；张茜等，2017；莫文静等，2018）、父母鼓励（顾红磊等，2017）显著正相关。有学者把父母教养分为积极教养和消极教养两个维度，发现家庭社会经济地位和父母积极教养显著正相关（Emmen，et al.，2013；王玲晓等，2018），与父母消极教养显著负相关（王玲晓等，2018）。另外，也有学者把国家内部分为经济发达地区和经济相对落后地区，并考察两类地区父母教养方式，结果发现社会经济较发达地区父母多用沟通方式，而社会经济相对较低地区父母多用控制教养方式（An et al.，2019）。概言之，既有研究显示家庭社会经济地位高，父母更可能使用积极教养方式，反之则更可能使用消极教养方式。

我们的数据分析显示，家庭非过程因素中的家庭社会经济地位与父母教养关联密切（见表6–2）。具体来说，家庭社会经济地位越高，父母越容易使用温暖、低权力、鼓励自主的方式教养子女，父母较少使用拒绝、惩罚、控制与溺爱的教养方式，即家庭社会经济地位与父母积极教养正相关，与父母消极教养负相关，支持了前人的研究结论。

表 6–2　家庭社会经济地位与父母教养、家庭功能的关系

	温暖	拒绝	低权力	鼓励自主	鼓励成绩	惩罚	控制	溺爱
SES 与母亲教养	0.20^{***}	-0.14^{***}	0.17^{***}	0.16^{***}	0.03	-0.11^{***}	-0.01	-0.06^{**}
SES 与父亲教养	0.14^{***}	-0.11^{***}	0.10^{***}	0.16^{***}	0.02	-0.09^{***}	-0.06^{**}	-0.08^{**}

2. 家庭社会经济地位越高，家庭功能越健康

根据我们第二章所述，家庭功能中的核心功能是经济功能，教育功能、休闲娱乐功能、赡养老人功能等都以经济功能为基础条件。从学理上来说，家庭社会经济地位本身就是衡量家庭经济功能的重要指标，似乎没有探讨的必要。但实际上，既有研究多从特质或要素视角解读家庭功能，认为家庭功能包含问题解决能力、沟通、家庭角色分工、情感反应能力、情感卷入程度和行为控制等特质或成分（见第二章家庭功能部分），与社会学和教育学所说的家庭功能有所不同。因此，国内外学者尽管很少专门探讨家庭社会经济地位与家庭功能的关系，但在描述性分析中通常会显示二者之间的关联。

以往研究总体上均发现，家庭社会经济地位与家庭功能健康之间存在关联，家庭社会经济地位越高，家庭功能相对越健康（徐夫真等，2009；Li et al.，2014），家庭越可能获得相对较多的资源，如遇到困难时能够得到邻居的帮助，能够获得教育、健康、医疗方面的服务等（Reyes & Yujuico，2014）。我们的数据分析表明，家庭社会经济地位与问题解决（r＝0.21，p＜0.001）、沟通（r＝0.12，p＜0.001）、角色（r＝0.20，p＜0.001）、情感反应（r＝0.20，p＜0.001）、情感卷入（r＝0.09，p＜0.001）、行为控制（r＝0.12，p＜0.001）以及一般功能（r＝0.20，p＜0.001）等家庭功能各维度均显著正相关，即家庭社会经济地位越高，家庭各项功能越容易良好运转。相关分析还显示，家庭社会经济地位与家庭亲密度（r＝0.10，p＜0.01）、适应性（r＝0.06，p＜0.05）显著

正相关，即家庭社会经济地位越高，家庭亲密度和适应性越高。研究结果与前人一致，说明家庭功能良好运行需要一定的家庭社会经济地位做支撑。

3.家庭社会经济地位越高，父母越反对欺凌，家庭矛盾冲突也越少

鲜有研究考察家庭社会经济地位与父母对欺凌态度、家庭矛盾冲突的关联，但根据其他相关研究以及家庭系统相互关联的原理，我们估计，家庭社会经济地位越高，家庭功能健康，也就意味着，家庭问题解决、角色分工、沟通等方面处于良好运转状态，与之相应家庭矛盾冲突就越少。同理，家庭矛盾冲突少，表明家庭成员之间沟通良好，间接证明家庭理念中不支持暴力解决问题，父母对欺凌持反对态度的可能性较大。我们的数据分析结果证明了推论的正确性。皮尔逊积差相关分析显示，家庭社会经济地位与父母反对欺凌显著正相关（$r = 0.06$，$p < 0.05$），与父母支持欺凌（$r = -0.08$，$p < 0.01$）、矛盾冲突（$r = -0.10$，$p < 0.01$）均显著负相关，即家庭社会经济地位越高，父母越可能反对欺凌，家庭矛盾冲突越少。

简言之，数据分析结果支持了家庭压力模型和家庭投资理论。家庭社会经济地位越高，父母越容易使用积极教养方式，家庭功能越健康，家庭各项功能越容易良好运转，家庭亲密度和适应性越高，父母越反对欺凌、家庭矛盾冲突也越少，即家庭系统内部积极因素总是集中出现，一个总体风貌好的家庭中，各项指标均指向正面积极方向。

（二）家庭类型与家庭过程因素的关系

从儿童视角来看，家庭结构完整意味着父母和儿童生活在一起，能够得到父母双方的关爱，从而获得更好的成长资源。从父母视角来看，完整的家庭结构意味着夫妻双方能够和谐相处，没有发生让夫妻关系破裂的危险因素。因此，不难估计，完整的家庭中父母更可能采用积极的教养方式，家庭功能更健康，家庭矛盾冲突少。

1. 离异家庭中父母的温暖关爱少

有学者把家庭结构分为正常家庭结构和特殊家庭结构（指家庭成员构成特殊，缺少健全机制的家庭，包括父母死亡、离异、再婚家庭），考察不同类型家庭中的父母教养方式，发现正常结构家庭的父母多情感温暖、理解，特殊结构家庭的父母多惩罚（张小菊等，2011）。本研究对家庭结构类型做了更细致的划分，拟揭示哪种特殊家庭结构的父母更可能使用消极的教养方式。方差分析显示，父母教养的 8 个维度中，仅温暖维度受家庭结构的影响（F＝4.13，p＜0.01），其他各维度与家庭结构无关。事后分析表明，与离异单亲家庭相比，完整家庭结构的父母对子女更多采用温暖关爱的教养方式。换言之，与完整家庭相比，离异单亲家庭中父母较少对子女温暖关爱（见表 6–3），也就是说张小菊等人（2011）所探讨的特殊家庭中，丧偶家庭和再婚家庭中父母的教养行为与完整家庭相比并无显著差异，只有离异家庭父母教养行为不同。

表 6–3　不同家庭结构中父母教养的平均分与标准差

	完整家庭		离异单亲		丧偶单亲		再婚家庭	
	M	SD	M	SD	M	SD	M	SD
温暖	4.11	0.66	3.82	0.74	3.88	1.11	3.93	0.77
拒绝	1.88	0.64	2.03	0.68	1.65	0.73	1.92	0.71
低权力	4.03	0.66	3.89	0.66	4.08	0.72	3.97	0.77
鼓励自主	3.90	0.59	3.84	0.54	3.78	0.80	3.91	0.58
鼓励成绩	4.30	0.58	4.16	0.76	4.15	0.77	4.30	0.63
惩罚	2.57	0.60	2.72	0.66	2.46	0.60	2.64	0.74
控制	3.25	0.74	3.39	0.72	3.35	0.66	3.31	0.81
溺爱	2.46	0.62	2.54	0.67	2.58	0.64	2.42	0.73

2. 完整家庭结构的家庭功能更健康

表 6–4 显示了不同家庭类型中家庭功能各维度的平均分与标准差。方差分析表明，家庭角色（F＝3.66，p＜0.05）、行为控制（F＝3.60， p＜0.05）和亲密度维度受家庭结构的影响（F＝2.94，p＜0.05），其他各维度与家庭结构无关。事后分析显示，完整家庭的角色分工显著高于丧偶单亲家庭和再婚家庭，在行为控制维度上显著高于再婚家庭，在家庭亲密度上显著高于离异单亲家庭。这说明完整家庭结构类型较其他类型家庭在家庭功能方面有三个方面的优势。首先是角色功能运行更好，表现为家庭分工更为公平、明确，家庭成员更能够各负其责；其次，行为控制方面功能更完善，家庭更能够针对不同情形制定明确的行为规范，约束家庭成员；第三，家庭成员亲密度较高，意味着完整家庭结构的成员之间情感联系密切。

表6–4　不同家庭结构中家庭功能各维度的平均分与标准差

	完整家庭		离异单亲		丧偶单亲		再婚家庭	
	M	SD	M	SD	M	SD	M	SD
问题解决	3.24	0.46	3.21	0.56	3.01	0.46	3.16	0.53
沟通	3.30	0.40	3.32	0.48	3.16	0.41	3.21	0.61
角色	3.09	0.39	3.10	0.41	2.89	0.42	2.92	0.54
情感反应	3.06	0.52	3.15	0.50	3.02	0.50	2.94	0.73
情感卷入	3.24	0.43	3.26	0.34	3.09	0.49	3.15	0.49
行为控制	3.12	0.37	3.20	0.42	3.00	0.30	2.95	0.44
一般功能	3.21	0.33	3.18	0.36	3.08	0.38	3.10	0.49
适应性	3.48	0.57	3.38	0.57	3.64	0.43	3.36	0.67
亲密度	3.90	0.58	3.68	0.56	3.91	0.61	3.78	0.57

3.完整家庭矛盾冲突少，总体氛围好

家庭结构类型与家庭暴力环境、家庭矛盾冲突等其他家庭过程因素存在关系（见表6–5）。方差分析显示家庭暴力环境（F＝3.67，p＜0.05）、家庭矛盾冲突（F＝5.40，p＜0.01）均与家庭结构有关。事后分析表明，完整家庭的暴力氛围较离异单亲家庭差，完整家庭的矛盾冲突较离异单亲家庭和再婚家庭少，其他两两之间差异不显著，表明完整家庭矛盾冲突少，总体氛围好。

表 6-5　其他家庭过程变量的均分与标准差

	完整家庭		离异单亲		丧偶单亲		再婚家庭	
	M	SD	M	SD	M	SD	M	SD
暴力环境	0.30	0.35	0.47	0.42	0.31	0.36	0.33	0.37
矛盾冲突	2.10	0.62	2.40	0.79	2.14	0.79	2.15	0.61

　　根据上述分析可知，家庭过程因素受家庭结构的影响，完整家庭结构的父母更可能对子女温暖关爱，家庭角色分工明确，行为规范有度，家庭成员之间在情感上更可能联系密切，家庭矛盾冲突少，暴力氛围少。

（三）父母特征与家庭过程因素的关系

　　毫无疑问，父母教养由父母执行，而家庭功能的完成也主要由父母承担，因此家庭功能可能受父母自身气质类型、态度以及应对方式等个体因素影响。以往文献资料很少有研究考察父母自身特征与其他家庭因素之间的关系，我们将在儿童欺凌、受欺凌的框架下对这些因素与父母教养、家庭功能、家庭暴力氛围以及家庭矛盾冲突等变量之间的关系做分析探讨，进一步揭示儿童欺凌、受欺凌的发生发展机制。

　　1. 羞怯、消极应对、支持欺凌以及有过受欺凌经历的父母更可能采用消极教养

　　表 6-6 显示了父母特征与父母教养方式的关系，相关分析显示，父母羞怯、父母支持欺凌、父母受欺凌的经历与其积极教养方式（包括温暖、低权力、鼓励自主、鼓励成绩等）均呈显著负相关，而与其消极教养方式（拒绝、惩罚、溺爱）显著负相关，这说明羞怯、支持欺凌以及学生时期受同伴欺凌的父母在教育子女过程中更容易使用消极教养方式，较少使用积极教养方式。

　　父母应对方式与教养方式之间的相关分析表明，父母积极应对方式与父母积极教养显著正相关，与父母消极教养（除溺爱维度外）显著负相关；父母消极应对均与消极教养显著负相关，积极应对与积极教养的关系

受父母性别的影响，母亲消极应对与积极教养的关系不显著（除了鼓励成绩外），父亲消极应对与温暖、低权力之间呈显著负相关，与鼓励自主、鼓励成绩之间相关不显著。

表6-6　父母特征与其教养方式的关系

	温暖	拒绝	低权力	鼓励自主	鼓励成绩	惩罚	控制	溺爱
母亲羞怯	-0.32^{***}	0.28^{***}	-0.33^{***}	-0.25^{***}	-0.16^{***}	0.23^{***}	-0.01	0.10^{***}
父亲羞怯	-0.30^{***}	0.31^{***}	-0.29^{***}	-0.27^{***}	-0.21^{***}	0.19^{***}	0.00	0.11^{***}
母亲受欺凌	-0.15^{***}	0.22^{***}	-0.15^{***}	-0.12^{***}	-0.10^{***}	0.16^{***}	-0.01	0.15^{***}
父亲受欺凌	-0.24^{***}	0.25^{***}	-0.20^{***}	-0.19^{***}	-0.15^{***}	0.15^{***}	0.01	0.11^{***}
母亲积极应对	0.35^{***}	-0.13^{***}	0.39^{***}	0.38^{***}	0.21^{***}	-0.08^{**}	0.19^{***}	0.002
母亲消极应对	0.03	0.55^{***}	-0.02	0.04	0.05^{*}	0.18^{***}	0.13^{***}	0.16^{***}
父亲积极应对	0.33^{***}	-0.18^{***}	0.33^{***}	0.36^{***}	0.27^{***}	-0.06^{*}	0.14^{***}	-0.02
父亲消极应对	-0.12^{***}	0.27^{***}	-0.09^{***}	-0.02	-0.02	0.24^{***}	0.10^{***}	0.19^{***}
父母反对欺凌	0.22^{***}	-0.21^{***}	0.20^{***}	0.19^{***}	0.24^{***}	-0.10^{***}	0.05	-0.14^{***}
父母支持欺凌	-0.13^{***}	0.19^{***}	-0.08^{**}	-0.08^{**}	-0.07^{*}	0.18^{***}	0.08^{**}	0.12^{***}

总体来看，羞怯、支持欺凌、中学时期受过欺凌以及消极应对方式的父母更可能采取拒绝、惩罚、控制、溺爱等消极的教养方式，而积极应对的父母更可能采取温暖、低权力、鼓励自主、鼓励成绩的积极教养方式。

2.父母羞怯、支持欺凌、消极应对以及受欺凌经历与家庭功能显著负相关

表6-7显示了父母特征与家庭功能各维度的关系，相关分析显示，父母羞怯、父母受欺凌的经历与其家庭功能各维度均呈显著负相关。关于父母应对方式与家庭功能的关系，除了母亲积极应对与情感卷入、母亲消极应对与问题解决、父亲消极应对与问题解决相关不密切外，父母积极应对方式与家庭功能各维度显著正相关，父母消极应对与家庭功能各维度显著

负相关。父母支持欺凌与家庭功能的亲密度（r＝－0.16，p＜0.001）和适应性（r＝－0.11，p＜0.001）维度均显著负相关，父母反对欺凌与亲密度（r＝0.33，p＜0.001）和适应性（r＝0.20，p＜0.001）维度均显著正相关。总体来看，如果父母具有羞怯、中学时期受欺凌、支持欺凌以及消极应对方式等特征，家庭功能更可能出问题；相反，父母反对欺凌、采用积极应对方式，其家庭功能更可能运转良好。

表6-7 父母特征与家庭功能的关系

	问题解决	沟通	角色	情感反应	情感卷入	行为控制	一般功能
母亲羞怯	－0.32[***]	－0.35[***]	－0.37[***]	－0.34[***]	－0.30[***]	－0.27[***]	－0.39[***]
父亲羞怯	－0.18[***]	－0.21[***]	－0.20[***]	－0.23[***]	－0.17[***]	－0.18[***]	－0.24[***]
母亲受欺凌	－0.20[***]	－0.24[***]	－0.25[***]	－0.15[***]	－0.25[***]	－0.16[***]	－0.28[***]
父亲受欺凌	－0.15[***]	－0.19[***]	－0.16[***]	－0.19[***]	－0.17[***]	－0.16[***]	－0.21[***]
母亲积极应对	0.44[***]	0.30[***]	0.22[***]	0.24[***]	0.04	0.20[***]	0.26[***]
母亲消极应对	0.04	－0.12[***]	－0.23[***]	－0.16[***]	－0.30[***]	－0.16[***]	－0.17[***]
父亲积极应对	0.24[***]	0.20[***]	0.15[***]	0.20[***]	0.06[**]	0.14[***]	0.19[***]
父亲消极应对	－0.04	－0.11[***]	－0.13[***]	－0.08[**]	－0.17[***]	－0.13[***]	－0.13[***]

上述关于父母特征与家庭过程因素的分析显示，羞怯、支持欺凌、学生时期受同伴欺凌、日常生活中使用消极应对方式的父母在教育子女过程中更容易使用消极教养方式，所在家庭功能更可能出现问题；相反，反对欺凌、日常生活中使用积极应对方式的父母方式更可能采用积极教养的教养方式，其家庭功能也更可能运转良好。当然，家庭过程因素之间也相互关联，例如，有研究考察了家庭功能和家庭环境的关系，发现家庭功能中的亲密度、适应性、沟通以及满意度四个维度与家庭环境显著正相关，疏离、混乱等消极家庭功能与家庭环境的多个亚维度显著负相关（Dilleggi et al.，2019）。也就是说，家庭功能健康则家庭环境越好，家庭功能不健康则家庭环境差。

（四）家庭诸因素与儿童欺凌、受欺凌的关系模式

根据本章第三部分的分析以及前人研究结论，不难看出，生态背景对儿童欺凌、受欺凌的影响有直接和间接两种途径。

首先，外部环境既直接影响儿童又通过家庭系统诸因素间接影响儿童欺凌与受欺凌。早期儿童的活动范围小，直接接触外部环境的机会很少，外界环境主要通过影响主要照顾者的心理与行为而间接作用于儿童。如国家政策影响父母就业，进而影响家庭收入，家庭收入的增高或减少使父母的教养理念与教养行为发生变化，最终影响儿童身心发展，许多研究对此提供了支持性证据（见第三章相关论述）。随着身心各项机能迅速发展，儿童活动范围逐渐扩大，社区、学校、同伴群体等家庭外环境因素直接影响儿童，宏观环境也通过上述微观环境和各种媒介对儿童产生影响。

其次，家庭非过程因素既直接影响儿童，也通过过程因素间接影响儿童欺凌、受欺凌。在家庭系统内部，家庭诸因素之间存在着复杂的相互关系，对此家庭系统论做了详细的分析。对儿童而言，家庭内部诸因素存在相对"间接"环境和"直接"环境，本书第四章所探讨的家庭非过程因素，如家庭社会经济地位、家庭结构与父母特征等属于家庭间接环境，这些因素可直接作用于儿童欺凌、受欺凌，更多通过其他家庭因素影响儿童，我们把这些因素称为家庭中的"远端环境"。本书第五章所探讨的家庭过程因素，如父母教养方式、家庭氛围、家庭功能则直接影响儿童欺凌、受欺凌，属于家庭直接环境，我们把这些因素称为家庭中的"近端环境"。根据布朗芬布伦纳的近远端环境理论，家庭中的远端环境通过近端环境作用于儿童。结合课题组研究的结果，不难发现，家庭结构、家庭社会经济地位与父母特征等通过影响父母教养方式、家庭功能、家庭氛围等，间接对儿童欺凌与受欺凌产生影响（见图6–1）。

第三，家庭过程因素对儿童欺凌和受欺凌的影响有直接和间接两种途径。针对欺凌与受欺凌，家庭暴力氛围（如吵架）、父母消极教养（惩罚、拒绝等）等家庭过程因素直接给儿童提供了学习榜样，让儿童习得了不良行为方式。与此同时，父母作为直接引导者、教育者和咨询者影响儿

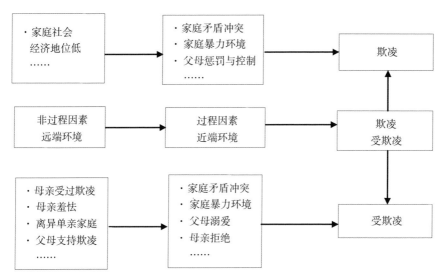

图6-1　家庭因素与儿童欺凌、受欺凌的关联模式

童的社交能力与应对方式，然后间接影响其同伴关系。例如，使用消极教养方式的父母在儿童面对困难挫折时（无法建立良好的同伴关系）没有教给儿童正确应对策略，儿童同伴交往能力得不到提高，无法通过正常途径建立良好的同伴关系。为了获得同伴地位，儿童很可能模仿父母的暴力行为。

　　根据既有研究和本书第四章、第五章的研究结论，可以发现许多家庭因素相互关联作用于儿童的例证。例如，如果父母的气质情绪维度偏消极，他们生活中遭遇困难与挫折时多使用寻求帮助、接受以及情绪释放的应对策略（Devotta et al.，2014）。使用这种应对方式的父母更可能使用消极教养方式（表6-6），而消极教养方式的儿童容易卷入欺凌事件（图6-1）。相反，父母气质的努力控制维度水平高，则更多使用积极评价、问题解决以及接受的应对策略（Devotta et al.，2014）。使用这种应对方式的父母更可能使用积极教养方式（表6-6）、家庭功能健康（表6-7），家庭功能越健康，儿童欺凌、受欺凌的可能性越小（图6-1）。可见，家庭诸因素之间的关联遵循一个基本路径，即家庭非过程因素直接或通过家庭过程因素作用于儿童。

三、基于家庭系统论的防治原理

正如系统理论所指出的那样，健康发展的儿童会有一个相互关联的积极支持系统，而发展不良的儿童背后有一个消极的支持系统。对儿童欺凌、受欺凌的干预而言，如果仅仅存在一个危险因素，如父母的消极教养方式，干预工作的难度小，针对性强，干预效果也会相对较好；若多个危险因素同时发生，不仅夫妻关系紧张，而且母子关系、父子关系也处于矛盾冲突之中，干预工作的难度则大大增加。这里我们将结合临床干预的个案对这一问题进行分析。

（一）危险因素的群集：祸不单行

根据压力应对理论，儿童发展过程中会面对多种多样的危险因素，而最终发生问题的仅仅是少数，主要原因之一是这些危险因素并未在同一时间作用于同一儿童身上，儿童自身具有的心理资本（如心理韧性、较高的自我效能感等）抵消了消极因素引发的不良后果，这一原理对欺凌、受欺凌同样有效。如果儿童仅仅遭遇了一个危险因素，如家庭社会经济地位低或者家庭存在暴力环境，儿童成为同伴攻击靶子的发生率可能性较低，但当离异单亲家庭、家庭社会经济地位低、母亲羞怯、母亲学生时期受欺凌的经历、家庭功能运转不好、父母消极的教养方式、家庭暴力环境、家庭矛盾冲突等诸多危险因素同时作用于儿童时，受欺凌的发生则成为必然。同理，儿童之所以成为欺凌者，也是多个危险因素叠加的结果，只是某一种因素可能成为压倒骆驼的"最后一根稻草"。

如果从夫妻系统、亲子系统和手足系统这一视角分析，我们发现，家庭暴力环境和家庭矛盾冲突（主要是夫妻冲突）对儿童欺凌、受欺凌起到了促发作用，代表亲子系统的父母消极教养起到了同样作用。可见儿童欺凌、受欺凌也不是家庭单一系统作用的结果，而可能是多个家庭危险因素共同作用的结果。例如，尽管某个儿童所在的家庭社会经济地位比较低，但父母的教养理念正确，教养方式与教养行为适当，则该儿童不会成为欺凌者。相反，家庭社会经济地位低，父母又采取惩罚、控制的教养方式，经常虐待儿童，夫妻之间矛盾冲突不断，生活在这种家庭环境中的儿童，模仿了家长的暴力行为榜样，然后通过类似方式向弱小同伴宣泄心中压力，因此他们成为欺凌者的概率大大增加。

　　课题组调研发现，影响儿童欺凌、受欺凌的家庭危险因素通常不会单独出现，而是多个危险因素同时作用于儿童，且各消极因素之间往往存在关联，如家庭社会经济地位越低，父母越容易使用消极教养方式，家庭功能越不健康，父母越可能支持欺凌、家庭矛盾冲突也越多；单亲家庭结构的父母对子女更可能缺乏温暖关爱，家庭角色分工更可能不够明确，越可能支持欺凌，家庭成员之间在情感上更可能缺乏密切联系，家庭矛盾冲突多，暴力氛围更浓厚。这充分说明，家庭非过程因素与家庭过程因素之间关联密切，各系统之间存在要好一起好、要坏一起坏的共进或共退模式。因此，对儿童欺凌、受欺凌进行干预，需对儿童背后的支持系统进行干预，就家庭系统而言，则需对家庭中的夫妻系统、亲子系统、手足系统以及祖孙系统等子系统的危险因素进行全面干预。仅对其中某一危险因素做干预，效果可能并不理想。例如，对某欺凌儿童的父母教养方式进行干预，鼓励父母多使用积极教养方式抚养子女，对子女温暖关爱、鼓励子女独立自主，但未对夫妻双方的矛盾冲突进行干预，则子女仍然可能从父母矛盾冲突中体验到不安全感（害怕父母因争吵而离异、内心烦躁等），同时也从父母的矛盾冲突（尤其是暴力冲突）中习得了攻击、欺凌的行为模式。尽管干预人员做了大量工作，父母也尽最大努力改善亲子关系，但却未能达到预期目标。因此，欺凌、受欺凌防治过程中要注意各因素之间的关联，对危险因素进行全面系统干预。

（二）欺凌干预的逻辑：牵一发而动全身

　　由于影响儿童欺凌、受欺凌的家庭系统内各因素相互渗透、相互影响，改善家庭环境既需要宏观掌控，把握方向，力争做到家庭整体向良好方向发展。与此同时，也要抓系统内的重点，一个关键环节改好带动整个系统好转。通过大量的临床实践，笔者发现，找到家庭系统干预的关键环节或者核心要素，对关键环节进行干预会起到事半功倍的效果，即所谓牵一发而动全身。

　　案例1：某小学三年级男生经常欺凌同伴（不欺凌女生），其方式是利用自己权力（体育委员）进行关系欺凌。如体育活动时他让某一男生站在一边观看，剥夺该生参与群体互动的机会；逼迫其他男生模仿某种动物发出怪叫，如果不听他的指挥，就用自己手中的权力进行报复等等。笔者对该儿童做了详细的调查，采用访谈法对欺凌者本人、教师、家长以及被他欺凌过的同学做调查。受欺凌儿童的访谈结果显示，该生自私自利，没有同情心，如果不被欺凌就得贿赂他，经常给他喜欢的东西。让笔者感到惊讶的是，教师对该儿童的评价比较积极正面，认为该男生组织能力较强，做事比较果断。随后的家长访谈揭示了这一矛盾结果的根源。家长访谈和对该儿童的访谈结果表明，该生家庭环境存在严重问题，一是父母矛盾冲突不断，在教养儿子的理念和方式上存在争执，总体表现家里规矩比较严，父母经常无缘无故地呵斥儿子；二是夫妻关系不好，经常吵架，儿子从很小就经常当裁判，如果儿子站在母亲或父亲一边，另一方则责骂儿子或采用某种方式报复（如取消许诺）。这样的家庭环境，一是让该男生遭遇到比同龄儿童更多挫折，增添了生活压力，会把压力转向同伴，即精神分析理论所说的转向攻击，用攻击同伴来发泄心中的积怨和怒火，释放压力；二是让该生养成了多疑、冷漠但又善于察言观色的个性特征，面对强者（家长、教师和强有力的同伴）表现得体，有礼貌，面对弱者则冷酷无情。

　　我们对该生的家庭系统进行了深入分析，梳理引发欺凌行为的深层原因。表面看来，引发该生欺凌的家庭危险因素很清晰：一是父母严格的规则意识加之严厉惩罚措施让该生产生心理挫折，根据挫折—攻击假设的观点（董会芹，2013），该生把挫折引发的压力转变为攻击；二是家庭矛盾冲突多，根据社会学习理论，该生通过观察学习获得了相应的攻击行为范式；三是父母情绪性管教使该生很小就学会察言观色、左右逢源，性格具有两面性。

根据上述分析，对该生家庭进行干预，只需要消除上述家庭危险因素即可，具体来说帮助父母改变教养方式，让父母为儿童树立好的行为榜样。但在干预计划进行了一个月后发现，家庭危险因素没有很大改观，该生生活压力仍然很大，在校欺凌行为时多时少，干预效果不明显。深入分析原因时发现，前期没有抓住该生家庭存在的关键问题，干预方法没有触及引发该儿童欺凌的家庭核心问题，干预效果自然不好。上述所列该生家庭系统所存在的诸多问题其实只是表层原因，其深层原因或者说影响因素链条上的关键因素则是父母缺乏良好的人际沟通能力，父母的沟通方式、人际交往态度以及把握沟通时机的能力均存在问题，这些深层问题引发夫妻关系紧张。根据溢出假说，家庭成员在某个子系统中产生的情绪与行为会影响其在另一个子系统中的情绪与行为（Erel & Burman，1995），夫妻关系紧张必然影响亲子关系，即夫妻把矛盾冲突所带来的压力及负性情绪转向儿童。在儿童眼中，父母总是无缘无故发脾气，因此无法判断父母情绪变化规律；同时，父母朝令夕改，同样的行为，今天可能会得到父母的表扬，明天可能会遭到父母的批评指责，儿童无法确定父母规律性的行为规范。父母上述表现给儿童带来沉重的心理压力，孩子因无法找到适宜的策略应对父母而产生挫败感，挫败感产生的消极能量需要释放，父母的消极行为又被儿童模仿习得，儿童采取习得的攻击行为向同伴宣泄就成为必然。家庭因素影响该生欺凌行为的路径见图6-2。

找到问题的深层原因后，我们把家庭干预的重点放在提高儿童父母人际沟通能力上。采用结构式家庭治疗帮助改善该生父母的沟通模式，提高他们的冲突解决能力。通过一段时间的干预，父母双方的人际沟通能力得到提升，夫妻沟通畅通，矛盾减少，家庭功能运行良好，家庭氛围积极

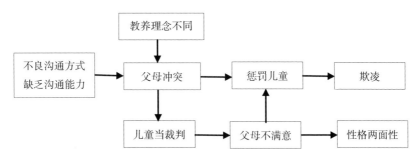

图 6-2　案例 1 "家庭因素影响儿童欺凌的路径图"

愉悦，父母的教养方式与教养行为也相应发生变化，儿童压力减少。与此同时，干预人员配以其他辅助措施（包括学校教师的监督、儿童移情能力的训练等），该生的欺凌行为逐渐减少。

（三）欺凌干预的核心：提升保护因素

发展心理病理学指出，个体适应问题的产生受许多因素的影响，有些因素增加了个体罹患心理疾病的危险性，而有些因素却起到了保护作用，使个体免遭身心疾病的困扰。既然欺凌、受欺凌的发生是多种危险因素共同作用的结果，对欺凌、受欺凌干预而言，危险因素越多，用以抵消危险因素的保护因素就要越多。那么，家庭环境诸变量中，是否有某些因素起到了保护作用，从而减少或消除儿童欺凌与受欺凌的概率？答案毫无疑问是肯定的。课题组研究结果显示，与儿童欺凌有关的家庭保护因素有家庭亲密度、家庭社会经济地位高等，与儿童受欺凌有关的家庭保护因素有家庭情感卷入程度高、家庭亲密度高、家庭结构完整、父亲积极应对等。因此，在欺凌、受欺凌的防治中，增强家庭中的保护因素是关键措施之一。那么，如何提升保护因素以降低或消除儿童欺凌、受欺凌现象呢？

案例 2：某小学二年级男生，经常被同学戏弄、嘲笑，即受同伴言语欺凌。根据该生自我报告，每周被同伴戏弄、谩骂、嘲笑 3 次以上。根据随后访谈，该生几乎每天都要遭到同伴的言语欺凌，属于严重受欺凌。为弄清楚受欺凌的原因，我们对该生、教师和家长进行进一步调查（问卷调查和访谈）。首先根据外部特异性假设推测，该生体貌特征上可能具有被同伴嘲笑的弱点。调查发现，该生体格不强壮，但并不比一般同学弱小，同时五官端正，外部形象也没有特异之处（如肥胖、过于瘦小、卷发等）。这就排除了体格弱小、外貌特异等容易遭受欺凌的体貌特征。对其家庭环境做调查发现，该生父母在外地打工，每年回家两三次，经济支出由父母打工提供，日常生活和教育均由祖父母照顾，即在家庭教育中，属于准隔代教养（见第八章专题讨论）。祖父和祖母年龄分别56岁和54岁，身体很健壮，受教育程度相对较低，均初中毕业，他们认为小孩在学校打打闹闹很正常，欺凌、受欺凌是孩子成长过程中正常经历。通过深入调研，我们总结该生受欺凌的四个主要原因：一是气质类型属于抑制型，内倾不善言谈；其二是祖辈与父母均支持欺凌，认为欺凌和受欺凌对儿童发展有利；三是卫生习惯不好，不够整洁，身上有气味；四是缺乏与同伴有效沟通的能力。在这四个外显原因下，还有一个潜在的核心内因：该生没有与父母或祖父母建立安全的依恋关系，由此缺少与同伴相处的适宜"内部工作模式"。

案例中男生陷入受欺凌旋涡是诸多危险因素叠加的结果，即抑制型气质是基础，不良生活卫生习惯是外在诱发因素，而缺乏人际交往能力让其无法摆脱受欺凌身份。因此，干预工作重点是消除上述多个危险因素，多渠道提升保护性因素予以抗拒危险因素的影响。课题组采用措施主要有：第一，针对第一个危险因素，采用同伴支持法，为该生建立良好的友谊圈子，由该生班主任负责落实。第二，针对第二个不利因素，课题组与其父母和祖父母进行沟通，对父母与祖父母进行培训，改变他们对欺凌和受欺凌的态度；同时提升他们的沟通能力，重点训练他们与儿童谈话的技巧，以及如何关爱儿童、如何给儿童提供帮助和支持。第三，针对第三个危险因素，课题组和该生及其祖父母达成一致意见，通过儿童自我管理、祖父母监督的方法改变不良习惯，讲究个人卫生，提升外部形象。第四，针对第四个危险因素，课题组专门对该生进行问题解决能力和人际沟通能力训练。对潜在的关键因素——祖父母教养问题，课题组提供具体指导，协助祖父母与该生建立良好的祖孙依恋关系，弥补父母不在身边引发的缺憾。该生的危险因素与干预策略见表6-8。

表6-8　案例2 "影响受欺凌的家庭因素及干预方法"

	危险因素	干预方法	执行者
儿童	抑制型气质	同伴支持法	班主任
	卫生习惯不好	行为训练	儿童、祖父母
	人际沟通能力差	问题解决与沟通训练	课题组
父母	父母支持欺凌	改变态度	课题组
	父母外出打工	通过视频、书信等沟通，增加沟通频次	父母
祖辈	祖辈支持欺凌	改变态度	课题组
	缺乏祖孙安全依恋	家庭治疗	课题组

注：由班主任、祖父母以及父母具体执行的方法均由课题组制订并指导。

（四）欺凌干预的关键：寻找韧性资源

根据 F. 沃尔什提出的家庭韧性模型（见第七章第四部分），当儿童处于家庭诸多危险因素笼罩之时，干预工作的重点是寻求家庭关系系统中的保护资源（Walsh，2002；2016）。这些保护资源能提升儿童的韧性，避免儿童身心健康受损。该理论与儿童积极发展观视野下寻求保护因素一致，与之不同的是，家庭韧性模型强调在大家庭（联合家庭）的其他子系统中寻求提升儿童韧性的关系资源，此观点对欺凌、受欺凌儿童干预具有重要的启发意义。

案例3：某初中二年级男生，单亲家庭，父母在其小学一年级时离异，之后母亲再婚，父亲则一直未结婚，目前和父亲生活在一起，衣食住行由祖父母照料。根据同伴提名和同伴评定，该生经常欺凌同伴，主要采取身体欺凌和言语欺凌两种方式。对该生欺凌的原因进行调查，发现该生成为欺凌者的家庭危险因素有三个：一是父亲家暴，这是母亲与其父离婚的主要原因。父亲家暴意味着父亲可能具有冷漠、缺乏同理心的个性特征，这种个性特征可能通过遗传机制复制到该生身上，同时又通过观察学习机制被该生所习得。其二，父母离婚后该生由父亲监护，母亲不再负责监管其行为，但父亲教养一直处于缺失状态，离婚前后均没有承担儿子教育的责任。第三，祖父母经常争吵（该生父亲的家庭暴力行为显然受其祖辈影响，符合攻击行为代际相传的观点），不但没有与孙子建立良好的依恋关系以填补母亲离开后缺失的温暖，弥补父母离异所带来的伤害，反而给孙子提供了充满矛盾冲突的生活环境。简言之，该男生欺凌同伴是上述多个危险因素的叠加所致，既有遗传继承的某些不良个性特征，又有后天家庭暴力环境的熏陶。

案例中男生所面临的多种家庭危险因素一度让课题组陷入困境。根据前述家庭系统理论，干预人员需要修复家庭中的危险因素：一是父母复婚，同时父亲不使用暴力虐待母亲和孩子；二是祖父母改变自己的行为模式，不争吵打架，与孙子建立良好的依恋关系；三是父母不复婚，但监护人变更为母亲，由母亲教养。但这些修复危险因素的策略均无法落实。母亲已经再婚，且与后夫又生育一子，故父母复婚已经绝无可能；祖父母年龄已高，改变70多年形成的个性特征与生活习惯很难；母亲再婚后家庭中有两个孩子（继女与后来所生一子）需要照顾，无精力照顾该生，且该生父亲和祖父母也反对这一方法。

既然难以修复危险因素，干预人员于是转向寻找该生大家庭系统中的支持因素，即从亲戚中寻求韧性资源，并最终促使问题得以解决（见表6-9）。该生父亲兄弟姐妹三个，上面两个姐姐（即该生有两个姑姑），二姑母家和该生家离得近，愿意帮助侄子，但自己儿子正读高三，学业比较紧张，不希望表弟住进自己家，且家里房间比较少，无法给该生提供独立的居住房间。由于该韧性资源暂时无法获得并利用，干预人员采取家庭系统疗法对目前能够改变的危险因素（父亲暴力行为、祖父母冲突）进行干预，干预措施有一定成效，该生的欺凌行为有所减少，但离预定目标有差距。两个月后，表哥高考结束，二姑母有时间和精力帮助侄子。于是，祖父母回老家，协助教养责任由二姑母承担，负责该男生的生活照料以及教养，表哥也抽出时间陪伴弟弟并辅导学业，同时父亲尽量抽时间和儿子多交流，继续使用积极的教养方式。一年后追踪调查结果显示，该生的学业成绩得到提高，欺凌行为减少，同伴接纳程度提高。该生家庭中韧性资源的寻找过程体现了家庭韧性模型中的"大家庭"观，二姑母协助教养这一韧性资源，属于直系亲属外其他亲属资源。寻找过程同时也体现了系统论"动态变化"的观点，受制于许多因素，二姑母协助教养在第一阶段是不能获得的韧性资源，但随着时间的变化，表哥高考结束，该生的生态情境发生变化，二姑母协助教养成为可利用的韧性资源。

表6-9 案例3"儿童家庭韧性资源的寻找过程"

	危险因素	韧性资源	能否获得	干预效果
第一阶段	父母离异	父母复婚	否（母亲已再婚）	
	父亲为监护人	变更监护人，母亲监护	否（父母均不同意）	
	父亲暴力行为	父亲作出改变	能	有效果
	祖父母协助教养	祖父母不再协助教养	否（无人替代）	
		姑姑协助教养	否（需照顾儿子）	
	祖辈冲突	祖辈改变行为方式	能	效果不好
第二阶段	父亲暴力行为	父亲作出改变	能	效果较好
	祖父母协助教养	祖父母不再协助教养	能	
		姑姑协助教养	能（儿子上大学）	效果很好

概言之，在家庭系统理论的分析框架之下，我们不仅能够揭示欺凌、受欺凌儿童的家庭系统问题所在，找到家庭诸因素相互关联作用于儿童欺凌、受欺凌的模式，为欺凌理论注入新经验，同时也为家庭视角的干预提供了事实依据和干预思路。

第七章 欺凌、受欺凌的防治：理论基础

本书第三章所述发展系统论与家庭系统理论，为研究者提供了分析儿童欺凌、受欺凌发生发展机制的理论框架和研究思路，为家庭干预提供理论依据。也就是说，前述章节为家庭防治工作解决了为什么、从哪里入手两个问题，但没提供如何做的理论构建。因此，本章将从如何做视角介绍亲本投资论、积极发展观、文化相依观以及家庭应激理论，为欺凌防治的家庭策略提供逻辑框架。亲本投资论是进化发展心理学中的理论模型，从基因传递、进化发展机制上阐述父母、祖辈投资后代的深层原因。积极发展观源自积极心理学，是从提升心理潜能、改善个体生存环境视角促进个体健康发展的理论取向。文化相依观源自文化心理学，重视心理特征、形成机制以及心理治疗的本土化，强调干预方案与措施的文化适宜性。家庭应激理论则是在积极心理学视野下，结合系统理论的核心观点，从压力应对角度分析家庭应对压力源的进程，寻找并利用家庭韧性资源（积极资源），达到改善家庭功能、促进家庭良好运转的目的。

一、亲本投资论

（一）父母投资

儿童成长过程中，父母所起作用之大远超其他。父母心甘情愿养育子女直至成年，进化心理学把父母的这种行为称为亲本投资，用此观

点来解释父母亲本投资原因、差异的理论称为亲本投资理论（Parental Investment Theory），与达尔文同时代（19世纪）的女性生物学家安托瓦妮特·布朗·布莱克韦尔（Antoinette Brown Blackwell，1825–1921）称之为父母之爱（parental love）。日常生活中人们感知和学术界诸多研究都表明，父亲与母亲对后代的投资力度、方式不同。为什么会出现这种现象？进化心理学学者围绕此问题展开一系列研究。

1. 父母亲本投资的原因

亲本投资需要父母付出代价，这些代价主要有三个方面：能量消耗、生存成本和繁殖成本（Requena et al.，2012）。能量消耗是指照顾后代减少了自己觅食机会、提高了自己的新陈代谢率；生存成本是指父母给后代提供食物，自己可能挨饿甚至被饿死，或者为了生存不得已成为捕猎者与寄生动物；照料后代丧失了交配机会，减少了后代数量即为繁殖成本。由于亲本投资代价很高，根据进化收益大于成本原则，父母投资的收益应大于投资，否则无法解释亲本投资现象。

亲本投资有什么收益呢？国人常说"养儿防老"，也就是说亲本投资的目的是为了老有所养，这实际是父母亲本投资的现实意义。为了让后代赡养年长父母，当前社会通过制度以及文化习俗、社会规则约束子女，监督他们完成赡养老人的责任与义务。但从人类进化发展的视角来看，亲本投资的根本目的不是老有所养，而是传递自己的基因。儿童是父母基因的直接延续，父母的亲本投资越多越好，子女越有可能把基因传递下去。

在《自私基因》和《拓展的表现型》两部书中，英国生物学家达尔文提出了自私基因理论（Dawkins，1982，1989）。该理论指出，每一个体都独一无二，有性繁殖不是单纯复制，理论上来说，子辈只能传承父辈50%的基因，传承祖辈25%的基因。以此类推，数代之后，某个体的后代数目会很多，但每个后代仅仅继承了该个体小部分基因。最后，随着个体的死亡，其基因组也逐渐消失。如果自然界基因传递的方式是以个体为单位，则基因会随着个体死亡而中断。但现实并非如此，达尔文认为基因是自然选择的基本单位。基因组因个体的死亡而消失，但基因不会消失，也不会因为互换率而被破坏，只是换了合作者，然后继续传承下去。

根据自私基因理论，有机体总归会死亡，再好的品质也会随着有机体的死亡而消失，但基因不会随着有机体的死亡而消失。有机体只是基因的生存机器，每一个基因借助个体生存，通过有机体的代际传递繁殖并传播。以人类为例，人类作为一个群体可以看作是一个基因库。根据自然选择的原则，那些有能力在人类身体上繁殖并传播的基因得以生存下来。由于有性繁殖过程中基因会减少，因此在与其他基因联合构建新个体（如人类胎儿）时，繁殖概率高的基因是优秀基因。也就是说，根据达尔文的最新理论，适者生存的竞争中不是个体之间的竞争，而是基因之间的竞争。物种演化过程中，适应环境的优秀基因能够生存下来。个体只是由不同基因组成的机器，如果某个基因具有某些有价值的特征（如长脖子），具有该基因的个体容易生存下来，长脖子基因由此具有更高的生存概率。根据达尔文的自私基因理论，父母生殖后代越多，其基因越容易传播。

据此观点，该领域的研究者提出了许多推论并进行验证。这里以其中的两个假设为例做分析：（1）继父母对继子女（没有传承自己的基因）的投入少，与此同时继父母对继子女的虐待高于亲生子女；（2）父母亲本投资指向更容易延续基因的子女。这两个假设是人们生活中的实际感受，也经常在各类媒体报道中见到。围绕这两个推论学术界展开了研究，发现父亲对亲生子女的大学教育投资是继子女的 5.5 倍（见朱新秤，2006），与继父母生活在一起的儿童被害风险比与亲生父母生活在一起的高 40—100 倍，2 岁及 2 岁以下的儿童风险更高（见朱新秤，2006），研究结论支持了第一个研究假设。在资源有限且多个子女情况下，父母的亲本投资必然存在某种选择，同胞冲突与竞争就成为必然。从进化论发展视角看，那些顺利成长至成年并成功繁殖可能性大的子女，更可能得到父母的投资，父母此策略的最终目的是提高亲代繁殖成功率。那么，哪些子女更可能把自己的基因传递下去呢？既有研究发现，出生后不健康的婴儿被遗弃乃至被杀死的可能性高，母亲更愿意与健康的孩子互动交流；资源有限的情况下，体弱的、后出生的以及女婴容易被父母杀死，而体格强壮的（更容易成长至生殖期）、先出生的婴儿（更接近繁殖期）以及男婴（基因的传播速度快）容易存活（见 Bjorkland，2002），研究结论为第二个假设提供了支持性证据。可见，有利于物种延续是人类以及许多哺乳类动物亲本投资的根本所在。

2. 父母投资方式

根据进化发展观，自受精与细胞分裂时，父母与后代的冲突（Parent-Child Conflict）就已经开始，父母与子女之间的拉锯战伴随儿童发展的全部历程。为了获得更好的生存资源，胎儿试图操纵母亲，母亲也通过进化形成的机制予以回应。为了提高父母抚养概率，增强自己适应生态系统的能力，婴儿通过进化形成了许多有利于自己生存发展的生理与心理机制。反过来，父母也通过进化形成了提高婴儿价值的身体机制，以及根据生态条件投入多少、投入多长时间的身体机制。

在胎儿阶段，母亲为了给胎儿提供足够的资源，其进化形成的身体机制会采取相应措施阻止任何新胎儿植入。胎儿则通过进化形成的适应机制产生绒毛膜促性腺激素阻止母亲来月经，保持胎儿植入状态，避免母亲自然流产（见 Bjorkland，2002）。同时，为了充分保障成长所需营养，怀孕早期阶段，胎盘细胞负责调节胎儿母亲小动脉肌肉，让更多血液流向胎儿，保证胎儿获得足够的养分，副作用是母亲血压升高（见朱新秤，2006）。婴儿出生后，父母通过日常照顾、提供食物（母乳）、陪伴、提供教育资源与社会锻炼机会等对儿童进行投资，儿童则通过自身的本能特征（如啼哭）唤起父母的注意，为其提供生存必备的资源。父母对儿童投资的多少受许多因素影响，如婚姻状况、有无祖辈的帮助等。R.J. 昆兰和 M.B. 昆兰以 58 个不同国家和地区的已婚女性为样本，以儿童断奶时间为指标（母乳是亲本投资的重要方式），考察离婚率、合作养育的可获得性、女性独立养育的能力、亲戚支持四个因素对儿童断奶的影响（Quinlan & Quinlan，2008）。研究结果显示，女性独立养育能力与断奶早晚没有关系，有辅助养育的妇女断奶越早，婚姻稳定性有助于母乳喂养，且各文化背景下结论一致。可见，儿童出生后母亲对后代的投资受父亲影响巨大。

3. 父母投资的差异——方式不同目的相似

为了延续自己的基因，哺乳类和人类中的雄性通过增加配偶或交配对象的方式增加自己基因传递机会，而雌性动物则精心照顾（时间、精力等）子女，通过提高后代成活率的方式保证基因传递下去。这就形成了两性不同的亲本投资方式与投资力度，具体表现在多个方面。

（1）雌性的亲本投入比雄性多

哺乳类动物和人类的雌性亲本投入比雄性多，这一现象被称为不对称投资（asymmetric parental investment）。不对成投资表现在多个方面：首先，卵细胞远大于精子。卵细胞大意味着细胞质多，需要雌性动物投入更多能量，也就是说在生命产生的准备阶段，雌性投入就已经远远多于雄性。其次，受孕过程在雌性身体内。为了保证母体内胎儿的安全，雌性一旦受孕就不再寻求其他配偶，亲本投资由此开始。从受孕到婴儿出生，雌性要源源不断地向后代投资。对雄性而言，传递基因的策略是"以量取胜"，他们不承担怀孕任务，配偶受孕后仍然可以寻找其他交配对象，以获得更多基因传递的机会。这也就是为什么有研究发现，十几岁的青春期男孩倾向于找年长异性，而多数成年男性则选择比自己年轻的女性（Kenrick et al.，1996），女性对婚姻更忠诚，反对多配偶，而男性更支持一夫多妻（Widman & Philip，2019）。第三，婴儿出生后，雌性继续为后代提供生存所需养分，与此同时，用于照料后代的时间精力也比雄性多。有研究发现，95%哺乳类动物的雄性对后代很少投资或几乎不投资（见Bjorkland，2002）。现代社会中，受生育理念、男女平等思想以及社会科学技术发展的影响，男性与女性亲本投资的差异有所减少，父亲参与教养越来越普遍，但不同文化背景下的研究均显示，母亲与儿童沟通频率、对儿童的养育均高于父亲（见 Bjorkland，2002），母亲与儿童相处的时间多于父亲（Pleck & Masciadrelli，2004）。对哺乳类动物以及远古时期的人类而言，母亲对出生后子女的亲本投入具有强迫性，婴儿需要母乳喂养是根本原因。

由于亲本投入中雌性投入较雄性多，这就使得两性存在诸多差异。

首先是择偶偏好不同。对人类而言，女性择偶比较谨慎，偏爱身体健壮（Dixson & Brooks，2013；Hill et al.，2013）、社会地位与财力高（Hill et al.，2013；Dunn & Hill，2014）的男性。身体健壮男性的后代容易存活，社会地位与财力高的男性能给后代提供更好的资源，在母亲怀孕以及照料婴儿无法工作时能够提供必要的生活资源。动物界也存在这种情况，强壮的雄性动物能够在同类竞争中获胜，也更容易获得配偶。健康、生殖力强的女性容易受孕，男性择偶时偏重女性的生殖能力，关注代表生殖能力的线索，如面部轮廓、肤色、乳房轮廓以及体脂分布等（Dixson et al.，2011；Singh et al.，2010；Marcinkowska et al.，2014）。男性择偶时希望女性品格好、贤惠等，也是因为这样的女性更可能把精力和财力投入到子女和家庭中，确保男性基因的延续。但有研究发现，无论男女都会选择身体强壮的配偶以保证后代的健康。例如，S.W.甘斯塔德与其合作者的一项研究发现，与普通国家相比，疾病（如传染病）发生率高的国家，男女择偶时更看中身体吸引力（Gangestad et al.，2006）。其次，两性行为方式不同。无论动物界还是人类都存在一种现象，即亲本投入少的性别会和同性别成员竞争亲本投入多的性别，多数情况下是雄性相互竞争获得雌性，即"雄性竞争、雌性选择"范式。为了在竞争中获胜，亲本投入少的一方需要有自己突出的优势，除了身体强壮之外，雄性具有更强的攻击性，人类男性攻击行为高于女性为此提供了实证依据（见第一章相关论述）。雌性为了照料后代必须抑制自己的攻击性与不良情绪表现，最终在进化发展中形成了较雄性更强的自我控制能力。研究发现，人类女性在情绪控制能力、抗拒诱惑和延迟满足能力方面高于男性（见 Bjorkland，2002）。因此，从进化心理的视角来看，男女两性进化形成的不同心理功能以及由此而表现出的行为系统均与亲本投资有关。

（2）雄性与雌性亲本投资方式不一样

研究发现，亲本投入时间与婴儿成熟期长短为正相关关系，这意味着婴儿成熟期越长，需要的亲本投入越多，学术界称之为共同进化（coevolution）。人类作为高等动物，成熟期较其他动物长得多，这就需要父母投入更多精力抚养后代。整个哺乳期以及婴儿不需要成人为其单独做饭之前，母亲需要细心照料婴儿，供给婴儿赖以生存的乳汁，准备适用于婴儿的食谱。传统社会中，婴儿三岁前大部分照料工作由母亲承担（见综述，Sear & Mace，2008），父亲此时亲本投资的方式是为母婴提供生命赖以生存的生活资源，为婴儿健康成长提供保障。无论在远古围猎、采集时期还是在现代社会中，缺乏父亲的亲本投入，婴儿存活率大大下降。在儿童之后的发展中，母亲还要给儿童提供情感支持与陪伴，父亲继续为母婴提供生活资源。也就是说，对人类和高等哺乳类动物来说，母亲对子女的亲本投资体现在怀孕、生育和出生之后的生活照料即情感支持上，多为直接投资；父亲的亲本投资既有直接投资，也有间接投资，但以间接投资为主。

如果把其他物种也包含进来，父亲投资与母亲投资的差异主要体现在三个方面：第一，为后代提供生存所需营养的方式不同。母亲多直接提供营养，如为后代觅食或直接为后代提供乳汁；父亲多为间接投资，有些动物的雄性为雌性动物提供食物，雌性动物分泌乳汁喂养后代。有些物种的父亲对后代也直接投资，许多鸟类的雄鸟与雌鸟一起为后代觅食，直接为后代提供营养。第二，在孵化与保护后代中的分工不同。这一过程中，父母所起作用可能相等，也可能有差异，这取决于物种类型。以卵生动物为例，卵生动物生育后代主要有三个过程：筑巢、孵化和出生后的保护。筑巢阶段，有些物种筑巢过程中两性投入相似，而有些物种筑巢多由雄性动物承担；孵化过程中，有些鱼类和鸟类由雄性承担，如有些雄性鱼类把受精卵装在育儿袋里（Oberzaucher，2020）；出生后尚未长大的后代更需要父母提供保护，有些雄性动物体格强壮，负责应对外部挑战和危险，保护母婴的生命安全。第三，在后代生存能力训练中的分工不同。训练后代具有独立生活能力是父母的重要任务之一。对人类而言，传统社会中母亲负责女儿生活技能的训练（家务、女工等），而父亲教给男孩搏斗、狩猎、探索领土和发现资源的技能。虽然父母在亲代技能训练中的具体分工不同，但最终目的都是增加后代生存概率，传递自己的基因。

4.影响父亲亲本投资的因素

进化发展方面研究指出，对于雌雄异体且体内受精的动物以及人类而言，影响雄性亲本投资的因素很多，主要有后代成活率、交配机会以及父亲身份的确定性等。

（1）后代成活率与交配机会

如果后代的生存需要父亲投资，则投资是强迫性的、必要的，否则基因无法延续，此时进化机制会选择投资后代的雄性，也就是说能够为后代投资的雄性基因得以传递。如果父亲投资对后代生存率与质量几乎无影响，而且很容易找到更多配偶，自然选择机制会偏向放弃投资的雄性。也就是说，此种情况下把养育责任扔给雌性并转向新配偶传播基因的雄性被选中，因为该策略更能够延续其基因。如果父亲投资对后代的生存率与质量有影响，但影响不是必需的，自然选择机制会偏向混合策略的雄性，亲本投资、寻找其他配偶的程度取决于社会条件（如男性地位、新配偶是否容易得到）与生态条件（如食物是否容易获得）。此时，如果交配机会少（如雌性少），自然选择机制会偏向选择亲本投资的雄性。

（2）父亲身份的确定性

如果父亲身份不能确定或很难确定（如第二章所述的伙婚阶段），自然选择机制会偏向放弃投资的雄性，因为此时雄性投资代价太大（与觅食相比），可能投资养育的不是自己后代。如果父亲身份确定程度高，且投资能够提高后代的生存率与质量，此时投资的代价（如减少交配机会）小于收益，自然选择机制会偏向亲本投资的雄性。如果父亲身份确定程度高，且投资的代价（如失去交配机会）也高，自然选择机制会偏向混合策略的雄性。

在人类进化发展的历程中，家庭的产生使父亲身份明确下来，从而增强了父亲对后代投入的愿望。因此，尽管人类发展的不同历史时期父亲投资方式方法有区别，无论是打猎获取食物，还是通过农耕收获食物，父亲对后代的亲本投资意愿一直很高。现代社会中，尽管女性参与社会生产劳动，但只要人类的生育方式是女性体内受精并需要母乳喂养，母亲怀孕以及哺乳期仍需父亲工作获得收入供养家庭。对多数家庭来说，母亲即使在哺乳期后参与工作，仅凭女性的亲本投资很难维持后代较高的生活水平，也很难为后代提供好的教育资源，长久来说不利于提高后代的素养，故父亲投资必不可少。但现代社会中父亲亲本投资的方法与其他哺乳类动物以及古代不同，除了提供食物与安全之外，还需要直接参与后代的抚育工作，具体请参考第八章相关内容。

（二）祖辈投资

当前许多国家和地区祖辈参与教养的现象很普遍。祖辈为什么会辅助子女教养孙辈？祖辈教养孙辈的方式与父辈有何不同？进化心理学从生物进化角度探索并揭示了祖辈投资孙辈的心理机制，为我们提供了不同于文化心理学、社会心理学所描述的关系模式。

1. 祖辈投资的原因

（1）基因的延续

根据进化理论，亲代投资是投资于自己的后代，关系到个体基因能否得到延续，而祖辈投资是对亲代投资的扩展和延伸，是为了提高孙辈的存活概率进而间接获得自身基因的繁殖。因此，从进化心理学视角来看，祖辈投资的根本原因还是延续自己的基因。进化心理学领域有几个理论揭示了祖辈（尤其是女性祖母）投资孙辈的原因，其中 W.D. 汉密尔顿提出的内含适应性理论（Inclusive Fitness Theory）或亲缘选择理论（Kin Selection Theory）被广为采纳（Hamilton，1964）。该理论认为，个体不仅通过自己的繁殖延续基因，还通过提高血缘关系较远的亲属（如孙辈）生存概率来延续基因，有机体身上那些能够促使基因延续的特性容易被选中。据此理论，有机体帮助有血缘关系的人（有自己的基因）让其收益，提高自己基因传承概率。因此，与父辈投资子女一样，有利于基因的延续是人类以及许多高级哺乳动物祖辈投资孙辈的本质原因。

由亲缘选择理论推测，祖辈投资孙辈时，投资多少（包括时间、精力、财力以及情感等）受血缘关系远近、基因传递多少的影响。祖父母、外祖父母与孙辈基因相关性都是 0.25，理论上讲他们对孙辈的投入应基本相同，但是受父亲身份不确定的影响，实际情况可能有差异。外祖母能够确保女儿是自己亲生的，女儿又能确保儿女是亲生的，故外祖母能够确定外孙子女传递了自己的基因；从外祖父角度看，有一次亲属关系可能被割断的机会，不能保证女儿是自己的，但能保证孙子女是女儿生的；从祖母角度看，有一次亲属关系可能被割断的机会，能保证儿子是自己的，但不能保证孙子女是儿子的；从祖父角度看，有两次亲属关系可能被割断的机会，一是不能保证儿子是自己的，二是不能保证孙子女是儿子的。如果仅从确保基因传递角度看，四位祖辈投资孙辈顺序是：外祖母＞外祖父＝祖母＞祖父。相关研究为上述推论提供了支持性证据，研究发现，母亲一方的亲属要比父亲方的亲属更多参与教养，外祖母比祖母作用更大（Coall & Hertwig，2010；Perry et al.，2014；Pollet et al.，2009）。

　　上述研究主要来自西方城市文化背景，许多发展中国家以及各国乡村地区，祖辈投资的顺序可能不太一样。从夫居以及崇尚父系祖先的国家与地区，社会文化通过严格的规章制度与宗法势力（如对女性贞洁高度推崇）对女性严格约束，使之难以与其他男性发生关系，男性群体以此确保子女与自己的血缘关系，进化理论所述的父系两次血缘关系的不确定性几乎不存在。此外，女性结婚后需入住男方家，与公婆合住组成联合家庭，已婚女性被迫依靠丈夫家庭的支持，这种婚姻制度减弱了女性与其原生家庭的关系，降低了女方原生家庭对其婚姻的干预。因此，从夫居社会中，祖父母对孙辈的投资应该高于外祖父母。我国的一项研究发现，乡村的祖父母投资出现了父系偏向，父系祖父母对孙辈的时间投资显著高于母系祖父母对孙辈的时间投资，城镇却没有发现祖父母与外祖母投资的差异（宁晓利，2016），研究结论支持了上述推论，传统习俗战胜了进化形成的投资偏向。

　　值得关注的是，从夫居社会文化传统下，已婚女性与其原生家庭的联系存在巨大障碍，即便如此，年轻母亲仍然能够从其原生家庭中获得母亲的帮助。有研究发现，已婚女性更愿意带孩子拜访母亲一方亲属而不是父亲一方亲属（Perry，2017），表明女性和原生家庭关系更亲近，更希望获得娘家人帮助。

（2）直接繁殖能力下降

人类女性繁殖期的高峰在青壮年期，50岁左右身体功能迅速下降，此时通过生育后代直接繁殖后代的可能性大大降低，于是女性转向投资孙辈，通过提高孙辈的成活率与成活质量传承自己的基因。此阶段男性生殖能力的下降没有女性那么明显，通过投资孙辈延续自己基因的愿望没女性强烈，学术界把这种现象称为祖母假设（Grandmother Hypothesis），即祖辈中母系祖辈更可能通过投资孙辈的方式延续基因。为什么会出现这一现象？除了上述生殖能力下降的原因外，还有两个方面的因素：第一，女性生殖后代的风险随年龄增长而增强。年长女性自动流产率、出生婴儿低体重率、死胎率以及自己因生育而死亡的概率均高于年轻女性，直接生殖风险太大，而年轻女性生殖能力强且胎儿成活率高，从基因延续角度讲，协助年轻母亲（女儿或儿媳）养育后代能够更有利于基因传递。由于人类成熟期的延长（有利于大脑的发展），人类婴儿成长至繁殖期需要父母投入更多资源与精力，此时如果祖辈提供帮助，如让婴儿早一点断奶，并在断奶后直至能够吃成年人的食物之前予以照顾，则年轻母亲更可能再次怀孕并生育后代。所以说，祖辈投资孙辈让生殖力强的年轻女性生育后代，要比自己生育后代风险小、收益大。第二，直接生育会危及年长子女及其后代的生存。传统社会中，40—50岁的中年女性仍有可能生育自己的后代，而其年长子女正处于生殖能力最强的年龄，如果此时生育子女，在资源有限的情况下，必然会减少对年长子女及其后代的投资，影响年长子女及其后代的生存概率，不利于基因的传递。因此，在资源有限的情况下，祖辈生育幼子的收益不如投资孙辈的收益大。

也有学者认为人类后繁殖期的延长符合具身投资模型（Embodied Capital Model）。该理论认为，人类认知能力可通过长时间技能与经验的积累得到提高，高水平的认知能力使后更年期的人群能够获得更多资源，这些资源除了自己所用之外还有剩余，剩余资源既可用来养育更多后代，也可以赠予子女或孙子女。也就是说，人类进入老年期后，繁殖能力虽然停止了，但认知能力却很高，可用其认知能力累积更多资源帮助后代，提高子女的生育率、孙辈的成活率（Aimé et al.，2017）。由于直接繁殖的代价随着年龄增长而提高，而把剩余资源投向子女和孙子女会提高他们的生活条件与生殖率，这种投资方式的收益超过直接生育后代，这是祖辈投资孙辈的根本原因。

祖母假设和具身假设观点有相似之处，均认为女性闭经与后生殖期长是进化形成的同一种分配策略的两个方面，即不再把资源投向直系后代（生育子女），而是把资源的分配偏向血缘关系较远的后代（如孙辈和曾孙辈），以此提供子女的繁殖率和孙辈的成活率。祖母假设和具身假设有两个主要区别。第一，二者的因果假设不同。根据祖母假设，祖母投资孙辈的方式是协助父母照料孙辈。人类成熟期特别长，照顾婴儿需要更多精力和资源，如果母亲缺少他人协助，很难养育多个子女，导致婴儿出生率低。祖母照顾的收益使孙辈成活率和子女生殖率均得到提高，说明处于后繁殖期的祖母在人类基因传递中仍然具有重要价值。根据进化的收益大于成本的规则，女性寿命延长才被进化机制选中（Hawkes，2003）。根据具身假设，祖辈投资是把剩余资源转移到孙辈身上，而祖辈之所以拥有剩余资源与其神经系统发展、技能累积有关。传统社会中，个体生产能力的高峰年龄通常比身体力量的高峰年龄（25 岁左右）晚 20 年，早期神经资本投资（神经系统的高度发展）使人类在后生殖期阶段仍然能够获得大量资源，这些资源在 79 岁之前远超其自身所需（Kaplan et al.，2010）。剩余资源的直接投资（自己生育）小于间接投资（投资孙辈），间接投资被选中。第二，祖母假设是单性别假设，只考虑祖母，而具身假设是双性别假设，同时考虑祖父与祖母。具身假设认为，年老男性与年老女性同时停止生育自己的亲代子女，与此同时把剩余资源分给自己的现有子女和孙子女，只是男性祖辈与女性祖辈的投资方式不一样而已（类似父辈投资方式的差异），这种投资方式的差异是传统狩猎—采集社会中形成的男女劳动分工与合作的体现。

此外，根据生命周期理论（Life-History Theory），生命体必须把自己所获得的总资源分配到整个生命历程中，以完成不同的任务，主要有生存、成长、繁殖和抚养后代（Roff，1993）。由于总资源有限，如何把资源分配至生命历程不同阶段的任务上需要权衡，第一次是在立刻生育还是以后生育之间权衡（即投资成长还是投资生存），第二次是在后代数量和后代质量之间权衡（生育更多子女还是对子女投入大量资源）。在第二次权衡过程中，人们选择把资源投向孙辈。

2. 祖辈投资的方式

人类的成熟期较其他哺乳类动物长得多，生殖期女性怀孕同时通常还要照顾已经出生的孩子。照顾婴儿需要投入大量精力，母亲一人很难以完成，共同养育（alloparenting）的方式成为人类育儿的主要方式之一。所谓共同养育，即由儿童母亲及其女性亲属共同承担养育儿童的责任。当然，不同时代与不同文化背景下，辅助母亲教养的人不同，奶妈、父亲、年长的姐姐、姑母、姨妈、祖母等（Kramer，2005；Meehan et al.，2014）。协助子女抚育后代是当前许多国家和地区祖辈（尤其是女性祖辈）投资孙辈的主要方式，具体来说包括物质投资（经济支持）和精神投资（如情感支持、抚育等）两个方面。

围绕祖辈投资的几个进化理论虽然切入点不同，但都得出了人类寿命延长是自然选择的结论，认为后繁殖期阶段的人们在基因传递方面仍然具有重要作用，祖辈（尤其是女性祖辈）对孙辈的投资有助于孙辈的健康生活与发展，同时也一致认同祖辈仅仅起到了辅助作用。学术界也出现了不同的声音，有学者认为，祖辈年龄较大，不仅很难创造资源，还需要子女照顾，此时子女正处在养育后代的重要时期，照顾父辈与养育子辈发生冲突，子女经常要在二者之间权衡。受制于法律规范与文化传统，子女被迫投入大量资源赡养老人，必然影响对子辈的投入。从这个意义上说，祖辈与孙辈是资源竞争而非祖辈向孙辈投资。B. I. 斯特拉斯曼和 W. M. 加勒德对从夫居地区祖辈和孙辈生存状况研究做元分析，结果发现外祖父母的生存与孙辈的低死亡率相关而非祖父母，祖父母越愿意与孙辈生活在一起，孙辈所获收益越少（Strassmann & Garrard，2011），研究结论支持祖辈与孙辈资源竞争模式，而非共同养育模式。也就是说，从夫居文化传统下，祖辈与儿女以及孙辈生活在一起是为了得到子女的照顾，子女为了照顾老人损害了孙辈的利益。

无论是父辈投资还是祖辈投资，不仅受进化规则的制约，也受到个体所在文化背景的影响。当然，从进化心理学视角来说，文化也是人类适应当地自然环境的产物。例如，有研究发现，个体文化与集体文化的形成与流行性疾病有关，历史上传染病发生率高的国家与地区尊奉集体主义（Cashdan & Steele，2013）；传染病发生频繁的国家，人类个性特征中外倾性少，通常比较保守，接受新事物的人也少（Schaller & Murray，2011）。

（三）同胞关系

从遗传基因方面来看，尽管亲子之间与同胞之间的基因均有 50% 相似之处，但亲子关系与同胞关系却有很大差异。父母会投入大量的时间、精力、财力等资源抚育子女，哥哥姐姐也会帮助父母照料弟弟妹妹，但仅仅是辅助父母而已，同胞投入较父母要少得多。同时，也正是因为同胞之间只有 50% 的共同基因，同胞之间才既有合作也有竞争。

1. 冲突与合作

父母资源有限，子女数目越多，单个子女所得到的父母资源（时间、金钱、食物、陪伴等）越少，学术界把这种现象称为资源稀释（Öberg，2017）。根据亲子冲突理论（Parent-Offspring Conflict Theory），个体进化形成的排他性动机使得每一个子女都想占有父母的全部资源，同胞冲突由此产生（Trivers，1974）。

根据进化理论可以推测，同胞之间冲突、竞争与合作始于儿童由"独生子女"变成"长子女"之时。对长子女来说，弟弟妹妹出生是其生活中的重大事件（根据压力理论则属于巨大压力事件）。后出生子女显然改变了早出生子女与父母的关系，其中之一是降低了先出生子女与父母的依恋安全性（Teti & Ahlard，1989）。为获得父母关注，长子女会出现行为倒退（regression）现象，如三四岁的幼儿像婴儿一样尿床、啼哭、让父母喂饭等。J. 邓恩和 C. 肯德里克研究发现，弟弟妹妹出生后的 8 至 12 个月间，先出生儿童的消极行为增多（Dunn & Kendrick，1981）。后出生子女不仅占有了大量原本属于早出生子女的父母资源，而且还要依据传统文化习俗的要求协助父母照顾幼小弟妹，他们对新出生的弟弟妹妹怀有敌意是意料之中的事情，许多研究结论支持了这一推论。如加西亚与其合作者以 180 名 5 岁男孩为研究对象，考察儿童同胞冲突与问题行为的关系，发现年幼儿童同胞冲突普遍存在（Garcia et al.，2000）。

除了相互竞争外，哺乳类动物普遍存在亲属之间的社交行为与利他行为，人类同胞之间还会在经济以及人际关系方面相互帮助、相互支持。研究发现，儿童在弟弟妹妹出生后会有某些失落，但同时很快对新出生婴儿产生兴趣并关心帮助他们（Gottlieb & Mendelson，1990）。先出生子女对后出生子女很快表现出的合作行为表明，儿童一开始就接受新出生婴儿，很难把这种关爱、接受合作解释为后天父母的教导。当然，长子女对弟弟妹妹的帮助有性别差异。跨文化研究表明，姐姐开始照顾弟弟妹妹的年龄比哥哥小，且投入的精力和时间比哥哥多（见 Bjorkland，2002）。因此，进化心理领域研究者认为，同胞合作与同伴冲突一样是进化过程中自然选择的结果，同胞之间的利他行为（合作、帮助等）是一种互惠行为，也可以说是一种投资行为。这种进化形成的机制与不同时期、不同地区的文化相互作用，形成了多种同胞互惠模式。如我国传统文化提倡"兄友弟恭"，鼓励家庭同胞之间的相互扶持，现行法律也在一定条件下支持同胞之间的相互抚养。①

2. 出生顺序与父母投资

同胞竞争主要目的是获得更多父母资源，那么先出生子女、后出生

---

① 中华人民共和国婚姻法（2001 修正）第二十九条"兄姐与弟妹"条规定：有负担能力的兄、姐，对于父母已经死亡或父母无力抚养的未成年的弟、妹，有扶养的义务。由兄、姐抚养长大的有负担能力的弟、妹，对于缺乏劳动能力又缺乏生活来源的兄、姐，有扶养的义务。

子女所获得的父母资源是否相同？这就涉及出生顺序与父母投资问题，该问题一直是心理学界研究者关注的焦点。其中，出生顺序与儿童个性特征之间关系的研究则贯穿于整个心理学历史进程，所得结论存在矛盾冲突。从进化发展理论来看，先出生子女在弟妹出生之前已经获得了父母很多资源。人类历史发展长河中，婴儿死亡率高发年代，早出生子女要比后出生子女实际有更多成活机会。此外，自然选择使儿童对那些与出生顺序相关的资源更加敏感，在与同胞竞争家庭资源过程中形成了相应的个性特征。受传统文化习俗影响，父母关注长子女责任心培养，而疏于实践经验历练。与此同时，长子女为了在弟弟妹妹面前维护自己优势地位，需应对弟弟妹妹的挑战，因而在宜人性方面较差。相反，后出生子女需要选择其他非常规方法获得父母关注，同时抗拒兄姐的压迫，因此移情能力强，容易反抗。这些特征对儿童以后发展的影响较大。有研究发现，世界各国的领袖人物多为长子（Steinberg，2001）。来自荷兰的一项研究发现，1161名从事政治工作的人员中，独生子女、长子女、中间子女和排行末尾子女当领袖的比例依次为 6.1%、35.6%、39.3% 和 19.0%（Andeweg & Van Den Berg，2003），长子女和中间子女成为政治领袖的比例高。当然，根据生态系统理论，儿童个性形成不仅受出生顺序影响，还受亲子冲突频率、同胞数目、儿童性别与年龄、社会阶层、儿童气质等许多因素的制约，仅用出生顺序无法作出科学的解释。

（四）亲本投资论的启示

进化发展心理学关注人类的心理起源和本质。作为该学科重要理论模型之一的亲本投资论旨在揭示父母生养子女的本质，运用进化机制（如收益、权衡、适应等）分析父母对子女、祖辈对孙辈的投资以及同胞之间的相互投资，引发 20 世纪 70 年代至 90 年代学术界广泛关注。21 世纪初仍然有许多研究者基于进化发展观对家庭教育、同胞互动等展开研究，并一度出现了研究的新热潮。该理论从生物学视角向人们呈现了物种（含人类）抚育后代的本质所在，对当前家庭教育仍然具有启发意义。

　　基于进化理论的亲情投资理论，生物学色彩浓厚，把人类等同于其他物种，仅从生存和繁衍的角度出发，分析父辈与祖辈对后辈教养的利弊，忽视了人类抚育后代中的精神追求。人类与其他物种不同，尽管传递基因依然是人类繁衍的根本目的，进化形成的机制仍然起重要作用，但人类进化历程中通过与自然环境相互作用形成的文化传统，对家庭教育、家庭伦理做出了诸多限定或约束，甚至超过了基因传递的进化机制，如从夫居文化传统下父亲方的祖辈投资大于母亲方祖辈投资。而且，人类与其他物种在智慧和能动性方面有天壤之别，其他物种望尘莫及。智慧和能动性使人类充满创造热情，积极主动地适应自然、改造自然。因此，我们探讨家庭教育，分析家庭系统与儿童攻击与欺凌的关系时，无法抛开人类进化形成的智慧与能动性，更不能剥离文化传统而单纯从生物学视角去解析，仍需要考虑人类本身、文化背景的作用，这也正是 21 世纪初生态系统论得到高度关注的原因所在。

二、积极发展观

　　每个国家、每个历史时期，人世间都存在希望和信念活动。西方文艺复兴时期对科学、真理的追求，中国儒家思想对"仁义礼智信"等人类美德的执念，均体现了人类本真的追求——向往美好。积极心理学的兴起开启了学术界对人类社会内在美德的研究之门。它既是对过去心理学界过多关注人类心理问题的反叛，又是对人性中的真、善、美的回归。正如美国学者斯奈德和洛佩斯在《积极心理学：探索人类优势的科学与实践》中所言，"心理学不仅要研究弱点与损伤，还要研究优势与美德。治疗不仅要修复受损的部分，还要滋养我们内心美好的部分。"[1]

　　积极心理学的理论观点与治疗方式与人本主义理论具有相似之

---

① ［美］C.R. 斯奈德、沙恩·洛佩斯：《积极心理学：探索人类优势的科学与实践》，王彦、席居哲、王艳梅译，人民邮电出版社 2013 年版，第 4 页。

处。从历史渊源来说，"积极心理学"这一概念本身就来自人本主义代表人物——美国心理学家亚伯拉罕·哈罗德·马斯洛（Abraham Harold Maslow）1954 年所写"走向积极心理学"一文（见孟娟，2010）。因此，学术界许多学者认为，积极心理学并不是什么新的心理学潮流和流派，只不过是以"积极心理学"的新瓶装上了"人本主义心理学"的旧酒而已（孟娟、印宗祥，2016）。有学者认为人本主义心理学就应该是"第一代积极心理学"，积极心理学充其量只能称为"第二代积极心理学"（孟娟、印宗祥，2016）。但不可否认的是，积极心理学在多个方面有突破和进展，完善了研究逻辑与体系，有一整套相应的学科研究方法。可以说，人本主义心理学属于心理学的理论流派，而积极心理学更接近心理学的一门分支学科。

（一）积极心理学的研究对象

积极心理学于 20 世纪末由美国心理学家马丁·塞利格曼（Martin E. P. Seligman）提出，致力于研究如何促使个体、群体、组织发挥积极功能或走向繁荣等问题（见翟贤亮、葛鲁嘉，2017）。积极心理学认为，人类的某些优势可以抵御心理疾病，如勇气、乐观、诚实、毅力等。积极心理学的研究对象是普通人，它要求心理学工作者用包容的、欣赏的眼光去看待人类潜能、动机与能力，并试图通过科学的研究方法识别和理解人类优势和美德，帮助人们生活得更快乐和更有意义。简言之，积极心理学是一门研究人类潜力和美德的科学。随着积极心理学研究进展，各领域学者把积极心理学理念与本领域研究相结合，使积极心理学研究范围逐步扩大。根据目前已有文献，积极心理学的研究内容主要有三个方面：积极心理品质、积极环境系统以及积极防治健康问题（即积极治疗）。

1. 积极心理品质

人的心理包括认识过程、情绪情感过程以及人格特征等方面，积极心理学视角的研究者试图发掘其中的优势或积极面。目前学术界所研究的积极认识过程有积极应对、积极问题解决策略等；积极情绪包括主观幸福感、快乐、生活满意、乐观、希望、沉浸等；积极的人格品质内容很多，包括自我决定动机、自尊、自信、智慧、勇气、仁慈、正义、卓越、坚韧谦虚等（郑雪，2014；任俊，2012），以及学者特别关注的心理韧性（Albayrak，2018）、心理资本等（陈秀珠等，2019）。积极心理还包括利他行为，以及与利他行为相关的利他动机、感恩、宽恕等动机与情绪情感（斯奈德、洛佩斯，2013）。人本质上是社会性动物，交往是人类的内在需求之一，积极心理还体现在人际交往方面，与积极人际交往相关的友谊、依恋、爱等也成为积极心理学的研究对象（斯奈德、洛佩斯，2013；Alan Carr，2019）。

2. 积极的环境系统

个体健康发展、人类社会不断进步不仅需要个体拥有积极的品质，还需要有积极的环境系统。人类发展方面的理论家和研究者在积极心理学的分析框架下，不断寻找促进个体发展的积极环境变量。按照生态系统论的分类方法，影响人类发展的积极环境变量由远到近依次为积极国家制度、积极学校教育、积极工作制度以及积极家庭系统。

积极国家制度指国家要在各种方针政策制定、社会舆论营造、国家发展规划编制等方面体现积极意义，以提高民众的质量为核心（郑雪，2014）。积极学校教育指以关怀、信任和尊重多样性为基础的教育。为促进学生学习，教师根据每位学生（或每组学生）的实际情况，量身定做具体目标，与学生一起制订实现目标的计划并激发学生动机（斯奈德、洛佩斯，2013）。积极工作制度（或积极工作环境）指能够增强团队成员工作满意度的管理、分配、提拔、休假等综合制度（任俊，2012），积极工作制度能让团队成员愉快工作的同时体验到幸福感。从积极心理学视角研究工作环境，学术界不再关注职业倦怠（工作中的阴暗面），转而关注工作满意度、幸福感等。关于积极家庭系统，不同理论取向的看法不一样，如系统论取向关注家庭内部的积极关系，如依恋（亲子关系）、成人依恋（夫妻关系）；发展取向关注家庭生活周期中的积极因素，如婚姻满意度、家庭成员的幸福感体验等。

在儿童发展领域，研究者特别关注发展资源（developmental assets）。发展资源一词由美国明尼阿波利斯研究院 P. L. 本森博士提出并使用，指能够有效促进青少年健康发展的经验、关系、技能和价值观。本森与其研究团队通过多项研究找出 40 项儿童青少年发展资源，外部资源和内部资源各 20 项（Benson，2006）。内部资源包括专注学习（commitment-to-learning）、积极价值观（positive-value）、社会能力（social-competency）和自我肯定（positive-identity），外部资源包括支持（support）、授权（empowerment）、规范及期望（boundary-and-expectation）和有效利用时间（constructive-use-of-time）。本森所说的内部资源即为积极心理学所指的积极心理品质，外部资源属于积极心理学所指的积极环境系统。外部资源的具体指标中有多项涉及家庭资源，如给儿童青少年提供支持与关爱、家庭规范明确、父母给儿童青少年提供正面榜样等。根据积极心理学的观点，这些家庭资源属于积极环境中的积极家庭系统。

3. 积极预防与治疗

传统病理性心理治疗（Pathological Psychotherapy）的主要目的是减轻来访者痛苦，治疗方法与治疗过程的重点是消除来访者症状。积极心理学视野的治疗重在培养积极情绪，发展个体内在优势心理能力，这种治疗模式即为积极心理治疗（Positive Therapy）。把积极心理学原理应用于心理治疗中是当前临床心理学领域的趋势。积极治疗需遵守希望、平衡和磋商三原则，积极引导认知、促发积极情感和积极自我暗示是积极治疗的常用策略（郑雪，2014）。目前临床心理学领域，除了积极心理治疗外，基于积极心理学理念的治疗模式很多，如 14 要点幸福项目、幸福治疗、生活质量治疗、以人为中心治疗、创伤后成长治疗、焦点解决治疗、积极家庭治疗以及针对严重问题的基于优势的治疗（Alan Carr，2019）。但无论采取哪种模式，重视个体自身情绪情感、个性方面的优势，提升个体心理能力是积极心理学视野下干预或治疗的共同特征。

（二）积极发展观与儿童欺凌、受欺凌研究

生活中，教师、家长以及社会大众总是戴着有色眼镜看未成年人，尤其是青春期的少年，认为他们与成人相比有许多缺点。学术界同样存在此问题，研究者一直以来总是用挑剔的眼光审视儿童青少年，用成年人的优点去审视儿童青少年的不足，幼稚的童年、暴风骤雨般"逆反"的少年常见于报刊。人们耳熟能详的心理学家、新精神分析学派的代表人埃里克森指出，青少年遭遇了同一性危机，他们需努力获得稳定成熟的自我定位，成年人应该帮助儿童青少年修复缺点与不足，使其回归正常。这种观点也就是积极心理学所说的"关注阴暗面"的传统心理学。我们知道，即使处于逆反阶段的青少年，暴力、冲突、反社会等问题行为也是少数，多数青少年积极乐观、关爱社会、与朋友真诚相处、与家长沟通顺畅。积极心理学的兴起改变了过去学术界戴着放大镜找"缺陷"的现状，重视儿童潜在能力、关注儿童积极品质成为当前学术界研究的主流，许多学者开始探索能够促进儿童积极发展的个体内外因素。本书把所有关注儿童内在潜力、促进儿童积极发展的学术观点称为积极发展观（positive development）。

积极发展在发展心理学领域文献中出现频率很高，如何促进儿童积极发展是许多研究者共同的心愿。例如，美国心理学家，系统论代表人物之一的勒纳与其合作者提出了有利于儿童青少年积极发展的五大品质：能力（competence）、个性（character）、自信（confidence）、关怀（caring）与联系（connections），简称五Cs（Lerner et al.，2005），并通过八年追踪研究考察个体五大品质对其以后发展的影响（Lerner & Lerner，2013）。当然，学术界不仅仅关注个体自身的积极因素，同时也关注积极环境因素。就本书关注的家庭系统来说，学术界发现家庭规模小、父母关系好、家庭亲密度高、父母支持、稳定且足够的家庭收入、家庭住房宽裕等是促进儿童发展的积极家庭环境（见综述，Benzies & Mychasiuk，2009）。

在攻击与欺凌领域，基于积极发展观的研究主要有两个方面：一是考察让儿童避免卷入欺凌事件的保护因素，旨在预防；二是寻找提高儿童潜

能、增强保护环境的方法，协助儿童摆脱欺凌、受欺凌身份，旨在修复与提升。关注儿童青少年欺凌、受欺凌发生发展机制的研究者多通过实证研究鉴别避免卷入欺凌事件的保护因素，从个体心理潜能到家庭、学校、社区中的积极因素，获得了大量资料，得出了许多有价值的结论，详细内容见第三章表3-1内容以及第六章第一部分相关论述。这些研究结论为欺凌、受欺凌的防治工作提供了事实依据。积极心理学视野下的临床学者与实践工作者，则更关注如何增强儿童的韧性资源，帮助已经卷入欺凌的儿童摆脱欺凌、受欺凌身份。接下来我们将介绍临床研究者以及实践工作者所做的贡献。

（三）积极发展观与儿童欺凌、受欺凌防治

受积极发展观的影响，学术界和实践界纷纷探索促进儿童发展、维护儿童身心健康、提升儿童生活质量的方法与途径。本书把大众心理健康维护方法与积极心理学的促进发展理念有机整合，提出欺凌、受欺凌防治模式。一方面提升儿童自身与家庭的韧性，防止欺凌、受欺凌的发生；另一方面，对已经发生的欺凌、受欺凌进行干预，帮助儿童摆脱目前的不利局面。

1. 一级防护与二级防护

儿童欺凌、受欺凌本身属于个体健康范畴，且与其他健康问题密切关联（见第一章第一部分），对儿童欺凌、受欺凌的预防与治疗需遵循大众心理健康维护的层次。大众心理健康维护分为三个层次：初级预防、二级预防和三级预防。初级预防又称病因预防，是指针对致病因子（或危险因子）采取措施，防治疾病发生。初级预防是预防疾病发生、消灭疾病的根本措施。健康心理学的初级预防从围产期做起，对个体从出生到衰老整个生命历程进行全方位的生理、心理和社会层面的维护，做到防患于未然。例如围产期阶段，对孕妇生理上做好保健服务，避免母亲营养不良引发儿童智力缺陷；家庭提供温暖、关爱的氛围，避免母亲抑郁、焦虑等情绪问题影响胎儿发育；国家通过各种措施健全国民生活环境，为妇女怀孕

生子提供安全保障，避免孕妇因担忧失业、婚姻风险等产生压力，影响胎儿健康。初级预防实际上就是把坏事发生的可能条件消除，让坏事失去发芽的机会。二级预防指对心理疾病早发现、早诊断、早治疗，采取措施阻止病程进展、防止蔓延或减缓发展。此时心理问题已经出现，只是症状比较轻、比较隐匿，需要及时甄别，对引发疾病的生理、心理以及社会环境各个层面问题及时修复，抑制疾病发展。二级预防实际上是修复、弥补，与心理治疗、心理干预意义相同。三级预防指对症治疗，防止各类心理疾病病情恶化，防止复发转移。此时，已经明确心理症状，需根据每一种症状采取针对性治疗方案，尽可能减少心理疾病恶化的可能。

在儿童欺凌、受欺凌问题上，也应该遵循这一模式，预防与干预同时进行。首先，从生理、心理和社会层面对儿童进行维护，防止欺凌事件的出现。就本书关注的主题——家庭系统而言，如果每一个家庭均能与外界系统有序互动，既能够阻挡外部不良信息对儿童的伤害，又能够及时把外界良好信息传递给儿童，家庭成员各司其职，家庭氛围好、家庭功能健康，那么儿童卷入校园欺凌事件的可能性很小。其次，当儿童已经卷入欺凌事件，社会各界需向卷入儿童伸出援助之手。本着"早发现、早诊断、早治疗"的原则，及时调查儿童在欺凌事件中的角色、欺凌或受欺凌程度以及形成原因，分析卷入者家庭系统中可能存在的问题，采取针对性方法予以干预，防治欺凌事件继续恶化。

2. 一级提升与二级提升

预防目的是努力不让消极结果发生，如果发生了则努力不让消极结果更差。积极心理学领域的研究者认为，仅靠各种预防不足以解决问题，还需要提升，因此提出了一级提升（primary enhancement）与二级提升（secondary enhancement）的概念。提升与预防不同，预防是避免有害后果，而提升是努力保持积极结果（斯奈德、洛佩斯，2013）。一级提升是指采取行动努力让个体身心达到最佳功能状态或最满意状态。为了提升身体健康，人们要养成好的生活习惯，如平衡饮食结构、保持生理适合度、规律运动等（朱敬先，2002）。为了提升心理健康，人们要休闲娱乐、参加让自己愉悦的活动、从事有偿工作等。二级提升指在一级提升的基础上更进一步，争取达到身心功能和满意度顶峰。在身体健康方面，一级提升使身体健康良好，二级提升则使身体健康状况达到更高水平，超越那些身体健康状况良好的人。在心理健康方面，一级提升已经使个体身心比较健康，二级提升则将心理快乐、满意度达到极致。这种状态类似于人本主义代表人马斯洛所说的高峰体验，"感觉自己一下打开了视野，全身充满了力量，仿佛达到了人生幸福的最高境界，体验到强烈的美的震撼，甚至产生欣喜若狂、如痴如醉、无比欢乐的感觉。"① 达到二级心理健康的途径很多，如比赛获胜、集体克服困难完成任务、参加志愿活动以及欣赏文学艺术作品等。

积极心理学视野下一级提升与二级提升的对象是个体身体与心理，并没有涉及个体生态背景。对儿童欺凌、受欺凌问题的启发是，努力提升儿童的身心健康水平，避免儿童因身心健康状况不佳而卷入欺凌事件。如果根据扩展的积极发展观，我们认为可以通过提升儿童的生态背景（社会、学校与家庭），减少儿童卷入欺凌事件的概率。很难想象一名身心健康、生活环境美好的儿童会卷入欺凌事件中。因此，本书最后一章——家庭策略，从防治和提升两个方面入手，在修复、完善儿童家庭环境的基础上，提出促进家庭环境不断完善的策略。

3. 儿童发展的文化适应性

对积极心理学的争议和批判从其产生之日起就没有停止过，争议主要涉及三个方面：第一，积极心理学是否是一门新兴学科。人本主义理论流派认为，积极心理学只是人本主义心理学的另一种称号（见前面论述）。第二，积极心理学隐含着文化歧视。积极心理学重视个体潜能、强调个体发展等西方个体主义文化所推崇的个性品质，具有明显的民族主义倾向。第三，过于强调个人，忽视社会背景的作用。虽然在研究主题中，积极心理学提到了积极制度、积极教育等，但多数研究与临床治疗只关注个体情

---

① 董会芹：《学前儿童问题行为与干预》，清华大学出版社 2013 年版，第 159 页。

绪与个性特征，很少关注个体发展的生态背景。但我们知道，儿童发展离不开生态背景，探讨儿童积极发展时仍需要置于特定文化背景中去思考。另外，人类在积极心理、积极环境方面有很多共性，如幸福是世界各国人民积极情绪体验的主要表现，父母积极教养是多数文化中儿童健康发展的重要条件。但毋庸置疑的是，人类心理以及心理与环境的关系模式存在许多文化差异。"橘生淮南则为橘，生于淮北则为枳，叶徒相似，其实味不同。"一种行为在某一种文化下是正常的，但在另一种文化下则是异常的。同理，一种教养方式或治疗方案在某一文化中是有效的，但用在另一文化中可能无效甚至会出现负效应。基于西方个体主义文化背景提出的、强调个人能力的积极心理学在中国文化背景下能否结出所希望的果实，这需要学术界考虑本土文化的特征，做到仔细验证，谨慎使用。

三、文化相依观

根据进化发展观，人类攻击行为具有相似的形成机制——适者生存，那么在不同文化背景下，攻击应该具有相同的发生发展规律，作为攻击亚类型的欺凌也应如此。但学术研究结果却表明，不同文化背景下欺凌发展特征并不完全一致，甚至存在诸多矛盾之处。学者们分析这些矛盾的根源时，不约而同地想到了一个词语——文化。那么，文化是什么？它对儿童欺凌、受欺凌产生怎样的影响？欺凌特征是否存在文化差异？在文化发展心理学视野下，父母教养理念与教养行为具有怎样的文化烙印？对欺凌、受欺凌干预有什么启发？本小节将对这些问题进行一一梳理。

（一）文化及其影响方式

1. 文化的含义

文化属于人类学研究范畴，因其与人类心理的密切关系被社会心理学、跨文化心理学、儿童发展心理学等多个心理学领域研究者广泛使用。由于不同领域研究者关注的重点不同，对文化的界定存在差异。人类学以及文化心理学领域研究者更多从文化传承视角来界定。如美国跨文化心理学工作者埃里克·B.希雷与戴维·A.利维认为"文化是由一群人共享并逐代传递下去的一系列态度、行为及符号"①，具有外显和内隐两种特性，前者指可以有规律地观察到的一系列行为（如习俗），后者指隐藏于外显文化后的组织规则（如语法、称谓、讨价还价的潜规则等）。我国从事跨文化研究的学者张海钟等认为"文化是指一个国家或民族的历史、地理、风土人情、传统习俗、生活方式、文学艺术、行为规范、思维方式、价值观念等"②。他认为文化既是一种社会现象，也是一种历史现象，从前一个角度看是人们长期创造形成的产物，从后一个角度看是历史的沉淀产物。文化学研究者尚会鹏把文化界定为"人类生活的遗迹"③，认为文化具有共享性、因袭性、象征性和整合性四个特征。荷兰学者霍尔斯泰德认为文化即"人类的心理程序或心理软件"④，提出了国家文化的四个维度：权力距离、集体主义—个体主义、阴柔气质—阳刚气质以及不确定规避。儿童发展领域更关注文化的形成以及对儿童发展的影响机制。如美国发展心理学领域的研究者约翰·W.桑特罗克认为文化"是指特定人群世世代代相传的行为模式、信念以及其他精神产品。它是特定人群长期以来与环境相互作用的产物。"⑤

概括不同领域研究者对文化一词的界定，可以看出文化至少具有如下三个特征：第一，文化是一种精神产品。尽管学者们使用的术语不同，如心理程序、态度、思维特征等，但这些术语均表明文化实际是一种心理

---

① ［美］埃里克·B.希雷、戴维·A.利维：《跨文化心理学：批判性思维和当代的应用》，侯玉波等译，中国人民大学出版社 2013 年版，第 3 页。

② 张海钟等：《中国区域跨文化心理学：理论探索与实证研究》，人民出版社 2012 年版，第 16 页。

③ 尚会鹏：《心理文化要义——大规模文明社会化比较研究的理论与方法》，北京大学出版社 2017 年版，第 16 页。

④ ［荷兰］吉尔特·霍夫斯泰德、格特·扬·霍夫斯泰德：《文化与组织：心理软件的历练》，李原、孙健敏译，中国人民大学出版社 2010 年版，第 2 页。

⑤ ［美］约翰·W.桑特罗克：《儿童发展》，桑标等译，上海人民出版社 2009 年版，第 9 页。

或精神指代。第二，文化本身是人与环境相互作用的产品。即文化本身并不是自然存在的，是人与环境相互作用的结果。第三，文化具有很强的传承性。文化通过某些途径不断地影响着生存于此文化环境下的人群，从而完成文化的传递作用。儿童心理学发展领域，人们尤为关注文化影响人类儿童发展的方式。

2. 文化的影响方式

儿童生活在特定生态环境中，社会文化因素像一张无形的大网把儿童及其家庭罩在其中。文化影响儿童的方式有哪些？或者说，为了让每一个生命体最终符合文化规范，成为合格成员，成人主宰的文化传统试图用哪些方法、通过哪些渠道去改造新生命体？在发展心理学领域，我们通常不说文化怎么改造个体，而是说个体如何适应文化。把个体为了生存必须适应文化并内化文化规则系统的过程称为社会化。与发展心理学不同，文化心理学则试图揭示文化影响个体的方式。一般来说，文化影响个体的方式主要有两种。

第一，夸大本土文化特定表现的象征性价值。大家比较熟悉的词汇"现代化"一词经常被西方学者用以评估发展中国家的文明水平，某些民族青年接受父母为自己选择配偶，偏好大家庭而不愿在小家庭中生活，西方学者认为这些民族不够现代化（李秋洪，1992）。在儿童心理发展领域，代表某文化的成员或组织（如学术权威、领袖、媒体、政府机构等）通常找出儿童某些共性心理机能发展的本土文化模式，对其优势极尽所能褒扬。如西方文化背景下的家庭关系相对淡漠，其文化通过矫饰，向社会大众宣传要培养儿童的独立意识，达到法定成年年龄后需离开父母独立生活。对其他社会不同的做法则予以指责，如指责东亚文化圈父母对子女的支持使子女缺乏独立意识，导致子女"啃老"。发展心理学领域的理论家和研究者推波助澜，他们关注"独立意识"培养对儿童发展的重要性，试图通过实证研究证明本土教育理念与教育模式的科学性。这方面研究很多，如有研究发现欧裔美国大学生的内隐独立意识高于日本大学生（Park et al.，2016），以此证明西方教育模式有利于大学生独立意识的培养。在国家政策鼓励、媒体宣传以及学术研究支持下，青年人早早独立成为文化默许规则。在这种文化氛围下，已经到法定成年年龄的青年与父母同住会被同伴嘲笑（嘲笑其没有独立），父母继续收留成年子女也会遭嘲笑（嘲笑子女培养失败）。

第二，对本土文化问题故意沉默，对其他文化问题大肆宣扬。在个体主义—集体主义（Individualism-Collectivism）这一文化维度上，个体主义鼓励刚步入成年期的青年离开家庭独立生活，这种做法有优势，但消极后果也很严重。青年初期社会经验少，失去父母经济与情感支持后，年轻人很容易从其他方面寻求补偿，如吸毒、参与暴力活动等，人与人之间疏离感增强，家庭关系淡漠。但本土文化往往对此保持沉默，或从其他方面找理由，淡化青年人与父母情感切割所带来的后患。与此同时，本土文化通过各种途径向大众宣传其他文化亲子关系的缺陷，指责集体主义文化过于专断，重视集体利益而不惜牺牲个体利益；认为集体主义文化下的儿童顺从、缺乏独立性和创造能力等。我们以文化心理学的术语——文化缺陷（culturally deficient）为例做分析。仅看术语本身，人们就能够嗅到一股浓浓的文化歧视味道。西方心理学界经常用文化缺陷来解释某些少数民族（如亚裔美国人）身心障碍产生的环境系统，如饮食习惯、教养方式、人际沟通模式等。言外之意是，这些环境系统让你们产生了心理问题，你们的文化有问题。这种做法即为拿着放大镜找其他文化缺点的经典表现。主流文化通过这种方式让少数民族后裔感到自卑，甚至产生焦虑。为了获得文化认可，少数民族后裔必须改变自己的思维模式、价值体系以迎合主流文化。如此，主流文化最终同化了其他亚文化。

（二）文化心理学的研究

1. 文化心理学的复苏

作为心理学的一门分支学科，文化心理学最早可以追溯到心理学创建之初。1862 年，心理学开山鼻祖德国心理学家威廉·冯特（Wilhelm Wundt）在其《对感官知觉理论的贡献》一书中，明确提出心理学可以分为两大领域：实验的个体心理学与文化的民族心理学。之后，冯特撰写《民族心理学》一书，通过分析民族风俗语言、宗教、神话、艺术等揭示民族心理，探索了民族心理学研究的可能性。从研究对象、研究逻辑到具体研究方法，冯特所说的民族心理学实际上是文化心理学（Culture Psychology）。非常遗憾的是，冯特文化取向的工作并未引发当时学术研究的热潮，文化取向的心理学一直不属于主流心理学的分支。直至 20 世纪 70 年代，随着学术界对人类发展情境的关注，文化心理学重新走进人们的视野。

文化心理学研究什么？有学者认为文化心理学的研究对象是个体经验（experiencing），个体经验则是包括认知、身体、情感和道德的复杂进程（Tateo，2015）。某种文化中群体成员的复杂经验进程是什么？不同文化下的人类经验是否相同？为了探索这些问题，在一百多年心理学历史发展历程中，理论家与研究者不断探索适宜的研究范式或研究逻辑。目前文化心理学的研究取向主要有三个：符号理论、活动理论以及个人主义理论（王明飞，2006）。符号理论认为文化由社会成员通过共享符号、概念、意义和语言学术语等构建而成，心理现象通过文化符号组织、传递。活动理论认为，心理现象形成于人们的社会活动过程，社会实践活动对心理现象有重要的文化影响。个人主义理论认为，文化是个人按照自己意愿利用外部环境并重新建构外部环境，是个人与社会制度、社会环境相互作用的产物。虽然不同取向研究中关注重点不同，但都强调文化对人心理的影响，认为心理是文化的产物。三种取向不同之处是，符号理论强调文化影响人类的方式，活动理论重视人类活动作用，看到了人的积极主动性，个人理论更强调人的积极主动性以及人与社会文化环境的互动作用。可以说，文化心理学既是心理学的分支学科，也是心理学研究的一个理论框架。

2. 文化心理学与跨文化心理学

在分析文化发展心理学的基本观点之前，我们先明晰两个概念：文化心理学与跨文化心理学（Cross Cultural Psychology）。文化心理学既是一个从文化视角考察人性及心理的宏观取向（田浩，2008），也是从文化角度解释人类心理机制以及差异的一门学科。跨文化心理学则是运用不同文化下的资料研究人类心理共性与差异性的一门学科。这两个术语在近几年心理学文献中出现的频率很高，许多研究者选择其中一个作为分析框架考察人类心理本质及形成根源。文化心理学与跨文化心理学既是心理学的两门分支学科，也是学术界分析人类心理的逻辑框架，这是二者的共性。

虽然文化心理学与跨文化心理学存在共性，但又有细微差别。区别之一是二者对"文化"的理解不同。跨文化心理学认为，"文化是一个群体具有某些相同特征，成为一个民族或区域性群体的标志"[①]。基于这样的文化观，跨文化心理学在研究中采用"客位"（etic）方法，即采用相同的测评工具或尺度比较不同文化群体的差异。文化心理学认为"文化"是以符号形式存在的，表征一定意义，是人类发展的载体。基于这种文化观，文化心理学作为一门基础学科，采用"主位"（emic）方法探讨文化通过符号被人类内化并影响个体生活的普遍原则，揭示个体如何从一个自发的行为者成为一个反思者的过程。例如，对相似主题"中国父母"与"美国父母"，跨文化心理学对东西方文化背景下父母的婚姻观、儿童教育观等方面的差异感兴趣，并进行比较研究。但文化心理学更关注出生于东方的父母移民至西方文化背景后其婚姻观、儿童观的变化以及这种变化的文化含义。

区别之二是哲学观不同。受自然科学发展的影响，从 17 世纪开始，哲学界就人类本性出现了"自然—科学"与"文化—历史"观点之争。"自然—科学"认为，任何真理都有唯一正确答案，获取问题答案的方法是理性的、普遍适用的，任何时间、任何地点及任何人对问题的解答都是一致的（田浩，2008）。此种研究范式导致心理学研究中超越或遗弃文化的倾向，以及西方文化沙文主义和种族中心主义倾向（张海育，2013）。由于强调在一个超越时间、地点、历史与文化的框架内揭示心理现象的一

---

① ［美］J. 瓦西纳：《文化和人类发展》，孙晓玲、罗萌译，华东师范大学出版社 2007 年版，第 7 页（代译者序部分）。

般机制和普遍规律，文化因素被有意遗弃；同时，现代心理学研究源于西方，反映了西方文化的核心价值，研究结论用之于其他文化信效度很低。"文化—历史"取向则认为，答案有赖于特定假设和观点，方法以及构成问题和答案的要素是特定因果，而不是普遍的，文化历史研究需要同情式理解，注重案例的独特性（田浩，2008）。跨文化心理学属于"自然—科学"阵营，假定不同文化中的人具有心理机制的一致性。科学工作者需要使用科学方法揭示不同背景下人类心理的普遍规律，强调研究方法，特别是测评工具的科学规范性和文化的普适性。文化心理学属于"文化—历史"阵营，认为人生活在自己创造的世界中，每一种文化都有其相对独立性，世界并不存在永恒的、普遍的人性。科学工作者需要使用适用于某种特定文化的科学方法，分析该文化背景下人类心理的特定规律，强调研究方法的文化适宜性。因此，文化心理学研究将使人们对社会文化多样性有更深刻的理解（Dvorakova，2016）。

　　本书研究的主题——儿童欺凌、受欺凌现状与家庭因素的关系，如果某跨文化领域的学者来研究，他将会选取不同国家和地区的儿童做被试，使用同一测评工具考察不同文化背景下儿童欺凌、受欺凌问题，然后对欺凌、受欺凌的一般特征（发生率、性别差异等）与发生发展机制做比较，找出其中的普遍规律与可能存在的群体差异，并在此基础上制订适用于各国文化背景的干预计划。基于此视角的研究很多，如西班牙学者J. M. 拉米雷斯比较了芬兰、波兰和西班牙三国青少年学生攻击态度，寻找三种文化背景下青少年攻击态度的共性特征（Ramirez，1991）；有学者以409名大学生为被试，包括巴基斯坦（98人）、以色列（103人）、日本（99人）以及美国（109人），考察不同文化背景下的攻击行为结构，发现伤害自我价值、直接—间接攻击是四种文化共有的攻击维度，巴基斯坦、以色列和日本文化的共有维度是身体攻击与言语攻击，伤害个体资源维度仅在美国和以色列文化中出现，威胁维度仅出现在巴基斯坦文化中（Severance et al.，2013）。如果文化心理学领域的学者来做这项研究，他将会基于本国文化分析欺凌与受欺凌含义、特征、角色类型以及具体表现形式等方面的历史演变过程，阐释当前文化背景下学术界的解读，编制适用于本国文化的测评工具，考察儿童欺凌、受欺凌现状与家庭因素的关系，并在此基础上制订适用于本国文化背景的干预计划。

如果用锁和钥匙比喻欺凌和干预的关系，跨文化心理学认为，不管世界的锁有多少种，制作目的、制作原理以及锁的内在结构都一样。科学工作者要做的是找到不同锁的共同原理与结构，并据此造一把万能钥匙，打开所有的锁。文化心理学者则认为，在不同地理环境影响下形成的文化不同，受不同文化的影响，各地制作锁的目的、原理不一样，锁的外观与内在结构也不一样。科学工作者要做的是，扎根于某种文化中（即特定文化案例），找到该文化背景下人们制作锁的目的，找到锁的制作原理与内部结构，然后造一把仅适用于本文化的解锁钥匙，用这把钥匙可能无法打开其他文化背景下的锁。

显然跨文化心理学更关注人类心理的文化共性，研究结果为世界各国各行各业的科学工作者解决本行业问题提供了便利，节省了大量人力物力。例如，找到人类心理发生发展规律的共性，世界各国可以使用相似教育教学方法、企业管理模式、心理干预方案等。历史的车轮缓缓驶向今天，科学技术迅速发展，世界各国交流频繁，相互学习相互借鉴是社会发展的必然趋势，跨文化研究必不可少。但跨文化研究取向缺点也很明显。由于人类心理有共性，也有差异性，某个国家的教育方法用到另一个国家时经常出现水土不服的现象。大到国家政治经济制度、小到亲子互动方式，人们均能够看到各种水土不服情况。跨文化心理学关注多个文化群体之间的比较，文化心理学正好相反，关注人类心理的文化个性，能够把本土文化研究透彻，然后找到针对性实践方案。可以看出，文化心理学重视研究的生态性，强调文化的多元性以及人类心理的多样性。因此，文化心理取向的方针政策、管理模式、教育方法等能够迅速投入使用。或许有人认为，文化心理学对文化多元化差异的认同会增加心理学研究的复杂性，不利于不同国家之间学术交流，阻碍不同国家实践研究的互相借鉴。情况恰恰相反，承认文化的多元化能够促进文化的平等交流，并在平等交流的基础上深入研究人类复杂的心理现象，解释人类的心理特征以及发生发展的规律。也只有如此，才能找出心理现象的共性和差异，为全世界人类的福祉作出贡献。

文化心理学的研究逻辑得到许多研究者的青睐，研究者纷纷运用文化心理学架构探讨自己研究领域的本土化方法，如把文化心理学与病理学有机整合，寻找适用于本土文化的病理学理论、研究方法与实践技术（Hill1 et al.，2010）。关于儿童欺凌、受欺凌问题，学术界需要寻找不同文化背景下的共性，在此基础上制订的欺凌干预方案可供其他国家和地区借鉴。同时还要在文化心理学视野下，探讨其独特性，在借鉴他国干预方案（普适部分）基础上，制订适用于本土文化的防治计划。目前我国学术界已有学者以文化心理学为分析框架，对中小学生的欺凌现象进行研究（陈光辉，2014；陈光辉、张文新，2018）。本书正是以文化心理学为理论依据，分析我国儿童欺凌、受欺凌的特征，揭示家庭诸因素对欺凌、受欺凌的影响机制，提出了适用于我国文化背景的家庭防治策略。

（三）儿童欺凌特征的文化差异

在整个人类世界，人们生活具有许多相同之处，也有自己独特的文化特色。人类从出生的刹那，其感受、思想、情感体验、生活与行为就沐浴在文化海洋里，因此成年后个体心理与行为本质上都是文化的。文化发展心理学源于发展心理学，又是在社会学、文化心理学的影响下产生的，它关注文化如何通过符号存在于每一个人的生活中。文化心理学认为，"人类心理的机能，一旦自发展中产生，其性质就是文化的。"① 根据文化发展心理学的观点，人类心理的发展机制并非先天形成，而是通过符号中介习得祖先符号遗产和行为遗产的过程（Shweder et al.，2006）。符号遗产指一系列的观念、理解，如我国传统文化崇尚"父慈子孝、兄友弟恭"。

---

① ［美］J. 瓦西纳：《文化和人类发展》，孙晓玲、罗萌译，华东师范大学出版社 2007 年版，第 7 页（代译者序部分）。

行为遗产指人们日常的政治、经济和生活活动等，如每年 12 月 13 日的南京大屠杀死难者国家公祭、清明节扫墓祭祀缅怀祖先等。可以说，文化是人类在生态环境压力下，创造的一系列制度、规范和机构的总和，不同生态背景造就了不同的文化，而文化又和生态环境一起制约着人类的行为。

1. 欺凌特征的文化差异表现

由于不同文化的符号遗产不同，群体成员对欺凌含义、具体表现形式的理解也不尽相同。我们在第一章"欺凌的含义与类型"部分，简单分析过母语为英语的美国与我国学者对欺凌理解的差异，表明学术观点受学者们所在文化制约。受此影响，不同文化背景下儿童欺凌的发生率、发展变化、性别差异等方面也有自己的独特规律。本书第一章对不同国家欺凌发生情况做了简要分析，结合课题组的研究结论，可以看出不同国家地区的欺凌、受欺凌发生率差异较大。总体来说，在欺凌、受欺凌两种主要角色类型上，东亚文化圈（中国、韩国）欺凌发生率低于西方国家（见表 7–1）。我国学者陈光辉和张文新（2018）根据芬兰学者萨尔米瓦利等人（Salmivalli et al., 1996）的划分方法，把卷入欺凌事件的学生分为欺凌者、受欺凌者、协助欺凌者、煽风点火者、角色混乱者、保护者以及置身事外者等类型，以 590 名初二学生为被试做调查，结果发现，在角色类型及性别差异上我国与西方文化背景下的结论相同，绝大多数青少年（88.0%）在欺凌事件中扮演着不同的参与角色。但我国学生中的保护者人数比例远高于其他国家青少年，中国男生为 17.1%，女生为 52.1%，芬兰男生为 4.5%，女生为 30.1%。也就是说，我们国家中小学生同样有欺凌现象，这一点与西方相同。但我国中小学生中保护者人数比例高，这一点与西方国家不同。

在性别差异方面，男生比女生欺凌行为多，这一特征具有跨文化的一致性（见第一章第三部分）。文化差异性主要表现在两个方面：欺凌事件中各类角色的差异、欺凌与受欺凌类型上的差异。关于欺凌事件中不同角色人数比例上的性别差异，陈光辉和张文新（2018）的研究发现，中国与芬兰的相似之处是，男生欺凌者、协助欺凌者、煽风点火者和受欺凌者多于女生，女生保护者和无角色者多于男生。不同之处是，国内受欺凌者中男生显著多于女生，芬兰的研究没有发现受欺凌者人数比例的性别差异。课题组的研究也得出了相似的结论，我国中小学生阶段，男生在欺凌和受欺凌上均显著高于女生。对欺凌、受欺凌类型（身体、言语与关系）性别差异的研究揭示，西方文化背景下男生更容易卷入身体欺凌，女生则更容易卷入间接欺凌。课题组的研究发现，中国文化背景下，无论哪种欺凌、受欺凌男生均显著高于女生，与国内相关研究结论一致（纪林芹等，2004）。说明我国文化背景下，无论是欺凌事件中儿童角色类型方面还是不同类型欺凌与受欺凌程度上，性别差异模式均与西方不同，显示出文化背景的重要影响作用。

表 7-1　不同国家和地区欺凌发生率（%）

国家	作者及年份	欺凌者	受欺凌者	欺凌/受欺凌者	被试年龄
挪威	Olweus，1993	7%	9%	—	中小学生
美国	Klomek et al.，2007	13%	9%	—	青少年
英国	Whitney & Smith，1993	12%（6%）	27%（10%）	—	中小学生
英国	Holt & Espelage，2007	14.3%	12.5%	11.6%	青少年
意大利	Genta et al.，1996	8%	29%	13%	中小学生
韩国	Koo et al.，2008	10.2%	5.8%	—	中学生（11—16岁）
科威特	Abdulsalam et al.，2017	3.5%	18.9%	7.8%	中学生
土耳其	Hesapcioglu & Tural，2018	30.5%	27.9%	—	中学生
土耳其	Çalışkan et al.，2019	12.0%	15.9%	—	中学生
中国	张文新，2002	2.7%	14.9%	1.6%	中小学生
中国	杨继宇等，2016	7.3%	15.9%	4.8%	中小学生
中国	课题组 a	8.7%	9.4%	1.62%	中小学生

续表

国家	作者及年份	欺凌者	受欺凌者	欺凌／受欺凌者	被试年龄
中国	课题组 b	3.2%	7.2%	0.9%	中小学生

注：NYVPRC 指 National Youth Violence Prevention Resource Center；
a 指用同伴提名法所得结果，b 指用自我报告法所得结果；
英国研究结果中，括号外为中学生中的发生率，括号内为小学生的发生率。

2. 欺凌特征差异的文化因素分析

谈到文化差异，人们必定想到集体主义与个体主义。每一种文化都有其独特的符号遗产，表现为群体成员不同于其他文化的本体信念（essentialist beliefs）。从价值体系来说，个体主义社会中，基本人际状态为"极致个人"，他们崇尚自由、独立、独创、平等、竞争、成功、自我实现等强调个体体验的价值观，人与人之间的关系更可能是缺乏感情的等价"交易型"。相反，集体主义文化讲究条理、次序，强调人的相互性，趋于在人际关系圈子与他人的互动关系中界定自我，情感控制的文化维度上属于抑制型，人与人之间的关系是一种相互信赖、可以预期得到回报的"信用借贷型"[①]。从思考问题的角度来看，集体主义文明遵循辩证思维，西方学者称之为"循环思维"[②]。老子所言"祸兮福之所倚，福兮祸之所伏"是集体主义文化下的思维模式典型表现。相反，个体主义文化的思维模式为直线式。个体主义的通常做法是：确定一个目标，查找一下追求目标的路上有哪些障碍，找到去除障碍或绕过障碍的方法。因此，集体主义文化下，人们追求和谐、回避冲突，而个体主义文化鼓励人们竞争。

根据文化心理学的理论观点，人类心理的发展机制不是先天的，而是通过符号中介习得祖先符号遗产和行为遗产的过程，这一过程在维果斯

[①]　尚会鹏：《心理文化要义——大规模文明社会化比较研究的理论与方法》，北京大学出版社 2017 年版，第 73 页。

[②]　［美］C.R. 斯奈德、沙恩·洛佩斯：《积极心理学：探索人类优势的科学与实践》，王彦、席居哲、王艳梅译，人民邮电出版社 2013 年版，第 41 页。

基的社会文化理论中被称为"内化",而内化需要儿童与文化环境的互动。儿童通过父母的言传身教、学校教育的熏陶以及各种文化媒介(如民间历史传说、传统艺术等)获得自己所在文化背景下的本土信念,这些信念进而影响儿童的行为及认知模式。我国文化秉承着"一方有难八方支援"的互帮互助理念,这种互助理念从多个方面出发影响儿童:已经被传统文化浸染过的父母通过言传身教影响儿童,学校通过各种途径教育、熏陶儿童,各种媒体大力宣传这一理念,国家政府机构通过各种政策措施鼓励践行互助理念的个人与集体。个体一旦出生就被所处文化氛围整个包裹起来,文化通过各种形式作用于儿童身上。当儿童长大成人,"一方有难八方支援"的符号遗产被儿童认同并接受,成为儿童个性本质的一部分,这就是内化。当整个文化背景的人都具有这样的特征时,这种互帮互助的文化氛围进一步加强,从而形成良性循环。因此,集体主义文化背景中的儿童欺凌发生率不会很高。

与集体主义文化相反,在极致个人的文化背景下,人们更容易为自己而奋斗,容易形成马基雅维利主义思想。与集体主义中互帮互助的传承模式相同,崇尚个体体验的个体主义价值观也通过符号中介被儿童内化,并代代相传。具有这种价值观的个体为了自己的利益,可能不惜伤害他人利益。攻击方面的研究结论为此提供了证据。有研究发现,马基雅维利主义与儿童青少年的攻击行为正相关(李腾飞等,2016)。这可能是西方文化背景下,儿童欺凌发生率高的原因之一。因此,有研究者提出了攻击行为的文化相依性假设(Hypothesis of Culture-Dependency),即攻击行为受文化背景的影响。一项跨文化研究也为文化相依性假设提供了实证依据。奥地利学者 S. 伯格缪勒以 62 个国家 428 名四年级和 566 名八年级学生为被试,考察了集体主义、个体主义文化与儿童攻击行为的关系,结果发现,根据校长的报告,学生的攻击行为(包括身体攻击和言语攻击)与个体主义文化关联程度高于与集体主义的关联程度,控制了学校和国家特征等影响因素后,个体主义文化仍然对校长报告的学生攻击行为具有显著预测作用(Bergmüller,2013)。

简言之，文化的传承是通过群体成员接受符号遗产和行为遗产，并通过自身的宣传、推广而得以传承。生活在某种文化背景下的个体，会努力理解并接受该文化群体的符号遗产和行为遗产，并通过自身的活动进行宣传和推广，从而使文化经验世代相传。欺凌、受欺凌特征文化差异，源于不同文化的本土信念不同。

（四）文化影响下的家庭与家庭教育

社会文化通过符号的中介被儿童所内化，儿童内化自己所在文化背景下的本土信念时，家庭教育是其中一条重要的影响路径。家庭系统有哪些文化烙印？文化是怎样通过影响家庭进而影响儿童的？文化发展心理学给出了详细的解释。本书所述主题——儿童欺凌、受欺凌与集体主义—个体主义这一文化维度关系密切，接下来的论述中更多以此为例，分析文化如何通过家庭影响儿童。

1. 家庭系统的文化特色

本书第二章"家庭的历史演变"部分从词源学角度分析了"家"的含义，"房子里有猪"是我国古代一个家庭形成的标志，而古罗马的"家"是"一个人和他的全体奴隶"。可见，中西方在的"家"的含义方面源头上就有差异。历史变迁数千载，各文明发展的脉络、引发变革的社会动力不会完全相同，各国、各民族对家庭的解读自然具有明显的文化烙印。本书从儿童发展的视角，分析家庭构成形式、协助教养、儿童命名等与儿童发展关联密切的几个发展变量的文化特征。

（1）家庭的构成形式——婚姻观

婚姻是现代社会家庭的条件之一，为人类经济和生殖活动提供了一个当地文化承认的"合法"形式。婚姻形式受当地文化传统的影响，产生了不同的变式。根据文化人类学的研究，目前世界范围内的婚姻形态有四种：一夫一妻、一夫多妻、一妻多夫和群婚。四种形态中，前两种比较普遍，后两种较少。民族单一的国家多为一种婚姻形式，民族多且国家意识形态允许的国家中会存在多种婚姻形式。不同婚姻形式对个体心理发展产生不同影响。

　　我们先分析一夫多妻制家庭对儿童发展的影响。当前社会中仍有许多文化允许这种婚姻形式。在允许一夫多妻社会中，也不是所有男性均拥有多个妻子的机会，富裕人家的男性显然要比贫穷人家的男性更容易维持一夫多妻，这与我国封建社会一夫多妻制下的情况相似。[①] 一夫多妻制下，妻子们在家庭中的地位有平等型和不平等型两种，具体包括妻子地位平等且同住、妻子地位平等且不同住、妻子地位不平等也不同住、妻子地位不平等且同住等情况。妻子地位平等且不同住情况下，一位妻子与其子女实际组成一个小家庭，小家庭之间见面少，冲突较少。妻子地位不平等且同住的情况，嫡妻或先嫁入的妻子地位高，这种情况下家庭矛盾多，存在着多种家庭亚系统。一夫多妻婚姻比较复杂，儿童经历也千差万别，童年家庭的美满取决于父亲能否公平对待每一位妻子（瓦西纳，2007）。

　　一妻多夫情况并不多见，主要见于喜马拉雅山地区以及印度次大陆（瓦西纳，2007）。一妻多夫的具体表现形式又有多种。一种是一女嫁多个同胞兄弟，亲兄弟成为女性的集体丈夫。一妻多夫的产生原因有两个，一是为保证家庭财产不被分割（兄弟分家），二是防止因男丁被征兵（可能死亡）引发的家庭功能运转不良。第二种是母系社会中的多夫，丈夫们之间通常没有血缘关系。除此之外，还有一些特殊表现形式，如丈夫没有生育能力，另一个男人加入一起生育后代；丈夫生病或因其他问题无法劳动，妻子邀请其他男性加入一起生活（我国媒体中称之为带夫嫁人）。这种情况下，家庭的稳定和谐取决于妻子是否能够公平对待每一个丈夫。

　　群婚是指几个男子和几个妇女结婚，不存在象征性的特定配偶所有权。这种婚姻形式类似于恩格斯在其著作《家庭、私有制和国家的起源》

---

① 从社会学视角看，我国古代没有严格意义上的"一夫多妻"，应该是"一夫一妻多妾制"，妾的身份和地位更接近"奴婢"，妾生子女为庶子女，地位低于嫡子女。本书讨论是多配偶情况对儿童发展的影响，没有刻意区分丈夫多个配偶、妻子多个配偶之间的地位差异。

中的普那路亚家庭模式，通常见于一妻多夫制社会。现代社会中群婚是四种婚姻形式中最罕见的。家庭需要借助当地宗教信仰、世俗力量制订某些规则，如鼓励配偶们要团结、和睦相处，防止配偶之间的嫉妒、分配不公等，以维系家庭内部和谐稳定。

无论是一妻多夫、一夫多妻还是群婚制，家庭内部的关系都比一夫一妻制复杂得多。复杂的家庭系统中，家庭成员的社交密度、家庭亚系统的界限、儿童的主要照顾者、养育方式等与一夫一妻制下的家庭差别比较大，如群婚、一夫多妻和一妻多夫制的家庭规模通常较一夫一妻制家庭大，家庭成员的成分相对复杂，这些家庭内部因素必然影响儿童认知与社会性发展。一夫一妻制是当前各国的主要婚姻形式，我国以法律形式规定"实行婚姻自由、一夫一妻、男女平等的婚姻制度"[①]。因此，本书更关注一夫一妻制家庭中诸因素对儿童的影响，第二章对一夫一妻制家庭的结构、功能以及与儿童发展的关系做了详细论述，这里不再赘述。

（2）协助教养

多数文化中，婴儿出生后的两年内母亲是主要照顾者。但在新生儿阶段（指一个月以内的婴儿），母亲生育后身体比较虚弱，若是初次生育则缺乏相应的育儿经验，此时需要他人协助育儿。我们在亲本投资论部分从进化发展的视角分析了协助教养的必要性，以及可能参与协助教养的人，如女性祖辈、年长儿童、其他亲属（如姨妈姑母）、父亲等。不同文化背景中，协助教养者通常不一样。

非洲撒哈拉以南地区、大洋洲、冲绳岛和东南亚地区，家中较大孩子协助教养的模式普遍存在。但在美国当前文化下，父母把照料婴儿的责任交给家中较大孩子通常被看作是不负责任的行为，甚至构成犯罪（Shweder et al., 2006）。中国文化背景下一直有多种协助教养模式：年长子女协助、祖辈协助、保姆协助等。在多子女时代，年长子女协助父母教养弟弟妹妹普遍存在。祖母协助教养一直是中国文化的传统，她们不仅在

---

① 《中华人民共和国婚姻法》（2001 年修正）第二条：婚姻制度。

生活上照料孙辈，还要情感上支持孙辈，许多祖母甚至与孙辈建立了安全的祖孙依恋关系。随着城市化进程的发展，在宗族氛围比较淡漠的城市，母系祖辈（即外祖母）协助教养的模式逐渐增多。从儿童发展的视角来看，年长子女协助父母的教养方式有优势，有利于促进儿童认知与社会能力的发展（见第八章第三部分），但这在某种程度上伤害了年长子女的利益，如年长子女失去自我发展的机会。同时，同胞之间会因为资源竞争发生冲突，年长子女利用自己的身心力量优势欺凌弟弟妹妹。祖辈协助教养同样如此，既有优势也有不足（见第八章第四部分）。雇佣保姆协助教养与前述几种情况不同，保姆与家庭成员没有血缘关系，很少参与儿童教育，多负责生活上照料儿童。保姆协助教养的利与弊，学术界鲜有探索，无法给出确切定论。

（3）儿童命名习俗

给新生儿命名是每个国家都有的传统，区别是命名的方式：儿童名字有何寓意？谁在婴儿命名中具有决定权？姓氏随父姓还是随母姓？非洲加纳的阿桑特（Asante）人认为每一天都有某一种神灵管辖，神灵潜入某天出生的婴儿（瓦西纳，2007）。因此，他们按照婴儿出生日期（星期几）起名字，如周一出生的男孩起名叫"星期一男孩"。我国给婴儿取小名时，起名标准不同地区、不同时代差异很大，较为统一的标准有发音简单朗朗上口（如东东、乐乐）、有寓意（如女孩叫珍玉寓意珍贵美好）等。取大名（对外正式使用的名字）时则更重视寓意，如名字里有"森""冰"等字的可能有"五行缺水"之寓意。谁在命名中有决定权与跟谁姓相辅相成。当代多数文化属父权制，随父姓被文化默许，因此命名的权利自然被父亲以及父亲亲属（主要是祖父）所掌握。无论西方发展国家还是东亚文化，按照父辈家族网络给婴儿命名是普遍现象。西方国家（如英、法、德等）也会把母姓放在名字里，但在父姓之后。相反，有些地区仍然随母姓，如中国的摩梭族（李晓霞，2013），但这种现象并不普遍。人们可能认为，名字无非就是个符号，没有什么意义。果真如此，就不会因为命名、跟谁姓而产生家庭矛盾冲突。

　　儿童命名习俗体现了社会与家庭中谁是权威，其实是社会文化的一个表现形式。以随父姓文化为例。首先，影响了生存机会。如果随父姓，则只有男孩能够传递姓氏，男孩的地位自然就高。虽然进化形成的机制是男孩出生率高，但许多国家（如印度）婴儿出生男女比例差距远超过自然出生率，这实际是人工选择的结果。这从我国古代溺死女婴的记载以及目前许多农村地区对生男孩的追求中可以看出。根据我国2016—2018年全国人口抽样调查数据资料，以女童100为基准，0—4岁男童比例依次为115.62、114.52、113.91，5—9岁男童比例依次为118.86、118.55、118.03（国家统计局，2016—2018）。姓氏的传承权利让男孩在出生时就已经占据了优势地位。第二，姓氏影响了儿童在家庭中的地位。男孩的姓氏传承权使其家庭地位远高于姐妹，这从我国传统宗族文化保留完整的地区中可见一二。我国封建社会以及当前宗族氛围浓厚的地区，女性生存价值是为男性服务，是姓氏传承的工具。母亲的职责是生儿育女，姐妹的职责是帮助母亲料理家务照料幼小的弟妹，经济困难的家庭需要年长姐妹工作养育兄弟，结婚时获得一笔彩礼供自己兄弟娶妻使用。如果家庭没法给男子娶妻则意味着"香火"断绝，此时女性还要给自己兄弟换妻。即使在当前女性地位得到较大提升的情况下，传统文化仍然具有巨大影响力，"服从"男性思想、通过生育后代延续男性家族基因体现自身价值思想仍具有巨大影响力。第三，姓氏影响了受教育权、财产继承权以及一系列后续权利。有研究发现，无论城镇还是乡村，不同性别群体的平均受教育水平，随着家庭子女数的增加，下降趋势的快慢差异继续存在，女性群体的平均受教育水平下降更快（郝娟，2018）。这说明，目前中国城镇与乡村多子女家庭中，如果经济条件比较差，能够传承姓氏的男性获得优先权。获得更多教育资源的男孩更有能力参与社会竞争，男性得以提升或至少维持当前社会地位，娶妻生子机会更大，其姓氏则更容易传递下去。在财产分配上，家庭更容易把资产投向男性。长子继承制（多个男孩的情况）、嫡子继承制（一夫多妻制下）是我国古代社会权利和财产分配方式。现代法律虽然规定女儿和儿子具有同等继承父母财产的权利，但现实中父母往往通过多种方式（如购买婚房、创业资助）向男性倾斜。

前面亲本投资论中分析过，按照基因遗传的规律，父系祖辈和母系祖辈对孙辈的投资一样多，加上父亲不确定性因素的影响，母系祖辈对孙辈的投资应大于父系祖辈。实际情况是，城市家庭由于宗族势力弱、家庭规模小，祖辈投资符合进化发展的规律。但在从夫居社会中（父权社会），生物进化形成的机制没能战胜文化的力量，父系祖辈投资多于母系祖辈投资，可见文化对人的影响作用巨大。

具体到本书关注的儿童欺凌、受欺凌问题，儿童名字也发挥了作用。儿童名字好听、朗朗上口，会有更多朋友。相反，名字不好听或者与某些寓意不好的物体谐音，容易被同伴起难听的外号，成为遭同伴言语欺凌的诱因。众所周知，儿童如果想给同伴起外号，借口很多，胖的叫"胖墩""肥猪"，瘦的叫"瘦猴""豆芽"，高的叫"麻秆"，矮的叫"地缸"，眼睛大的叫"大眼儿"，眼睛小的叫"眯眯眼"，戴眼镜的叫"四眼""酒瓶底儿"，五花八门。根据同伴名字起外号是童年期儿童和初中少年常见现象。某女孩名字"文琴"，被起外号"黑顶麻雀"。"琴"字与"禽"同音，麻雀属于"文鸟科"，"文琴"就是"麻雀"，该女孩皮肤比较黑，"黑顶麻雀"外号由此得来。同伴经常以此逗乐、取笑，该女生非常难过。同伴的行为实际就是言语欺凌行为。因此，父母给儿童起名字时不仅要考虑寓意、家庭网络关系（辈分），还要考虑名字与儿童社会性发展的关系。

2. 家庭教育的文化隐喻

（1）文化"矫饰"

从出生的那一刻，儿童就进入了一个事先准备好的文化环境。心理学界在研究受孕、怀孕、出生以及成长等儿童发展历程时，把成年人需要孩子以一种好看的"矫饰"表现出来，仿佛成人生养子女仅仅是为了关怀后代幸福（瓦西纳，2007）。其实，父母生育子女是为了自己。我国文化传统中强调的"养儿防老"，这是成年人真实的想法，但集体文化矫饰过的情况则是，父母和孩子都认为（至少感觉是）父母在为孩子奉献，孩子应该感恩父母。文化实际上是成年人围绕自己利益而形成的规则系统，儿童出生之后就被这种文化所包围，父母按照文化规则去教育子女。当然，父母可能知道自己的原本目的，但有意按照文化规则去教育子女；也可能不清楚原本目的，只是无意识地按照文化规则来教育子女，潜意识的思维模式可能是"大家都这样我也这样做"。无论哪种情况，潜在的受益者是父母。这一结论与进化心理学的分析结果一致。因此，出生后的婴儿完全浸染在成年人制定或构建的文化汪洋大海中，接受来自家庭、学校、媒体、国家制度等方面的全方位影响，并最终社会化。

社会化过程中，儿童经历了遵从权威（学龄前阶段）、挑战权威（青少年阶段）到遵从权威（成年）的发展历程。这一发展过程形象反映了每个发展阶段对文化的态度。受认知能力水平所限，早期儿童听从父母和长辈的教诲（传承文化规则），全方位接受文化对自己的影响（借助父母教育）。到了青少年阶段，随着认知能力的迅速提高，青少年发现父母所教导与自己利益冲突，如父母要求节假日家庭团聚，青少年则要构建自己伙伴关系网络或独自做自己感兴趣的事情，矛盾冲突出现。发展心理学把青少年对父母权威的抗争称为"逆反"，这一称呼再次证明了文化是成年人制定的规则，围绕成年人的利益而设定。成年后，尤其是结婚生育后代之后，个体发现文化规则对自己有利，也可能没有发现，只是感觉生活比较自在（规则对自己有利则感觉舒服），于是自觉遵守文化规则，并按照文化规则教育下一代。至此，文化的代际传递完成。在文化代际传递的循环圈中，青少年阶段对文化规则具有冲击力，他们集体"逆反"与抗争能够让文化规范发生变化。我国近代发展史中的社会大变革阶段，青年人通常起到了中流砥柱的作用。

（2）婴儿喂养的文化建构

婴儿出生后很长一段时间内饮食与成年人不同。早期母乳喂养，紧接着母乳喂养的同时添加适用于婴儿的食物，最后才能与成人一样进餐。文化对婴儿的影响，体现在是否母乳喂养、母亲喂养规则等方面。

从生物进化角度讲，乳汁是婴儿最适合的营养来源。许多文化中母亲乳汁常常被描述为是血变的。这种文化建构强调了母乳喂养的奉献精神，同时也提出了一个问题：母亲乳汁不够或没有乳汁怎么办？如果母亲乳汁不够或没有母乳，有些文化支持其他女性喂养，借用其他哺乳期母亲的乳汁，有些文化允许使用动物奶（如牛奶、羊奶等）喂养婴儿。中西方古代贵族阶层，则用奶妈乳汁抚养婴儿，住家奶妈在中西方历史上都很流行。随着科学技术的发展，女性走出家庭参与社会生产活动，母乳喂养与工作产生了矛盾冲突，女性为了工作放弃母乳或减少母乳次数、缩短哺乳期时间。现实社会中，各国文化多数宣传母乳的重要性。母乳中含有新生儿生长必需的营养素及免疫成分，可以保护新生儿免受细菌感染、促进成长。儿童发展方面的研究发现，母乳喂养有利于儿童社会情绪的发展（张艳，2013），从未母乳喂养是儿童早期心理行为发育的危险因素（刘熠华，2019）。于是社会形成了一种"母亲如果不用母乳喂养就会愧对子女"的文化氛围，传递着母乳喂养、母亲教养是神圣使命或责任的文化心性，这种文化给母亲压力，迫使女性在职场和家庭教育中作出选择。

　　母亲喂养的过程体现了不同的文化规则。与儿童攻击欺凌相关的文化规则是母亲的喂养方式。社会学家玛格丽特·米德在其著作《三个原始部落的性别与气质》写到，蒙杜古马族的母亲给婴儿喂奶时通常只有几分钟的时间，"如果他们不能充分利用这几分钟的时间吃饱乳汁以维持以后几个小时的需要，那么他们就只有死路一条"，"母亲对孩子的哭叫简直充耳不闻，理也不理，如果孩子大一点的话，充其量给孩子一巴掌。"① 蒙杜古马族的喂养模式显然给婴儿传递了一个信号，如果要想生存下去，必须在极短的时间内尽可能多吸吮乳汁。"争""抢"的意识从母乳喂养时就已经开始形成。我国哺乳期女性喂养孩子的文化规则与蒙杜古马族完全不同，对孩子哭闹的信号反应性强，给孩子充足的时间吸吮奶汁，轻轻拍

---

① ［美］玛格丽特·米德：《三个原始部落的性别与气质》，宋践等译，浙江人民出版社1988年版，第186页。

打婴儿（安抚）等。这种喂养模式显然体现了我国自古以来崇尚的"恻隐""仁爱""关怀"文化精髓。因此，文化通过最初的母乳养育规则对婴儿发展施加影响。

（3）亲子关系的文化建构

婴儿尚未出生，亲子关系的文化建构就已经开始了（通过胎教）。婴儿出生后，影响亲子关系建立的关键要素受文化制约。第一，婴儿和父母一起睡还是分开睡。我国传统文化一直是婴儿和父母一起睡，或与其他提供乳汁的人（如奶妈）一起睡。西方（主要指欧洲、北美）的中产阶级家庭中，比较普遍的模式是婴儿自己单独睡一个房间。一起睡时，婴儿比较安心，中间醒来也有父母安抚，让父母与子女关系亲密。分开睡的模式让婴儿独自面对"黑暗环境"，建立应对黑暗恐惧的心理机制。夜间醒来害怕啼哭，父母也会过来安慰，等婴儿安顿下来或者睡着后再离开，分开睡让亲子关系疏离。第二，对儿童信号的应对方式。在保护性看护领域，日本儿童和母亲身体接触多，美国儿童和母亲目光接触多；当孩子犯错时，日本父母威胁把孩子关在门外，美国父母威胁把孩子关在家里（Bugental & Grusec，2006）。美国母亲的行为有助于孩子独立，日本母亲的行为有助于孩子建立对自己的依赖。东西方集体主义与个体主义文化从早期婴儿养育模式就体现出来，并通过养育模式向儿童传递文化规范。第三，父母在儿童教育中的分工不同。西方文化中父母角色分工明确，母亲是看护者，父亲是玩伴。而东亚文化（如日本），照料婴儿由母亲承担，大多数父亲不能分担照料婴儿的任务（贝克，2014）。

（4）家庭教育模式的文化特征

父母养育儿童模式具有文化特征，或者说父母教育实际上是文化通过特定符号向儿童传递"美德"的过程。这里的美德是指符合本土文化价值规范的行为集合。本土文化推动父母抑制儿童违反文化规则的行为，促进儿童养成文化许可行为。如欧美中产阶级认为儿童应该具备的美德有独立、自主、自我追求等，中国文化认为儿童应该具备的美德有谦虚、合作、勤奋等。文化借助父母教养把这些美德注入儿童身上。有研究对比了台北市中产家庭和芝加哥欧裔美国中产阶级家庭中的叙事故事，发现台北家庭更倾向于将儿童故事的主角设定为违规者，儿童犯的错误是故事重点，父母说教收尾。而美国家庭出现了自我袒护现象，抹去或忽视儿童所犯的错误（Miller et al.，2001）。另一项中西对比的研究发现，与欧裔美国母亲相比，北京母亲给3岁儿童讲故事时更关注道德规则（Wang & Leightman，2000）。由此可见，各国本土文化借助父母教育完成了"美德"植入过程，儿童则通过不断内化习得了社会规范，完成了社会化过程。

除了品德培养之外，本土文化的整体规则系统均会通过家庭文化、父母教育逐渐传递给儿童。例如，父母打扮孩子时通常不会思考：穿红色还是穿蓝色？穿裙子还是穿裤子？因为父母已经内化了本土文化的着装规范，所以会不假思索按照文化许可的规范打扮孩子。打扮男孩时，索马里母亲们给男孩穿上五颜六色的裙子，中国母亲则在裤子和裙子之间毫不犹豫地选择裤装，在粉红色衣服和蓝色衣服之间选择蓝色。文化对性别角色行为的要求通过父母潜移默化传递给儿童，促使儿童逐渐完成性别角色社会化。

（五）文化相依观的启示

文化相依观强调文化对群体成员的影响，认为本土文化通过符号中介向群体成员传递文化规范。家庭文化受制于宏观文化，在宏观文化与儿童之间起到了桥梁作用。这一观点对儿童欺凌、受欺凌的研究与干预有重要启发意义。

1. 文化传承的关键环节是家庭

个体主义秉承极致个人的文化观，追求个性、自身发展的文化规则；集体主义文化追求合作共赢、情感抑制的文化信念，它们均会通过多种渠道向儿童施加影响。本土文化除了通过政府规章制度、学校教育、大众传媒等方式影响儿童外，主要通过影响父母进而影响儿童（影响路径见前面的相关分析）。于是，个体主义文化下，家长更重视保护儿童隐私，鼓励儿童张扬个性，使儿童养成自我中心思维。集体主义文化下，家长更重视培养儿童的谦让、隐忍、合作、仁爱的品质，鼓励儿童遵守道德规则，使儿童养成为他人着想的品质。因此，恃强凌弱的欺凌行为是我国集体主义文化规范不支持的行为，欺凌同伴会被社会贴上"违规"的标签，为他人所不齿。家长通常会把这一理念传递给子女，这是中国儿童欺凌、受欺凌发生率低的文化因素。自然，在欺凌事件中，集体主义文化中帮助弱者或制止欺凌行为的人数比例也会高于个体主义文化，这已经被研究所证实（陈光辉、张文新，2018）。

2. 合作与互助将会成为多数文化的核心规范

根据人类发展的进化发展观，人类心理的发展具有适应性，会向着有利于自身发展的方向对文化环境施加影响。在群体成员努力下，作为人类赖以生存的各个亚文化也会不断变化，吸取其他文化的精华、摈弃其糟粕，让本土文化具有更强的生命力，更适合人类生存。可以推测，在人类发展史上曾经起重要作用的攻击行为（欺凌的上位概念）将会被越来越多的文化贴上"问题行为"或"违规行为"的标签。假设一个多民族国家听任攻击文化的自由展现，将会发生怎样的现象？可以预见，各亚文化群体或民族群体为了自身利益，尽可能占用更多资源、获得更多繁衍机会，争斗、抢夺将处于常态。随着人类文明的发展，战争带来的好处（如促进与战争相关的科学技术发展）远远大于损失（如大批优秀人口的消失、民生建设的延缓乃至停滞）。于是，人类对于攻击行为的看法随时代发展作出了相应的调整，攻击行为尽管仍然是人类生存必要的能力，但不再像以前那样得到鼓励。与之相反，文化融合有助于社会和谐稳定，而不同文化族群融合需要互助友爱。可见限制与约束攻击行为、宣传互助友爱的品质是现代化多民族国家得以长盛不衰的需求。随着文明社会对人类攻击行为观的改变，"攻击行为异常"的观点会通过各种媒介得到宣传，如果群体成员仍然表现出原有的攻击行为，则政府通过各种政策法规予以限制，群体成员由此必须修正自己继承的行为遗传模式，降低攻击性，从而使整个群体的攻击性下降。

3. 文化对儿童的影响还受其他因素制约

我们前面分析过，在儿童社会化历程中，根据遵从—逆反—再遵从的流程，本土文化完全复制到每一个儿童身上，从而完成代际传递。这个闭合的循环如果完全正确，结果将是文化的固化，这与现实并不相符。众所周知，文化也是在不断变化发展的。如欧洲的儿童观，中世纪遵循"小大人"观，儿童只是体格小的成人而已。而今天西方的儿童观则认为儿童有其不同于成人的天性，教育应该遵循儿童的天性。我国封建社会许多不良文化规则，如一夫一妻多妾制、女性缠足、阴婚、殉葬、父母包办婚姻等已被现代社会所摒弃。文化自身的不断变化说明，遵从—逆反—再遵从这一进程中出现了新变量，或者受到其他因素干扰。如果用系统论来分析，该进程中存在多次相互影响：文化通过父母影响儿童，儿童反抗，父母在儿童的不断反抗中会妥协、退让，儿童获得了相应权利，多回合抗争后，儿童长大成人。此时他们所内化的文化规范与父母辈的文化规范已经有了很大差异。他们一方面继承了传统文化中自己认同的规范，另一方面根据需求补充了新规范，形成了同龄人集体规则。当这一代人逐渐成熟并成为社会的中坚力量后，他们将会通过各种渠道向下一代传递自己所支持的集体理念。如此，整体文化才不断革新、变化。但通过这种方式所进行的变化往往循序渐进、发展平稳，不太容易发生巨大质变。这一循环过程中如果有新变量出现，如外来文化冲击、自然环境突变等，善于接受新事物的青年群体则容易抓住机会发动社会变革，让本土文化产生巨变。因此，个体积极主动性、其他文化影响、本土自然环境变化等影响了文化对个体作用方式，也促使文化不断发展变化。

四、家庭应激理论

家庭系统诸理论从病理学角度把儿童置于家庭系统中，查找引发儿童适应问题的家庭因素，揭示家庭诸因素相互影响作用于儿童的内在机制，提出了针对家庭系统的咨询与治疗策略。可以说，这是从家庭微系统内部着手解决问题的思路。但是，如果把家庭作为一个社会单元，它是如何应对各种危机的呢？由于家庭系统理论的思路与关注点不在此，故不能作出解答。但压力应对方面的理论却能给出合理的解释，并提供了相应的研究支持。压力应对研究领域通常把家庭作为整体，提出了多个家庭应激的理论模型，其中比较有影响力的是事件与家庭应激资源相互作用论（ABCX 模型）、双 ABCX 模型以及家庭韧性理论，这些理论统一被称为应激—危机—应对理论。

（一）事件与家庭应激资源相互作用论

事件与家庭应激资源相互作用论（ABCX 模型）由 R. 希尔（Hill，1949）提出，用以解释压力引发家庭经历一系列危机的过程（转引自 Rice，1992，中译本，2000）。该理论认为，当家庭面临压力时，家庭现有资源、相关支持以及家庭对压力源的看法影响家庭的身心健康状况。由于 ABCX 模型能够预测家庭对压力源的最初反应模式，故一直作为解释家庭的基础理论而备受重视。

ABCX 模型中的 A 是指引发家庭危机的事件，如家庭主要经济来源人的死亡、儿童患有自闭症等。B 是指家庭应激资源，包括家庭经济适宜度、身体健康状况、心理资源和家庭成员受教育水平等。C 是指家庭对应激事件的定义，如当家庭经济主要来源人（如父亲）死亡，家庭把该压力看作是危险，还是看作是挑战。X 是指产生危机。该理论认为，应激事件使家庭陷入危机，并进入应激状态，但危机的产生受家庭对应激事件的看法、家庭应对危机的资源等因素的影响。也就是说，家庭脆弱性与应激源的相互作用使家庭产生了危机。例如，家庭喜迎新生儿的诞生，但却发现儿童患有先天疾病。如果家庭经济状况好、父母身体好（有充足的精力抚育新生儿），则该事件不会使家庭陷入危机；相反，如果家庭经济状况不好、父母本身有疾病（家庭脆弱性），再加上先天疾病的婴儿（应激源），家庭则陷入危机。

ABCX 模型给欺凌干预的启发：家庭面对儿童欺凌或受欺凌这一危机

事件时，首先要对儿童欺凌与受欺凌作出适宜的界定，在此基础上调动家庭系统各种可以利用资源去解决问题。那么，父母该如何看待儿童欺凌、受欺凌？根据课题组和前人研究结论，父母不能对儿童欺凌持支持性态度，也不能把儿童欺凌视为家庭重大危机。前一种态度其实是放任欺凌、受欺凌的发生而不管，后一种态度则让家庭高度紧张并陷入慌乱之中，不利于问题解决。适宜的态度或观点是把儿童欺凌、受欺凌看作是一种挑战，并积极寻找解决方法。至于如何寻找适宜的应对方法，后文将详细分析。

ABCX 模型解释了家庭资源与家庭对应激事件的评价二者相互作用产生应激的进程，但该理论模型没有从发展的视角解读压力源、家庭应激资源以及家庭对应激事件的看法，不能解释家庭随着时间变化逐渐适应压力的能力，忽视了家庭评价（作为整体家庭意志）可能不存在的事实，因而受到许多学者的批判。许多学者以此为基础提出了新的理论观点，家庭双进程模型即为其中的典型代表。

（二）家庭双进程模型

H. I. 麦卡宾和 J. M. 帕特森对希尔的 ABCX 模型做了修正，提出了家庭双进程模型（Double ABCX），描述了家庭内部四种组成成分相互作用应对压力环境的进程，见图 7–1（McCubbin & Patterson，1983）。由图 7–1 的双进程模型可知，前半段实际上就是希尔的 ABCX 模型，即危机产生与否受压力严重程度、家庭内部支持以及家庭压力观等因素的影响。双进程模型增加了时间进程，即把家庭应激看作是一个动态变化的过程而非结果。

与最初的 ABCX 模型相比，双进程模型突出强调了压力、资源以及家庭对压力的评价均会随时间而发生改变。图 7–1 右半部分内容即为新增部分，包括新压力源（Aa）、现有资源与新资源（Bb）、变化了的观点（Cc）以及家庭适应危机过程中所使用的应对策略（Xx）等。首先，压力源随时间发生变化。双进程模型认为，危机发生后，会出现大量的新压力源，也就是说最初的危机源会引发家庭其他领域或系统出现多个危机，出现压力累积现象。如儿童诊断出自闭症会引发家庭经济困难、父母就业压力等新危机，有学者把这种现象称为应激剧增现象（stress proliferation），并把它作为双进程模型的 Aa 部分（Benson & Karlof，2009）。其次，家庭资源也随时间发生变化。与最初的 ABCX 模型不同，双进程模型强调，危机经过一段时间后，家庭会获得多方面的支持，也就是说不只是压力会增多，家庭能够获得的支持性资源也会随着时间的推进而增加。这些支持可能来自家庭内部（如家庭成员的支持和帮助），也可能来自社区、宗教机构等（如社区帮扶工作）。第三，家庭成员对压力源的看法、对自己解决危机能力的看法等也会发生变化。有学者认为，家庭成员对压力源的评价或多或少会影响家庭适应压力源的效率（Pickard & Ingersoll，2017）。第四，双进程模式还考虑了应对策略在家庭危机公关中的作用，家庭的有效应对会减少压力，无效应对则可能是压力升级，出现应激剧增现象。

　　总体来说，家庭双进程模型认为家庭通过四个过程来适应家庭成员出现的问题：一是把家庭成员的问题作为家庭压力源，二是家庭用来应对的资源（如收入、社会支持等），三是家庭成员对问题的评估，四是家庭应对模式。家庭适应（Xx）是这些变量之间相互作用的结果，适应的结果可能是消极的也可能是积极的（McCubbin & Patterson 1983），前者称为良好适应，后者称为不良适应。

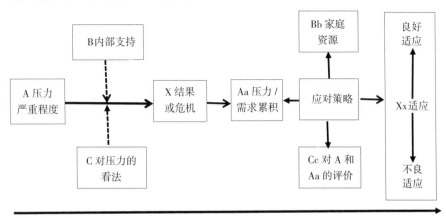

图 7–1　麦卡宾和帕特森的家庭应激双进程模型

资料来源：Pickard & Ingersoll，2017。

　　家庭双进程模型给家庭视角的欺凌、受欺凌干预提供诸多思路。首先，欺凌、受欺凌发生后，如果家庭应对不当可能会产生新的压力，导致压力累积效应，严重影响儿童健康发展。例如，儿童遭受同学言语欺凌和关系欺凌（嘲笑、谩骂并被同伴排斥），父母采取的应对策略是给儿童调换班级。根据压力应对理论，这种逃避最初压力环境的方法属于消极应对方式，不仅没能解决儿童受欺凌问题，更让儿童进一步陷入更大的危机之中。原有引发受欺凌的危险因素没有消除，很快又称为新同伴的欺凌对象，更为严重的是新班集体中同伴友谊群体已经稳定，该儿童无法融入，更加孤独无助。其次，提升原有家庭保护因素，发现家庭新应对资源。例如，本书第六章最后一个案例的干预中，重要支持性资源是该生的二姑母，该资源就是干预人员找到的新资源。之所以称为"新资源"，是因为表哥未上大学之前姑母很难提供实质性帮助，此时姑母未被列入支持性资源。表哥上大学后，姑母有时间和精力为该生提供帮助，此时姑母就属于支持性资源了，显然该资源是随着时间的推进出现的新资源。再次，循序渐进改变家庭成员（主要是父母）对欺凌、受欺凌的态度。在干预实践中，有些家长（尤其是欺凌者父母）会坚持欺凌有利的观点，支持儿童欺凌，干预人员各种努力都难以奏效。但随着时间的推进，当干预人员把追踪发现的结果（多为消极结果）呈现给父母，父母的观点会发生改变，逐渐配合干预人员的工作。因此，家庭双进程模型实际是从发展视角解读ABCX模型，对儿童欺凌干预提供了有价值的思路，为后续其他理论的产生奠定了基础。

（三）家庭韧性模型

　　受生态系统理论的影响，学术界提出了通过干预家庭系统而达到帮助弱势群体的目的，其中由沃尔什提出的家庭韧性模型（Family Resilience Framework）是临床心理学领域比较具有影响力的代表性观点（Walsh，2002；2016）。该理论在生态系统理论的基础上对家庭双进程模型进一步拓展与提升，强调用发展观解读家庭压力与应对，描述了家庭面对压力、危机或灾难时所采取的应对机制以及家庭干预的核心步骤。

1. 家庭韧性观的理论基础

沃尔什的家庭韧性模型实际上是在生态系统理论基础上，用发展的视角去解读家庭系统。首先，家庭韧性观整合了生态系统与发展维度。他认为，每个家庭都是一个复杂的生态小环境，与其他家庭有共同点，也有明显的边界，故每个家庭经历的困难与危机有所不同，同时与其他家庭也有相似的规律。与此相应，干预实践中需对家庭情景做整体评估，揭示每个家庭的不足和潜在能力。其次，受生态系统论影响，家庭韧性模型认为家庭韧性与危机具有多重效应。人类个体与家庭、社区以及更宏观的系统相互作用，影响了个体应对压力的韧性与脆弱性；换言之，家庭系统与其他社会资源可以提高或抵消基因或生物遗传的影响，韧性资源需通过家庭积极的相互作用进程得以实现。最后，该理论强调发展观在理解与培养韧性中的重要作用，认为压力对家庭的影响、个体与家庭进程均随着时间的改变而不断变化，这一点与双进程模型相同。

2. 家庭系统的关系资源

沃尔什首先根据前人研究对家庭关系资源进行梳理。发展心理学界的诸多研究都发现，并非所有受父母虐待、经历不良教养的儿童都出现心理问题，也有许多儿童未出现问题，能够正常发展。为什么会出现这种现象？学术界最初把研究的焦点指向家庭外部的支持性资源，如教师、同伴的陪伴与支持等。沃尔什则认为，实际情况并非如此，而是家庭系统内部其他关系资源为儿童健康发展提供了支持。它不仅弥补了父母教育的不足，还修复了亲子虐待带来的伤害。如 E. E. 沃纳和 R. S. 史密斯的追踪研究发现，祖辈及其他亲属大量亲情投入对提升青年人的韧性作用巨大，可以弥补童年期父母教育不足以及其他危险因素的消极影响（见 Werner & Smith，2001）。因此，沃尔什指出，韧性取向的研究需揭示家庭中有利于提升儿童韧性的潜在资源，找到家庭系统中哪些成员（包括祖父母、外祖父母、姑姑、叔叔等）能够为处于困难或危险中的儿童提供最大支持，促进儿童向积极方面发展。

3. 家庭韧性的概念

韧性是发展心理学与心理健康领域学术文献中出现频率较高的字眼，指经受住生活危机并重新焕发生机的能力。早期学术界多关注人类个体所具有的韧性，如个体积极乐观的个性特征、抗压能力等，而沃尔什把家庭整体作为一个单元，认为危机与困难会通过家庭内部的关系网络起到累积效应，并最终破坏家庭功能。家庭的关键进程反过来又影响了家庭成员以及整个家庭的积极适应，这些关键进程能够让家庭安然度过危机，使家庭功能免遭损害，这就是家庭韧性的作用。那么，什么是家庭韧性呢？沃尔什认为家庭韧性是指家庭作为一个整体功能单位所具备的应对危机或压力的内在力量。这种内在力量能使家庭安然度过生活的压力与挑战，并使家庭更稳固、更富有智慧。

4. 发展中的压力与应对

根据前述分析可知，沃尔什使用发展观解读家庭系统，包括家庭系统的关系资源、压力源以及应对方式，认为家庭所面对的危机、家庭内部的关系系统、家庭应对压力的方法策略以及家庭韧性资源均会随着时间的推进而发生变化。

关于压力，沃尔什认为，首先多数压力并非单一事件，通常是随时间变化而形成的一组事件。例如，对儿童及其所在家庭来说，父母离异通常包括离婚前紧张的夫妻关系、分居、正式离婚（法律意义）、家庭重组以及亲子关系的重建等一系列事件群集。在回归正常秩序之前，多数儿童及家庭会经历一段痛苦的过渡阶段，此阶段家庭的主要压力有经济拮据、再婚以及重组家庭等。其次，压力存在瀑布效应（cascade effect），即一个压力可能引发一系列压力，并使家庭最终出现问题。以低收入人群为例，他们的收入往往是家庭经济的主要来源，他们的工作通常对技术水平要求不高，所在工厂关闭与随后失业意味着家庭基本收入的丧失，长时间失业则会引发家庭关系紧张，乃至矛盾冲突，从而增加了迁居、家庭破裂甚至丧失家庭的风险。第三，压力随时间发生变化。受社会政治经济以及自然环境变化（如地震、水灾）等诸多因素影响，作为社会最小单元的家庭可能在某个时间点上遭遇困难与挫折，即无法确定家庭未来会怎样，这意味着儿童所生活的家庭环境处在不断变化之中。对儿童来说，家庭的每一次变化都可能是一次挑战，甚至是危机与压力。例如，家庭成员的进进出出（儿童长大成人并离开家庭单独居住、老人去世等）导致家庭结构发生变化，这些变化给家庭与儿童带来压力。在儿童发展过程中，家庭会出现许多危机事件或事件群，沃尔什把这些危机事件分为无法预期的非常规变化（如新生儿有残疾、婴儿夭折）与破坏性极强的事件（如作为儿童主要养育者的父母一方突然去世）两类。危机造成家庭的巨大损失，如父母突然离世使儿童失去主要照顾者，家庭失去经济收入的主要来源，家庭经济功能不能正常运行；儿童夭折影响了正常的代际传递，家庭的未来希望与梦想破灭等。

基于家庭压力的上述特征，家庭需要使用相应策略解决眼前困难，这就是应对。一般而言，有些家庭的应对策略能够较好解决短暂危机，但面对多重、持续压力（如贫穷、家人慢性疾病或残疾等）时会束手无策，即多重内外压力会压垮一个家庭，使得家庭在随后的危机应对中更为脆弱。家庭如何有效应对压力与危机呢？沃尔什认为，需要使用发展观去分析家庭应对策略。对儿童来说，其韧性资源取决于父母以及家庭对压力的积极应对。因此，学术界需要探讨家庭应对压力的策略，从发展视角来看，需要揭示家庭应对的即时策略和长久策略，以及这些策略的效果。有些即时策略短时间有效，但从长远看可能会产生消极后果。例如，某家庭成员有重大疾病，家庭动用所有资源给予治疗，该成员康复（即时效应为积极的），随后家庭陷入经济困难，子女上学、巨大的债务压力等成为家庭的新压力。因此，无论压力还是应对均需放在发展这一时间轴上分析。一般而言，应对家庭压力源，需要重新调整家庭功能角色，降低家庭关系紧张程度，动员亲属与社会资源，提供再就业支持等，这些措施对增强家庭韧性、帮助家庭应对风险等具有重要价值。

4. 家庭韧性的关键进程

沃尔什指出，压力韧性理论关注家庭面对压力、危机以及灾难时的力量，但没有适用于所有家庭应对所有情景的健康功能模式，需根据家庭价值观、家庭结构、关系资源以及所面临的危机等具体情境具体分析，也就是说，家庭最佳健康功能模式随着家庭与家庭危机类型的变化相应发生变化。沃尔什根据前人研究和自己所在团队的研究成果提出了促进家庭韧性发展的关键进程（Walsh，2016），涉及家庭功能的三个方面（见表7-2），为遭遇危机的家庭提供指南。

表7-2　家庭韧性的关键进程

过程类型	一级指标	二级指标
信念系统	对逆境作出解释	对韧性的看法
		对困难做规范、情景化解释
		连贯性：把危机看作是有意义的、可理解的、可操控的挑战
		辅助性评价：解释性归因、未来预期
	乐观主义人生观	充满希望、乐观，对克服困难充满信心
		鼓励自己，相信力量，关注潜能
		积极主动，坚持不懈
		掌握可能，接受不可改变，容忍不确定性
	超越与灵性信仰	更高的价值观和追求
		灵性信仰：信任、沉思默想、共享；与自然世界沟通
		鼓舞或灵感：想象可能之事，渴望；创造性表现；社交行动
		转变：学习、改变，并从逆境中成长
组织进程	灵活性	振作、积极改变以应对挑战
		重建、重启：连续性、可靠性、可预测性
		强有力的、具有权威的领导：教养、指导和保护
		多种家庭形式：合作教养团队
		夫妻关系：相互尊重、平等
	相互联系	相互支持，团队协作，有担当
		尊重个体需求与个体差异
		重建联系，弥补缺憾

续表

过程类型	一级指标	二级指标
沟通与问题解决进程	争取社会与经济资源	争取亲戚、社会以及社区的支持；榜样和指导者
		增强经济安全，找到解决工作和家庭压力的正确方法
		与宏观系统联系：获得政府与机构的支持
	澄清	信息清晰连贯、前后不矛盾
		明晰模糊情境、追求真理
	情绪分享	痛苦情绪：悲伤、苦恼、害怕、失望、懊恼
		积极沟通：爱、同情、感激、幽默、有趣
	合力解决问题	创造性头脑风暴、机智
		分享决策、修复冲突、协商、公平
		聚焦目标、具体步骤、以成功为基础、从挫折中学习
		主动态度：准备、计划、干预

资料来源：Walsh，2016。

　　沃尔什认为家庭韧性的几个核心过程相互影响、相互作用。例如，与他人分享自己的观点有利于沟通、情绪分享以及问题解决，有效沟通反过来有助于达成共识。韧性取向的干预旨在帮助家庭燃起希望、产生力量、增强联系，最终提升家庭应对危机的能力，帮助儿童及家庭渡过难关。该理论模型可用于应对家庭危机与压力事件，在社区服务机构广泛应用。

　　沃尔什的家庭韧性模型是目前学术界融生态系统论、家庭系统论以及压力应对理论为一体的整合性理论之典范，为家庭应对压力提供了理论依据与干预模板，也为欺凌、受欺凌儿童的家庭干预提供了极富现实意义的分析框架。与 ABCX 模型和双 ABCX 模型相比，该理论模型为欺凌、受欺凌干预研究与干预实践提供了新思路，即同一类型的欺凌、受欺凌儿童采取的干预措施可能不同。如两位年龄相同的男生 A 和 B 都是身体欺凌儿童，引发他们身体欺凌的家庭因素可能相差很大，A 的家庭关键危险因素是父母惩罚与严厉管教，B 的家庭核心危险因素是父母溺爱与放纵；

同时 A 与 B 家庭中可以获得家庭韧性资源也不一样，A 家庭中的祖辈可以提供帮助和支持，B 家庭中年龄相近的表兄弟姐妹较多，可提供同伴支持与帮助。由于危险因素和韧性资源差别较大，对 A、B 两位欺凌儿童的干预方法自然不同。另外，该理论强调几个核心进程之间的相互影响，对家庭韧性的关键进程做了详细解读，操作性极强，对制订欺凌、受欺凌家庭干预方案具有重要参考价值。

对整个家庭而言，儿童欺凌、受欺凌是一个重要的压力源，对受欺凌儿童家庭更为明显，整个家庭由此进入应激状态，需采取措施解决面前的困境与危机。家庭如何解决遭遇的危机呢？本书第八章将根据前述研究结论及他人相关研究发现，结合家庭系统论、家庭应激理论以及家庭韧性理论，提出家庭系统的调整策略。这一方面减轻儿童欺凌、受欺凌引发的家庭危机，使家庭向良好方向发展；另一方面通过家庭系统的调整使儿童摆脱欺凌、受欺凌身份，最终达到减少或消除校园欺凌的目的。

五、干预理论的综合实践

在儿童发展研究领域，理论家们习惯从某一独特视角出发，探讨影响人类心理发展的机制，如亲本投资理论关注遗传进化形成的机制，积极发展观重视人类积极心理特征与影响人类发展的积极环境，文化相依观重视文化对人类的浸染。实践工作者或者从事实践研究的学者也不断进行实践探索，试图证明某种理论模型的正确性以及实践价值。研究结果通常能够证明实践干预的有效性，但却发现基于某种理论指导下的实践方案总有这样那样的缺憾。也就是说，基于某种理论的干预会有效果，但可能无法达到预期的理想效果。因此，实践界推测，综合使用各种理论观点从多方面入手效果可能会更好。基于此种思考，越来越多的实践工作者以及从事实践研究的学者们尝试把多种理论思路糅合在一起，对儿童心理问题进行防治。兹举三例予以说明。

（一）家庭中心的积极心理干预

积极发展观的支持者本森在其文章中指出，对儿童青少年来说，积极资源越多越好（Benson，2006）。本森称之为累积效应（Cumulative Impact），包括垂直堆积（vertical pileup）和水平堆积（horizontal pileup）两种情况。前者指不同发展时间的资源积累，后者指相同时间上的不同情境资源的累积。积极心理治疗的实践工作者用实际行动支持了本森的观点，家庭中心积极心理干预（Family-centered positive psychology，简称FCPP）就是其中之一。该模型以积极心理学为基础，充分利用了个体、家庭、学校等方面的积极资源，协助儿童及儿童所在家庭自我成长。

与积极心理学的基本理念一致，家庭中心积极心理干预不关注儿童及家庭的问题及缺陷，不以修复缺陷和解决问题为目的，而是关注儿童及家庭自身能力的提升，帮助儿童鉴别并培养自己的优秀品质，找到能够让自己幸福生活的生态环境。同时，FCPP借鉴家庭中心服务（family-centered services）的相关理念，把增强家庭功能、提高家庭所有成员的能力也作为干预目的（Sheridan et al.，2004）。作为促进儿童及其家庭内在力量发展的实践工作框架之一的FCPP，之所以被列入积极干预范畴，除了干预目标符合积极心理学理念外，干预过程也充分体现了"积极发展"的要素。

第一，结果与过程并重。投入、自我决定以及技能发展是FCPP目标，干预过程实际是咨询人员帮助家庭积极努力提升自己生活质量的过程。PCPP模型中，干预人员只起到协助作用，起决定作用的是家庭自己。家庭要明晰自我需求，找到对自己有利的资源，制定适宜的目标，并通过自我身体力量与智慧能力提升实现目标。这种做法能够帮助家庭成长，使家庭找到自我改变、自我发展的路径，并以此解决未来可能遇到的困难与挫折。因此，FCPP不仅综合收益大，且长期效果好。结果与过程并重的做法，促进了儿童及其家庭内在潜能的发展，使儿童和家庭的能力不断增长、累积，对其未来发展有利。这一点与本森所述的垂直累积观相似。

第二，家庭需求由家庭自己鉴别。传统心理咨询与心理治疗中，咨询师通过谈话了解来访者的心理想法，判断来访者的需求。FCPP 干预则采取咨询师协助，家庭判断自己所需。之所以这么做，是因为 FCPP 模型假定家庭最清楚自己的需求，自己制订计划更能够让家庭投入精力、专心致志解决问题。这一做法与本森提出的授权（Benson，2006）、C. 卡斯尔斯等提出的增强投入（Cassells et al.，2015）目的与方法相近，都是通过咨询人员的信任（相信儿童及其家庭有能力解决问题），使儿童及其家庭体验到被尊重、被重视的感觉，以此激发他们产生积极配合咨询人员，努力解决自身问题的内在动机。

第三，利用家庭现有能力调动资源。FCPP 模型认为家庭均有其自身能力，环境往往阻碍家庭获得并利用这些能力。干预人员的责任是帮助家庭成员找出这些资源，获得并利用这些资源以达到预定目标。也就是说，资源不是他人送给家庭的，需要家庭成员积极努力去寻找。这种干预模式让家庭成员在如何发现、获得并利用自身资源方面得到提升，促进了家庭调动资源能力的发展，体现了通过促进来访者成长达到来访者自我成长的治疗原则。结合前两个特征的分析可知，FCPP 模型把鉴别需求、寻找资源、制定目标等权利交给家庭，这种做法不仅让来访者（儿童、父母以及家庭）的技能与智慧得到提升，同时也让来访者形成积极的自我信念。可见，FCPP 是一种专业人员通过特定方式协助家庭获得新技能与新智慧的实践方案。

第四，强调社会支持。FCPP 还借鉴了生态系统论的基本理念，既注重家庭系统内合作，也注重家庭与系统外环境的合作。该模型强调，家庭成员身份地位平等，有自己的需求、目标，也有自己的独特能力。家庭成员要在相互尊重基础上，相互合作，一起寻求并利用外部支持力量，共同应对困难与挫折。对儿童来说，可利用的外部重要资源是学校。家庭需与学校建立合作，让儿童发展达到最佳状态。FCPP 模型这一特征与本森所说的水平累积观相似，都强调跨情境积极资源的利用。

FCPP 实际上是以积极心理学为出发点，借鉴生态系统论和家庭中心服务的理念，对儿童及其家庭进行干预的综合实践活动。该模型中强调自我成长、用自我成长力量促发展的观点与人本主义理论的个人中心疗法并无区别，所使用的术语系统基本一致。因此，在临床心理学领域，积极心理学可以看作是人本主义心理学晋级版，是对人本主义理论的发展和补充。

（二）家庭中心的积极行为支持干预

美国学者 E.G. 卡尔与其研究团队于 1999 年提出了用积极行为支持（Positive Behavior Support，简称 PBS）干预心理迟滞儿童的方案。他们认为，积极行为支持是通过培养个体关键技能、改变环境中关键因素增强积极行为发生率的干预方法（Carr et al.，1999）。PBS 因其较好的生态效度被学术界广泛用于儿童青少年问题行为的干预事件中。在反欺凌运动中，以学校为中心的积极行为支持干预（Positive Behavior Intervention and Support，简称 PBIS）就是以此基础而制定的。PBIS 从学校多个层面管理儿童，是干预儿童欺凌行为的有效方法（Bradshaw，2013）。它通过增强校园积极氛围、增加学生良好行为方式达到减少或制止校园欺凌的目的（Bosworth & Judkins，2014；Bradshaw，2013；Pugh & Chitiyo，2012）。

受家庭系统论的影响，从家庭系统入手，围绕家庭进行积极行为支持，提高家庭成员正向行为、增强家庭积极氛围，最终达到儿童健康发展的目的，这种方法被称为家庭中心的积极支持干预（Family-Centered Positive Behavior Support Interventions，简称 PBS）。尽管以学校为中心的积极行为支持干预在反欺凌项目中被广泛使用，但目前没有找到以家庭为中心的积极行为支持干预的研究文献。本书以一项儿童肥胖症干预研究为例，介绍 PBS 的流程和具体技术。根据前人研究，儿童受欺凌还与其外部异常特征有关，如卷头发、肤色与同伴不同、肥胖等（张文新等，2006）。根据积极发展观以及韧性理论，防治欺凌、受欺凌需要消除危险因素、增强保护因素。PBS 虽然不是为解决儿童欺凌、受欺凌问题，却针对引发儿童受欺凌的危险因素——肥胖进行干预。干预思路和干预方法具有参考价值。

　　家庭对儿童的影响主要有三个途径：榜样示范效应，父母良好的行为规范为儿童提供了行为模板；检察官效应，父母监督儿童行为，及时阻止儿童不良行为；守门员效应，阻止外部不良环境对儿童的影响。基于上述理论基础，史密斯与其合作者提出了用 PBS 对儿童肥胖进行干预的方案。他们认为，儿童肥胖与其家庭环境有关，PBS 需通过主动构建支持环境、强化健康饮食习惯、加强体育锻炼等方式，让儿童养成健康生活方式，最终达到降低儿童肥胖的目的（Smith et al.，2017）。PBS 的关键心理机制是，通过积极支持提高儿童的抑制控制能力（inhibitory control），自控能力提高后，儿童能够采取健康生活方式（如控制饮食、坚持锻炼等），最终瘦身成功（见图 7–2）。

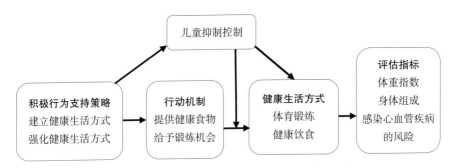

图 7–2　家庭积极行为支持防止儿童肥胖的路径图

资料来源：Smith et al.，2017。

　　根据图 7–2 的描述，PBS 流程中的第一步需要家庭（主要是父母）制订积极行为支持计划。计划包括两部分：构建或制订家庭健康生活方式及行为标准，确定强化方法或策略。制订家庭健康生活方式需家长做好功课，如了解儿童的动机、需求、爱好等，根据儿童特征提前定好食谱与体育锻炼计划。如何落实健康生活方式？这就需要家长提前制订强化方法或策略。常用方法有心理教育、父母和干预人员协商讨论、角色扮演、技能训练等。心理教育是指干预人员使用讲述、视频案例等方法向父母传授制定健康饮食、体育锻炼方案的具体方法，教给家长家庭沟通的正确策略，鼓励家长坚持使用有利于儿童健康生活方法策略。协商讨论是指干预人员就当前家庭问题与家长沟通、讨论，干预人员提供解决策略。角色扮演是指干预人员通过游戏、实景练习等方式让儿童获得健康生活的行为方式。如果干预对象是年幼儿童，干预人员可以设计一个角色游戏，儿童本色出演，吃健康食品，父母扮演保健专家，对儿童的健康饮食提出鼓励。技能训练是指干预人员向家长提供实践演练机会，训练家长处理问题与解决问题的能力，提高家长的家庭管理水平。方案的第一步非常关键，干预人员目标很明确，即提高父母相关知识水平、增强父母健康信念、培养父母教育素养。

第二步是付诸行动。家长和儿童一起根据原定计划行动。这一步也需要家长提前做好准备，如准备好足够的健康食品，当儿童需要进餐时能够及时提供，不能随便提供一些儿童喜欢吃但高热量食物；儿童放学回家，父母需按照既定计划给儿童提供锻炼机会并监督锻炼。行动过程中，家长需通过鼓励、激发动机等方式让儿童坚持前进，不偷懒、不退缩。坚持一段时间，即进入第三步——儿童养成健康行为方式。在这一过程中，儿童抑制控制能力既起到中介作用，又起到调节作用。儿童抑制控制能力的中介作用是指父母的积极行为策略提高了儿童抑制控制能力，而具有抑制控制能力的儿童才能够养成好的健康生活方式。儿童抑制控制能力的调节作用是指，对抑制控制能力强的儿童来说，父母积极行为策略能够让儿童养成健康生活方法，但对抑制控制能力弱的儿童来说，父母积极行为策略作用不大或没有作用。

最后一步是效果评估。任何干预方案都要有明确的评估指标。针对儿童肥胖症干预的评估指标主要有三个：体重指数、身体组成和未来感染心血管疾病的风险。体重指数和未来感染心血管疾病风险这两个指标很好理解，不再赘述。身体组成通常用体脂率来衡量，健康饮食会使肥胖儿童身体的体脂率下降。另外，干预人员还要通过观察法对家长的教育能力、儿童抑制控制能力进行测评，判断家庭成员整体能力是否较干预前得到提高。只有家庭整体能力提升了，健康生活方式才能够保持下去，儿童身心健康才能得到保障。

PBS 完全体现了积极心理学的积极发展观，是一个专注于通过提升家庭能力解决儿童健康问题的干预方案，具有目标明确、计划详细、可操作性强的优势。另外，PBS 方案重视父母知识水平、教育能力、沟通能力等整体素养的培养与提升，强调儿童抑制控制能力的重要作用，为儿童欺凌、受欺凌防治提供了范例。

（三）积极系统实践方案

积极系统实践（Positive Systemic Practice，简称 PSP）属于家庭治疗的一种，是由爱尔兰都柏林社会福利机构赞助，十六所咨询中心共同研发的治疗方案，旨在协助家庭解决青少年情绪与行为问题。PSP 不采取家庭外安置方法，即不让青少年离开家庭、学校和亲社会同伴群体等原有生活环境。卡斯尔斯等用 PSP 对来自爱尔兰的问题青少年及家庭进行干预（Cassells et al，2015），我们对该项干预研究做简要介绍。

1. 积极系统实践的咨询原则

为了达到预期治疗目的，PSP 制定了咨询团队需要遵守的十大原则。（1）积极观。咨询师要积极乐观，帮助青少年及其父母发现并利用自身能力解决问题，使他们对生活充满希望。（2）系统观。青少年生活在家庭、学校、社区和同伴群体构建的生态系统中，有问题的关系系统引发青少年产生情绪与行为问题，支持的关系系统则有助于青少年恢复正常。因此，干预需充分利用青少年生态系统资源。（3）正常发展观。青少年及其家庭的毕生发展过程既有相对稳定期也有迅速变化期。在快速变化期，如儿童期向青少年期过渡阶段、青少年期向成年期过渡阶段，家庭日常生活、规则、角色以及家庭成员的个性特征等均发生明显变化。青少年心理与行为问题是发展过程中的常见现象，解决此问题是家庭的职责之一，干预方案要适合青少年及其家庭发展阶段，不必使用临床诊断技术。（4）预防与治疗结合观。鼓励早治疗，防止小问题发展成为慢性问题、严重问题。（5）三阶段模式。PSP 包括投入、中间和结束三个阶段。投入阶段旨在与家庭成员建立同盟，探究家庭关注焦点，在咨询目标上达成一致意见，同时向家庭传递能够实现目标的信念。中间阶段的重点是通过治疗解决问题，结束阶段防治问题复发。（6）联合治疗是关键。治疗师首先要在自己与来访家庭成员、青少年与其父母、青少年与亲社会同伴、家庭与学校之间建立牢固的联合工作同盟。咨询要简单实用，咨询师要应邀参与治疗而非指导来访者，咨询过程中的沟通是温馨的、移情的、真诚的。咨询人员只是青少年问题和治疗过程的专家，不是主宰者，家庭的主宰是每一位家庭成员。（7）有实证研究支持的 PSP 问题解决方案。已有研究证实 PSP 干预方案有效，PSP 能够根据来访者的不同需求采取适宜干预方法。（8）期望与抗拒共存。PSP 鼓励来访者同意治疗，但来访者观望迟疑也很正常。（9）形成咨询团队至关重要。咨询工作需要团队共同完成，团队成员分工合作、群策群力，达成咨询目标。咨询任务有分工，有人负责咨询青少年，有人负责咨询家长。咨询目标制定、困难问题解决、咨询进程调整等均要一起协商。（10）结果评价。最后要对 PSP 结果做评估，评判是否能够达到预期积极结果。PSP 在上述原则的基础上，提出了积极系统实践的具体策略，可操作性强且简单易懂，便于掌握（见表 7–3）。

表 7–3　积极系统实践的操作化

维　度	具体要求
基本观点	1. 与少年及其父母建立真诚关系 2. 清楚问题行为的防御功能 3. 知道少年、父母以及其他人观点在其生活情境中可能正确 4. 采取"临床专家身份"让来访者收益
增强投入	1. 接受少年的观点 2. 尊重少年，尊重他们的观点及幽默方式 3. 承认少年群体的异质性 4. 不要对少年的陈述有过激反应（有可能妨碍接下来的沟通） 5. 承认无法避免少年与父母冲突这一现实 6. 承认少年偶尔挑战行为是正常现象 7. 相信家庭关系好有助于家庭幸福 8. 相信父母内心爱孩子并为其倾尽全力 9. 承认父母对少年的重要性 10. 承认咨询师有多重角色

续表

维　　度	具体要求
保护青少年	1. 一开始就声明不能容忍暴力行为 2. 声明少年待在教育系统时间越长，越有助于家庭阻止重复发生的破坏性行为模式 3. 承认父母并不总正确 4. 向少年提供支持
提升洞察力	1. 让父母和少年相互理解 2. 向父母和少年提供与问题相关的教育干预 3. 协助父母改变少年关于家庭历史对当前生活影响的看法 4. 协助父母告知家人最初观点 5. 懂得不说（保守秘密）要比说重要 6. 让父母明白不可能通过子女重新经历青春 7. 协助少年及其父母发现行为改变的利与弊 8. 让父母和少年理解消极想法并对其重新评估
促进行为改变	1. 帮助家庭成员沟通协商、共同解决问题 2. 促使道歉、宽恕 3. 帮助父母和少年明晰可接受行为和不可接受行为 4. 知道父母管控过多或过少都可能让少年发生问题 5. 遵守家庭和社区规范 6. 知道让少年通过经验（自然后果）学会对自己行为负责 7. 明白错误是学习的机会 8. 帮助培养焦虑少年的勇敢行为 9. 培养少年自信行为 10. 协助家庭成员建立自我保健常规措施
帮助少年向成年过渡	1. 子女小学毕业后，父母需改变教养方式，由指导式教养转向协商式 2. 协助父母管理自己的焦虑情绪，促进少年独立 3. 让父母给少年提供适宜的家务劳动 4. 让父母为少年提供社会实践机会，让少年探索保护自己的方法 5. 协助权威性不足的父母在少年面前树立权威 6. 要求少年为其咨询过程中的表现负责 7. 让父母和少年明白父母未来可能会失去工作
结束咨询	1. 回顾咨询过程及阻抗 2. 让家庭总结收获 3. 协助家庭为将来问题及复发做准备

资料来源：Sheridan et al.，2004。

2. 积极系统实践的干预过程

积极系统实践的干预研究过程共有三个阶段。第一阶段，两名咨询人员与青少年及其父母（或其他监护人）会谈，帮助家庭成员明晰家庭问题，并决定接下来谁来访谈青少年，谁来访谈家长。第二阶段，团队成员协商制定干预策略，帮助促进青少年及其家庭自身力量成长，解决青少年与父母之间的冲突。第三阶段，咨询团队一起回顾治疗过程，反思问题，防止复发。整个咨询过程中，为了达到预期目标，咨询团队需及时联系学校以及其他参与该家庭的相关机构。研究采用实验法验证干预计划的有效性，实验组 37 名青少年，对照组 35 名青少年。首先测评青少年情绪与行为问题、家庭功能的基线水平（时间 1），16 周后第二次测评（时间 2），6 个月后第三次测评（时间 3）。结果证明实验组在"时间 2"上的改善率（65%）显著高于对照组（20%），且实验组的改善率在"时间 3"上仍然维持在 60%，青少年情绪与行为问题的改善与家庭功能提升相关。由此得出研究结论：PSP 家庭治疗满意度高。

仔细梳理 PSP 干预研究的目的、方法以及具体流程，我们发现 PSP 实际上是多种理论观点的综合运用。具体来说，PSP 是以促进儿童青少年健康为目的，以系统论为基础（干预过程重视家庭关系的改善以及与家庭外环境的联系等），遵守人类发展的基本规律（认为少年出问题是发展中的普遍现象），采用积极心理学原理（早发现早治疗的宗旨以及提升个体与家庭能力的措施），对问题青少年及其家庭进行干预的综合实践方案。这种做法将会成为干预实践的普遍模式，为儿童欺凌、受欺凌防治提供分析思路。

第八章　欺凌、受欺凌的防治：家庭策略

　　欺凌发生的普遍性以及对儿童身心健康的严重伤害引发社会各界的广泛关注，反欺凌也成为世界各国政府和教育部门的重要任务之一。迄今为止，各国反欺凌项目多以校园为中心，同时联合社会和家庭对儿童欺凌、受欺凌进行预防与干预。这种预防与干预能够最大限度发挥学校教育的作用，同时还能够以校园为核心动员社会各界（如政府、司法、社会团体等）积极参与，发挥合力，短时间内降低校园欺凌发生率。但以校园为中心的预防与干预也存在不足，最突出的问题是干预后反弹率较高，其中主要原因之一就是未能对引发欺凌、受欺凌的原始土壤——家庭作出有效改变，没有从成长的根源入手，把引发欺凌、受欺凌最根本的危险因素消除。根据学术界对影响欺凌、受欺凌家庭因素的研究结果以及关注家庭的校园欺凌干预可知，改善家庭环境是根治儿童欺凌、受欺凌的核心举措，但总体来讲，学术界对家庭诸因素考察不系统，也很少有学者尝试从家庭系统理论出发提出防治方案。鉴于此，本章以前面几章的研究结论以及该领域前人研究结果为基础，以家庭系统理论为主要理论依据和分析框架，结合积极发展观、文化相依观以及家庭韧性理论等提出了防治儿童欺凌、受欺凌的家庭策略。

一、良好夫妻系统的建立与维护

在完整家庭(核心家庭和主干家庭)中,夫妻系统是唯一没有血缘关系的亚系统,但却是家庭中的核心亚系统。夫妻是通过合法婚姻手续组成的命运共同体,他们一起抚育后代、赡养老人,夫妻系统良好运转是家庭功能健康与否的重要保障。夫妻关系良好、充满温情、互相体贴,更可能进行有效的共同养育、相互支持与合作育儿(劳拉,2014)。相反,本书第五章内容以及既有研究均发现,夫妻关系紧张、家庭矛盾冲突容易让儿童卷入欺凌事件。因此,建立并维护良好的夫妻关系是增强家庭韧性资源的重要举措之一。

(一)影响夫妻关系的因素

要建立良好的夫妻关系,首先要明晰影响夫妻关系的因素。社会学领域研究者对此做了深入系统的探讨,从夫妻各自身心特征、家庭文化、宏观社会文化背景等方面揭示维系良好夫妻关系的内外因素。

1.夫妻双方的个体因素

根据学术界的研究,夫妻关系受双方外貌、受教育程度、人格特征和年龄差距等个体因素影响。"窈窕淑女,君子好逑",自古以来外貌就是择偶、婚恋的重要标准之一。现代社会政治经济条件下,外貌是否还是择偶、婚恋乃至影响夫妻关系的主要因素呢?社会学界对此做了深入探讨,发现外貌不仅直接影响婚姻质量,还通过某些因素间接影响婚姻质量。例如,曾湘泉和胡文馨(2019)利用2014年中国家庭追踪调查(CFPS)数据,分析发现外貌对婚姻满意度具有显著正向影响,即外貌对婚姻满意度有直接作用,外貌越好婚姻满意度越高。与此同时,该项研究还发现,外貌通过影响女性自信心而间接影响其婚姻满意度,也就是说外貌姣好的女性在婚姻中自信心高,进而婚姻满意度高。对男性而言,外貌通过影响男性自信心、社会资本和收入水平间接影响其婚姻满意度。具体来说,外貌俊朗的男性，自信心高，社会资本和收入水平相对较高，进而婚姻满意度较高。当然，外貌对婚姻满意度的影响受学历、文化水平和个人修养等因素影响，如学历越高，相貌对婚姻满意度的影响越低（尹振宇、刘冠军，2019）。另外，择偶时男性与女性都喜欢外貌好的异性，但男女对异性"美"的标准不一样。进化心理学方面的研究揭示，女性更喜欢身体健康的男性，身材高大、身体强壮、有运动技能和身体对称等是男性健康的指标。与女性不同，男性更偏爱外表美丽的女性，皮肤光滑、眼睛明亮、头发有光泽、身体脂肪分布均匀、腰臀比适宜、充满朝气以及表情栩栩如生等是女性美的指标（见朱新秤，2006）。

在择偶、婚姻质量研究领域内，一直存在着需求互补论和相似论之争。互补论认为，择偶双方选择与自己需求互补的个体作为未来结婚对象，如控制欲的和顺从型的相匹配，我国"郎才女貌"式婚姻就为互补理论提供了支持证据。相似论则认为，双方在外貌、种族、宗教、受教育程度、经济实力和价值观念等方面存在一致性时，婚姻更可能幸福美满，这与我国传统"竹门对竹门，木门对木门"门当户对观点有相似之处。当前学术界关于教育程度、生活背景与婚姻质量关系的研究结论支持了相似理论，研究发现教育程度相匹配的夫妻，其婚姻质量高于不匹配的夫妻（王晓磊、杨晓蕾，2019），生活背景（宗教信仰、民族、生活理念与生活方式等）相似或一致都是高质量婚姻的条件（肖云晓，2016）。教育程度相匹配、生活背景相似或一致，意味着夫妻双方有相似经历、人生观与价值观相近、共同语言多、交流顺畅，因而婚姻质量更高。

许多研究考察了个性特征在婚姻中的作用，所得结论较为一致。研究结论显示，神经质人格特质、情绪性高的人容易产生婚姻冲突，婚姻冲突多则降低了婚姻质量（王玲等，1997；王忠杰等，2014）。相反，心理坚强、乐观、有耐心等具有较好品格优势的人，能更好地处理婚姻因素，因而婚姻满意度更高（Basharpour et al.，2017；国建等，2015）。可见，良好的个性品质是维系家庭稳定，保持高婚姻质量的重要条件。

对家庭经济状况与婚姻满意度关系的研究显示，家庭经济条件越好，婚姻满意度相对越高。丈夫有稳定的职业和收入，整体经济状态良好且居住条件较好的家庭更容易拥有美满的婚姻（石林、张金峰，2002）。一项对农村家庭婚姻满意度的调研发现，外出务工人员的婚姻满意度高于未外出者（李潇晓、徐水晶，2018），外出打工者经济收入水平相对较高是其中一个重要原因。对中老年夫妻而言，家庭收入增加显著促进婚姻满意度（马超等，2019）。家庭矛盾冲突的重要原因之一是家庭经济状况差，致使家庭诸多功能（如教育功能）不能正常运转，由此产生家庭矛盾冲突。根据沃尔什的家庭韧性模型，家庭经济状况好是重要的韧性资源（Walsh，2002；2016）。家庭经济状况越好，越容易抵御困难与危机，家庭的各项功能得以正常运转，家庭矛盾冲突自然少。

关于择偶与婚恋中的年龄差距，进化心理学方面研究发现，男性在青少年阶段时偏爱年长女性，但随着年龄增长，男性越来越偏爱年轻女性，且年龄差距越来越大（见朱新秤，2006）。受各地文化习俗影响，择偶与婚恋中的年龄差距大小、男大于女还是女大于男存在地域差异。有些地方遵循"女大三，抱金砖"习俗，结婚时女性大于男性较为普遍，但总体上还是遵循男大女小的规律，俗语"男大女小，团圆到老"，说明这种婚配模式比较普遍。我国学者陈嫣然和秦雪征（2019）对中国健康与养老追踪调查数据（CHARLS）分析发现，当下中国丈夫比妻子年长时，男性和女性的婚姻质量都有提高。此项研究结论为男长女幼的婚配模式提供了支持性证据。

2. 夫妻间的互动方式

如果说相似的人生观、价值观，互补或相似的个性特征让夫妻双方走在一起，构建属于自己的小家，但保持和谐的夫妻关系、建设温暖有爱的小家庭更需要夫妻之间主动沟通、积极互动。夫妻间的互动方式、冲突解决策略、能否相互理解等与影响婚姻质量关联密切。研究发现，夫妻冲突解决与日常沟通均能显著预测夫妻的婚姻质量（李晓敏等，2016），夫妻双方沟通越积极，沟通质量越高，夫妻关系就越稳定，婚姻质量就越高（Burleson & Denton，1997）。婚姻承诺、丈夫的牺牲行为（指对配偶的情感支持、行动服务和观点妥协）有助于婚姻质量提高（侯娟等，2015），夫妻间相互理解是高质量婚姻的条件（易松国，1997）。相反，一方对另一方的压制会使婚姻满意度下降（Velotti et al.，2015），家庭暴力、矛盾冲突会使婚姻质量下降（Banaei et al.，2016；朱丽洁等，2019）。简言之，夫妻之间相互理解、适当妥协，遇到问题及时沟通、积极沟通等是维系良好关系的重要条件。

3. 新家庭成员的增加

新家庭成员增加通常会给家庭带来压力，导致婚姻质量下降。婚姻家庭中，新生儿诞生是家庭成员增加的最普遍形式。养育新生儿需要父母投入大量人力和物力，夫妻间交流和互动减少，也会因为子女教养等问题发生矛盾冲突，婚姻质量因而下降，国内外相关研究为此提供了支持性证据（Östberg & Hagekull，2000；侯娟等，2019）。当然，对许多家庭而言，新成员增加还包括双方父母、亲戚以及朋友暂时居住。相关研究发现，与老人同住是影响青年夫妻婚姻关系的重要因素，无老人同住或与女方父母同住时，青年夫妻的婚姻关系要好于与公婆同住时（童辉杰、吴甜甜，2017）。

此外，婚姻关系还受夫妻双方原生家庭、社会文化等因素的影响。研究发现，原生家庭的情感支持有助于婚姻质量的提高（袁晓娇、方晓义，2016），代际关系和谐的家庭中婚姻关系更好（Timmer & Veroff，2000；吴明华、伊庆春，2003），依恋安全性高的个体婚姻满意度较高（张明妍、王大华，2016），经常与邻里、社区互动，得到更多社区支持的夫妻，婚姻更加美满（蔡玲，2013）。相反，社会文化的压力会影响夫妻婚姻关系的质量（Helms et al.，2014）。可以说，婚姻质量受夫妻双方各自的个性特征、原生家庭的文化氛围以及处理问题的方式方法等多种因素的影响。

（二）美满婚姻的条件

基于上述对影响夫妻关系的因素分析可知，美满的婚姻起始于择偶。

择偶时要尽量避免一些不利于婚姻和谐的因素，如神经质人格特质、原生家庭生活背景差异大、三观不一致等。婚后则需要夫妻双方共同努力，互相包容、互相理解、积极沟通，及时化解家庭矛盾，应对家庭危机。除此之外，维持美满的婚姻还需要夫妻双方遵守某些规则，最主要的有三个方面：边界明确、平等相处与彼此信任。

1. 边界明确是美满婚姻的必要条件

临床心理学领域的研究者和实践工作者均认为，家庭本身有边界，把它与外界区分开来。正常家庭的边界是半渗透式的，既能让外界新事物、新思想渗透来，又能阻挡某些家庭不能容纳的事物与思想。家庭子系统之间也有边界，把各个子系统区分开来。子系统间边界明确有助于彼此分离，跨系统互动均需遵循共同制定的规则，否则子系统之间相互纠缠，彼此干扰过多，导致家庭角色混乱，引发家庭矛盾冲突（Minuchin，1974；Minuchin & Fishman，1981）。

家庭中的核心关系是夫妻关系，夫妻系统与其他子系统之间界限不明确，子系统之间相互纠缠是夫妻关系紧张的主要原因之一。常见子系统之间纠缠是亲子系统与夫妻系统纠缠，如公婆或岳父母干预小家庭生活、夫妻双方或一方把自己与其他亲属关系（父母、子女、侄子侄女、外甥等）看得比夫妻关系重要。童辉杰和吴甜甜（2017）的研究为此提供了佐证，即影响婚姻质量的一个重要因素是与夫妻一方或双方父母同住。该研究结论并不是说与父母同住本身影响了婚姻质量，而是双方父母对小家庭干预过多影响了婚姻质量。目前我国小家庭独立养育子女存在困难，双方父母协助养育是一种普遍现象，暂时居住在一起是许多年轻父母必须面对的事实。因此，为了维持婚姻和谐幸福，这种多代家庭中的祖辈边界要明确，不擅自干预年轻夫妻的生活；年轻父母边界也要明确，一方面对祖辈多一些理解，不对祖辈的生活方式指手画脚，另一方面把夫妻关系放在首位，尊重和关爱配偶，不轻易为他人牺牲配偶的利益。

2. 平等相处是美满婚姻的基石

《中华人民共和国婚姻法》（2001 年修订）第三章第十三条规定"夫

妻平等"，并解释为"夫妻在家庭中地位平等"。婚姻家庭方面的研究发现，一方对另一方的压制、家庭暴力、矛盾冲突均会使婚姻质量下降（见前面的分析）。受我国传统文化影响，男尊女卑的思想存在，许多家庭中仍然存在丈夫对妻子压制现象，也有家庭存在女性凌驾于丈夫之上的"妻管严"现象，以上无论哪种情况都不利于婚姻的幸福。另外，相关研究还发现，婚姻承诺、丈夫的牺牲行为有助于婚姻质量的提高（侯娟等，2015）。因此，幸福美满的婚姻需要在男女双方平等的基础上，夫妻遵守婚姻承诺，相互体谅，并为婚姻稳定作出一定的牺牲，创造美好的幸福生活。

3. 彼此信任是美好婚姻的密钥

婚姻信任是婚姻主体双方对彼此坦诚、合作行为的合理期待（杨侠，2012）。一项探讨婚姻质量影响因素的研究发现，信任程度越高，婚姻主观感受越积极，满意度越高，婚姻质量越好（覃宏源，2018）。因此，彼此信任是幸福婚姻的关键。夫妻之间彼此不信任则产生信任危机，这意味着夫妻关系在某种程度上的破裂，对婚姻生活具有毁灭性的打击。婚姻中信任危机表现为夫妻双方对婚姻本身产生不安全感、互相猜疑等，如经常查看对方手机短信、微信、QQ 信息，把对方常规行为（外出收拾打扮）解读为非常规行为（与情人约会）等。信任危机一旦产生，夫妻容易发生冲突，造成婚姻危机。因此，美满幸福的家庭中，夫妻双方要在彼此信任的基础上，给对方留有一定的自由空间，这是夫妻相互尊重的体现，也是提升婚姻质量的要求。

（三）夫妻相处的艺术

良好的家庭氛围需要家庭各子系统关系良好，而夫妻关系和谐美满是良好家庭氛围的主要构成要素，夫妻相处的方式同时也为其他子系统提供了模板。当然，和谐美满的婚姻需要双方小心经营与细心呵护，这就需要夫妻学会使用一些相处的策略和技巧。

1. 学会换位思考

社会心理学中有一条人际交往需遵循的重要法则——黄金法则，指在人际交往中，你希望别人怎么对待你，你就应该怎样对待别人。例如，丈夫希望得到妻子关爱，那么丈夫就要主动关爱妻子，反之亦然。夫妻如果都遵循黄金法则，互相关爱，则婚姻和谐、家庭幸福。如果一方遵守黄金法则，一直关爱对方，而另一方不遵守，不付出只享受，时间久了，遵守法则方因得不到回报而对婚姻感到失望。相对于黄金法则，还有一个反黄金法则，反黄金法则是"我对别人怎样，别人也应该对我怎样"。反黄金法则往往使夫妻关系紧张，甚至使夫妻一方或双方出现心理问题。例如，妻子对丈夫关心体贴，觉得丈夫也应该对自己关心体贴，妻子使用了反黄金法则。如果妻子觉得丈夫对自己不体贴，心里感到失落，妻子此时可能会减少对丈夫的体贴，甚至发牢骚、抱怨，引发夫妻冲突。

夫妻相处时如何使用黄金法则？最简单的做法就是"己所不欲勿施于人"，也就是要站在对方角度看问题。家庭教育中夫妻经常会因教育子女产生冲突，当孩子出现问题时，一方很容易指责另一方"你是怎么照顾的""都是你教育的不好""好好的孩子都让你教坏了"等等。指责一方显然违反了黄金法则。如果换位思考一下"如果对方这样指责我，我会有怎样的感受？"出口的话可能是"孩子出问题我有责任""咱们商量商量该怎么帮助孩子"。两种表达方法，高下立判。前者让付出努力和艰辛劳动的一方难过，出现心理问题，也可能愤怒反击，产生家庭矛盾；后者主动承担责任，积极沟通协商，应对得当，家庭和谐。

2. 多赞美与鼓励配偶

"良言一句三冬暖，恶语伤人六月寒"，赞美与鼓励让对方感到温暖舒心。根据教育心理学原理，赞美与鼓励是对配偶行为的正强化。所谓正强化是指给予奖励性刺激（如表扬、鼓励、物质奖励等），以增强个体行为发生率的程序或措施。对配偶的赞扬和鼓励不仅会让对方感到温暖，还会增加接下来此类行为的发生率。例如，晚上回到家看到餐桌上热气腾腾的饭菜，夸赞一句"好香呀！"做饭一方内心感到很高兴，以后继续做饭的概率增加，夫妻关系也更加和睦。所以说，赞美和鼓励是良好婚姻关系的润滑剂。需要注意的是，赞美首先要有发现对方美的眼睛。人无完人，每个人都有自己的长处和短板，不能拿着放大镜找配偶的缺点，而应该细心观察，发现配偶的优点及时表扬，肯定对方在婚姻关系以及家庭关系中的作用。其次，赞美要真诚。这就要求赞美时态度端正，不能心不在焉。赞美时可以适当夸大，但不能无限拔高。例如，做饭一方都觉得不好吃，另一方不可过分夸赞，但可以中肯评价"没有发挥好，但也比我做得好"。

3.夫妻之间多积极沟通

国内有研究发现，夫妻之间建设性沟通越多，婚姻质量越高，而双方回避沟通越多，婚姻质量越低（张锦涛等，2009）。研究中的建设性沟通是指夫妻双方均能积极面对问题，一起协商，努力找到解决问题的方法。回避沟通指夫妻双方面临问题时，一方积极与对方协商，努力寻求解决问题方法，另一方则采取回避的方式。显然积极沟通有助于婚姻和谐，是幸福婚姻的重要条件。因此，对家庭重要决策，夫妻要积极沟通协商，达成一致意见，不能独断专行。夫妻沟通中需要注意四个事项：一是沟通中要有耐心。积极聆听，给对方足够时间，不要总是打断对方。二是真诚表达自己的想法。陈述愿望时切忌藏头露尾，给对方提建议时切忌含沙射影。三是尊重对方、语气平和亲切。尊重对方的意见、愿望与需求，切忌冷嘲热讽、打击挖苦。四是明辨是非、从善如流。双方意见不一致时，要协商讨论，寻找正确的解决方法，不要自我标榜，固执己见，避免不假思索否定对方。

4.使用适宜的情感表达方式

情感表达是家庭环境的组成部分（王晓玲等，2009）、家庭功能的重要维度（Moos & Moos，1990）。相关研究发现，家庭总功能、家庭功能的情感表达维度均与婚姻质量显著正相关，即家庭总功能越健康、情感表达越好，婚姻质量越高（李丽娜等，2016）。研究结论提示我们，能够用适宜方式表达自己情绪情感的夫妻更可能婚姻幸福。但中国属于集体主义文化范畴，情绪管控能力比个体主义文化范畴下的西方国家更强。国内有学者对情绪调节的重要过程——表达抑制（指情绪被唤醒时个体有意识抑制自己的情绪表达行为）的文化差异做了分析，结果显示，个人主义文化中的个体较少使用表达抑制且认为表达抑制价值更低，而集体主义文化中的个体则会较多使用表达抑制且认为其更有价值（刘影等，2016）。可见，集体主义文化熏陶下的中国人偏向于有效管控自己的情绪，更含蓄和内敛。

如何充分利用我国传统文化的优势提升婚姻质量，这需要夫妻遵守如下规则：第一，有效管控消极情绪。前面我们分析过，家庭子系统之间有界限，界限不清相互纠缠影响夫妻关系。其实，家庭和外部环境（如工作、朋友群体）之间也有界限，界限不清同样影响夫妻关系。如夫妻双方把工作中的消极情绪带回家庭，发泄到家人身上，这种做法伤害了夫妻感情。因此，夫妻双方需有效管控自己的消极情绪，避免消极情绪跨界影响其他家庭成员。第二，采取适宜方式表达积极情绪。随着中外文化交流的增加，西方个体主义文化下的情感表达方式被越来越多的年轻夫妻接受并使用，如见面拥抱、热情洋溢的语言等。但传统文化的影响力巨大深远，许多夫妻（中老年夫妻更明显）仍然采用含蓄、内敛的表达方式，如关切的眼神、适时的帮助、贴心的照顾等。夫妻双方需慢慢探索，找出适合自己的情感表达方式。

除此之外，夫妻也要重视家庭文化建设，营造良好的家庭文化氛围。在家庭物质设施方面，夫妻要共同制订家庭收入和支出规划，同时通过家庭装修、物品摆放以及服饰搭配，共同学习，提高审美素养；在精神生活方面，夫妻一起学习，一起散步郊游，培养共同兴趣爱好，建设高质量的家庭精神文化生活；在社会交往方面，处理好与原生家庭的关系，打造共同的朋友圈子。构建家庭文化氛围实质是让夫妻双方在兴趣、爱好、交友等方面有更多一致，夫妻之间有更多相似性话题，减少沟通障碍，提高婚姻质量。

二、和谐亲子系统的建立与完善

在完整家庭中，亲子系统具体可分为母子系统和父子系统，父母与子女之间的关系模式随父母、儿童年龄的变化而发生不同程度的改变。在儿童早期，父母对子女的管束和指点较多，儿童多服从父母的意愿，属于儿童依附父母阶段。随着年龄增长，儿童认知能力逐步提高，他们对父母的过度约束表示不满，使用软抵抗或硬抵抗的方式对父母进行抗议，父母不断妥协让步，儿童最终获得自主自立。成年后，父母逐渐衰老，子女逐渐成为父母的依靠，亲子关系互动模式再次发生了改变。本书关注童年期和青春期初期阶段欺凌、受欺凌现象，此阶段父母对儿童影响较大，故仅考察了父母特征、教养行为对儿童欺凌、受欺凌的单向影响作用，未考虑儿童对父母的影响。依据第四章和第五章研究所得结论，我们认为父母需在以下几个方面作出努力。

（一）端正教育理念

常言道，思想是行动的先导，正确的教育理念是积极教养行为的前提条件。我们研究发现，许多父母对校园欺凌持支持态度，而且父母越支持欺凌，儿童越容易遭受欺凌。课题组曾对早期儿童（4—7 岁儿童）欺凌问题做过调研，访谈过多名欺凌、受欺凌儿童母亲及祖父母，结论与本次调研结果一致。父母对校园欺凌的态度，可以看作是父母教育理念的一个体现。父母对欺凌的支持态度，必然体现在教养行为中，并通过教养行为影响儿童。因此，父母应该转变自身的教育理念，按照儿童发展的规律对儿童进行教育，避免因错误教育理念给儿童带来不良影响，让儿童卷入校园欺凌中。

1. 明晰教育目标

现代教育以促进儿童全面发展为宗旨，更关注儿童发展的完整性、全面性，即德、智、体、美、劳全方位的发展与完善。儿童全面发展离不开家庭的熏陶，离不开父母的教育，这就需要父母有远见，不短视，不急功近利。具体到校园欺凌问题，许多父母鼓励子女欺凌同伴，认为自己孩子"不吃亏"就行，这类父母的教育理念就缺乏远见。从儿童长远发展来看，欺凌不利于儿童健康发展（具体消极影响见本书第一章），鼓励儿童欺凌同伴的现象不可取。请看下面案例中欺凌儿童的父母教育理念。

儿童甲经常欺凌同伴，欺凌方式以身体欺凌为主，用同学的话来说，该生"好打人，哪天不打人，一定发烧生病了！""一进教室门口，就左右开弓，逢人就打、就推，嫌弃别人挡了他的路。""甲肯定有毛病，不打人捣乱那就不是他了，谁愿意和他同位呀！谁和他同位，谁倒霉！"同学无人愿意和他同桌。通过监控录像看儿童甲入校之后的活动，发现他走进班里的瞬间，似乎进入了战斗状态，随时攻击他人。儿童甲班里有位学生生动形象地描述他的行为方式——肚子里装着火药的刺猬。根据自我报告，儿童甲属于受欺凌者，被同伴排斥、孤立。结合同伴评定、儿童自我报告和教师评定，儿童甲属于欺凌/受欺凌者。是什么原因导致儿童甲成为欺凌/受欺凌者？为了弄清楚原因，我们访谈儿童甲父母。访谈提纲中有三个问题涉及家长培养目标：家长眼中的儿童什么样？家长对儿童攻击、欺凌的态度怎样？家长希望自己孩子成为一个怎样的人（即教育目标）？家长对第一个问题的回答显示，家长心目中儿童甲比较聪明、活泼，缺点是比较调皮，很难安静下来。家长知道自己孩子经常被同伴欺凌，被班里同学孤立和排斥，并向我们求助，希望我们帮助儿童甲摆脱受排斥现状。显然儿童甲向父母报告自己在班里境遇时，隐瞒了自己的欺凌行为，只说自己受排斥现状。父母只听孩子一面之词，对班主任教师的话持怀疑态度（班主任多次约谈家长，告知家长儿童当前现状）。家长对第二个问题的回答表明，他们支持儿童欺凌他人。该生父母认为孩子之间打打闹闹很正常（实际上支持自己孩子对其他儿童的身体欺凌），但不能排斥孤立别人（反对其他学生孤立自己孩子）。该生家长是典型的利己思维，对自己有利的就是好的，坚决支持；对自己不利的就是不好的，坚决反对。家长对第三个问题的回答显示其培养目标有偏差，家长希望孩子健康成长，认为孩子必须具备的品质有：独立、坚强、勇敢、有担当。

案例中儿童甲父母教养理念存在问题。首先是缺乏远见，利己思维严重，只关注孩子暂时利益，未考虑孩子长久发展。其次，偏听偏信。"兼听则明，偏听则暗"是儿童甲父母的典型写照。再次，不注重培养子女优秀人格品质。访谈中，家长回答"你希望自己孩子成为一个怎样的人"这一问题时，"独立""坚强""勇敢""有担当"几个词语出现频率最高。儿童甲向我们描述，当他告诉父母自己被同伴排斥后，父母总是告诉他要"勇敢、坚强""谁欺负你，揍他！"可见，父母没有意识到勤奋、自律、合作等恰恰是儿童甲最应该具备的良好人格特质，是儿童甲摆脱身体欺凌和受关系欺凌双重身份的品质条件。

2. 悦纳儿童的长处与短处

有学者指出，父母对儿童期望过高，容易诱发儿童的过度焦虑，形成儿童的人格障碍，甚至导致精神性疾病（金沙，2000）。调研中我们发现，许多儿童欺凌、受欺凌与父母对子女的期望过高有关。

儿童乙，根据同伴提名和教师提名鉴定为欺凌儿童。通过访谈学生得知，儿童乙的欺凌方式为言语欺凌与身体欺凌。分析儿童乙欺凌的成因，直接诱发因素是父亲体罚。即家长消极教养引发儿童产生挫败感，儿童产生大量消极情绪无处发泄，于是在学校中寻找替罪羊，通过欺凌弱小同伴达到宣泄消极情绪的目的。进一步分析家长发现，家长体罚的直接原因是儿童乙学业成绩差。访谈中，儿童乙多次提到"讨厌、害怕考试"。课题组成员追问原因，儿童乙回答"考不好我爸就揍我"。母亲访谈结果证实了儿童乙所说属实。综合各方面所得信息，课题组得出结论：儿童乙欺凌的根本原因是父母对其学业成绩期望过高。儿童乙欺凌发生的历程如下：儿童成绩没有达到父母预期，父母使用消极教养（体罚）管教儿童；根据教育心理学原理，惩罚使儿童学习积极性下降，并对学习产生厌恶；学习积极性下降导致成绩进一步下降，父母体罚升级……学生消极情绪积累，转向欺凌同伴。

为什么众多父母对儿童有过高的期望？父母除了有"望子成龙""望女成凤"的夙愿外，还与好面子有关，许多父母希望子女为自己争气，进而互相攀比。根据系统理论，儿童身心特征是遗传、环境、教育和儿童主观能动性等多因素相互作用的结果。从儿童自身特征方面来说，每一位儿童都有自己的优势也有自己的弱势，如有的儿童音乐感悟能力强，有的儿童记忆力好，有的儿童理解能力强。这就需要家长对儿童作出正确的评估，理性对待儿童的优势和不足，扬长避短，并形成正确期望。儿童乙的干预过程中，课题组首先让家长根据儿童乙当前情况重新设置学业成绩目标。其次，全面评估儿童乙，找出儿童乙的优势和不足。在此基础上，家长给儿童乙提供展示优势的机会，及时强化其优异表现；同时采取适宜方法帮助儿童乙克服缺点，弥补短板，即悦纳儿童的长处与短处。建立合理期望后，父母改变原有教养方法，以积极教养为主。半年后，儿童乙学业成绩提高，心理压力减少，班级地位提升，同伴关系改善，欺凌行为随之减少。

（二）践行积极教养行为

刚出生的儿童如一棵小树苗，小树苗成长过程中，园丁不仅要根据树苗的生长周期定期施肥、浇水，还要细心观察、小心呵护。父母养育子女如同园丁养护小树苗。小树苗能否长成参天大树，取决于园丁能否按照小树苗的生长规律正确施肥、浇水、修剪枝杈；儿童能否健康长大，取决于父母能否按照儿童发展规律正确教养。儿童成长过程中，父母没有按照儿童发展规律采用适宜的教养行为，反而违反儿童发展规律使用错误的教养行为，儿童健康成长的可能性较小。本书第四章和第五章的研究结论验证了这一规律。研究发现，父母惩罚、控制越多，儿童越可能欺凌他人，父亲溺爱、母亲拒绝越多，儿童越容易受欺凌。也就是说，父母消极教养行为增加了儿童卷入欺凌的概率，对儿童健康发展不利。因此，要想让儿童远离欺凌，父母要避免使用消极教养方式。

1. 慎用惩罚策略

在教育心理学中，惩罚是指教育者在儿童做出某种反应后，呈现一个厌恶刺激或不愉快刺激，使该行为反应发生概率下降（董会芹，2013）。惩罚的具体方法很多，如斥责、餍足、代价、孤立、体罚等。餍足是指教育者坚持让儿童持续做某一事情，直到其厌倦；代价指在儿童违犯规则时，教育者剥夺其愉快刺激（如金钱、时间、权利和快乐等）；孤立也叫隔离，指教育者让儿童离开相应环境，让其感到无趣、压抑和痛苦；体罚顾名思义是指教育者使用身体责罚方式，让儿童感到身体疼痛，达到降低行为频率的目的。本书中的惩罚属于父母教养方式的一个维度，含义与教育心理学一致。为什么惩罚的教养行为下儿童欺凌会更多？本书第五章做了详细分析，主要有两个原因：一是惩罚增加了儿童的挫折感，儿童转向攻击同伴以释放、发泄心中的怒气；二是父母的惩罚行为（如责骂、体罚等）给儿童提供了攻击行为榜样，儿童模仿父母行为并在同伴交往中使用。

父母可能感到困惑：难道教育子女只能表扬鼓励，不能使用惩罚？答案显然是否定的，教育者有惩戒儿童的权力，要"慎用"而非"不用"。父母使用惩罚时需遵守以下规则：第一，规则先行、惩罚在后。家长先和孩子一起制定家庭规则及奖惩方式，家长据此对儿童进行奖励或惩罚。切忌看心情决定是奖励还是惩罚。第二，尽可能采用温和的惩罚，如餍足、剥夺权利、批评等，不能体罚儿童。第三，惩罚时告知儿童原因。告知原因的目的是让儿童长记性，记住相应家庭规则，避免重犯。第四，利用惩罚后的反应抑制期。父母惩罚后的一段时间内，儿童不良行为（如欺凌）会减少，此时教育者需及时培养儿童良好行为（如合作），并采用鼓励、表扬等强化方式巩固。

2. 监管有度

儿童社会化的重要任务之一是内化并遵守社会规范，逐渐适应社会文化。社会规则以多数人的利益为主，个体需求与愿望必然会受约束限制。父母职责之一就是教儿童遵守社会规则，引导儿童逐渐理解并接受个体行为受制于社会规范这一现实，帮助儿童处理个人愿望、信念或目标与社会现实之间的矛盾冲突。成长过程中，儿童常常遇到自己愿望与父母要求、社会规则相冲突的情境，反抗是常见方式。父母为了让儿童遵守规范，必定对儿童予以控制，于是反抗与控制一直伴随儿童成长历程，直至长大成人。童年期儿童和少年期正处于独立意识逐渐觉醒，但受认知能力限制仍需父母监督阶段。

教育实践中，父母对儿童管控容易极端化：管控过严或监控过宽。管控过于严格有两个负效应：一是儿童失去了独立思考与实践锻炼机会，不利于儿童自主性和独立性的发展。二是让儿童产生挫败感，引发儿童的对抗（见综述，李冬晖等，2001），并由挫折诱发攻击与欺凌行为。相反，父母监管过于宽松溺爱，一味按照儿童的意志行事，无原则地满足他们的一切要求，也容易让儿童产生问题，如缺乏规则意识。第五章的研究结论显示，父亲溺爱的儿童容易成为受欺凌者。因此，日常教育中，父母要规则明确，赏罚分明，既不过度放纵也不能管控过严。

3. 合理拒绝

"拒绝"是父母教养方式的一个维度，指父母对儿童提出的要求总是持否定态度，是消极教养方式的一种表现形式。发展领域的研究表明，拒绝的教养方式不利于儿童健康发展。父母拒绝的儿童青少年容易抑郁（罗雅琛等，2015）、焦虑（马月等，2016）、网络成瘾（王琼等，2019）。我们的研究也发现，母亲拒绝是引发儿童受欺凌的危险因素（见第五章相关分析）。因此，当儿童提出要求时，父母根据自己的心情随意同意或拒绝，或不假思索对全部予以拒绝，这种教养方式不利于儿童健康成长。面对儿童的愿望与需求，父母适宜的教养行为是"合理拒绝"。

国有国法，校有校纪，家也应该有家规。父母应根据自己家庭的实际情况以及儿童的个性特征，针对作息时间、活动规范、周末安排、家庭礼仪等制订相应的规则。家规一旦制定，就要按照规则行事，做到规则先行，奖惩在后。当儿童作出违反家规的行为时，应按照提前的约定进行惩罚。当然如果表现好，也要按照约定进行奖励。当儿童提出违反规则的要求时，父母理应拒绝，并说明理由。但当儿童提出符合规则的要求时，父母不要轻易拒绝，拒绝则意味着家长言而无信，降低了父母在儿童心目中的地位。

（三）提供正面榜样

明代晚期著名学者吕坤在其《呻吟语．天地》中说道，"观子而知父母，观器而知模范"，表明儿童与其父母在诸多方面有相似之处。儿童与父母的相似之处有体貌特征方面的，如身高、肤色、发色等，这些特征多通过遗传机制所继承；也有个性与社会性方面的，如性格、人际沟通、社会性情感、社会性行为等，这些方面的特征多为后天形成。儿童欺凌行为更多与后天教养有关。常言说，"以身教者从，以言教者讼"，社会学习理论的提出者班杜拉通过系列实验也得出，观察学习是儿童习得新行为的内在机制，攻击行为也是儿童观察并模仿榜样行为的结果。对儿童而言，父母无疑是他们主要的观察模仿对象。因此，制止校园欺凌，培养儿童积极品质，需要父母以身作则和言传身教。具体到欺凌、受欺凌的防治，家长需在以下几个方面做好榜样。

1. 言谈举止得体大方

儿童言语欺凌的具体表现形式多为模仿父母所得，如给同伴起难听的外号"大肥猪""癞蛤蟆"，骂同伴"笨蛋""傻子"等。班杜拉通过实验研究发现，儿童会模仿所有渠道看到的攻击行为，无论图片、电影还是现实中人们的表现，并在适宜的时机和场所表现出来。因此，作为儿童的第一任老师，父母要严于律己，起到表率作用。具体而言，父母要做到以下三个方面：第一，谈吐优雅，落落大方。父母要努力提高自身素质，日常生活中注意自己的言谈举止，争取在儿童面前展示自己最好的一面。第二，家庭交流时多用礼貌用语。儿童极易通过模仿习得言语欺凌，骂人、给同伴起难听的外号是言语欺凌的具体表现形式。父母首先保证自己不给儿童做负面榜样。因此，无论夫妻交流、还是亲子交流，父母均应注意使用礼貌用语，多说"请""谢谢"，不说脏话。第三，不在儿童面前讨论他人是非。散布流言、说别人的坏话、挑拨离间等是关系欺凌的具体表现。因此，父母不要在儿童面前讨论他人是非，不背后说人坏话，以防儿童模仿并用之于同伴身上。

2. 理性解决家庭冲突

"蓬生麻中，不扶自直；白沙在涅，与之俱黑"，家庭中充满了暴力冲突，如夫妻吵架时大打出手，对子女实施体罚甚至虐待，均给儿童提供了攻击学习的榜样。本书第五章研究发现，家庭暴力氛围越浓厚，儿童欺凌、受欺凌发生率会增高，表明父母榜样示范效应的重要性。因此，父母应理性解决夫妻之间、亲子之间、同胞之间的冲突，一方面给儿童提供解决冲突的好策略模板，另一方面打造家庭良好氛围，最大限度避免家庭暴力氛围的形成。

如何理性解决家庭矛盾冲突？根据压力应对理论（见第七章相关论述），当家庭子系统内部或子系统之间出现矛盾冲突时，卷入成员首先要控制自己的消极情绪，不随意向其他家庭成员发泄，然后平心静气思考解决办法。压力应对方面的研究发现，消极应对与心理症状呈中等程度的正相关，而积极应对与心理症状呈较小程度的负相关（廖友国，2014）。也就是说，采用消极应对方式的人更可能有心理问题，而采用积极应对方式的人心理问题少。因此，家庭应对冲突时尽量使用积极应对策略，如协商、沟通策略，切忌使用消极应对策略，如回避、反击、报复等。

3. 注重家人合作

合作（cooperation）指"团体中全体成员为了共同利益，协力实现一个共同目标时所表现出的一种亲社会行为"[1]。学术研究发现，具有合作品

---

[1]　张春兴：《张氏心理学词典》，上海辞书出版社1999年版，第160页。

质、合作能力强的儿童更受同伴喜欢（张文新，1999）。影响儿童合作的因素很多，根据社会学习理论，观看并模仿榜样是儿童习得合作行为的重要形式。因此，父母除了鼓励儿童与同伴合作外，家庭内部夫妻、亲子、同胞之间经常合作完成某些事情，共同解决家庭中遇到的困难，如父母合作做一桌丰盛的晚餐、同胞合作安装家用电器等。夫妻合作给儿童提供了合作的榜样，亲子合作和同胞合作让儿童体验到合力完成工作的乐趣，既培养了合作习惯，又提高了合作能力。

4. 积极的生活态度与行为方式

我们研究发现，父亲生活中面对困难挫折时如果使用积极应对的方式，儿童受欺凌的可能性降低。据此结论可知，为降低儿童受欺凌的发生率，体现"力量"的父亲在儿童面前不能遇事垂头丧气、柔弱无主见，相反要乐观开朗，积极努力想办法解决困难，给儿童树立勇于直面困难、勇敢刚强、不屈不挠积极进取的正面榜样。当儿童在学校遭遇困难，如受同伴欺凌时，父母不要指责埋怨儿童，而应该倾听、安慰儿童，并与儿童协商解决问题的方法，如果需要则及时和学校沟通，寻求积极的解决方法。

家长除了给儿童树立良好的榜样之外，父母还要关注儿童交往的同伴群体，和学校及时沟通联系，谨防儿童加入那些以打架斗殴为团队规则的非正式群体，避免儿童在同伴亚文化的影响下习得攻击行为并卷入校园欺凌。

三、亲密同胞系统的形成与保持

同胞系统与亲子系统都属于家庭的亚系统之一，但二者之间有明显区别。根据 W. W. 哈吐普（Hartup，1989）的分类方法，同胞关系是水平关系（horizontal relationships），是一种自由、平等和互惠的关系[1]，而亲子关系则属于垂直关系（vertical relationships），儿童与父母之间地位不平

---

[1]　年龄差距较大的同胞可能符合垂直关系。

等，父母拥有更多权利。因此，发展心理学界的研究指出，在非独生子女家庭中，儿童与同胞在一起的时间远超与父母在一起的时间（Bank & Kahn 1975），与亲子关系对儿童的影响不同，同胞关系对儿童发展中起到独特作用（Tucker et al.，2009），童年时期同胞关系中互补和互惠角色的独特结合对儿童发展意义尤为显著（Dunn，1983）。因此，我们讨论家庭系统论视域下儿童的欺凌与受欺凌问题必然离不开对同胞系统的探讨。本书没有深入研究同胞系统对欺凌、受欺凌的影响，仅对出生顺序、同胞数量与儿童欺凌、受欺凌的关系做了初步探讨，这里将结合既往研究对同胞系统在儿童发展中的价值以及在欺凌防治中的作用进行分析。

同胞之间的关系亦如亲子关系，既有情感亲密也有敌意冲突，有学者把同胞关系分为温暖和谐型、敌意冲突型和温暖敌意并存型三种类型。温暖和谐型关系中，同胞之间心理上有亲近感，能够使用建设性策略解决同胞之间的冲突；敌意冲突型同胞关系的表现形式有相互间的攻击行为、嫉妒、敌意等；温暖敌意并存型中，同胞之间既相互合作又存在矛盾冲突（见综述，陈斌斌等，2017）。也有学者从心理功能角度将同胞关系划分为积极同胞关系和消极同胞关系两个方面（见综述，赵凤青、俞国良，2017）。本小节结合上述两种分类方法中所使用的具体指标，把同胞关系分为同胞亲密与同胞冲突两个维度，分析这两个维度与儿童发展的关系。

（一）同胞亲密对儿童发展的积极作用

学术研究表明，同胞情感亲密有助于儿童各方面发展，具体表现在两个方面：首先，亲密的同胞关系有助于儿童心理健康发展。诸多研究发现，同胞关系亲密与儿童青少年的积极适应相关（Kim et al.，2007；Pike et al.，2005），同胞亲密有利于儿童青少年增强社会自尊、调整心理状态（Milevsky，2005）、提升生活满意度（Milevsky，2005；尹霞云等，2016）。同胞关系亲密的儿童内化问题少（Kramer & Kowal，2005；Buist et al.，2013），亲社会行为多（Padilla-Walker et al.，2010），学业自我效能感更强（董颖红、刘丹，2019）。温暖和谐的同胞关系下，年幼弟妹在青少年期犯罪的概率低（Fagan & Najman，2003），药物滥用的可能性小（Whiteman et al.，2013，2014）。

其次，同胞关系亲密促进儿童情绪情感以及社会性的发展。一方面，同胞交往为儿童提供同龄人交往方面的经验，并为人际沟通能力发展提供了重要的练习机会，有助于日后同伴关系的发展。相关研究发现，同胞关系亲密的儿童同情心（Tucker et al.，1999）、共情能力（张荣臻等，2019）、自我调整能力强（Padilla-Walker et al.，2010），更容易适应让人不满意的同伴（East & Rook，1992），人际困扰少（尹霞云等，2016）。另一方面，交往互动过程中，年长同胞经常用丰富的体态语言表达想法和情感，儿童要与同胞互动，就要捕捉、理解同胞发出的信号。与此同时，年长同胞也会亲自教弟弟妹妹如何理解他人的思想和行动，如何观察理解他人的情绪，这有利于增强儿童的情绪理解能力，为其日后同伴交往中识别、表达情绪以及情绪调节打下坚实的基础。相关研究发现，同胞关系亲密的儿童在学校中的情绪控制能力较强（Stormshak et al.，1996），同伴关系更好（Kramer & Gottman，1992）。

由于同胞关系亲密具有诸多积极作用，可以推知，同胞关系相处好的儿童也能够和同伴友好相处，卷入欺凌的可能性会很小，相关研究证实了这一预测。有学者发现，拥有亲密同胞关系的儿童成为受欺凌者的可能性较低（Lamarche et al.，2006）。

（二）同胞冲突对儿童发展的消极影响

学术界探讨亲密同胞关系对儿童发展作用，同时也考察了同胞冲突的影响，所得结论相对一致，即同胞冲突对儿童发展产生消极影响，其消极影响表现在两个方面：其一，不利于儿童身心健康发展。既有研究表明，控制父母因素的影响后，同胞冲突与敌意能够显著正向预测青少年消极适应（Stocker et al.，2002）、反社会行为（Criss & Shaw，2005），以及抑郁（Kramer & Kowal，2005；Kim et al.，2007；Campione-Barrn et al.，2014）、焦虑（Campione-Barrn et al.，2014）等内化问题等。一项研究发现，即使同胞敌对次数较少（一年一次），对儿童仍然产生不良影响，儿童行为问题、攻击行为均会增加（King et al.，2018）。其二，对儿童情绪情感发展产生不利影响。同胞冲突频繁会使儿童情绪理解出现偏差，他们往往更容易分辨他人愤怒的表情，而忽视悲伤的表情（袁玉芝、叶晓梅，2017）。敌对同胞关系下，儿童容易出现低自尊（Hoffman & Edwards，2004）。需要关注的是，同伴冲突不仅影响当下儿童的身心健康，对其未来发展仍产生诸多消极影响（见综述，董颖红等，2018；赵凤青、俞国良，2017）。

同胞冲突对儿童欺凌、受欺凌是否有影响？以往研究发现二者之间的确存在关联，同胞冲突会增加儿童欺凌同伴的风险（Wolke et al.，2015）。同胞冲突很容易升级为同胞攻击与欺凌，而攻击同胞的儿童往往会攻击同伴或遭受同伴攻击（Wolke & Skew，2012）。除了同胞冲突与敌意外，同胞数量也会对儿童发展产生消极影响。有研究发现同胞数量越多，儿童认知能力越低，三个及以上同胞对学生认知能力发展的负向影响最大，且女生较男生受影响更大；排行中间对儿童认知能力产生显著负向影响（袁玉芝、叶晓梅，2017）。本书第一章考察了欺凌、受欺凌与出生顺序的关系，发现独生子女与多子女家庭中容易被忽视的中间儿童更可能成为校园欺凌的对象。可见，多子女家庭中居于中间的位置是儿童发展的不利因素。

（三）建立亲密同胞关系的父母教育策略

如前所述，同胞亲密对儿童发展有益，而同胞冲突对儿童发展不利，如何帮助儿童建立亲密的同胞关系是父母需要解决的问题。家庭系统中，同胞关系受父母教养理念与教养行为的影响，或者说建立何种同胞关系与父母的引导有关。为了帮助儿童建立亲密的同胞关系，父母需在以下三个方面作出努力。

1. 采用积极教养方式

既有研究发现，同胞关系与父母教养关联密切。与溺爱、控制和放纵型教养方式相比，民主型教养方式培养的儿童同胞亲密水平高，同胞冲突与竞争水平则相对较低（庄妍，2017b）。以说服教育为主的教养方式下，同胞关系相对和谐（张雪丽，2015）。相反，父母的消极教养行为会使同胞关系质量下降，同胞亲密减弱（Tippett & Wolke，2014）。为了提高同胞亲密水平，降低同胞敌意水平，父母需使用鼓励支持、温暖关爱等积极教养方式，尽量避免使用控制、惩罚、拒绝、溺爱等消极教养方式。

2. 公平对待所有子女

父母资源（包括物质资源和精神资源）有限，子女越多，平均占有父母的相对资源就越少。为获得父母更多支持，同胞之间相互竞争不可避免。与此同时，多子女家庭中，父母通常会偏爱某个或几个子女，如偏爱"男孩""幺子幺女"等，正如俗语所说，"父母爱幼子，爷奶偏长孙"。多数情况下父母对自己的偏爱没有感知到，如吃饭时给某个孩子碗里多夹块肉。有些情况下，父母受传统理念的影响，认为就应该这样做，与偏爱无关，如表扬长子女并让弟弟妹妹向其学习、让长子女让着弟弟妹妹、同胞吵架父母不问缘由先批评年长的等等。但儿童能够敏感地捕捉到相关信号，并对其健康发展产生不良影响。有研究者指出，在儿童发展的不同年龄阶段，父母差别对待都会引起同胞间的嫉妒行为和冲突（Feinberg et al.，2011）。因此，父母公平对待所有子女是避免同胞冲突的途径之一。这就需要父母把握一个尺度：即原则性问题上不"双标"，但可根据儿童年龄和个性特征灵活处理。以给儿童过生日为例，每个儿童过生日，规格待遇要相似，但具体形式可有差异，如上初中的 13 岁长子希望用独自旅游的形式庆祝，上小学的 10 岁次子要求吃一顿大餐，上幼儿园的 5 岁小女儿要买个芭比娃娃。另外，父母处理同胞冲突时很容受儿童年龄、相貌、学习成绩和性格等因素影响，出现"拉偏架"现象。如批评年长的、学习成绩差的、比较调皮的，适宜做法是"向理不向人"，支持正确一方。

3. 关注排行中间的儿童

第一章的研究结论显示，多子女家庭中排行中间的儿童成为受欺凌者的可能性更大。前面分析过中间子女容易成为受欺凌者的可能原因：从亲子系统视角分析，他们在争夺父母资源中败给两头的子女，父母未能公平对待每一位儿童。从同胞系统视角来看，长子女虽然后来经历了父母资源被分割后的失落，但通常会得到父母赋予的管束弟妹的权力，他们从管教、指导弟妹的过程中获得心理补偿；幼子女虽然被哥哥姐姐管束、教导，但通常也会得到哥哥姐姐的照料，还会获得父母更多的关注；中间子女则既无管教指导弟妹权力，又得不到父母的同等重视，还和长子女一样经历了父母资源被分割后的失落。无论从亲子系统还是同胞系统分析，中间子女均处于不利地位。因此，在多子女家庭中，父母更要多关注中间子女，至少要做到"一碗水端平"，不能让他们感到父母明显偏心；其次，采取适宜措施，弥补其在同胞系统中的不利地位，如赋予他们一些相应的权力，多鼓励沟通。

4. 重视独生子女同伴交往能力的培养

第一章的研究结果表明，欺凌方面独生与非独生子女没有差异，但独生子女更容易成为受欺凌者。本书前面分析过，主要原因是缺少多子女家庭中同胞抢夺父母资源的锻炼，缺少相应的应对方法和策略。针对这一情况，家长需采取措施，给独生子女提供练习的机会，如邀请同伴到家里玩、参加同龄伙伴的集体活动等。另外，针对欺凌者身心能力均优于受欺凌者这一特征，父母还可做两方面的工作：指导儿童强身健体，养成健康的体魄，让儿童身体力量上不弱于欺凌者；使用同伴榜样示范、问题解决训练、自信心训练等方法培养儿童的自信心、独立性，使其心理能力上不弱于欺凌者。如此，随着身心能力的提升，同伴交往能力的增强，儿童定会逐步摆脱受欺凌身份。

除此之外，我们的研究结论显示，无论欺凌还是受欺凌，男生发生率均显著高于女生。因此，父母还要重视男生的教育，如多让男生参加文体活动，让欺凌者身体中过多的能量和精力得到释放，减少他们因精力过剩而实施的欺凌行为；协同其他教育者对男孩适当加强约束等。

四、协调有度的祖孙系统

根据中国儿童中心（2017）对家庭类型的划分，祖孙居住在一起的情况出现在隔代家庭和主干家庭两种家庭类型中，前者指祖辈、父辈及未婚子女一起生活的家庭，后者指祖辈和孙辈一起生活的家庭。教育和心理学界对祖孙系统的探讨中，有学者多用隔代教育、隔代抚养等术语研究隔代家庭中的祖孙系统（如李全棉，2004；侯曼等，2019；陈虹、高婷，2019），旨在考察父母缺失或暂时教育缺位的情况下，祖父母教养的利与弊，并寻找适宜的途径弥补其不足，提升教育质量（具体内容见"专题讨论——隔代教育"）。也有许多学者用祖父母教养方式①、祖父母参与教养、祖辈依恋、祖孙关系、祖孙互动、祖辈—父辈共同养育等术语，旨在揭示祖父母教养动机、意义以及与儿童发展的关系，他们通常不关注家庭类型是主干家庭还是隔代家庭（如李晓巍等，2016；侯莉敏等，2019）。学术文献中很少有研究考察祖孙系统与儿童欺凌、受欺凌的关系，受研究精力所限，本书亦未考察祖孙系统中祖辈特征、教育理念、教养方式、祖孙互动模式等与儿童欺凌、受欺凌的关系。本部分仅根据前人研究结论进行梳理，分析了祖孙系统与儿童发展的关联，以及与儿童欺凌、受欺凌的关系。

（一）隔代教养与儿童发展

隔代家庭指由祖父母或外祖父母与孙子女或外孙子女组成的家庭（王乃正等，2013）。中国儿童中心（2017）把隔代家庭的操作界定为"孩子只跟祖辈生活在一起"，这一界定隐含了两种情况：孩子父母不在、孩子父母尚在但不与孩子生活在一起（因外出打工、离异等原因）。简言之，

---

① 这里的祖父母含外祖父母，为表述方便起见，后文一律使用"祖辈"，但引用他人文献时仍尊重原文献的表述方式。

隔代家庭由三代以上人组成，但中间有断代的家庭。

　　隔代家庭有多少？许多学者指出，由祖父母或外祖父母与孙子女或外孙子女组成的隔代家庭成为当前我国农村家庭结构的一种主要形式。这种家庭形式的出现是 20 世纪我国改革开放后，农村大量劳动力外出打工，无暇照顾子女，把子女留在家乡由老人帮忙照看而形成的。中国人民大学老年学研究所于 2004 年在安徽省寿县、河北省承德县和河南省浚县三地农村地区做调查，发现留守老人在居住方式上逐渐呈现出空巢化和隔代化，隔代家庭由原来的 0.7% 迅速上升到 14.3%（李全棉，2013）。中国儿童中心（2017）采用分层随机抽样方法，从我国东部、东北部、中部和西部四个地区抽取 8 个省、自治区、直辖市的 69 个区（县），207 个街道（乡、镇）共 17898 名 0—6 岁儿童家长进行调查，发现 0—3 岁儿童所在家庭中有 4.5% 属于隔代家庭，3—6 岁儿童中隔代家庭的比例是 4.0%，比中国人民大学老年学研究所 2004 年调查发现的比例低。但中国儿童中心的研究中包括城市家庭在内，而隔代家庭主要在农村，如果去掉城市家庭，隔代家庭的比例将会大大增加。

　　隔代家庭中的"留守儿童"是否存在适应问题？家庭环境对儿童成长起着极其重要的作用，是学校教育和社会教育无法取代的。隔代家庭与核心家庭相比，在家庭物质环境（如家庭社会经济地位）和精神环境（如家庭氛围、家庭功能、父母教养）方面都有很大不同，而所有这些不同都会对儿童成长带来巨大影响。隔代家庭教育的最大问题是父母缺失对儿童成长带来的负面影响无法由祖辈教育弥补，甚至祖辈教育本身进一步强化了负面影响。再进一步，我们要弄清楚，隔代家庭对"留守儿童"的发展有何影响？从 20 世纪末至今，社会学、心理学、教育学领域的学者们对隔代家庭中的留守儿童进行了深入系统的研究。概括学术界的研究发现，隔代家庭中的儿童各类心理与行为问题发生率远远高于其他家庭，在违纪、攻击行为多、社交适应不良等问题行为方面较其他儿童严重，他们自尊较低，严重自卑，具有情绪较不稳定，易抑郁、孤独等情绪适应问题，学习态度不端正、学习习惯不良、学习兴趣不高等学业适应问题多（见综述，尧翠兰、宋秋前，2017；张海清、袁丽丽，2014；张高华，2016）。西方研究所得结论与国内相似。例如，L.D.皮特曼以10—16岁的儿童为研究对象，发现完全由祖母承担监护权的儿童外化问题行为更多，比如攻击性行为更多，同伴关系不良，缺乏合作精神，而祖母加入单亲家庭以共同抚养者的角色参与教养则会大大降低儿童的内外化问题行为（Pittman，2007）。N.V.皮尔考斯卡斯和R.E.达尼方研究也发现，由祖母为主抚养近6年的孩子与同龄孩子相比表现出更多的外化问题行为（Pilkauskas & Dunifon，2016）。

为什么隔代家庭中儿童出现了这么多的心理社会适应问题？这引发了学术界对留守儿童心理社会适应问题的成因进行探索。学者们的研究发现，原因主要有以下几个方面：隔代家庭的社会经济地位相对比较差、父母教养缺失、祖辈教育观点相对落后以及与之相应的教养行为不当，最后一个原因就是社会各界热议的隔代教育问题。那么，如何应对隔代教育问题，建立良好的祖孙关系，使隔代家庭中的儿童健康成长？具体见专题讨论——隔代教育。

专题讨论：隔代教育

隔代教育指祖辈对孙辈的教育，具体有三种情况：其一，祖辈、父母和儿童生活在一起，祖辈协助父辈教养儿童；其二，父母异地工作，祖辈和孙辈生活在一起，大部分时间负责儿童教养，父母少数时间（主要是假期）负责教养儿童；其三，父母不在（去世或其他原因不再抚养子女），家庭中只有祖辈和孙辈，祖辈全权负责抚养儿童。社会学领域所探讨的隔代教育指后两种情况；教育界、心理学界的隔代教育包含上述三种情况，但实际研究中多指第一种情况，第二种情况多在"农村留守儿童"的家庭教育框架下进行探讨，很少有学者专门探讨第三种情况下的隔代教育问题。根据隔代家庭的内涵，第一种情况不属于隔代家庭中的教育问题，故这里只分析后两种情况。为了便于描述分析，我们暂且把第二种情况命名为"准隔代教育"，第三种情况命名为"真隔代教育"，后文中若没有特别说明，隔代教育仅包含这两种情况。

　　根据以往相关研究结论以及我们实地调研，隔代教育也有优势：第一，祖辈教育后代的经验丰富，可以适当避免教养子女中曾经犯过的错误；第二，准隔代教育中，祖辈不用承担家庭经济问题，专心照料孙辈，时间比较充裕；第三，与父母辈相比相对更细心，也更有耐心。只是现实中隔代教育的优势不足以弥补其劣势，导致隔代家庭中儿童心理社会适应问题普遍高于其他家庭。那么，隔代教育有哪些不足或劣势呢？

　　祖辈年龄偏大，精力不足。根据人类发展的阶段理论，祖辈大多处于中老年阶段（中年 35—60 岁或 40—65 岁，老年是 60 或 65 岁以后）。与青年或中年前期相比，他们的身体功能开始退化，体力与精力不足，难以对孙辈进行周全的照顾与抚养。实地调研中发现，准隔代教育中，祖辈不用承担或仅仅部分承担家庭的经济职能，而主要承担家庭的抚养职能和教育职能。真隔代教育中的祖辈具有沉重的压力，他们需要承担家庭的所有职能，而经济职能的完成占据了他们大部分时间。他们由于年龄大，获得收入的手段单一，主要是种地、打工等收入较低的工作，导致家庭经济基础差，让孙辈能够吃饱、穿暖并健康生活下去成为第一要务，教育功能、心理保健功能等其他家庭功能更是难以实现。留守儿童校园暴力、违法和违纪行为高于非留守儿童、社会适应不良问题较突出等现象的发生（见研究综述，张海清、袁丽丽，2014），必然与祖辈精力有限，无法照顾周全有关。正如马斯洛需要层次论所述，在个体的生理需要尚未得到满足时，更高级的需要不能成为其生活的动力。对家庭而言，家庭的基本职能——抚育尚未完成的情况下，休闲娱乐、心理保健等功能自然很难以实现。

　　教育素养相对较低。首先，隔代家庭中祖辈家长受教育年限（平均 2.1 年）明显低于核心家庭父辈家长的受教育年限（平均为 6.5

年），且教育观念陈旧、落后（转引自李全棉，2004）。尽管不能断然说受教育年限短意味着教育素养差，但不可否认的是受教育年限长，知识面越广博，就越容易接受新生事物，自我修复能力越强，对子女的教育越有利。相关研究发现，受教育程度高的父母所从事的职业相对较好，收入较高，家庭经济状况较好，家庭矛盾冲突少，容易给儿童提供良好的家庭环境，对子女的学习设施投资、与子女互动时间投入也增加（祁翔，2013）；同时，父母受教育程度越高，越能用比较科学的方式教育儿童，受教育程度相对较低的父母较多用批评数落、体罚等方式对待孩子（曹瑞，2011）。其次，隔代家庭的祖辈家长对孩子溺爱严重，对孩子百依百顺、包办代替（李全棉，2004）。该项研究发现，在"凡是孩子要的，哪怕是孩子的要求极其不合常理，我都会想方设法满足他们"条目上，73%祖辈同意此观点，而父辈仅仅为26%。可见对孩子的溺爱是祖辈教育的共性。

社会与学校如何弥补？通过以上分析发现，隔代家庭的教育问题突出表现在两个方面：第一，如何发挥祖辈教育的优势、避免祖辈教育的劣势；第二，学校和社会如何弥补父母教育的缺失。解决这两方面问题都需要社会各界的共同努力。

一、国家政策层面。古往今来虽然隔代家庭一直存在，但由于我国20世纪改革开放浪潮引发大量农村人口进城务工而产生的准隔代教育问题，更需要国家政策方面的支持，也只有在国家层面进行变革才能彻底解决准隔代教育问题。这需要一方面改革户籍政策，给外地务工人员提供相对经济实惠的住房，扩大城市中小学数量或规模，降低入学门槛，让子女能够进城随父母读书。政府实际已经采取了相应的措施，如专门建设学校或指定某些学校接受进城务工人员的子女就读。另一方面，支持地方企业发展，让当地农民就近就业，同时改革农村义务教育经费投入体制，加强和完善农村中小学寄宿条件，让年轻父母工作和教育子女两不误。对于真隔代教育问题，国家需制订政策，对这类家庭进行甄别并加大社会抚养力度，通过经济援助、免费入学等方式帮助这类家庭完成相应的教育职能。

二、社会层面。从严格意义上来讲，社会各界（如媒体、社会团体）对隔代家庭的帮助也是在政府引领、指导和监督之下进行的。国家应鼓励社会各界采取合理、合法的方式给隔代家庭提供援助，充分发挥群众的力量进行精准扶助。如通过社会办学、社区老年学校等方式对祖辈进行家庭教育素质培训，提高祖辈的教育能力；或发动社会中青年志愿者承担"父母"角色，采取辅导作业、心理疏导、经济支援等方式定期对隔代家庭的儿童进行帮扶。

三、学校层面。针对儿童本身，学校应在自己的权限和能力范围内给予关怀、帮助，可采取以下措施：第一，关注隔代家庭儿童的心理问题，让专业老师及时进行疏导，如定期进行心理健康测评，发现问题及时解决。第二，建立家校合作制度，通过祖父母家长会、家访以及单独辅导等方式对祖辈进行相应的教育理念与教育行为指导。第三，建立"准父母"团队，定时给这类家庭的儿童提供帮助，代替其父母承担部分职责等。如班级老师团队轮流承担父母职责，负责辅导孩子作业、心理沟通、周末陪伴等，减少这些儿童因父母缺失而产生的心理社会适应问题。

四、家庭层面。准隔代教育与真隔代教育相比，还多出了父母健在但因距离遥远无法顾及子女、祖辈与父辈教育理念与教养方式不一致的问题。因此，对准隔代教育"父母无法顾及子女"的问题，可采取现代科学技术手段（如手机即时视频对话）进行亲子之间的沟通与陪伴。"祖辈与父辈教育理念与教养方式不一致"问题，多表现在祖辈教养理念落后、父辈与祖辈沟通较少等方面，如一些偏远地区老年人仍然持"女孩不用上学""读书无用论""棍棒下出孝子"等落后观念，导致一部分隔代家庭中的儿童早早辍学；更多祖辈重"养"轻"育"，重物质轻精神，儿童行为易偏离正常。对此，父母要及时和祖父母沟通，建立科学的教育理念，提高家庭教育水平。在父母缺失的隔代家庭中，祖辈也要及时学习，力所能及地配合学校教育，积极寻求社会各界的帮助，尽最大努力完成家庭的教育职能。

（二）隔代教养与儿童欺凌、受欺凌

为数不多的研究考察了隔代教养与儿童欺凌、受欺凌的关系，研究结论有分歧。有些研究发现，隔代教养的儿童攻击与欺凌行为高于亲代教养的儿童。如袁姗姗等（2018）以农村四至六年级的小学生为对象的一项调查表明，隔代家庭中的儿童攻击行为总分明显高于核心家庭。石志道等（2009）对66名0—3岁时隔代养育的初中生（研究组）和67名0—3岁时亲子养育的初中生（对照组）进行调查，发现隔代养育组儿童攻击性行为的发生率高于亲子养育组。国外也有学者得出了相似的结论，相关研究表明，与父母抚养的儿童相比，祖父母抚养的儿童不成熟、攻击性行为多（이정이 & Seon，2007）。另外，隔代家庭中的儿童受欺凌的风险增大。2017年11月10日，国家卫生和计划生育委员会流动人口司发布了《中国流动人口发展报告2017》，报告显示，大约50%的在校留守儿童遭受过欺凌，接近30%的初中一年级留守儿童有过打架经历，高于非留守儿童。

也有些研究发现，隔代教育与亲代教育下的儿童欺凌行为没有差异，即隔代教育对欺凌的影响不显著。例如，黄芳（2018）以湖南省6所初中学校的学生（留守初中生583人，非留守初中生402人）作为被试，研究结果显示，留守初中生与非留守初中生身体欺凌、言语欺凌和关系欺凌等方面均无明显差别，"留守"这一状况对留守初中生同伴欺凌各维度影响不大，也就意味着隔代教育并没有增加儿童欺凌的发生率。还有研究发现，祖辈教养下的幼儿攻击性行为的发生率明显低于父辈独立教养下攻击性行为的发生率（Poehlmann & Eddy，2013），即祖辈教养具有保护作用。

得出有差异的研究一般认为，祖辈监护的家庭易形成管束空挡，祖辈文化程度低，重养不重教，因此攻击、欺凌发生率高于一般家庭中的儿童。没有发现隔代教育对欺凌产生影响的学者指出，影响儿童欺凌的是教

育者的教养理念、教养行为等，与教育者是谁的关系不大。到底哪一种观点更符合现实情况？不关注家庭类型本身的作用，从祖辈教养理念、教养行为、祖孙关系等视角出发的研究或许能揭示其中的真谛。

（三）祖辈参与教养与儿童欺凌、受欺凌

在核心家庭、主干家庭以及单亲家庭中，祖辈参与教养是我国目前家庭教育的主要模式。为方便照顾孙辈，家庭中祖辈、父辈及未婚子女一起生活的主干家庭较多，祖辈需对孙辈进行生活上的照料与看护，并承担一定教育任务，对孙辈进行生活常识、生活技能等基本的认知及心理教育。社会学方面的研究表明，1982—2010 年间，我国主干家庭结构的比例在 21.33%—22.99% 之间（Wang，2014）。中国老龄科学研究中心（2012）以 20083 位老人为样本调查显示，城市中与父辈共同抚养孙辈的女性老人已达到 71.95%（转引自李晓巍等，2016）。这两个数据存在差异的原因是，前者基于社会学视角探讨各类家庭类型的比例，把"生活在一起"作为一个重要指标，而后者指祖辈是否和子辈一起抚养孙辈，显然不住在一起并不意味着不参与孙辈教养。前者表明祖孙三代住在一起的主干家庭比例相对稳定，后者则表明多数祖辈参与了孙辈的教育。因此，我国目前祖辈参与教养的情况可以分为三类：隔代家庭中的祖辈教养、主干家庭中祖辈教养和其他家庭中的祖辈教养。最后一种情况中，祖辈在孙辈幼小需要帮助的时候会提供帮助，暂时组成主干家庭。许多学者受系统论思想影响，不再关注家庭类型与儿童欺凌、受欺凌的关系，而专注考察祖辈系统中的各种微观因素（如祖辈参与教养、祖辈依恋、祖孙关系、祖辈教养压力等），这些研究更多揭示的是后两类祖辈教养与儿童欺凌、受欺凌的关系。

从此视角所做的研究表明，儿童适应问题、欺凌、受欺凌与祖辈教养无关，而是与祖辈教养理念、教养行为有关。王玲凤、陈传锋以湖州市 5 所幼儿园小、中、大班共 300 名幼儿为样本研究显示，祖辈只要采用民主型教养方式，摒弃溺爱放纵的教养方式，隔代教养不会使幼儿的品

行问题增多（王玲凤、陈传锋，2018），即隔代教养对幼儿品行问题的影响，并不在于祖辈的隔代身份，而是在于祖辈的教养方式。许多研究得出了相似的结论，支持了这一观点。来自韩国的研究发现，当祖父母的教养方式具有控制性、溺爱和高度接受性时，孙辈会表现出更多的攻击性行为（Kim，2004）。苗俊美（2015）研究表明，祖父母对儿童的管束与要求越多，幼儿越容易出现攻击性行为。祖辈若灌输不科学的同伴交往观念，比如"不能吃亏，不要让别人欺负"，将导致儿童攻击性较强。在发生同伴冲突时，儿童往往采用攻击的方式（郭志芳等，2018），祖父母与父母之间教养方式和教养态度的不一致助长了儿童的攻击行为（Jia et al.，2016）。

相反，祖辈参与教养（即协助父母教育孙辈）可减少儿童的攻击行为（武旭晡，2019），祖辈较高学历水平、祖辈—父辈教养一致性是幼儿攻击性行为发生发展的保护因素（武旭晡，2019）。西方也发现了祖辈参与教养的积极作用，隔代教养有助于缓解不良的家庭环境对儿童产生的消极影响。例如，B. J. 迈尔斯等研究者调查了 61 名 7—13 岁被监禁母亲的孩子，发现他们与同龄人在社交上表现出明显的侵略性，经常取笑和欺凌他人，但是与祖父母等替代照料者之间良好的关系会缓解这些问题（Myers et al.，2013）。

许多学者关注祖辈心理压力与儿童攻击、欺凌的关系。许多学者研究发现，祖辈教养孙辈时常常面临着巨大的心理压力，比如担心孙辈的安全和身体健康（Ingersoll-Dayton et al.，2019），担心子女责怪自己对孙辈照顾不周（Change & Hayter，2011），担心财物状况无法支付孙辈的生活费用和医疗开支（Williamson et al.，2003）等，祖辈的这些心理压力对孙辈会产生影响。研究表明，祖父母遭受心理困扰，其孙辈也更容易出现外化问题行为（Smith & Hancock，2010），孙辈行为更具有破坏性和攻击性（Edwards & Daire，2006）。国内研究结论与此相似，如武旭晡（2009）研究发现，祖辈心理压力越大，幼儿初期的身体攻击和中期的关系攻击越少，同时幼儿初期的关系攻击越多。

概括以往研究结论不难发现，祖辈教育与儿童发展的关系与祖辈这一身份或祖辈群体这个称号无关，而是与祖辈的教养理念、教养方式、教养压力以及祖辈自身素养有关，这与父辈教养与儿童发展的关系模式相似。因此，我们不可以给祖辈教育贴上"好"或"不好"的标签，正如我们不能断言所有父辈教育均有问题或所有父辈教育都很科学一样，社会各界需要做的是帮助祖辈提升自身素养，发挥祖辈教育的优势。

（四）建立和谐祖孙关系的策略

根据进化发展观中的祖母假设，祖辈投资孙辈是进化过程中自然选择的结果，祖辈帮助子辈教养后代会使物种（如人类、类人猿等）活得更久。已经过了生殖期的祖母通过协助子辈照顾孙辈，可以让年轻母亲更快生育更多后代，从而提高基因延续的概率。因此，增加后代数量与提升后代质量均需祖辈协助教养。现代社会中，祖辈如何教养孙辈？与父辈一样，祖辈也需要提升自身的素养、使用正确的教养行为，为儿童提供良好的学习榜样，这些不再一一赘述，仅分析祖辈与父辈相比，特别需要注意的事项。需要指出的是，隔代家庭中祖辈教养注意事项与其他类型家庭有所区别，行文中会有所区分，若无特殊说明，则适用于所有家庭类型。

1. 教养一致

这里的教养一致，有两层含义：一是指祖辈自己前后教养一致。对此，祖辈需特别注意"说话算数"，不能为了哄孙辈一时高兴作出某些许诺，过后不去践行，失信于孙辈，导致以后在孙辈面前失去威信。教养一致的第二层含义是指要与父辈协商，在教养理念与教养行为上与父辈达成一致。例如，某儿童一到周末节假日就特别喜欢去爷爷奶奶家里，因为在祖父母那里，爷爷奶奶护着，衣服可以不用叠整齐，糖果可以随便吃，吃饭时可以看电视，爸爸妈妈的要求可以不用听。该案例中，表面看来是祖辈溺爱，实际是祖辈与父辈教养理念不一致。祖辈有丰富的教子经验，但随着时代发展，教育理念也发生了相应的变化，过去的教育理念可能不适合当前的时代特征，祖辈不能固守自己的旧理念。另外，由于孙辈心目中的权威是父辈，孙辈不一定听从祖辈的教导，祖辈把这些教育经验用于孙辈身上不一定起到相应的效应。因此，祖辈需要和儿童父母一起协商，达成一致，避免矛盾冲突。父辈也不要总是批评指责祖辈，与祖辈达成一致教养理念后，要赋予祖辈奖惩的权利，建立祖辈的权威。

2. 角色定位准确

祖辈要角色定位准确，减轻教养压力。既有研究表明，祖辈教养压力越大，儿童更可能出现外化问题行为，攻击行为也越多。因此，缓解祖辈教养压力是当前应该解决的主要问题。祖辈的教养压力具体可以分为三个等级：压力最小的是主干家庭与核心家庭的祖辈，其责任是协同父辈教养，承担"协助"责任，祖辈教养应该称为"参与教养"，而不是取代父辈承担孙辈全部教养责任；其次是父母不在、父母外出打工或离异的隔代家庭，祖辈承担"共同养育"的责任，需承担除经济功能外的所有家庭功能，有的甚至还要承担大部分家庭经济功能，教养压力较大；教养压力最大的是父母离世的隔代家庭，祖辈需承担所有家庭功能，包括祖辈的全部教养。对于第一种情况，祖辈要与儿童父母协商，明确自己的责任，如承担孙辈吃饭、穿衣等生活方面的工作，而孙辈爱好兴趣的培养、家庭经济收入、孙辈未来规划等则由儿童父母承担，不要把孙辈教养责任全部压在自己身上；父辈需处理好工作与生活的关系，切勿将教养责任全部推脱给祖辈。对于第二种情况，祖辈同样要定位准确，即使承担了家庭的教育功能，也只是儿童父母暂时赋予的"职责"，教育理念与教养行为上要与儿童父母协商，不可擅作主张；父辈外出工作无法时刻陪伴并教育儿童，可用书信、视频通话等方式与儿童互动沟通。对于第三种情况，祖辈没有可以选择的余地，必须承担儿童"父母"全部的责任。自身健康状况的下降会让祖辈力不从心，这一方面需要祖辈有良好的心态，同时也需要向社区、政府求助，谋求社会各界的帮助。后两种情况都需要社会各界的协助，具体方法见专题讨论——隔代教育。

3. 建立安全的祖孙依恋

祖辈与孙辈积极互动，建立安全的祖孙依恋。具有安全依恋的儿童在问题解决能力、社会性情感以及人际沟通等方面均优于不安全依恋的儿童，祖孙安全依恋起到了同样的作用。对于隔代家庭而言，在父辈教养缺失的情况下，儿童无法和父辈建立安全的依恋关系，这就需要祖辈弥补这一缺憾。为了弥补父母依恋的缺失，祖辈在教养过程中，除了鼓励儿童自主探索，培养儿童独立生活的基本能力外，还要多和孙辈沟通，密切关注孩子的需求与发展，给予充足的爱与关心，让儿童情感上有依靠，最终与儿童建立起安全的依恋关系，形成积极的内部工作模式。

五、父亲积极教养与家庭功能健康

家庭功能指家庭在人类生活和社会发展方面所起的作用，在心理学研究中，学者们通常把家庭功能按照内在特质分为不同的维度。课题组按照斯金纳等的家庭功能模式理论（Skinner et al., 2000），把家庭功能分为问题解决能力、沟通、家庭角色分工、情感反应能力、情感卷入程度和行为控制 6 个维度，发现家庭情感卷入程度越高，儿童受欺凌的可能性越小。课题组同时按照奥尔森的环形模型理论（Olson，2000，2011），考察了家庭亲密度、家庭适应性与儿童欺凌、受欺凌的关系，发现家庭亲密度越高，儿童欺凌、受欺凌的可能性越小。可见，为防治儿童卷入校园欺凌事件，还需要家庭功能运转良好。

（一）父亲是家庭功能的主要承担者

奥尔森环形模型理论中的家庭亲密度（family cohesion）是指家庭成员之间的情感联系及支持，家庭亲密度水平高意味着家庭成员之间情感联系密切，这与斯金纳家庭功能模式理论中的情感卷入意思相近。根据本书第五章的研究结论，亲密度高或情感卷入程度高是儿童免于欺凌、受欺凌的保护因素。换言之，家庭成员之间关系越好，越彼此尊重、相互关爱，生长在这种家庭环境中的儿童卷入欺凌的可能性越低。家庭亲密度水平高或情感卷入程度高表明家庭成员之间彼此比较关心和相互重视，是家庭功能运转良好的一个重要指标，置于亲子系统中表明父母对子女情感方面的关注，置于夫妻系统中则表明夫妻之间关系融洽，置于同胞亚系统中则意味着兄弟姐妹之间彼此关爱。良好的家庭亲密度关系到儿童是否能够自信地与同伴相处。因此，为了预防欺凌、受欺凌发生，家庭成员之间需互相理解，形成情感上相互依赖、行动上相互关心的良好氛围。如果父母关注子女的情绪情感，倾听孩子的诉说和诉求，子女才能够向父母讲述学校遇到的问题。父母可及时发现子女在学校欺凌、受欺凌的经历，适时与学校沟通，妥善解决问题。

根据家庭系统论，在家庭主要人际关系（亲子关系、夫妻关系与同胞关系）中，父亲是夫妻关系系统和亲子关系系统的成员，父亲角色行为正常与否关系到家庭中两种人际关系的质量，决定家庭氛围。仅从家庭功能的亲密度这一家庭功能维度来说，其正常运行很大程度上取决于父亲。因此，父子依恋、父亲关爱不仅是文学作品永恒的主题，更是教育界关注的焦点。朱自清在《父亲的背影》所描述的父子之间的情感依恋在世界各地许许多多家庭中不断上演，向人们展示不同于母子关系的别样亲情，这其实就是父爱的力量。正如苏联著名教育家苏霍姆林斯基所说的："父亲和母亲是如同教师一样的教育者，他们不亚于教师，是富有智慧的人类创造者，因为孩子的智慧在他还未降生到人间的时候，就从父母的根上伸展出来。"可以说，在一个完整的家庭中，父亲和母亲扮演着不同的角色，父子之间形成的独特亲子关系，是家庭系统中的重要组成成分，影响儿童一生的发展。

（二）父亲参与教养的历史必然

探讨父亲参与教养的必要性，需对家庭功能中父母角色的演变做简要梳理。父母各自应该承担哪些家庭功能？父母之间如何相互补偿与合作？目前家庭功能实践中存有困惑。究其根源，是传统"男主外，女主内"思想与社会现实出现了矛盾冲突，影响了家庭功能的运转。事实上，"男主外，女主内"的模式是过去狩猎、农耕时期家庭经济来源主要依靠男性的产物。狩猎与农耕需要体力劳动，受生理结构、身体素质的影响，女性显然不是承担这些责任的最佳人选，于是产生了"男主外，女主内"家庭分工模式，由男性承担经济功能，女性则承担养育子女的功能，这一分工模式符合当时社会发展水平。随着工业革命的发展，科技水平迅速提高，大量工作不再需要重体力劳动，女性不再局限于家庭的私人劳动，逐渐走出家庭参与社会生产，和男性共同承担家庭的经济功能，随着人工智能的发展，这一现象越发普遍。

社会的发展让女性走出家庭参与社会生产，承担部分家庭功能，但传统思想的影响在短时间内很难改变，仍有许多年轻父母秉承传统教育理念，把养育儿童的责任归于母亲。这种做法忽视了目前既有的事实，即女性受教育水平和社会参与水平均逐步提高，独立意识逐渐觉醒，越来越多的女性不想重新回归家庭相夫教子。另外，当下社会由父亲承担全部经济功能，压力较大，很难完成养育子女、赡养老人、休闲娱乐等家庭的全部功能。年轻父母在从传统理念与社会变革的冲突下感到无所适从，实践过程中遭遇了诸多困难。这意味着传统理念已经不适应现代生活模式，父母双方需调整家庭中的角色分工。既然不能让女性再次远离社会生产，重新回到家庭中从事家庭私人劳动，这就需要调整父亲的角色分工，即父亲需要承担部分教育功能，参与儿童教养。换言之，现代社会应该是男女共同承担家庭经济功能和教育功能。我国家庭功能的分工方式在新中国成立后发生了巨大改变，父亲协助母亲教养、父亲与母亲共同教养逐渐成为家庭教养范式，在某些女性承担大部分或全部经济职能的家庭中甚至出现母亲协助父亲教养的情况。但总体而言，父亲对家庭教育的投入仍然有限（全国少工委，2007；全国妇联儿童工作部，2011），影响父亲亲本投资的原因很多，具体分析见第七章"亲本投资论"部分。

根据第二章我们对家庭功能的分析可知，即使在远古社会，父亲或父亲群也肩负着教育男孩的责任，如训练男孩打猎、战斗等，母亲只是负责男孩的日常生活。21世纪的中国，父亲一人工作而母亲持家养育子女的情况大量存在，但并非主流，多数家庭中的经济功能由父亲和母亲承担，与之相应，教育功能理应由父母共同承担，若既要母亲工作承担经济功能，又让母亲单独养育子女，这无疑使母亲身心压力倍增，顾此失彼，很难做到工作家庭两不误。所以说，父亲参与教养既是自古就有的传统，更是时代发展的要求。

（三）父亲参与教养的价值

亲本投资理论从进化发展的视角阐述了父亲亲本投资的价值，强调了父亲投资在儿童成活率、成长质量中的作用。现代社会中，父亲教养的价值不只如此，学术界对此进行了深入探讨研究。

首先，弥补母亲教养的不足。遗传进化发展的结果是，男性与女性生理、心理上均存在很大差异，男性体格较女性强壮，攻击性比女性多，但自我控制能力较女性弱等。父母生理与心理方面的差异使他们抚养子女的方式方法有差异，并且相互弥补。前人研究发现，母亲更多从生活上照顾孩子、陪孩子阅读、玩玩具、帮助画画或做手工，父亲则更多与孩子做户外游戏活动（Rusell & Rusell，1987）。游戏活动中，父亲多采取剧烈的、冒险性的躯体活动与儿童进行互动，通过强制儿童遵守规则来保护儿童，同时给予儿童一定的情感支持，帮助儿童学会克服缺点、利用机会（Paquette，2004），学术界称这种现象为"父亲—儿童激活关系"（father-child activation relationship）。可见，父亲更鼓励儿童的探索和自主行为，弥补了母亲教养的不足。

其次，有利于儿童人格健全。父亲参与教养是儿童健全人格的基础。有学者认为缺少父亲教养的儿童会患上"缺乏父爱综合征"，表现为焦虑、自尊低下及自控能力差等（聂晋文、芦咏莉，2014），无父亲教养支持的儿童死亡率高于有父亲教养支持的儿童（Bjorkland，2002）。父亲教养投入对儿童的学业成就（McBride et al.，2005）和心理社会发展（Jones et al.，2003；Sarkadi et al.，2008）等均具有积极促进作用。另外，我国学者聂晋文和芦咏莉（2014）研究发现，父亲参与有利于男孩延迟满足能力的发展，但对女童延迟满足能力的影响不显著。这提示家长男孩教养中父亲参与的必要性，父亲参与更有利于男孩的身心发展。

再次，有利于良好家庭氛围的形成。根据家庭系统理论，家庭亚系统之间相互影响，夫妻系统影响亲子系统，亲子系统反过来也影响夫妻系统。父亲参与教养，一定程度上减轻了母亲的养育压力，对夫妻关系、母亲身心健康有积极影响。已有研究发现，父亲教养投入不仅影响儿童的发展，其作用力还会扩展到婚姻关系（Kalmijn，1999）、母亲心理健康（Fagan & Lee，2010）等。正是由于父亲在家庭教养中独特的地位和作用，美国学者迈克尔·兰姆（Michae Lamb）在1975年发表了《父亲：孩子发展中被遗忘的贡献者》一文，吹起了父亲参与教养的号角，引发了父亲教养研究热潮，父亲在儿童教养中的重要性开始被人们重视。在校园欺凌防治中，父亲的作用同样不可小觑。

（四）父亲参与教养的方式

亲本投资理论认为，人类作为高等动物，成熟期较其他动物长得多，这就需要父母投入更多的精力抚养后代。现代社会中，父亲参与教养的方式可分为间接参与和直接参与两种形式。直接参与教养指父亲照看、亲近、保护、教育、喂养子女。为了避免儿童卷入欺凌事件中，父亲直接教养时也应该遵守相应的教育原则与教育方式，这部分内容前面已经做了详细的分析，这里不再赘述。需要特别指出的是，根据父亲脆弱假设，父亲教养行为较母亲更容易受外部环境因素的影响（Cummingset al.，2004）。这一假设得到了许多研究的支持。有研究发现，父亲的教养方式不仅受自己心理因素影响，还受母亲心理因素影响，母亲教养行为则仅受自己心理因素影响（van Eldik et al.，2019）。婚姻关系紧张，父亲更可能使用消极、蛮横的方式对待子女，而母亲受婚姻质量变化的影响相对较小（Belsky et al.，1991）。国内有学者研究发现，父亲消极教养行为容易引发青少年产生心理健康问题（王雪，2015）。因此，为了提升父亲参与教养的频率与质量，家人（主要是配偶）应该多鼓励父亲、多为父亲提供教养的环境与机会。作为直接参与教养的父亲，更要注意自己的言语行为，避免把工作、婚姻等方面压力转向子女。

父亲间接参与教养的方式又包括直接支持和间接支持两种情况，前者指为家庭提供经济保障（即承担经济功能），后者指父亲肯定母亲在家庭生活以及儿童教育活动中的付出和辛劳，为母亲提供必要的情感关怀。父亲间接支持时要注意以下两个方面：第一，不贬低家庭工作。劳动有分工但无高低贵贱之分，家庭工作非常琐碎，教育子女如同绣花，费心劳神还不一定有成效。父亲要从心里重视母亲在家务劳动以及子女教养中的付出，不能歧视或贬低家庭服务性工作。第二，儿童教育问题要与儿童母亲沟通，在教育理念以及教养方式上达成一致，并支持母亲的教养行为。如果父亲直接参与教养，除了前面所述父母教养的注意事项外，需特别注意与母亲教养一致。上述这些父亲间接参与教养的方式以及注意事项似乎与儿童欺凌、受欺凌没有必然联系，但父亲为家庭提供强有力的经济支柱使家庭功能健康运转，父亲对母亲正确教养行为的支持、对母亲的关爱与尊重使夫妻关系和睦、婚姻质量提升、家庭氛围温馨。根据家庭系统理论与家庭韧性理论，家庭各子系统息息相关，互相影响，在父母关系和睦、家庭氛围良好、父母教养理念与教养行为正确一致等诸多保护性资源与韧性因素影响下，儿童卷入欺凌事件的可能性微乎其微。从此意义上说，父亲间接支持也是儿童欺凌、受欺凌防治的关键因素之一。

本书以家庭系统理论为分析框架，对影响儿童欺凌、受欺凌的家庭诸因素做了初步探讨，揭示了家庭因素中可能会使儿童欺凌、受欺凌增加的危险因素，发现了能够减少儿童卷入欺凌、受欺凌事件中的家庭保护因素，在此基础上，提出了防治儿童欺凌、受欺凌的家庭策略。基于系统理论的家庭干预，既要整体把控，也要从细微处着手，从更微观的子系统入手，各个击破，徐徐改进。只有各子系统逐渐完善，整个家庭系统才会逐渐走向正规。

最后需要说明的是，根据系统理论，家庭不是大海中的一座孤岛，而是森林中的一棵树，不仅受其他花草树木的影响，还受森林整体气候的制约。消除校园欺凌、受欺凌，形成和谐文明的社会风气不仅需要家庭的努力，还需要学校和社会各界通力合作。学校与家庭一样是直接影响儿童发展的微观环境，欺凌萌芽于不良家庭环境，迅速成长于不良学校氛围。因此，学校的校风建设是重中之重，好校风是阻止欺凌行为发展壮大的关键。在欺凌干预中，学校需成立校园反欺凌活动小组，通过校规校纪建设、团体心理辅导、个体心理与行为训练等多种方式对欺凌进行全面干预。学校层面的校规校纪建设让欺凌者不敢欺凌，加强监控让欺凌者没有机会欺凌；班级层面的团体心理辅导，通过培养欺凌者移情能力和问题解决能力消除欺凌的动机；个体水平上的心理与行为训练，可以修复欺凌者的不良心理进程，消除欺凌对受欺凌者的不良心理影响。社会各界应伸出援助之手：首先，政府相关部门制定和完善校园安全法案，对校园欺凌行为设定一条处罚底线，一方面警示那些试图实施欺凌的学生，另一方面为学校惩戒欺凌提供法律依据。其次，国家相关职能机构出台校园反欺凌指导策略，指导学校、家长和学生使用正确方法应对校园欺凌。最后，媒体、法律等方面的社会团体可设立校园反欺凌热线，向受欺凌学生、家长和学校提供法律援助。

如果说好的家风让欺凌失去了萌芽的土壤，好的校风让欺凌失去了成长的养分，好的社会风气则让欺凌无法立足、无法生存。建设良好家风是未雨绸缪，让欺凌、受欺凌的种子无法生根、萌芽。当欺凌、受欺凌的种子已经萌芽，最好的根除办法是重整家风，让欺凌消失在未出家门之前。当欺凌的小苗开始成长，走进幼儿园甚至迈入学校，根治欺凌不但需要重整家风，还需要学校干预、社会各界协助。我们不希望欺凌的小苗长成大树，不愿意目睹美好的家园增添了一个又一个心理疾病患者、打架斗殴者与违法犯罪者。从欺凌萌芽的家庭入手，通过家庭干预理顺家庭关系、完善家庭功能、恢复良好家风，在短时间内把欺凌扼杀在萌芽之中，这是每一位关注儿童欺凌、受欺凌教育者的共同心愿。

参 考 文 献

1. [爱尔兰] Alan Carr：《积极心理学》，丁丹等译，中国轻工业出版社 2013 年版。

2. [德] 恩格斯：《家庭、私有制和国家的起源》，人民出版社 2018 年版。

3. [荷兰] 吉尔特·霍夫斯泰德、格特·扬·霍夫斯泰德：《文化与组织：心理软件的历练》，李原、孙健敏译，中国人民大学出版社 2010 年版。

4. [美] 埃里克·B.希雷、戴维·A.利维：《跨文化心理学：批判性思维和当代的应用》，侯玉波等译，中国人民大学出版社 2013 年版。

5. [美] C.R.斯奈德、沙恩·洛佩斯：《积极心理学：探索人类优势的科学与实践》，王彦、席居哲、王艳梅译，人民邮电出版社 2013 年版。

6. [美] J．瓦西纳：《文化和人类发展》，孙晓玲、罗萌等译，华东师范大学出版社 2007 年版。

7. [美] 玛格丽特·米德：《三个原始部落的性别与气质》，宋践等译，浙江人民出版社 1988 年版。

8. [美] P.L.赖斯：《压力与健康》，石林、古丽娜、梁竹苑、王谦译，中国轻工业出版社 2000 年版。

9. [美] 劳拉·E.贝克：《儿童发展》（第八版），邵文实译，江苏教育出版社 2014 年版。

10. [美] 理查德·M.勒纳：《人类发展发展的概念与理论》，张文新主译，北京师范大学出版社 2011 年版。

11.［美］威廉·J.古德：《家庭》，魏章玲译，社会科学文献出版社1986年版。

12.［美］约翰·W.桑特罗克：《儿童发展》，桑标等译，上海人民出版社2009年版。

13.蔡玲：《青年婚姻满意度影响因素研究》，《当代青年研究》2013年第3期。

14.曹能秀、王凌：《少数民族地区的学校教育和民族文化传承》，《云南师范大学学报》（哲学社会科学版）2007年第2期。

15.曹瑞：《父母受教育程度对亲子关系影响的研究》，《中国校外教育》2011年第6期。

16.曾从周等：《家庭嘈杂度对学前儿童发展的影响》，《学前教育研究》2014年第3期。

17.曾湘泉、胡文馨：《长得好看有多重要？——外貌对收入的影响作用及机制分析》，《华南师范大学学报》（社会科学版）2019年3期。

18.曾欣然等：《班级欺凌规范与欺凌行为：群体害怕与同辈压力的中介作用》，《心理学报》2019年第8期。

19.曾毅等：《中国家庭结构的现状、区域差异及变动趋势》，《中国人口科学》2012年第2期。

20.常若松等：《家庭功能对小学生欺负行为的影响研究》，《教育科学》2015年第5期。

21.陈斌斌等：《手足之情：同胞关系的类型、影响因素及对儿童发展的作用机制》，《心理科学进展》2017年第12期。

22.陈光辉，张文新：《群体互动中的个体适应性：欺凌情境中的多重参与角色》，《社区心理学研究》2018年第1期。

23.陈光辉：《跨文化心理现象的词源学考证：以欺负现象为例》，《华东师范大学学报》（教育科学版）2014年第3期。

24.陈虹、高婷：《隔代教育中祖辈家长与父辈家长的代际差异研究》，《少年儿童研究》2019年第5期。

25.陈洪岩等：《独生子女初中生攻击行为与父母教养方式及家庭环境的关系》，《中国学校卫生》2014年第2期。

26. 陈健芷等：《初中生受欺负现状及其与亲子依恋和同伴关系的关系》，《中国临床心理学杂志》2014 年第 5 期。

27. 陈玲玲等：《父母的婚姻满意度对父亲教养投入的影响：父母协同教养的中介作用》，《心理发展与教育》2014 年第 3 期。

28. 陈世平：《小学儿童欺负行为与个性特点和心理问题倾向的关系》，《心理学探新》2003 年第 1 期。

29. 陈秀珠等：《初中生心理资本与学业成就的关系：自我控制的中介效应与感恩的调节效应》，《心理发展与教育》2019 年第 1 期。

30. 陈嫣然、秦雪征：《配偶年龄差距对婚姻质量和婚姻稳定性的影响——基于 CHARLS 2013 年全国数据》，《劳动经济研究》2019 年第 4 期。

31. 崔洪波等：《家庭环境对流动青少年攻击行为的影响机制分析》，《中国农村卫生事业管理》2018 年第 9 期。

32. 崔丽娟、邹玉梅：《家庭功能缺失对留守儿童偏差行为的影响机制》，《青少年犯罪问题》2010 年第 3 期。

33. 戴晓阳主编：《常用心理评估量表手册》，人民军医出版社 2010 年版。

34. 邓赐平、刘金花：《系统发展观：儿童社会化研究中的一个重要发展倾向》，《华东师范大学学报》（教育科学版）2000 年第 1 期。

35. 邓林园等：《初中生感知的父母冲突、亲子冲突与其欺负行为之间的关系》，《中国临床心理学杂志》2018 年第 1 期。

36. 丁吉卓玛：《家庭功能与 3—6 岁儿童攻击行为的相关研究》，硕士学位论文，辽宁师范大学学前教育系，2011 年。

37. 董会芹、张文新：《消极情绪在幼儿同伴侵害与应对策略选择关系中的作用》，《学前教育研究》2011 年第 10 期。

38. 董会芹等：《3～5 岁儿童对同伴侵害归因的特征研究》，《心理发展与教育》2013 年第 3 期。

39. 董会芹、张文新：《家庭对儿童欺负受欺负的影响》，《山东师范大学学报》（人文社会科学版）2005 年第 3 期。

40. 董会芹、张文新：《幼儿同伴侵害与社会能力、问题行为的关系》，《中国特殊教育》2013 年第 5 期。

41. 董会芹：《3～5 岁儿童同伴侵害的发生特点及与内化问题的关系》，《学前教育研究》2010 年第 8 期。

42. 董会芹：《3—5 岁儿童同伴侵害的一般特点及其与应对策略的关系》，博士学位论文，山东师范大学心理学院，2007 年。

43. 董会芹：《同伴侵害与儿童问题行为：自尊的调节作用》，《中国临床心理学杂志》2015 年第 2 期。

44. 董会芹：《小学生受欺负现状及家庭相关因素研究》，《教育导刊》2018 年第 11 期。

45. 董会芹：《学前儿童问题行为与干预》，清华大学出版社 2013 年版。

46. 董会芹：《影响小学生问题行为的家庭因素研究》，《教育研究》2016 年第 3 期。

47. 董颖红等：《同胞关系对儿童青少年心理发展的影响》，《中国学校卫生》2018 年第 7 期。

48. 董颖红、刘丹：《中学生的同胞关系与学业自我效能感——自尊的中介作用和出生顺序的调节作用》，《基础教育》2019 年第 3 期。

49. 段月维：《小学高年级学生攻击行为与家庭功能不良的关系研究》，硕士学位论文，南昌大学体育与教育学院，2016 年。

50. 范翠英等：《父母控制对初中生网络欺负的影响：道德推脱的中介作用》，《中国临床心理学杂志》2017 年第 3 期。

51. 方明军：《青少年犯罪与家庭环境的相关研究》，《青少年犯罪研究》1996 年第 2 期。

52. 方晓义：《家庭与儿童发展：一个充满生命力的研究领域》，《心理科学进展》2005 年第 3 期。

53. 费孝通：《论中国家庭结构的变动》，《天津社会科学》1982 年第 3 期。

54. 费孝通：《三论中国家庭结构的变动》，《北京大学学报》（哲学社会科学版）1986 年第 3 期。

55. 冯晓颖等：《深圳市儿童家庭环境因素与入园适应关系分析》，《中国学校卫生》2018 年第 1 期。

56. 盖笑松等：《父母离异对子心理发展的影响：计票式文献分析途径的研究》，《心理科学》2007 年第 6 期。

57. 高兵玲等：《注意缺陷多动障碍共患对立违抗障碍儿童的家庭环境因素》，《中国心理卫生杂志》2019 年第 6 期。

58. 高峰强等：《受欺负对偏执的影响：安全感和相对剥夺感的多重中介模型》，《中国特殊教育》2017 年第 3 期。

59. 宫秀丽：《中小学教师对学校欺负的认识与态度》，硕士学位论文，山东师范大学心理学院，2003 年。

60. 顾红磊等：《家庭社会经济地位对小学生阅读自主性的影响：父母鼓励和阅读动机的中介作用》，《心理学报》2017 年第 8 期。

61. 关颖：《家庭教育社会学》，北京教育科学出版社 2014 年版。

62. 郭海英等：《流动儿童同伴侵害的特点及与内化问题的循环作用关系：一项追踪研究》，《心理学报》2017 年第 3 期。

63. 郭志芳：《农村隔代教育儿童依恋类型与同伴冲突应对方式的关系研究》，《上饶师范学院学报》2018 年第 2 期。

64. 国家统计局：《人口抽样调查样本数据》，2016—2018 年，见 http://www.stats.gov.cn/tjsj/pcsj/。

65. 国家卫生和计划生育委员会流动人口司：《中国流动人口发展报告 2017》，中国人口出版社 2017 年版。

66. 国建等：《青年人婚姻满意度与品格优势的关系》，《中国心理卫生杂志》2015 年第 5 期。

67. 韩斌等：《家庭教养方式在父母受教育程度和儿童攻击行为关系中的作用》，第十二届全国心理学学术大会论文摘要集，2009 年。

68. 郝娟：《受教育水平的城乡性别差异及其趋势的比较研究》，《教育科学》2018 年第 1 期。

69. 何丹等：《父母教养方式与青少年网络欺负：隐性自恋的中介作用》，《中国临床心理学杂志》2016 年第 1 期。

70. 何丹等：《父母教养方式与青少年网络欺负：移情的作用》，《中国健康心理学杂志》2017 年第 3 期。

71. 侯娟等：《婚姻承诺与婚姻质量的关系：夫妻牺牲行为的中介作用》，《心理与行为研究》2015 年第 2 期。

72. 侯娟等：《新生婴儿父母养育压力对婚姻质量的影响：配偶支持的中介作用》，《心理与行为研究》2019 年第 1 期。

73. 侯莉敏等：《祖辈教养方式与农村留守幼儿问题行为的关系：师幼关系的调节作用》，《学前教育研究》2019 年第 7 期。

74. 侯曼等：《生态系统视角下隔代教育对农村留守儿童社会化影响——以陕西省太白县为例》，《现代中小学教育》2019 年第 8 期。

75. 胡春光：《建构全校性欺凌防治方案》，《课程教材教学研究：中教研究》2017 年第 9 期。

76. 胡丹芝：《略谈幼儿家庭教育存在的问题及对策》，《漳州师范学院学报》(哲学社会科学版) 2004 年第 1 期。

77. 黄芳：《农村留守初中生同伴欺负与焦虑、抑郁情绪的关系：亲子沟通质量的中介作用》，硕士学位论文，湖南师范大学心理学系，2018 年。

78. 黄河清：《家庭教育学》，华东师范大学出版社 2014 年版。

79. 纪林芹等：《童年中晚期同伴侵害对儿童心理社会适应影响的纵向分析》，《心理学报》2011 年第 10 期。

80. 纪林芹等：《青少年早期同伴拒绝、同伴侵害与抑郁的关系：交叉滞后分析》，《心理科学》2018 年第 1 期。

81. 纪林芹等：《中小学生身体、言语和间接欺负的性别差异——中国与英国的跨文化比较》，《山东师范大学学报》2004 年第 3 期。

82. 纪林芹：《儿童攻击、相关问题行为的发展及其家庭相关因素》，博士学位论文，山东师范大学心理学院，2007 年。

83. 蒋舒阳等：《家庭功能与中学生校园受欺负的关系：外倾性、问题行为的中介作用》，《中国临床心理学杂志》2018 年第 5 期。

84. 焦长权：《换亲：一种婚姻形式及其运作——来自田野与地方志的分析》，

《中国乡村研究》2012 年第 9 期。

85. 李晓霞：《财产制度视角下中国古代婚姻形式探讨》，《现代商贸工业》2013 年第 4 期。

86. 金沙：《亲子交往与儿童人格发展》，《教育研究与实验》2000 年第 4 期。

87. 赖文琴：《不同家庭结构类型高中生心理健康状况比较》，《中国健康心理学杂志》2000 年第 1 期。

88. 李丹等：《母亲拒绝惩罚与 6～9 年级学生受欺负、社会能力的关系：性别角色类型的调节作用》，《心理科学》2017 年第 2 期。

89. 李冬晖等：《父母控制与儿童顺从行为的研究综述》，《心理学动态》2001 年第 4 期。

90. 李建明、郭霞：《家庭功能的研究现状》，《中国健康心理学杂志》2008 年第 9 期。

91. 李丽娜等：《城镇化进程中留守妇女的婚姻质量与情绪表达、家庭功能的相关研究》，《现代预防医学》2016 年第 23 期。

92. 李梦婷等：《同伴侵害与人际关系取向人格特质的交叉滞后分析：城市原住儿童与农村随迁儿童的比较》，《心理发展与教育》2018 年第 6 期。

93. 李苗苗等：《婚姻质量与亲子关系的主—客体互倚模型分析：儿童意志控制的调节》，《中国临床心理学杂志》2019 年第 2 期。

94. 李秋洪：《跨文化心理学研究中的文化偏见》，《心理科学》1992 年第 12 期。

95. 李全棉：《关于"隔代家庭"的研究综述》，《中国人口报》2013 年 5 月 20 日。

96. 李全棉：《农村劳动力外流背景下"隔代家庭"初探——基于江西省波阳县的实地调查》，《市场与人口分析》2004 年第 6 期。

97. 李松：《家庭环境对儿童发展影响的研究综述》，《许昌学院学报》2007 年第 4 期。

98. 李腾飞等：《马基雅维利主义对攻击行为的影响：同伴信念的中介作用》，《中国临床心理学杂志》2016 年第 3 期。

99. 李潇晓、徐水晶：《外出务工对农村人口婚姻满意度的影响》，《华南农业大学学报》（社会科学版）2018 年第 6 期。

　　100. 李晓敏等：《新婚夫妻冲突解决与日常沟通对婚姻质量的影响》，《中国临床心理学杂志》2016 年第 1 期。

　　101. 李晓巍等：《祖辈—父辈共同养育的特点及其与母亲养育压力、幼儿问题行为的关系》，《中国特殊教育》2016 年第 4 期。

　　102. 李晓巍等：《流动儿童的问题行为与人格、家庭功能的关系》，《心理发展与教育》2008 年第 2 期。

　　103. 梁玥、张卓：《外化问题行为青少年的内隐攻击性与家庭亲密度的关系研究》，见中国心理学会主编《心理学与创新能力提升——第十六届全国心理学学术会议论文集》，南京师范大学，2013 年。

　　104. 廖芳芳：《影响儿童人格发展的家庭环境因素研究现状概述》，《教育教学论坛》2018 年第 28 期。

　　105. 廖友国：《中国人应对方式与心理健康关系的元分析》，《中国临床心理学杂志》2014 年第 5 期。

　　106. 凌辉等：《小学生亲子关系与校园欺凌：自立行为的中介作用》，《中国临床心理学杂志》2018 年第 6 期。

　　107. 刘航等：《家庭环境对儿童情绪调节的影响：因素、机制与启示》，《东北师范大学学报》（哲学社会科学版）2019 年第 3 期。

　　108. 刘建榕：《不同性别学童攻击行为与家庭环境的关系》，《中国健康心理学杂志》2003 年第 2 期。

　　109. 刘娟等：《童年晚期身体侵害、关系侵害与儿童的自我概念》，《心理发展与教育》2011 年第 4 期。

　　110. 刘俊升、赵燕：《童年中期受欺负与问题行为之关系：一项两年纵向研究》，《心理科学》2013 年第 3 期。

　　111. 刘小群等：《初中生欺负、受欺负行为与抑郁、自杀意念的关系》，《中国临床心理学杂志》2013 年第 1 期。

　　112. 刘小群等：《小学高年级儿童亲子依恋与欺负、受欺负行为的关系》，《中国临床心理学杂志》2012 年第 2 期。

113. 刘晓玲：《小学生父母教养方式、家庭环境与学业成绩的关系研究》，《上海教育科研》2017 年第 9 期。

114. 刘艳丽、陆桂芝：《校园欺凌行为中受欺凌者的心理适应与问题行为及干预策略》，《教育科学研究》2017 年第 5 期。

115. 刘熠华：《中国贫困农村地区 0～3 岁留守儿童养育环境与早期发展相关性研究》，硕士学位论文，山东大学教育学院，2019 年。

116. 刘影等：《情绪表达抑制功能的文化差异》，《心理科学进展》2016 年第 10 期。

117. 罗雅琛等：《父母拒绝与初中生抑郁的关系：有调节的中介效应》，《中国临床心理学杂志》2015 年第 2 期。

118. 马超等：《收入冲击、婚姻满意度和夫妻议价》，《劳动经济研究》2019 年第 3 期。

119. 马健等：《与依恋相关的母亲养育特征初探》，《中国妇幼保健》2016 年第 15 期。

120. 马月等：《焦虑的代际传递：父母拒绝的中介作用》，《中国临床心理学杂志》2016 年第 1 期。

121. 孟牒：《家庭环境对大学生心理健康的影响研究》，《当代教育理论与实践》2018 年第 3 期。

122. 孟娟、印宗祥：《积极心理学：批判与反思》，《心理学探新》2016 年第 2 期。

123. 孟娟：《积极心理学与人本主义心理学：爱恨情仇》，《教育实验与研究》2010 年第 3 期。

124. 苗俊美：《幼儿问题行为与祖父母教养方式、同伴地位的关系研究》，硕士学位论文，山东师范大学教育学院，2015 年。

125. 民政部：《2015 年社会服务发展统计公报》，《社会与公益》2016 年第 7 期。

126. 闵家胤：《社会—文化遗传基因（S-cDNA）学说》，《杭州师范大学学报》（社会科学版）2010 年第 2 期。

127. 莫文静等：《流动儿童家庭社会经济地位与学业成绩：父母情感温暖和心理素质的链式中介作用》，《西南大学学报》（自然科学版）2018 年第 1 期。

128. 聂晋文、芦咏莉：《父亲参与对儿童延迟满足能力的影响：儿童性别的调节作用》，《心理发展与教育》2014 年第 2 期。

129. 宁晓利：《基于进化心理学的祖父母投资的本土化研究》，硕士学位论文，广州大学教育学院，2016 年。

130. 潘允康：《家庭社会学》，中国经济时代出版社 2002 年版。

131. 祁翔：《父母受教育程度与子女人力资本投资——来自中国农村家庭的调查研究》，《教育学术月刊》2013 年第 9 期。

132. 钱磊：《校园霸凌对学生学习表现的影响研究——基于中国台北 TIMSS2011 数学测量数据的实证分析》，《上海教育评估研究》2016 年第 6 期。

133. 全国妇联儿童工作部：《农村留守流动儿童状况调查报告》，社会科学文献出版社 2011 年版。

134. 全国少工委、中国青少年研究中心：《儿童的名字是今天——当代中国少年儿童发展状况蓝皮书》，科学出版社 2007 年版。

135. 任春荣：《学生家庭社会经济地位（SES）的测量技术》，《教育学报》2010 年第 5 期。

136. 任俊：《积极心理学》，（台）开明出版社 2012 年版。

137. 容中逯：《论当前我国大众传媒教育中的传统文化传承问题》，《现代教育论丛》2008 年第 2 期。

138. 尚会鹏：《心理文化要义——大规模文明社会化比较研究的理论与方法》，北京大学出版社 2017 年版。

139. 尚伟、孙振良：《中国传统"孝"文化视角下老年教育模式的重构研究》，《中国成人教育》2015 年第 24 期。

140. 沈其杰等：《家庭环境量表中文版》，见汪向东、姜长青、马弘主编《心理卫生评定量表手册》（增订版），中国心理卫生杂志社 1999 年版。

141. 师保国、申继亮：《家庭社会经济地位、智力和内部动机与创造性的关系》，《心理发展与教育》2007 年第 1 期。

142. 石雷山等:《家庭社会经济地位与学习投入的关系:学业自我效能的中介作用》,《心理发展与教育》2013 年第 1 期。

143. 石林、张金峰:《夫妻收入差异与婚姻质量关系的调查研究》,《中华女子学院学报》2002 年第 3 期。

144. 石志道等:《0—3 岁不同养育方式对初中生行为和情绪的影响》,《中华行为医学与脑科学杂志》2009 年第 1 期。

145. 宋健等:《稳态与失稳:家庭结构类型与家庭幸福的一项实证研究》,《人口研究》2014 年第 5 期。

146. 孙时进、施泽艺:《校园欺凌的心理因素和治理方法:心理学的视角》,《华东师范大学学报》(教育科学版)2017 年第 2 期。

147. 覃宏源:《自尊、信任对婚姻质量的影响:以婚姻主观感受为指标》,硕士学位论文,华东师范大学心理与认知科学学院,2018 年。

148. 谭杰群:《谈家庭教育》,湖南大学出版社 1988 年版。

149. 田浩:《从哲学到科学:文化取向心理学的历史演进》,《山东师范大学学报》(人文社会科学版)2008 年第 2 期。

150. 田录梅等:《家庭功能对青少年冒险行为的影响:自我控制能力与不良同伴交往的序列中介效应》,《心理发展与教育》2018 年第 3 期。

151. 童辉杰、吴甜甜:《与老人同住对青年夫妻婚姻关系的影响》,《中国健康心理学杂志》2017 年第 2 期。

152. 汪向东等主编:《心理卫生评定量表手册》(增订版),中国心理卫生杂志社 1999 年版。

153. 王立:《低收入家庭青少年亲社会行为问题的社会工作介入——以"暖馨计划"项目为例》,硕士学位论文,苏州大学社会学院,2015 年。

154. 王丽萍:《中小学生欺负/受欺负与其学校适应的关系研究》,硕士学位论文,山东师范大学心理学院,2002 年。

155. 王玲等:《653 对中年夫妻婚姻现状及影响因素探讨》,《中国行为医学科学》1997 年第 3 期。

156. 王玲凤、陈传锋:《教养方式在隔代教养与幼儿行为问题间的中介作用》,

《中国学校卫生》2018 年第 8 期。

157. 王玲晓等：《中考生家庭社会经济地位与学习投入的关系：父母教育期望和父母教养行为的多重中介作用》，《中国特殊教育》2018 年第 12 期。

158. 王璐等：《初中生家庭环境与攻击性的关系：共情的中介作用》，《心理与行为研究》2019 年第 2 期。

159. 王美芳、张文新：《中小学中欺负者、受欺负者与欺负—受欺负者的同伴关系》，《心理发展与教育》2002 年第 2 期。

160. 王民洁、李宝林：《工读学校学生家庭环境因素分析》，《中国学校卫生》1997 年第 2 期。

161. 王明飞：《文化心理学发展历史及其三种研究取向》，《科技文汇》2006 年第 6 期。

162. 王乃正等：《学前儿童家庭教育》，北京师范大学出版社 2013 年版。

163. 王琼等：《父母拒绝与留守儿童网络成瘾的关系：一个有调节的中介模型》，《心理发展与教育》2019 年第 6 期。

164. 王晓磊、杨晓蕾：《夫妻教育匹配对婚姻质量的影响研究——基于社会性别的视角》，《西北人口》2019 年第 2 期。

165. 王晓玲等：《小学儿童家庭环境、创意自我效能与创造力的关系》，《心理学探新》2009 年第 5 期。

166. 王新刚等：《离异家庭初中生家庭关怀度和生活质量调查》，《中国健康心理学杂志》2012 年第 6 期。

167. 王雪：《青春期学生自立人格在父亲教养方式与心理健康间的中介效应》，《内蒙古师范大学学报》（教育科学版）2015 年第 2 期。

168. 王永丽、俞国良：《离异家庭儿童的适应性问题》，《心理科学进展》2005 年第 3 期。

169. 王玉波：《家庭起源新探》，《哲学动态》1992 年第 5 期。

170. 王跃生：《当代中国家庭结构变动分析》，《中国社会科学》2006 年第 1 期。

171. 王中杰等：《夫妻的人格特质及匹配类型与婚姻质量》，《中国心理卫生杂志》2018 年第 3 期。

172. 吴明华、伊庆春：《婚姻其实不只是婚姻：家庭因素对于婚姻满意度的影响》，《人口学刊》2003 年第 26 期。

173. 吴明珍：《农村留守儿童孤独感的特点及与同伴关系、家庭功能的关系》，硕士学位论文，苏州大学心理学系，2008 年。

174. 吴永祥：《高校贫困生家庭环境与心理健康关系的研究》，南京理工大学人文与社会科学学院，2005 年。

175. 武建清：《论家庭环境与家庭教育》，《前沿》1999 年第 7 期。

176. 武旭晌：《幼儿攻击性行为发展特点及其与隔代教养的关系研究》，硕士学位论文，吉林外国语大学教育学院，2019 年。

177. 武宇琦等：《伴有品行问题注意缺陷多动障碍儿童家庭环境与家长压力的关系》，《中国心理卫生杂志》2019 年第 6 期。

178. 谢家树、梅里：《中学生欺凌受害对其内化问题的影响：有调节的中介模型》，《心理学探新》2019 年第 4 期。

179. 辛自强、池莉萍：《家庭功能与儿童孤独感的关系：中介的作用》，《心理学报》2003 年第 2 期。

180. 申茜：《论南非习惯婚姻法的冲突及解决》，硕士学位论文，湘潭大学，2010 年。

181. 邢晓沛等：《母亲负性情绪与儿童外化问题行为的关系：家庭嘈杂度的调节作用》，《心理科学》2018 年第 4 期。

182. 徐夫真等：《家庭功能对青少年疏离感的影响：有调节的中介效应》，《心理学报》2009 年第 12 期。

183. 杨宝琰、柳玉姣：《积极坚持还是消极回避——家庭环境对农村初中学生学业坚持的影响机制》，《教育研究》2019 年第 7 期。

184. 杨继平、王兴超：《道德推脱对青少年攻击行为的影响：有调节的中介效应》，《心理学报》2012 年第 8 期。

185. 杨继宇等：《中国学生欺负相关行为报告率的 Meta 分析》，《中国健康心理学杂志》2016 年第 11 期。

186. 杨侠：《略论婚姻信任危机的内涵、形式及其本质》，《湘南学院学报》

2012 年第 1 期。

187. 尧翠兰、宋秋前：《我国农村留守儿童问题研究综述》，《农村经济与科技》2017 年第 21 期。

188. 姚春荣、李梅娟：《家庭环境与幼儿社会适应的相关研究》，《心理科学》2002 年第 5 期。

189. 易春丽等：《Bowen 系统家庭的理论及治疗要点简介》，《中国心理卫生杂志》2004 年第 1 期。

190. 易松国：《影响城市婚姻质量的因素分析——根据武汉千户问卷调查》，《人口研究》1997 年第 5 期。

191. 尹霞云等：《童年期同胞关系对成年初期人际关系、生活满意度的影响研究》，《湖南科技大学学报》（社会科学版）2016 年第 5 期。

192. 尹振宇、刘冠军：《美貌能带来美满的婚姻吗——长相和身材对青年人群婚姻满意的影响》，《中国青年研究》2019 年第 9 期。

193. 于洪倩：《中等职业技术学校学生的欺负问题及其与心理健康关系的研究》，硕士学位论文，山东师范大学心理学院，2002 年。

194. 于静：《父母心理控制的代际传递：父母完美主义与婚姻满意度的作用》，硕士学位论文，哈尔滨师范大学教育科学学院，2019 年。

195. 余毅震等：《家庭因素与儿童青少年攻击行为关系探讨》，《中国学校卫生》2005 年第 10 期。

196. 袁姗姗等：《躯体虐待与农村 4～6 年级小学生攻击行为关系》，《卫生研究》2018 年第 5 期。

197. 袁晓娇等：《流动儿童压力应对方式与抑郁感、社交焦虑的关系：一项追踪研究》，《心理发展与教育》2012 年第 3 期。

198. 袁晓娇、方晓义：《中国夫妻的原生家庭支持及其与婚姻质量的关系》，《中国临床心理学杂志》2016 年第 3 期。

199. 袁玉芝、叶晓梅：《同胞结构对学生认知能力影响的研究——基于 CEPS 数据的实证研究》，《上海教育科研》2017 年第 3 期。

200. 原凯歌、刘航：《大学生家庭环境、一般自我效能感和应对方式的相关研究》，《中国健康心理学杂志》2011 年第 3 期。

201. 苑春永等：《青少年儿童不爱社交、同伴排斥和同伴侵害的交叉滞后分析》，《心理发展与教育》2014 年第 1 期。

202. 翟贤亮、葛鲁嘉：《积极心理学的建设性冲突与视域转换》，《心理科学进展》2017 年第 2 期。

203. 张春兴：《张氏心理学词典》，上海辞书出版社 1999 年版。

204. 张高华：《留守儿童心理研究文献综述》，《山东师范大学学报》（人文社会科学版）2016 年第 5 期。

205. 张海清、袁丽丽：《留守儿童研究综述》，《社会心理科学》2014 年第 6 期。

206. 张海钟等：《中国区域跨文化心理学：理论探索与实证研究》，人民出版社 2012 年版。

207. 张海育：《文化视野下文化心理学的兴起与发展趋向探寻》，《青藏高原论坛》2013 年第 2 期。

208. 张锦涛等：《夫妻沟通模式与婚姻质量的关系》，《心理发展与教育》2009 年第 2 期。

209. 张莉等：《自尊在网络成瘾与矛盾性的家庭环境中的中介作用》，《福建广播电视大学学报》2019 年第 2 期。

210. 张明妍、王大华：《女性受教育水平和夫妻依恋风格对夫妻婚姻满意度的影响》，《山东女子学院学报》2016 年第 6 期。

211. 张茜等：《家庭社会经济地位对流动儿童认知能力的影响：父母教养方式的中介作用》，《心理发展与教育》2017 年第 2 期。

212. 张荣臻等：《同胞关系质量对头胎幼儿共情的影响》，《学前教育研究》2019 年第 8 期。

213. 张庭辉：《家庭教养环境与幼儿人格形成和发展关系的研究》，硕士学位论文，西南大学心理学部，2009 年。

214. 张卫等：《低社会经济地位与儿童发展》，《华南师范大学学报》（社会科学版）2007 年第 6 期。

215. 张文新、陈光辉：《发展情境论——一种新的发展系统理论》，《心理科学进展》2009 年第 4 期。

216. 张文新等：《童年中期身体侵害、关系侵害与儿童的情绪适应》，《心理学报》2009 年第 5 期。

217. 张文新等：《中小学生的欺负问题与干预》，山东人民出版社 2006 年版。

218. 张文新等：《儿童欺负行为的类型及其相关因素》，《心理发展与教育》2001 年第 1 期。

219. 张文新等：《Olweus 儿童欺负问卷中文版的修订》，《心理发展与教育》1999 年第 2 期。

220. 张文新、张福建：《学前儿童在园攻击性行为的观察研究》，《心理发展与教育》1996 年第 4 期。

221. 张文新：《中小学生欺负 / 受欺负的普遍性与基本特点》，《心理学报》2002 年第 4 期。

222. 张文新：《儿童社会性发展》，北京师范大学出版社 1999 年版。

223. 张文新：《童年中晚期儿童攻击行为的发展特点》，第十二届全国心理学学术大会论文摘要集，2009 年。

224. 张喜艳：《大学生人格特征与家庭环境及父母养育方式的相关研究》，硕士学位论文，中南大学湘雅二医院，2008 年。

225. 张小菊等：《不同家庭结构大学生父母教养方式与防御机制的关系研究》，《中国特殊教育》2011 年第 7 期。

226. 张雪丽：《"单独二胎"新计生政策下儿童同胞关系及相关因素研究》，硕士学位论文，四川医科大学临床医学院，2015 年。

227. 张艳：《家庭养育环境对依恋形成及社会情绪发展的影响》，硕士学位论文，山东大学医学院，2013 年。

228. 张羽等：《家庭社会经济地位与父母教养方式对儿童青少年公正世界信念的影响》，《心理发展与教育》2017 年第 5 期。

229. 张志学：《家庭系统理论的发展与现状》，《心理学探新》1990 年第 1 期。

230. 张智勇、袁慧娟：《社会支配取向量表在中国的信度和效度研究》，《西南大学学报》（社会科学版）2006 年第 2 期。

231. 赵宝宝等：《家庭功能对青少年网络欺凌的影响：链式中介效应分析》，《中国临床心理学杂志》2018 年第 6 期。

232. 赵凤青，俞国良：《同胞关系及其与儿童青少年社会性发展的关系》，《心理科学进展》2017 年第 5 期。

233. 赵景欣等：《同伴拒绝、同伴接纳与农村留守儿童的心理适应：亲子亲合与逆境信念的作用》，《心理学报》2013 年第 7 期。

234. 郑雪：《积极心理学》，北京师范大学出版集团 2014 年版。

235. 中国大百科全书总编辑委员会《民族》编辑委员会：《中国大百科全书·民族》，中国大百科全书出版社 1992 年版。

236. 中国儿童中心：《中国家庭教养中的父母角色：基于 0～6 岁儿童家庭现状的调查》，社会科学文献出版社 2017 年版。

237. 中华人民共和国民政部：《社会服务发展统计公报》，2014—2018 年，见 http://www.mca.gov.cn/article/sj/tjgb/。

238. 中国社会科学院语言研究所词典编辑室：《现代汉语词典》（第 6 版），商务印书馆 2012 年版。

239. 钟年：《家庭类型研究及中国的家庭类型》，《社会科学动态》1999 年第 6 期。

240. 周常稳、任锐：《中小学学生欺辱事件的特点、成因及对策》，《教学与管理》2015 年第 28 期。

241. 朱敬先：《健康心理学》，教育科学出版社 2002 年版。

242. 朱丽洁等：《女性农民工家庭暴力与婚姻质量：婚姻态度和夫妻互动的多重中介作用》，《中国临床心理学杂志》2019 年第 5 期。

243. 朱晓伟等：《校园受欺负对儿童幸福感的影响：心理韧性的作用》，《中国临床心理学杂志》2018 年第 2 期。

244. 朱新秤：《进化心理学》，上海教育出版社 2006 年版。

245. 庄妍：《多元视角下同胞出生对儿童的影响研究》，《中小学心理健康教育》2017 年（a）第 25 期。

246. 庄妍：《"二孩"家庭儿童同胞关系调查》，《中国校医》2017 年（b）第

10 期。

247. 이 정 이 & Seon，C.M. The Adjusting Effect of Social Support Perception in Relation to the Behavioral Problems of the Children Raised by Grandparents and the Children Raised by Parents. *Korean Journal of Child Studies*，2007，28（2），205-216.

248. Abdulsalam，A. J.，Al Daihani，A. E.，& Francis，K. Prevalence and Associated Factors of Peer Victimization（Bullying）among Grades 7 and 8 Middle School Students in Kuwait. *International Journal of Pediatrics*，2017，2017（2），1-8.

249. Aimé，C.，André，J.，& Raymond，M. Grandmothering and Cognitive Resources Are Required for The Emergence of Menopause and Extensive Post-Reproductive Lifespan. *Plos Computational Biology*，2017，13（7），1-20.

250. Al Ali，N. M.，Gharaibeh，M.，& Masadeh，M. J. Students' Perceptions of Characteristics of Victims and Perpetrators of Bullying in Public Schools in Jordan. *Nursing Research*，2017，66（1），40-48.

251. Albayrak，G. A Significant Concept in Positive Psychology：Psychological Resilience. *International Journal of Eurasia Social Sciences*，2018，34（9），2492-2504.

252. Alikasifoglu，M.，et al. Violent Behaviour among Turkish High School Students and Correlate of Physical Fighting. *European Journal of Public Health*，2004，14（2），173-177.

253. Alsaker，F. D.，& Valkanover，S. The Bernese Program Against Victimization in Kindergarten and Elementary School. *New Directions for Youth Development*，2012，2012（133），15-28.

254. Amato，P. R. The Consequences of Divorce for Adults and Children. *Journal of Marriage and the Family*，2000，62（4），1269-1287.

255. An，G. Q.，Wang，J. Y.，& Yang，Y. Chinese Parents' Effect on Children's Math and Science Achievements in Schools with Different SES. *Journal of Comparative Family Studies*，2019，50（2），139-161.

256. Analitis，F.，et al. Being Bullied：Associated Factors in Children and Adolescents 8 to 18 Years Old in 11 European Countries. *Pediatrics*，2009，123（2），569-577.

257. Andeweg，R. B.，& Van Den Berg，S. B. Linking Birth Order to Political Leadership：The Impact of Parents or Sibling Interaction? *Political Psychology*，2003，24（3），605-623.

258. Astor，R. A.，Meyer，H. A.，& Pitner，R. O. Elementary and Middle School Students' Perceptions of Violence-prone School Subcontexts. *The Elementary School Journal*，2001，101（5），511-528.

259. Atlas，R. S.，& Pepler，D. J. Observations of Bullying in the Classroom. *The Journal of Educational Research*，1998，92（2），86-99.

260. Baldry，A. C. Bullying in Schools and Exposure to Domestic Violence in Italy. *Child Abuse and Neglect*，2003，27（7），713-732.

261. Baldry，A. C.，& Farrington，D. P. Bullies and Delinquents：Personal Characteristics and Parental Styles. *Journal of Community & Applied Social Psychology*，2000，10（1），17-31.

262. Banaei，M.，et al. Assess the Comparison of Marital Satisfaction between the Abused and Non-Abused Women. *International Journal of Medical Research and Health Sciences*，2016，5（11），617-624.

263. Bank，S.，& Kahn，M. D. Sisterhood-Brotherhood is Powerful：Sibling Sub-Systems and Family Therapy. *Family Process*，1975，14（3），311-337.

264. Barboza，G. E.，et al. Individual Characteristics and the Multiple Contexts of Adolescent Bullying：An Ecological Perspective. *Journal of Youth and Adolescence*，2009，38（1），101-121.

265. Basharpour，S.，Porzoor，P.，& Moazedi，K. The Role of Psychological Hardiness，Patience and Islamic Optimism in Predicting Marital Satisfaction of Nurses（Based on Islamic Attitude）. *Journal of Health*，2017，8（2），191-203.

266. Bateson，G. *Steps to an Ecology of Mind*. New York：Ballantine，1972.

267. Batsche，G. M.，& Knoff，H. M. Bullies and Their Victims：Understanding a Pervasive Problem in the Schools. *School Psychology Review*，1994，23 (2)，165-174.

268. Bauer，N. S.，et al. Childhood Bullying Involvement and Exposure to Intimate Partner Violence. *Pediatrics*，2006，118 (2)，235-242.

269. Beavers，R.，& Hampson，R. B. The Beavers Systems Model of Family Functioning. *Journal of Family Therapy*，2000，22 (2)，128-143.

270. Becker，G. S.，& Lewis，H. G. On the Interaction between the Quantity and Quality of Children. *Journal of Political Economy*，1973，81 (2)，279-288.

271. Belsky，J. Early Human Experience：A Family Perspective. *Developmental Psychology*，1981，17 (1)，3-23.

272. Belsky，J.，Conger，R.，& Capaldi，D. M. The Intergenerational Transmission of Parenting：Introduction to the Special Section. *Developmental Psychology*，2009，45 (5)，1201-1204.

273. Belsky，J.，et al. Intergenerational Relationships in Young Adulthood and Their Life Course，Mental Health，and Personality Correlates. *Journal of Family Psychology*，2003，17 (4)，460-471.

274. Belsky，J.，et al. Patterns of Marital Change and Parent-Child Interaction. *Journal of Marriage and Family*，1991，53 (2)，487-498.

275. Benson，P. L. *All Kids Are Our Kids：What Communities Must Do to Raise Caring and Responsible Children and Adolescents*. San Francisco：Jossey-Bass，2006.

276. Benson，P. R.，& Karlof，K. L. Anger，Stress Proliferation，and Depressed Mood among Parents of Children with ASD：A Longitudinal Replication. *Journal of Autism and Developmental Disorders*，2008，39 (2)，350-362.

277. Benzies，K.，& Mychasiuk，R. Fostering Family Resiliency：A Review of the Key Protective Factors. *Child and Family Social Work*，2009，14 (1)，103-114.

278. Beran，T. N.，& Tutty，L. Children's Reports of Bullying and Safety at School. *Canadian Journal of School Psychology*，2002，17 (2)，1-14.

279. Beran, T. N., & Violato, C. A Model of Childhood Perceived Peer Harassment: Analysis of the Canadian National Longitudinal Survey of Children and Youth Data. *The Journal of Psychology*, 2004, 138 (2), 129-147.

280. Bergmüller, S. The Relationship between Cultural Individualism-Collectivism and Student Aggression across 62 Countries. *Aggressive Behavior*, 2013, 39 (3), 182-200.

281. Bjorkland, D. F. *The Origins of Human Nature: Evolutionary Developmental Psychology*. Washington DC: American Psychological Association, 2002.

282. Björkqvist, K., Österman, K., & Kaukiainen, A. The Development of Direct and Indirect Aggressive Strategies in Males and Females. In K. Björkqvist & P. Niemelä (Eds.), *Of Mice and Women: Aspects of Female Aggression* (pp. 51-64). San Diego, CA: Academic Press, 1992.

283. Bosworth, K., & Judkins, M. Tapping into the Power of School Climate to Prevent Bullying: One Application of Schoolwide Positive Behavior Interventions and Supports. *Theory into Practice*, 2014, 53 (4), 300-307.

284. Bosworth, K., Espelage, D. L., & Simon, T. R. Factors Associated with Bullying Behavior in Middle School Students. *The Journal of Early Adolescence*, 1999, 19 (3), 341-362.

285. Bowen, M. *Family Therapy in Clinical Practice*. New York: Jason Aronson, 1978.

286. Bowers, L., Smith, P. K., & Binney, V. Cohesion and Power in the Families of Children Involved in Bully/Victim Problems at School. *Journal of Family Therapy*, 1992, 14 (4), 371-387.

287. Bowlby, J. *Attachment and Loss*. Educational Psychology in Practice, 1973.

288. Boxer, P., et al. Exposure to Violence across the Social Ecosystem and the Development of Aggression: A Test of Ecological Theory in the Israeli-Palestinian Conflict. *Child Development*, 2013, 84 (1), 163-177.

289. Bradley, R. H., & Corwyn, R. F. Socioeconomic Status and Child

Development. *Annual Review of Psychology*，2002，53（1），371-399.

290. Bradley，et al. The Home Environments of Children in the United States Part I：Variations by Age，Ethnicity，and Poverty Status. *Child Development*，2001，72（6），1844-1867.

291. Bradshaw，C. P. Preventing Bullying through Positive Behavioral Interventions and Supports（PBIS）：A Multitiered Approach to Prevention and Integration. *Theory into Practice*，2013，52（4），288-295.

292. Bronfenbrenner，U. & Morris，P. A. The Ecology of Developmental Processes. In W. Damon & R. Lerner（Eds.），*Handbook of Child Psychology*（6th ed.，pp. 793-829）. New York：Wiley，2006.

293. Bronfenbrenner，U. *The Ecology of Human Development：Experiments by Nature and Design*. Cambridge，MA：Harvard University Press，1979a.

294. Bronfenbrenner，U. Contexts of Child Rearing Problems and Prospects. *American Psychologist*，1979b，34（10），844-850.

295. Bronfenbrenner，U. Developmental Research，Public Policy，and the Ecology of Childhood. *Child Development*，1974，45（1），1-5.

296. Bronfenbrenner，U. Toward an Experimental Ecology of Human Development. *American Psychologist*，1977，32（7），513-531.

297. Bronfenbrenner，U.，& Ceci，S. J. Nature-Nurture Reconceptualized in Developmental Perspective：A Bioecological Model. *Psychological Review*，1994，101（4），568-586.

298. Bronfenbrenner，U.，& Crouter，A. C. The Evolution of Environmental Models in Developmental Research. In P. H. Mussen，L. Carmichael，& W. Kessen（Eds.），*Handbook of Child Psychology：Formerly Carmichael's Manual of Child Psychology*（pp. 357-414）. New York：Wiley，1983.

299. Bugental，D. B.，& Grusec，J. E. Socialization Processes. In Eisenberg，N.，Damon，W.，Lerner，R. M.（Eds.），*Handbook of Child Psychology：Vol. 3，Social，Emotional，and Personality Development*（6th ed.，pp. 366-428）. Hoboken，

NJ: John Wiley, 2006.

300. Buist, K. L., Deković, M., & Prinzie, P. Sibling Relationship Quality and Psychopathology of Children and Adolescents: A Meta-Analysis. *Clinical Psychology Review*, 2013, 33 (1), 97-106.

301. Burleson, B. R., & Denton, W. H. The Relationship between Communication Skill and Marital Satisfaction: Some Moderating Effects. *Journal of Marriage and Family*, 1997, 59 (4), 884-902.

302. Butler, J. L., & Platt, R. A. Bullying: A Family and School System Treatment Model. *The American Journal of Family Therapy*, 2008, 36 (1), 18-29.

303. Cairns, R. B., & Cairns, B. D. Social Cognition and Social Networks: A Developmental Perspective. In D. J. Pepler & K. H. Rubin (Eds.), *The Development and Treatment of Childhood Aggression* (pp. 411-448). Hillsdale, NJ: Lawrence Erlbaum Associates, Inc, 1991.

304. Çalışkan, Z., et al. Peer Bullying in the Preadolescent Stage: Frequency and Types of Bullying and the Affecting Factors. *The Journal of Pediatric Research*, 2019, 6 (3), 69-79.

305. Callaghan, S., & Joseph, S. Self-Concept and Peer Victimization among Schoolchildren. *Personality and Individual Differences*, 1995, 18 (1), 161-163.

306. Campbell, M. A., et al. Do Cyberbullies Suffer too? Cyberbullies' Perceptions of the Harm They Cause to Others and to Their Own Mental Health. *School Psychology International*, 2013, 34 (6), 613-629.

307. Campione-Barr, N., et al. Relational Aggression and Psychological Control in the Sibling Relationship: Mediators of the Association between Maternal Psychological Control and Adolescents' Emotional Adjustment. *Development and Psychopathology*, 2014, 26 (3), 749-758.

308. Caplan, M., et al. Conflict and Its Resolution in Small Groups of One- and Two-Year-Olds. *Child Development*, 1992, 62 (6), 1513-1524.

309. Card, N. A., et al. Direct and Indirect Aggression during Childhood and

Adolescence: A Meta-Analytic Review of Gender Differences, Intercorrelations, and Relations to Maladjustment. *Child Development*, 2008, 79 (5), 1185-1229.

310. Carr, E. G., et al. *Positive Behavior Support for People with Developmental Disabilities: A Research Synthesis*. Washington, DC: American Association on Mental Retardation, 1999.

311. Carver, C. S., Scheier, M. F., & Weintraub, J. K. Assessing Coping Strategies: A Theoretically Based Approach. *Journal of Personality and Social Psychology*, 1989, 56 (2), 267-283.

312. Casas, J. F., et al. Early Parenting and Children's Relational and Physical Aggression in the Preschool and Home Contexts. *Journal of Applied Developmental Psychology*, 2006, 27 (3), 209-227.

313. Casey-Cannon, S., Hayward, C., & Goowen, K. Middle-School Girls' Reports of Peer Victimization: Concerns, Consequences, and Implications. *Professional School Counseling*, 2001, 5 (2), 138-147.

314. Cashdan, E., & Steele, M. Pathogen Prevalence, Group Bias, and Collectivism in the Standard Cross-Cultural Sample. *Human Nature*, 2013, 24 (1), 59-75.

315. Cassano, M., Perry-Parrish, C., & Zeman, J. Influence of Gender on Parental Socialization of Children's Sadness Regulation. *Social Development*, 2007, 16 (2), 210-231.

316. Cassells, C., et al. Positive Systemic Practice: A Controlled Trial of Family Therapy for Adolescent Emotional and Behavioural Problems in Ireland. *Journal of Family Therapy*, 2015, 37 (4), 429-449.

317. Cassidy, W., Faucher, C., & Jackson, M. Cyberbullying among Youth: A Comprehensive Review of Current International Research and Its Implications and Application to Policy and Practice. *School Psychology International*, 2013, 34 (6), 575-612.

318. Cassidy, W., Jackson, M., & Brown, K. N. Sticks and Stones Can Break

My Bones，but How Can Pixels Hurt Me? Students' Experiences with Cyber-Bullying. *School Psychology International*，2009，30（4），383-402.

319. Cauce，A. M.，& Domenech-Rodriguez，M. Latino Families：Myths and Realities. In J. M. Contress，K. N. Kerms，& A. M. Neal-Barnett（Eds.），*Latino Children and Families in the United States*（pp. 5-25）. Westport，CT：Praeger，2000.

320. Chang，L.，et al. Marital Quality，Maternal Depressed Affect，Harsh Parenting，and Child Externalising in Hong Kong Chinese Families. *International Journal of Behavioral Development*，2004，28（4），311-318.

321. Chang，Y. T.，& Hayter，M. Surrogate Mothers：Aboriginal Grandmothers Raising Grandchildren in Taiwan. *Journal of Family Nursing*，2011，17（2），202-223.

322. Chaux，E.，Molano，A.，& Podlesky，P. Socio-Economic，Socio-Political and Socio-Emotional Variables Explaining School Bullying：A Country-Wide Multilevel Analysis. *African Journal of Ecology*，2009，35（6），520-529.

323. Chen，J. K.，& Astor，R. A. School Engagement，Risky Peers，and Student-Teacher Relationships as Mediators of School Violence in Taiwanese Vocational Versus Academically Oriented High Schools. *Journal of Community Psychology*，2010，39（1），10-30.

324. Chen，X. Culture，Peer Interaction，and Socioemotional Development. *Child Development Perspectives*，2012，6（1），27-34.

325. Chen，X.，Dong，Q.，& Zhou，H. Authoritative and Authoritarian Parenting Practices and Social School Adjustment. *International Journal of Behavioural Development*，1997，21（4），855-873.

326. Chen，X.，et al. Child-Rearing Attitudes and Behavioral Inhibition in Chinese and Canadian Toddlers：A Cross-Cultural Study. *Developmental Psychology*，1998，34（4），677-686.

327. Coall，D.，& Hertwig，R. Grandparental Investment：Past，Present，and Future. *Behavioral and Brain Sciences*，2010，33（1），1-19.

328. Conger，R. D.，& Donnellan，M. B. An Interactionist Perspective on the Socioeconomic Context of Human Development. *Annual Review of Psychology*，2007，58（1），175-199.

329. Conger，R. D.，Conger，K. J.，& Martin，M. J. Socioeconomic Status，Family Processes，and Individual Development. *Journal of Marriage and Family*，2010，72（3），685-704.

330. Conger，R. D.，et al. Economic Stress，Coercive Family Process，and Developmental Problems of Adolescents. *Child Development*，1994，65（2），541-561.

331. Conger，R. D.，et al. Economic Pressure in African American Families：A Replication and Extension of the Family Stress Model. *Developmental Psychology*，2002，38（2），179-193.

332. Corapci，F.，& Wachs，T. D. Does Parental Mood or Efficacy Mediate the Influence of Environmental Chaos upon Parenting Behavior? *Merrill-Palmer Quarterly*，2002，48（2），182-201.

333. Cowie，H. Bystanding or Standing by：Gender Issues in Coping with Bullying in English Schools. *Aggressive Behavior*，2000，26（1），85-97.

334. Craig，W. M. The Relationship among Bullying，Victimization，Depression，Anxiety，and Aggression in Elementary School Children. *Personality and Individual Differences*，1998，24（1），123-130.

335. Crick，N. R.，& Bigbee，M. A. Relational and Overt Forms of Peer Victimization：A Multiinformant Approach. *Journal of Consulting and Clinical Psychology*，1998，66（2），337-347.

336. Crick，N. R.，Casas，J. F.，& Ku，H. C. Relational and Physical Forms of Peer Victimization in Preschool. *Developmental Psychology*，1999，35（2），376-385.

337. Crick，N. R.，et al. Longitudinal Study of Relational and Physical Aggression in Preschool. *Journal of Applied Developmental Psychology*，2006，27（3），254-268.

338. Criss, M. M., & Shaw, D. S. Sibling Relationships as Contexts for Delinquency Training in Low-Income Families. *Journal of Family Psychology*, 2005, 19 (4), 592-600.

339. Cross, D., et al. Three-Year Results of the Friendly Schools Whole-of-School Intervention on Children's Bullying Behaviour. *British Educational Research Journal*, 2011, 37 (1), 105-129.

340. Cross, D., et al. *Australian Covert Bullying Prevalence Study*. Perth, Australia: Child Health Promotion Research Centre, Edith Cowan University, 2009.

341. Cross, D., et al. The Friendly Schools Friendly Families Programme: Three-Year Bullying Behaviour Outcomes in Primary School Children. *International Journal of Educational Research*, 2012, 53, 394-406.

342. Cullerton-Sen, C., & Crick, N. R. Understanding the Effects of Physical and Relational Victimization: The Utility of Multiple Perspectives in Predicting Social-Emotional Adjustment. *School Psychology Review*, 2005, 34 (2), 147-160.

343. Cummings, E. M., Goeke-Morey, M. C., & Raymond, J. Fathers in Family Context: Effects of Marital Quality and Marital Conflict. In M. Lamb (Ed.), *The Role of the Father in Child Development* (4th ed., pp. 196-221). New York: Wiley & Sons Inc, 2004.

344. Dallaire, D. H., & Weinraub, M. Infant-Mother Attachment Security and Children's Anxiety and Aggression at First Grade. *Journal of Applied Developmental Psychology*, 2007, 28 (5-6), 477-492.

345. Dawkins, R. *The Extended Phenotype*, Oxford: W. H. Freeman, 1982.

346. Dawkins, R. *The Selfish Gene*, Oxford University Press, 1989.

347. de Vries, E. E., et al. Like Father, Like Child: Early Life Family Adversity and Children's Bullying Behaviors in Elementary School. *Journal of Abnormal Child Psychology*, 2018, 46 (7), 1481-1496.

348. Denham, S. A., et al. Compromised Emotional Competence: Seeds of Violence Sown Early? *American Journal of Orthopsychiatry*, 2002, 72 (1), 70-82.

349. Desouza, E. R., & Ribeiro, J. Bullying and Sexual Harassment among Brazilian High School Students. *Journal of Interpersonal Violence*, 2005, 20 (9), 1018-1038.

350. Devotta, M., Ankita, R., & Vijayabanu, U. Relationship between Temperament and Coping among Young Adults Living Away from Family. *Indian Journal of Health and Wellbeing*, 2014, 5 (10), 1137-1144.

351. Dilleggi, E. S., Rosa, A. P., & Dos Santos, P. L. Family Functioning and Environmental Resources Offered by Families of Children with Mental Disorders. *Salud Mental*, 2019, 42 (5), 235-242.

352. Dinkes, R., et al. D. *Indicators of School Crime and Safety: 2009*. Washington, DC: Institute of Education Sciences, 2009.

353. Dixson, B. J, & Brooks, R. C. The Role of Facial Hair in Women's Perceptions of Men's Attractiveness, Health, Masculinity and Parenting Abilities. *Evolution and Human Behavior*, 2013, 34 (3), 236-241.

354. Dixson, B. J., et al. Eye-Tracking of Men's Preferences for Waist-to-Hip Ratio and Breast Size of Women. *Archives Sexual Behavior*, 2009, 40 (1), 43-50.

355. Dooley, J. J., Pyżalski, J., & Cross, D. Cyberbullying Versus Face-to-Face Bullying a Theoretical and Conceptual Review. *Zeitschrift Für Psychologie*, 2009, 217 (4), 182-188.

356. Due, P., et al. Socioeconomic Inequality in Exposure to Bullying During Adolescence: A Comparative, Cross-Sectional, Multilevel Study in 35 Countries. *American Journal of Public Health*, 2009, 99 (5), 907-914.

357. Duncan, R. D. Peer and Sibling Aggression: An Investigation of Intra- and Extra-Familial Bullying. *Journal of Interpersonal Violence*, 1999, 14 (8), 871-886.

358. Duncan, R. D. The Impact of Family Relationships on School Bullies and Their Victims. In D. L. Espelage & S. M. Swearer (Eds.), *Bullying in American Schools: A Social-Ecological Perspective on Prevention and Intervention* (pp. 227-244). Mahwah, NJ: Erlbaum, 2004.

359. Dunn，J.，& Kendrick，C. Social Behavior of Young Siblings in the Family Context：Differences between Same-Sex and Different-Sex Dyads. *Child Development*，1981，52（4），1265-1273.

360. Dunn，J. Sibling Relationships in Early Childhood. *Child Development*，1983，54（4），787-811.

361. Dunn，M，& Hill，A. Manipulated Luxury-Apartment Ownership Enhances Opposite-Sex Attraction in Females but Not Males. *Journal of Evolutionary Psychology*，2014，12（1），1-17.

362. Dutkova，K.，et al. Is Spiritual Well-Being among Adolescents Associated with a Lower Level of Bullying Behaviour? The Mediating Effect of Perceived Bullying Behaviour of Peers. *Journal of Religion and Health*，2017，56（6），2212-2221.

363. Dvorakova，A. The Cultural Psychology Endeavor to Make Culture Central to Psychology：Comment on Hall et al.（2016）. *American Psychologist*，2016，71（9），888-889.

364. East，P. L.，& Rook，K. S. Compensatory Patterns of Support among Children's Peer Relationships：A Test Using School Friends，Nonschool Friends，and Siblings. *Developmental Psychology*，1992，28（1），163-172.

365. Edwards，O. W.，& Taub，G. E. A Conceptual Pathways Model to Promote Positive Youth Development in Children Raised by Their Grandparents. *School Psychology Quarterly*，2009 24（3），160-172.

366. Eisenberg，M. E.，et al. Vulnerable Bullies：Perpetration of Peer Harassment among Youths across Sexual Orientation，Weight，and Disability Status. *American Journal of Public Health*，2015，105（9），1784-1791.

367. Elder，G. H.，& Caspi，A. Economic Stress in Lives：Developmental Perspectives. *Journal of Social Issues*，1988，44（4），25-45.

368. Emmen，R. A. G.，et al. Socioeconomic Status and Parenting in Ethnic Minority Families：Testing a Minority Family Stress Model. *Journal of Family Psychology*，2013，27（6），896-904.

369. Epstein, N. B., Bishop, D. S., & Levin, S. The McMaster Model of Family Functioning. *Journal of Marital and Family Therapy*, 1978, 4 (4), 19-31.

370. Erdley, C. A., et al. Relations among Children's Social Goals, Implicit Personality Theories, and Responses to Social Failure. *Developmental Psychology*, 1997, 33 (2), 263-272.

371. Erel, O., & Burman, B. Interrelatedness of Marital Relations and Parent-Child Relations: A Meta-Analytic Review. *Psychological Bulletin*, 1995, 118 (1), 108-132.

372. Eşkisu, M. The Relationship between Bullying, Family Functions, Perceived Social Support among High School Students. *Procedia-Social and Behavioral Sciences*, 2014, 159 (2014), 492-496.

373. Espelage, D. L., Bosworth, K., & Simon, T. R. Examining the Social Context of Bullying Behaviors in Early Adolescents. *Journal of Counseling & Development*, 2000, 78 (1), 326-333.

374. Espelage, D. L., Low, S., & De La Rue, L. Relations between Peer Victimization Subtypes, Family Violence, and Psychological Outcomes during Early Adolescence. *Psychology of Violence*, 2012, 2 (4), 313-324.

375. Espelage, D. L., Roa, M. A., & Rue, L. D. L. Current Research on School-Based Bullying: A Social-Ecological Perspective. *Journal of Social Distress and the Homeless*, 2013, 22 (1), 7-21.

376. Espelage, D. L., & Horne, A. School Violence and Bullying Prevention: From Research Based Explanations to Empirically Based Solutions. In S. Brown & R. Lent (Eds.), *Handbook of Counseling Psychology* (4th ed., pp. 588-606). Hoboken, NJ: Wiley, 2008.

377. Evans, C. B. R., Fraser, M. W., & Cotter, K. L. The Effectiveness of School-Based Bullying Prevention Programs: A Systematic Review. *Aggression and Violent Behavior*, 2014, 19 (5), 532-544.

378. Evans, G. W., & Wachs, T. D. *Chaos and Its Influence on Children's*

Development. Washington，DC：American Psychological Association，2010.

379. Fagan，A. A.，& Najman，J. M. Sibling Influences on Adolescent Delinquent Behaviour：An Australian Longitudinal Study. *Journal of Adolescence*，2003，26（5），546-558.

380. Fagan，J.，& Lee，Y. Perceptions and Satisfaction with Father Involvement and Adolescent Mothers' Postpartum Depressive Symptoms. *Journal of Youth and Adolescence*，2009，39（9），1109-1121.

381. Feinberg，M. E.，Solmeyer，A. R.，& McHale，S. M. The Third Rail of Family Systems：Sibling Relationships，Mental and Behavioral Health，and Preventive Intervention in Childhood and Adolescence. *Clinical Child and Family Psychology Review*，2011，15（1），43-57.

382. Finkelhor，D.，& Browne，A. The Traumatic Impact of Child Sexual Abuse：A Conceptualization. *American Journal of Orthopsychiatry*，1985，55（4），530-541.

383. Finnegan，R. A.，Hodges，E. V. E.，& Perry，D. G. Victimization by Peers：Associations with Children's Reports of Mother-Child Interaction. *Journal of Personality and Social Psychology*，1998，75（4），1076-1086.

384. Fitzpatrick，K. M.，Dulin，A. J.，& Piko，B. F. Not Just Pushing and Shoving：School Bullying among African American Adolescents. *Journal of School Health*，2007，77（1），16-22.

385. Flouri，E.，& Buchanan，A. The Role of Mother Involvement and Father Involvement in Adolescent Bullying Behavior. *Journal of Interpersonal Violence*，2003，18（6），634-644.

386. Ford，D. H.，& Lerner，R. M. *Development Systems Theory：An Integrative Approach*. Newbury Park，CA：Sage，1992.

387. Forster，M.，et al. Bullying Victimization as a Mediator of Associations between Cultural/Familial Variables，Substance Use，and Depressive Symptoms among Hispanic Youth. *Ethnicity & Health*，2013，18（4），415-432.

388. Fujikawa, S., et al. The Association of Current Violence from Adult Family Members with Adolescent Bullying Involvement and Suicidal Feelings. *Plos One*, 2016, 11 (10), 1-12.

389. Furlong, M., Morrison, G., & Pavelski, R. Trends in School Psychology for the 21st Century: Influences of School Violence on Professional Change. *Psychology in the Schools*, 2000, 37, 81-90.

390. Gangestad, S. W., Haselton, M. G., & Buss, D. M. Evolutionary Foundations of Cultural Variation: Evoked Culture and Mate Preferences. *Psychological Inquiry*, 2006, 17 (2), 75-95.

391. Garcia, M. M., et al. Destructive Sibling Conflict and the Development of Conduct Problems in Young Boys. *Developmental Psychology*, 2000, 36 (1), 44-53.

392. Gazelle, H., & Ladd, G. W. Anxious Solitude and Peer Exclusion: A Diathesis-Stress Model of Internalizing Trajectories in Childhood. *Child Development*, 2003, 74 (1), 257-278.

393. Georgiou, S.N., et al. Cultural Value Orientation and Authoritarian Parenting as Parameters of Bullying and Victimization at School. *International Journal of Psychology*, 2013, 48 (1), 68-78.

394. Gershel, J. C., et al. Hazing of Suburban Middle School and High School Athletes. *Journal of Adolescent Health*, 2003, 32 (5), 333-335.

395. Giedd, J. N., et al. Brain Development during Childhood and Adolescence: A Longitudinal MRI Study. *Nature Neuroscience*, 1999, 2 (10), 861-863.

396. Gini, G., et al. The Role of Bystanders in Students Perception of Bullying and Sense of Safety. *Journal of School Psychology*, 2008, 46 (6), 617-638.

397. Glover, V. Annual Research Review: Prenatal Stress and the Origins of Psychopathology: An Evolutionary Perspective. *Journal of Child Psychology and Psychiatry*, 2011, 52 (4), 356-367.

398. Goldstein, S. E., Young, A., & Boyd, C. Relational Aggression at School: Associations with School Safety and Social Climate. *Journal of Youth and*

Adolescence, 2007, 37（6）, 641-654.

399. Gomez, R., & Mclaren, S. The Inter-Relations of Mother and Father Attachment, Self-Esteem and Aggression during Late Adolescence. *Aggressive Behavior*, 2007, 33（2）, 160-169.

400. Gottlieb, G. From Gene to Organism: The Developing Individual as an Emergent, Interactional, Hierarchical System. In M. H. Johnson, Y. Munakata, R. O. Gilmore（Ed.）, *Brain Development and Cognition*（pp. 36-49）. Blackwell Publishers Ltd, 1992.

401. Gottlieb, L. N., & Mendelson, M. J. Parental Support and Firstborn Girls' Adaptation to the Birth of a Sibling. *Journal of Applied Developmental Psychology*, 1990, 11（1）, 29-48.

402. Graham, S., & Juvonen, J. A Social Cognitive Perspective on Peer Aggression and Victimization. In R. Vasta（Ed.）, *Annals of Child Development*（pp. 23-70）. London: Jessica Kingsley Publishers, 1998.

403. Graham, S., Bellmore, A. D., & Mize, J. Peer Victimization, Aggression, and Their Co-Occurrence in Middle School: Pathways to Adjustment Problems. *Journal of Abnormal Child Psychology*, 2006, 34（3）, 363-378.

404. Gren-Landell, et al. Social Anxiety Disorder and Victimization in a Community Sample of Adolescents. *Journal of Adolescence*, 2011, 34（3）, 569-577.

405. Griffin, R. S., & Gross, A. M. Childhood Bullying: Current Empirical Findings and Future Directions for Research. *Aggression and Violent Behavior*, 2004, 9（4）, 379-400.

406. Grossmann, K. E., et al. German Children's Behavior towards Their Mothers at 12 Months and Their Fathers at 18 Months in Ainsworth's Strange Situation. *International Journal of Behavioral Development*, 1981, 4（2）, 157-181.

407. Guedesa, M., et al. Perceived Attachment Security to Parents and Peer Victimization: Does Adolescent's Aggressive Behaviour Make a Difference? *Journal of Adolescence*, 2018, 65（2018）, 196-206.

408. Hamilton, W. D. The Genetical Evolution of Social Behaviour. II. *Journal of Theoretical Biology*, 1964, 7 (1), 17-52.

409. Hanish, L. D., & Guerra, N. G. The Roles of Ethnicity and School Context in Predicting Children's Victimization by Peers. *American Journal of Community Psychology*, 2000, 28 (2), 201-223.

410. Harachi, T. W., et al. Aggressive Behavior among Girls and Boys during Middle Childhood: Predictors and Sequelae of Trajectory Group Membership. *Aggressive Behavior*, 2006, 32 (4), 279-293.

411. Hartup, W. W. Social Relationships and Their Developmental Significance. *American Psychologist*, 1989, 44 (2), 120-126.

412. Hawker, D. S. J., & Boulton, M. J. Twenty Years' Research on Peer Victimization and Psychosocial Maladjustment: A Meta-Analytic Review of Cross-Sectional Studies. *Journal of Child Psychology and Psychiatry*, 2000, 41 (4), 441-455.

413. Hawkes, K. Grandmothers and the Evolution of Human Longevity. *American Journal of Human Biology*, 2003, 15 (3), 380-400.

414. Hawley, P. H. The Ontogenesis of Social Dominance: A Strategy-Based Evolutionary Perspective. *Developmental Review*, 1999, 19 (1), 97-132.

415. Haynie, D. L., et al. Bullies, Victims, and Bully/Victims: Distinct Groups of at-Risk Youth. *The Journal of Early Adolescence*, 2001, 21 (1), 29-49.

416. Helms, H. M., et al. Economic Pressure, Cultural Adaptation Stress, and Marital Quality among Mexican-Origin Couples. *Journal of Family Psychology*, 2014, 28 (1), 77-87.

417. Hesapcioglu, S. T., & Tural, M. K. Prevalence of Peer Bullying in Secondary Education and Its Relation with High School Entrance Scores. *The Journal of Psychiatry and Neurological Sciences*, 2018, 31 (4), 347-355.

418. Hill, A. K., et al. Quantifying the Strength and Form of Sexual Selection on Men's Traits. *Evolution and Human Behavior*, 2013, 34 (5), 334-341.

419. Hill，J. S.，Lau，M. Y.，& Sue，D. W. Integrating Trauma Psychology and Cultural Psychology：Indigenous Perspectives on Theory，Research，and Practice. *Traumatology*，2010，16（4），39-47.

420. Hilliard，L. J.，et al. Perspective Taking and Decision-Making in Educational Game Play：A Mixed-Methods Study. *Applied Developmental Science*，2018，22（1），1-13.

421. Hinduja，S.，& Patchin，J. W. Cyberbullying：Neither an Epidemic nor a Rarity. *European Journal of Developmental Psychology*，2012，9（5），539-543.

422. Hoffman，K. L.，& Edwards，J. N. An Integrated Theoretical Model of Sibling Violence and Abuse. *Journal of Family Violence*，2004，19（3），185-200.

423. Hoffman，L. *Foundation of Family Therapy：A Conceptual Framework for Systems Change.* New York：Basic Books，1981.

424. Holt，M. K.，& Espelage，D. L. Perceived Social Support among Bullies，Victims，and Bully-Victims. *Journal of Youth and Adolescence*，2007，36（8），984-994.

425. Holt，S.，Buckley，H.，& Whelan，S. The Impact of Exposure to Domestic Violence on Children and Young People：A Review of the Literature. *Child Abuse & Neglect*，2008，32（8），797-810.

426. Hong，J. S.，Kim，D. H.，& Hunter，S. C. Applying the Social-Ecological Framework to Explore Bully-Victim Subgroups in South Korean Schools. *Psychology of Violence*，2019，9（3），267-277.

427. Howe，N.，et al. "This Is a Bad Dog，You Know..."：Constructing Shared Meaning during Sibling Pretend Play. *Child Development*，2005，76（4），783-794.

428. Huff，N.，Werner-Wilson，R.，& Kimberly，C. Electrical Brain Activity，Family Functioning，and Parent-Adolescent Conflict Communication. *Contemporary Family Therapy*，2014，36（3），409-416.

429. Ingersoll-Dayton，B.，Tangchonlatip，K.，& Punpuing，S. A Confluence of Worries：Grandparents in Skipped-Generation Households in Thailand. *Journal of*

Family Issues, 2020, 41（2）, 135-157.

430. Ingoldsby, E., Shaw, D. S., & Garcia, M. Intra-Familial Conflict in Relation to Boys' Adjustment at School. *Development and Psychopathology*, 2001, 13（1）, 35-52.

431. Innamorati, M., et al. Attachment, Social Value Orientation, Sensation Seeking, and Bullying in Early Adolescence. *Frontiers in Psychology*, 2018, 9（2）, 239.

432. Jackson, D. D. The Question of Family Homeostasis. *Psychiatric Quarterly*, 1957, 31（Sapplement 1）, 79-90.

433. Jackson, M., Cassidy, W., & Brown, K. Out of the Mouth of Babes: Students' Voice Their Opinions on Cyber-Bullying. *Long Island Education Review*, 2009, 8（2）, 24-30.

434. Jansen, D. E., et al. Early Risk Factors for Being a Bully, Victim, or Bully/Victim in Late Elementary and Early Secondary Education. The Longitudinal Trails Study. *BMC Public Health*, 2011, 11（4）, 440-446.

435. Jansen, P. W., et al. Prevalence of Bullying and Victimization among Children in Early Elementary School: Do Family and School Neighbourhood Socioeconomic Status Matter? *BMC Public Health*, 2012, 12（1）, 1-18.

436. Jensen-Campbell, L. A., & Malcolm, K. T. The Importance of Conscientiousness in Adolescent Interpersonal Relationships. *Personality and Social Psychology Bulletin*, 2007, 33（3）, 368-383.

437. Jia, S. M., et al. Family Risk Factors Associated with Aggressive Behavior in Chinese Preschool Children. *Journal of Pediatric Nursing*, 2016, 31（6）, 367-374.

438. Jones, K. A., et al. The Impact of Father Absence on Adolescent Separation-Individuation. *Genetic Social and General Psychology Monographs*, 2003, 129（1）, 73-95.

439. Kalmijn, M. Father Involvement in Childrearing and the Perceived Stability

of Marriage. *Journal of Marriage and the Family*, 1999, 61 (2), 409-421.

440. Kang Sim, D. E., et al. Postnatal Growth Patterns in a Chilean Cohort: The Role of SES and Family Environment. *International Journal of Pediatrics*, 2012, 2012 (1), 1-8.

441. Kaplan, H., et al. Learning, Menopause, and the Human Adaptive Complex. *Annals of the New York Academy of Sciences*, 2010, 1204 (1), 30-42.

442. Kapoor, A., et al. Fetal Programming of Hypothalamo-Pituitary-Adrenal Function: Prenatal Stress and Glucocorticoids. *Journal of Physiology*, 2006, 572 (1), 31-44.

443. Karimi-Aghdam, S. Zone of Proximal Development (ZPD) as an Emergent System: A Dynamic Systems Theory Perspective. *Integrative Psychological and Behavioral Science*, 2017, 51 (1), 76-93.

444. Kasen, S., et al. Effects of School Climate on Changes in Aggressive and Other Behaviors Related to Bullying. In D. L. Espelage & S. M. Swearer (Eds.), *Bullying in American Schools* (pp. 187-210). Mahwah, NJ: Lawrence Erlbaum Associates, 2004.

445. Katz, L. F., & Woodin, E. M. Hostility, Hostile Detachment, and Conflict Engagement in Marriages: Effects on Child and Family Functioning. *Child Development*, 2002, 73 (2), 636-651.

446. Kearns, A. D., et al. Factors Associated with Age at Breastfeeding Cessation in Amazonian Infants: Applying a Proximal-Distal Framework. *Maternal and Child Health Journal*, 2016, 20 (7), 1539-1548.

447. Keeney, B. Ecosystem Epistemology: An Alternative Paradigm for Diagnosis. *Family Process*, 1979, 18 (2), 117-129.

448. Kelly, J. B., & Emery, R. E. Children's Adjustment Following Divorce: Risk and Resilience Perspectives. *Family Relations*, 2003, 52 (4), 352-362.

449. Kennedy, J. H., & Kennedy, C. E. Attachment Theory: Implications for School Psychology. *Psychology in the Schools*, 2004, 41 (2), 247-259.

450. Kenrick，D. T.，et al. Integrating Evolutionary and Social Exchange Perspectives on Relationships：Effects of Gender，Self-Appraisal，and Involvement Level on Mate Selection Criteria. *Journal of Personality and Social Psychology*，1993，64（6），951-969.

451. Kerr，M. A.，& Schneider，B. H. Anger Expression in Children and Adolescents：A Review of the Empirical Literature. *Clinical Psychology Review*，2008，28（4），559-577.

452. Kerr，M. E.，& Bowen，M. *Family Evaluation：An Approach Based on Bowen Theory*. New York：W. W. Norton & Company，1988.

453. Khatri，P.，Kupersmidt，J. B.，& Patterson，C. Aggression and Peer Victimization as Predictors of Self-Reported Behavioral and Emotional Adjustment. *Aggressive Behavior*，2000，26（5），345-358.

454. Kim，J. Y.，et al. Longitudinal Linkages between Sibling Relationships and Adjustment from Middle Childhood through Adolescence. *Developmental Psychology*，2007，43（4），960-973.

455. Kim，Y. S.，et al. School Bullying and Related Psychopathology in Elementary School Students. *Journal of the Korean Neuropsychiatric Association*，2001，40（5），876-884.

456. Kim，H. S. A Study of the Influence of Grandparent's Attitude to Bring up，Care Stress on Grandchildren's Adjustment in Grandparent-Grandchildren Family. *Journal of the Korean Society of Child Welfare*，2004，18（12），85-117.

457. King，A. R.，et al. Sibling Hostility and Externalized Symptoms of Psychological Distress. *Journal of Aggression，Maltreatment & Trauma*，2018，27（5），523-540.

458. Kitson，G. C.，& Morgan，L. A. The Multiple Consequences of Divorce：A Decade Review. *Journal of Marriage and the Family*，1990，52（4），913.

459. Klanšček，H.，et al. Mental Health Inequalities in Slovenian 15-Year-Old Adolescents Explained by Personal Social Position and Family Socioeconomic Status.

International Journal for Equity in Health，2014，13（1），26.

460. Kliewer，W.，et al. Violence Exposure and Drug Use in Central American Youth: Family Cohesion and Parental Monitoring as Protective Factors. *Journal of Research on Adolescence（Wiley-Blackwell）*，2006，16（3），455-478.

461. Klomek，A. B.，et al. Victimization by Bullying and Attachment to Parents and Teachers among Student Who Report Learning Disorders and/or Attention Deficit Hyperactivity Disorder. *Learning Disability Quarterly*，2016，39（3），182-190.

462. Klomek，A. B.，et al. Bullying，Depression，and Suicidality in Adolescents. *Journal of the American Academy of Child & Adolescent Psychiatry*，2007，46（1），40-49.

463. Knafo，A. Authoritarians，the Next Generation: Values and Bullying among Adolescent Children of Authoritarian Fathers. *Analyses of Social Issues and Public Policy*，2003，3（1），199-204.

464. Kochel，K.，Ladd，G. W.，& Rudolh，K. D. Longitudinal Associations among Youth Depressive Symptoms，Peer Victimization，and Low Peer Acceptance: An Interpersonal Process Perspective. *Child Development*，2012，83（2），637-650.

465. Kochenderfer，B. J.，& Ladd，G. W. Peer Victimization: Manifestations and Relations to School Adjustment in Kindergarten. *Journal of School Psychology*，1996，34（3），267-283.

466. Kochenderfer-Ladd，B. Peer Victimization: The Role of Emotions in Adaptive and Maladaptive Coping. *Social Development*，2004，13（3），329-349.

467. Kochenderfer-Ladd，B. Identification of Aggressive and Asocial Victims and the Stability of Their Peer Victimization. *Merrill-Palmer Quarterly*，2003，49（4），401-425.

468. Kokkinos，C. M.，et al. Peer Victimization and Depression in Greek Preadolescents: Personality and Attachment as Moderators. *Personal Relationships*，2016，23（2），280-295.

469. Koo，H.，Kwak，K.，& Smith，P. Victimization in Korean Schools: The

Nature，Incidence，and Distinctive Features of Korean Bullying or Wang-Ta. *Journal of School Violence*，2008，7（4），119-139.

470. Kowalski，R. M.，Morgan，C. A.，& Limber，S. P. Traditional Bullying as a Potential Warning Sign of Cyberbullying. *School Psychology International*，2012，33（5），505-519.

471. Kramer，K. Children's Help and the Pace of Reproduction：Cooperative Breeding in Humans. *Evolutionary Anthropology：Issues，News，and Reviews*，2005，14（6），224-237.

472. Kramer，L.，& Gottman，J. M. Becoming a Sibling："With a Little Help from My Friends." *Developmental Psychology*，1992，28（4），685-699.

473. Kramer，L.，& Kowal，A. K. Sibling Relationship Quality from Birth to Adolescence：The Enduring Contribution of Friends. *Journal of Family Psychology*，2005，19（4），503-511.

474. Kraus，M. W.，et al. Social Class Rank，Threat Vigilance，and Hostile Reactivity. *Personality and Social Psychology Bulletin*，2011，37（10），1376-1388.

475. Kreppner，K.，Paulsen，S.，& Schuetze，Y. Infant and Family Development：From Triads to Tetrads. *Human Development*，1982，25（6），373-391.

476. Kwon，S.，et al. Prevalence of School Bullying and Related Psychopathology in Children and Adolescents. *Journal of the Korean Academy of Child & Adolescent Psychiatry*，2012，23（3），143-153

477. Ladd，G. W.，& Kochenderfer-Ladd，B. Identifying Victims of Peer Aggression from Early to Middle Childhood：Analysis of Cross-Informant Data for Concordance，Estimation of Relational Adjustment，Prevalence of Victimization，and Characteristics of Identified Victims. *Psychological Assessment*，2002，14（1），74-96.

478. Ladd，G. W.，Ettekal，I.，& Kochenderfer-Ladd，B. Peer Victimization Trajectories from Kindergarten through High School：Differential Pathways for Children's School Engagement and Achievement? *Journal of Educational Psychology*，

2017，109（6），826-841.

479. LaFontana，K. M.，& Cillessen，A. H. N. Developmental Changes in the Priority of Perceived Status in Childhood and Adolescence. *Social Development*，2010，19（1），130-147.

480. Låftman，S. B.，Modin，B.，& Östberg，V. Cyberbullying and Subjective Health：A Large-Scale Study of Students in Stockholm，Sweden. *Children and Youth Services Review*，2013，35（1），112-119.

481. Lagerspetz，K. M. J.，et al. Group Aggression among School Children in Three Schools. *Scandinavian Journal of Psychology*，1982，23（1），45-52.

482. Lamarche，V.，et al. Do Friendships and Sibling Relationships Provide Protection Against Peer Victimization in a Similar Way? *Social Development*，2006，15（3），373-393.

483. Lamb，M. E. Fathers：Forgotten Contributors to Child Development. *Human Development*，1975，18（4），245-266.

484. Lauritsen，J. L. Sibling Resemblance in Juvenile Delinquency：Findings from the National Youth Survey. *Criminology*，1993，31（3），387-409.

485. Lazarus，R. S.，& Folkman，S. *Stress，Appraisal，and Coping*. New York：Springer，1984.

486. Leas，L.，& Mellor，D. Prediction of Delinquency：The Role of Depression，Risk-Taking，and Parental Attachment. *Behaviour Change*，2000，17（3），155-166.

487. Lereya，S. T.，& Wolke，D. Prenatal Family Adversity and Maternal Mental Health and Vulnerability to Peer Victimization at School. *Journal of Child Psychology and Psychiatry*，2013，54（6），644-652.

488. Lerner，R. M. Promoting Positive Human Development and Social Justice：Integrating Theory，Research and Application in Contemporary Developmental Science. *International Journal of Psychology*，2015，50（3），165-173.

489. Lerner，R. M.，& Castellino，D. R. Contemporary Developmental Theory and Adolescence：Developmental Systems and Applied Developmental Science.

Journal of Adolescent Health，2002，31（6），122-135.

490. Lerner，R. M.，& Lerner，J. V. *The Positive Development of Youth：Comprehensive Findings from the 4-H Study of Positive Youth Development*，2013. http：//www.4-h.org/about/youth-development-research/positive-youth-development-study/.

491. Lerner，R. M.，et al. Developmental Science in 2025：A Predictive Review. *Research in Human Development*，2014，11（4），255-272.

492. Lerner，R. M.，et al. Positive Youth Development，Participation in Community Youth Development Programs，and Community Contributions of Fifth-Grade Adolescents：Findings from the First Wave of the 4-H Study of Positive Youth Development. *Journal of Early Adolescence*，2005，25（1），17-71.

493. Lerner，R. M.，et al. Evaluating Programs Aimed at Promoting Positive Youth Development：A Relational Development Systems-Based View. *Applied Developmental Science*，2016，20（3），175-187.

494. Li，X. W.，et al. The Relationships of Family Socioeconomic Status，Parent-Adolescent Conflict，and Filial Piety to Adolescents' Family Functioning in Mainland China. *Journal of Child Family Studies*，2014，23（1），29-38.

495. Loeber，R.，& Dishion，T. J. Boys Who Fight at Home and School：Family Conditions Influencing Cross-Setting Consistency. *Journal of Consulting and Clinical Psychology*，1984，52（5），759-768.

496. Lucero，J. L.，Barrett，C.，& Jensen，H. An Examination of Family and School Factors Related to Early Delinquency. *Children & Schools*，2015，37（3），165-173.

497. Ma，L.，et al. The Development of Academic Competence among Adolescents Who Bully and Who Are Bullied. *Journal of Applied Developmental Psychology*，2009，30（5），628-644.

498. MacKinnon-Lewis，C.，et al. Perceptions of Parenting as Predictors of Boys' Sibling and Peer Relations. *Developmental Psychology*，1997，33（6），1024-

1031.

499. Main, M., & Weston, D. R. The Quality of the Toddler's Relationship to Mother and to Father: Related to Conflict Behavior and the Readiness to Establish New Relationships. *Child Development*, 1981, 52 (3), 932-940.

500. Makri-Botsari, E., & Karagianni, G. Cyberbullying in Greek Adolescents: The Role of Parents. *Procedia-Social and Behavioral Sciences*, 2014, 16 (1), 3241-3253.

501. Marcinkowska, U. M., et al. Cross-Cultural Variation in Men's Preference for Sexual Dimorphism in Women's Faces. *Biology Letters*, 2014, 10 (4), 1-4.

502. Margalit, M. Resilience Model among Individuals with Learning Disabilities: Proximal and Distal Influences. *Learning Disabilities Research & Practice*, 2003, 18 (2), 82-86.

503. Margolin, G., et al. Intergenerational Transmission of Aggression: Physiological Regulatory Processes. *Child Development Perspectives*, 2016, 10 (1), 15-21.

504. Masarik, A. S., & Conger, R. D. Stress and Child Development: A Review of the Family Stress Model. *Current Opinion in Psychology*, 2017, 13 (2), 85-90.

505. Matthews, K. A., & Gallo, L. C. Psychological Perspectives on Pathways Linking Socioeconomic Status and Physical Health. *Annual Review of Psychology*, 2011, 62 (1), 501-530.

506. May, D. C., Vartanian, L. R., & Virgo, K. The Impact of Parental Attachment and Supervision on Fear of Crime among Adolescent Males. *Adolescence*, 2002, 37 (146), 267-287.

507. Mazefsky, C. A., & Farrell, A. D. The Role of Witnessing Violence, Peer Provocation, Family Support, and Parenting Practices in the Aggressive Behavior of Rural Adolescents. *Journal of Child and Family Studies*, 2005, 14 (1), 71-85.

508. Mazzone, A., & Camodeca, M. Bullying and Moral Disengagement in Early Adolescence: Do Personality and Family Functioning Matter? *Journal of Child and Family Studies*, 2019, 28 (8), 2120-2130.

509. Mcbride, B. A., Schoppe-Sullivan, S. J., & Ho, M. H. The Mediating Role of Fathers' School Involvement on Student Achievement. *Journal of Applied Developmental Psychology*, 2005, 26 (2), 201-216.

510. Mccloskey, L. A., & Lichter, E. L. The Contribution of Marital Violence to Adolescent Aggression across Different Relationships. *Journal of Interpersonal Violence*, 2003, 18 (4), 390-412.

511. Mccloskey, L. A., & Stuewig, J. The Quality of Peer Relationships among Children Exposed to Family Violence. *Development and Psychopathology*, 2001, 13 (1), 83-96.

512. McCubbin, H. I., & Patterson, J. M. The Family Stress Process: The Double ABCX Model of Adjustment and Adaptation. *Marriage & Family Review*, 1983, 6 (1-2), 7-37.

513. McLinden, M. Examining Proximal and Distal Influences on the Part-Time Student Experience through an Ecological Systems Theory. *Teaching in Higher Education*, 2017, 22 (3), 373-388.

514. McLoyd, V. C. Socioeconomic Disadvantage and Child Development. *American Psychologist*, 1998, 53 (2), 185-204.

515. Meehan, C. L., Helfrecht, C., & Quinlan, R. J. Cooperative Breeding and Aka Children's Nutritional Status: Is Flexibility Key? *American Journal of Physical Anthropology*, 2014, 153 (4), 513-525.

516. Meyer, E. J. Gendered Harassment in Secondary Schools: Understanding Teachers' (Non) Interventions. *Gender and Education*, 2008, 20 (6), 555-570.

517. Milevsky, A. Compensatory Patterns of Sibling Support in Emerging Adulthood: Variations in Loneliness, Self-esteem, Depression and Life Satisfaction. *Journal of Social and Personal Relationships*, 2005, 22 (6), 743-755

518. Miller, I. W., et al. The McMaster Approach to Families: Theory, Assessment, Treatment and Research. *Journal of Family Therapy*, 2000, 22 (2), 168-189.

519. Miller, P. J., et al. Narrating Transgressions in Longwood: The Discourses, Meanings, and Paradoxes of American Socializing Practice. *Ethos*, 2001, 29 (2), 1-27.

520. Minuchin, P. Families and Individual Development: Provocations from the Field of Family Therapy. *Child Development*, 1985, 56 (2), 289-302.

521. Minuchin, S. *Families and Family Therapy*. Cambridge: Harvard University Press, 1974.

522. Minuchin, S., & Fishman, H. C. *Family Therapy Techniques*. Cambridge: Harvard University Press, 1981.

523. Mishna, F., et al. Risk Factors for Involvement in Cyber Bullying: Victims, Bullies and Bully-Victims. *Children and Youth Services Review*, 2012, 34 (1), 63-70.

524. Moos, R. H. Conceptual and Empirical Approaches to Developing Family-Based Assessment Procedure: Resolving the Case of the Family Environment Scale. *Family Process*, 1990, 29 (2), 199-208.

525. Moos, R. H., & Moos, B. S. *Family Environment Scale Manual (2nd ed.)*. Palo Alto, CA: Consulting Psychologists Press, 1986.

526. Murphy, P. E., & Staples, W. A. A Modernized Family Life Cycle. *Journal of Consumer Research*, 1979, 6 (1), 12-22.

527. Murphy, T. P., Laible, D., & Augustine, M. The Influences of Parent and Peer Attachment on Bullying. *Journal of Child and Family Studies*, 2017, 26 (5), 1388-1397.

528. Myers, B. J., et al. III. Teasing, Bullying, and Emotion Regulation in Children in of Incarcerated Mothers. *Monographs of the Society for Research in Child Development*, 2013, 78 (3), 26-40.

529. Mynard, H., & Joseph, S. Bully/Victim Problems and Their Association with Eysenck's Personality Dimensions in 8 to 13 Year-Olds. *British Journal of Educational Psychology*, 1997, 67 (1), 51-54.

530. Mynard, H., & Joseph, S. Development of the Multidimensional Peer-Victimization Scale. *Aggressive Behavior*, 2000, 26 (2), 169-178.

531. National Institute of Child Health and Human Development. *Bullies, Victims at Risk for Violence and Other Problem Behaviors*, 2001. http: //www.nichd.nih.gov/new/release/bullying.cfm.

532. National Youth Violence Prevention Resource Center. *Bullying, 2020*. http: //www.safeyouth.org/scripts/teens/ bullying.asp.

533. Nelson, D. A., et al. Parental Psychological Control Dimensions: Connections with Russian Preschoolers' Physical and Relational Aggression. *Journal of Applied Developmental Psychology*, 2013, 34 (1), 1-8.

534. Newman, M. L., Holden, G. W., & Delville, Y. Isolation and the Stress of Being Bullied. *Journal of Adolescence*, 2005, 28 (3), 343-357.

535. Nickel, M. K., Krawczyk, J., et al. Anger, Interpersonal Relationships, and Health-Related Quality of Life in Bullying Boys Who Are Treated with Outpatient Family Therapy: A Randomized, Prospective, Controlled Trial with 1 Year of Follow-up. *Pediatrics*, 2005, 116 (2), 247-254.

536. Nickel, M. K., et al. Influence of Family Therapy on Bullying Behavior, Cortisol Secretion, Anger, and Quality of Life in Bullying Male Adolescents: A Randomized, Prospective, Controlled Study. *Canadian Journal of Psychiatry*, 2006, 51 (6), 355-362.

537. Nickel, M. K., Nickel, C., et al. Aggressive Female Youth Benefit from Outpatient Family Therapy: A Randomized, Prospective, Controlled Trial. *Pediatrics International*, 2005, 47 (2), 167-171.

538. Nocentini, A., et al. Parents, Family Characteristics and Bullying Behavior: A Systematic Review. *Aggression and Violent Behavior*, 2019, 45 (3), 41-50.

539. O' Connell, P., Pepler, D., & Craig, W. Peer Involvement in Bullying: Insights and Challenges for Intervention. *Journal of Adolescence*, 1999, 22 (4), 437-452.

540. Öberg, S. Too Many Is Not Enough: Studying How Children Are Affected by Their Number of Siblings and Resource Dilution in Families. *The History of The Family*, 2017, 22 (2-3), 157-174.

541. Oberzaucher, E. Antoinette Brown Blackwell-The Mother of Asymmetric Parental Investment Theory. *Evolutionary Behavioral Sciences*, 2020, 14 (1), 92-99.

542. Olson, D. H. Circumplex Model of Marital and Family Systems. *Journal of Family Therapy*, 2000, 22 (2), 144-167.

543. Olson, D. H. FACES IV and the Circumplex Model: Validation Study. *Journal of Marital and Family*, 2011, 37 (1), 64-80.

544. Olweus, D. Annotation: Bullying at School: Basic Facts and Effects of a School Based Intervention Program. *Journal of Child Psychology & Psychiatry & Allied Disciplines*, 1994, 35 (7), 1171-1190.

545. Olweus, D. Bully/Victim Problems among Schoolchildren: Basic Facts and Effects of a School. In D. J. Pepler & K. H. Rubin (Eds.), *The Development and Treatment of Childhood Aggression* (pp. 411-448). Hillsdale, NJ: Lawrence Erlbaum Associates Inc, 1991.

546. Olweus, D. *Bullying at School: What We Know and What We Can Do*. Malden, MA: Blackwell Publishing, 1993.

547. Olweus, D., & Limber, S. P. The Olweus Bullying Prevention Program: Implementation and Evaluation over Two Decades. In S. R. Jimerson, S. M. Swearer, & D. L. Espelage (Eds.), *Handbook of Bullying in Schools: An International Perspective* (pp. 377-402). New York: Routledge, 2010.

548. Orpinas, P., Horne, A. M., & Staniszewski, D. School Bullying: Changing the Problem by Changing the School. *School Psychology Review*, 2003, 32 (3), 431-444.

549. Östberg, M., & Hagekull, B. A Structural Modeling Approach to the Understanding of Parenting Stress. *Journal of Clinical Child Psychology*, 2000, 29

(4)，615-625.

550. Ostrov，J. M.，& Keating，C. F. Gender Differences in Preschool Aggression during Free Play and Structured Interactions：An Observational Study. *Social Development*，2004，13 (2)，255-277.

551. Overton，W. F. Process and Relational Developmental Systems. In W. F. Overton & P. C. Molenaar (Eds.)，*Theory and Method. Handbook of Child Psychology and Developmental Science* (Vol. 1，7th ed.，pp. 9-62) . Hoboken，NJ：John Wiley & Sons，2015.

552. Owens，L.，Shute，R.，& Slee，P. "Guess What I Just Heard!" Indirect Aggression among Teenage Girls in Australia. *Aggressive Behavior*，2000，26 (1)，67-83.

553. Owens，L.，Shute，R.，& Slee，P. "In the Eye of the Beholder..."：Girls, Boys' and Teachers' Perceptions of Boys' Aggression to Girls. *International Education Journal*，2005，5 (5)，142-151.

554. Padilla-Walker，L. M.，Harper，J. M.，& Jensen，A. C. Self-Regulation as a Mediator between Sibling Relationship Quality and Early Adolescents' Positive and Negative Outcomes. *Journal of Family Psychology*，2010，24 (4)，419-428.

555. Pakaslahti，L.，& Keltikangas-Jarvinen，L. Comparison of Peer，Teacher and Self-Assessments on Adolescent Direct and Indirect Aggression. *Educational Psychology*，2000，20 (2)，177-190.

556. Pallini，S.，et al. Early Child-Parent Attachment and Peer Relations：A Meta-Analysis of Recent Research. *Journal of Family Psychology*，2014，28 (1)，118-123.

557. Panksepp，J. *Affective Neuroscience：The Foundations of Human and Animal Emotions*. New York：Oxford University Press，1998.

558. Paquette，D. Theorizing the Father-Child Relationship：Mechanisms and Developmental Outcomes. *Human Development*，2004，47 (4)，193-219.

559. Park，B.，Rhee，S. H.，& Noh，J. U. The Relationships among Mothers'

Marital Satisfaction, Parenting Behavior, and Preschoolers' Sleep Problems. *Korean Journal of Childcare and Education*, 2018, 14（1）, 109-128.

560. Park, J., Uchida, Y., & Kitayama, S. Cultural Variation in Implicit Independence: An Extension of Kitayama et al. （2009）. *International Journal of Psychology*, 2016, 51（4）, 269-278.

561. Parke, R. D., et al. Family-Peer Relationships: A Tripartite Model. In R. D. Parke & S. G. Kellam（Eds.）, *Family Research Consortium: Advances in Family Research. Exploring Family Relationships with Other Social Contexts*（pp. 115-145）. Hillsdale, NJ: Lawrence Erlbaum Associates Inc, 1994.

562. Patterson, G. R., DeBaryshe, B. D., & Ramsey, E. A Developmental Perspective on Antisocial Behavior. *American Psychologist*, 1989, 44（2）, 329-335.

563. Patterson, G. R., Dishion, T. J., & Bank, L. Family Interaction: A Process Model of Deviancy Training. *Aggressive Behavior*, 1984, 10（3）, 253-267.

564. Patterson, G., & Dishion, T. A Mechanism for Transmitting the Antisocial Trait across Generations. In R. Hinde & J. Stevenson-Hinde（Eds.）, *Relations between Relationships within Families*（pp. 283-310）. Oxford: Oxford University Press, 1988.

565. Pawlby, S., et al. Antenatal Depression and Offspring Psychopathology: The Influence of Childhood Maltreatment. *The British Journal of Psychiatry*, 2011, 199（2）, 106-112.

566. Pearson, J. L., et al. Family Structure and Aggressive Behavior in a Population of Urban Elementary School Children. *Journal of the American Academy of Child & Adolescent Psychiatry*, 1994, 33（4）, 540-548.

567. Pedro, M. F., Ribeiro, T., & Shelton, K. H. Marital Satisfaction and Partners' Parenting Practices: The Mediating Role of Coparenting Behavior. *Journal of Family Psychology*, 2012, 26（4）, 509-522.

568. Peleg, O., Halaby, E., & Whaby, E. The Relationship of Maternal Separation Anxiety and Differentiation of Self to Children's Separation Anxiety and Adjustment to Kindergarten: A Study in Druze Families. *Journal of Anxiety Disorders*,

2006, 20 (8), 973-995.

569. Pellegrini, A. D. Bullying, Victimization, and Sexual Harassment during the Transition to Middle School. *Educational Psychologist*, 2002, 37 (3), 151-163.

570. Pellegrini, A. D., & Bartini, M. A Longitudinal Study of Bullying, Victimization, and Peer Affiliation during the Transition from Primary School to Middle School. *American Educational Research Journal*, 2000, 37 (3), 699-725.

571. Pepler, D., et al. Developmental Trajectories of Bullying and Associated Factors. *Child Development*, 2008, 79 (2), 325-338.

572. Perry, D. G., Kusel, S. J., & Perry, L. C. Victims of Peer Aggression. *Developmental Psychology*, 1988, 24 (6), 807-814.

573. Perry, G. Going Home: How Mothers Maintain Natal Family Ties in a Patrilocal Society. *Human Nature*, 2017, 28 (2), 219-230.

574. Perry, G., Daly, M., & Macfarlan, S. Maternal Foster Families Provide More Stable Placements than Paternal Families. *Children and Youth Services Review*, 2014, 46 (11), 155-159.

575. Peskin, M. F., Tortolero, S. R., & Markham, C. M. Bullying and Victimization among Black and Hispanic Adolescents. *Adolescence*, 2006, 41 (163), 467-484.

576. Petermann, F., & Von Marées, N. Bullying in German Primary Schools. *School Psychology International*, 2010, 31 (2), 178-198.

577. Petrill, S. A., et al. Chaos in the Home and Socioeconomic Status Are Associated with Cognitive Development in Early Childhood: Environmental Mediators Identified in a Genetic Design. *Intelligence*, 2004, 32 (5), 445-460.

578. Phillips, D. A. Punking and Bullying: Strategies in Middle School, High School, and beyond. *Journal of Interpersonal Violence*, 2007, 22 (2), 158-178.

579. Pickard, K. E., & Ingersoll., B. R. Using the Double ABCX Model to Integrate Services for Families of Children with ASD. *Journal of Child Family Study*, 2017, 26 (3), 810-823.

580. Pike, A., Coldwell, J., & Dunn, J. F. Sibling Relationships in Early/Middle Childhood: Links with Individual Adjustment. *Journal of Family Psychology*, 2005, 19 (4), 523-532.

581. Pilkauskas, N. V., & Dunifon, R. E. Understanding Grandfamilies: Characteristics of Grandparents, Nonresident Parents, and Children. *Journal of Marriage and Family*, 2016, 78 (3), 623-633.

582. Pittman, L. D. Grandmothers' Involvement among Young Adolescents Growing up in Poverty. *Journal of Research on Adolescence*, 2007, 17 (1), 89-116.

583. Pleck, J. H., & Masciadrelli, B. P. Parental Involvement: Levels. Sources, and Consequences. In M. E. Lamb (Ed.), *The Role of the Father in Child Development* (pp. 222-271). Hoboken, NJ: Wiley, 2004.

584. Poehlmann, J., & Eddy, J. M. Relationship Process and Resilience in Children with Incarcerated Parents. *Monographs of the Society for Research in Child Development*, 2013, 78 (3), 1-6.

585. Pollet, T. V., Nelissen, M., & Nettle, D. Lineage Based Differences in Grandparental Investment: Evidence from a Large British Cohort Study. *Journal of Biosocial Science*, 2009, 41 (3), 355-379.

586. Pöyhönen, V., Juvonen, J., & Salmivalli, C. Standing up for the Victim, Siding with the Bully or Standing by? Bystander Responses in Bullying Situations. *Social Development*, 2012, 21 (4), 722-741.

587. Pöyhönen, V., Juvonen, J., & Salmivalli, C. What does It Take to Stand up for the Victim of Bullying?: The Interplay between Personal and Social Factors. *Merrill-Palmer Quarterly*, 2010, 56 (2), 143-163.

588. Pratto, F., Sidanius, J., & Levin, S. Social Dominance Theory and the Dynamics of Intergroup Relations: Taking Stock and Looking Forward. *European Review of Social Psychology*, 2006, 17 (1), 271-320.

589. Pratto, F., et al. Social Dominance Orientation: A Personality Variable Predicting Social and Political Attitudes. *Journal of Personality and Social Psychology*,

1994，67（4），741-763.

590. Prencipe，A.，et al. Development of Hot and Cool Executive Function during the Transition to Adolescence. *Journal of Experimental Child Psychology*，2011，108（3），621-637.

591. Pugh，R.，& Chitiyo，M. The Problem of Bullying in Schools and the Promise of Positive Behaviour Supports. *Journal of Research in Special Educational Needs*，2012，12（2），47-53.

592. Quinlan，R. J. & Quinlan，M. B. Human Lactation，Pair-Bonds，and Alloparents：A Cross-Cultural Analysis. *Human Nature*，2008，19（1），87-102.

593. Ram，B.，& Hou，F. Sex Differences in the Effects of Family Structure on Children's Aggressive Behavior. *Journal of Comparative Family Studies*，2005，36（2），329-341.

594. Ramirez，J. M. Similarities in Attitudes toward Interpersonal Aggression in Finland，Poland，and Spain. *The Journal of Social Psychology*，1991，131（5），737-739.

595. Requena，G. S.，et al. Paternal Care Decreases Foraging Activity and Body Condition，but Does Not Impose Survival Costs to Caring Males in a Neotropical Arachnid. *Plos One*，2012，7（10），1-11.

596. Reyes，M. L.，& Yujuico，I. Psychological Distress among College Youth as a Function of Family SES：The Mediating Effect of Sense of Poverty and the Mitigating Role of Family Resources. *Journal of Pacific Rim Psychology*，2014，8（2），95-104.

597. Rigby，K. Attitudes and Beliefs about Bullying among Australian School Children. *Irish Journal of Psychology*，1997，18（2），202-220.

598. Rigby，K. School Children's Perceptions of Their Families and Parents as a Function of Peer Relations. *The Journal of Genetic Psychology*，1994，154（4），501-513.

599. Rivara，F.，& Le Menestrel，S. Individuals within Social Contexts. In F

Rivara., & S. Le Menestrel (Eds.), *Preventing Bullying through Science*, *Policy*, *and Practice* (pp. 69-112). The National Academies Press, Washington, DC, 2016.

600. Robinson, K. H. Reinforcing Hegemonic Masculinities through Sexual Harassment: Issues of Identity, Power and Popularity in Secondary Schools. *Gender and Education*, 2005, 17 (1), 19-37.

601. Roff, D. *Evolution of Life Histories: Theory and Analysis*. Springer Science & Business Media, 1993.

602. Roland, E., et al. The Zero Programme against Bullying: Effects of the Programme in the Context of the Norwegian Manifesto against Bullying. *Social Psychology of Education*, 2010, 13 (1), 41-55.

603. Rosen, L. H., Underwood, M. K., & Beron, K. J. Peer Victimization as a Mediator of the Relation between Facial Attractiveness and Internalizing Problems. *Merrill-Palmer Quarterly*, 2011, 57 (3), 319-347.

604. Rowe, A., & Carnelley, K. B. Attachment Style Differences in the Processing of Attachment-Relevant Information: Primed-Style Effects on Recall, Interpersonal Expectations, and Affect. *Personal Relationships*, 2003, 10 (1), 59-75.

605. Rowe, D. C., & Gulley, B. L. Sibling Effects on Substance Use and Delinquency. *Criminology*, 1992, 30 (2), 217-234.

606. Rubens, S. L., et al. Associations of Bullying, Victimization, and Daytime Sleepiness with Academic Problems in Adolescents Attending an Alternative High School. *American Journal of Orthopsychiatry*, 2019, 89 (4), 508-517.

607. Rusell, G., & Rusell, A. Mother-Child and Father-Child Relationships in Middle Childhood. *Child Development*, 1987, 58 (6), 1573-1585.

608. Ryzin, M. J., & Roseth, C. J. Cooperative Learning in Middle School: A Means to Improve Peer Relations and Reduce Victimization, Bullying, and Related Outcomes. *Journal of Educational Psychology*, 2018, 110 (8), 1192-1201.

609. Saarento, S., & Salmivalli, C. The Role of Classroom Peer Ecology and

Bystanders' Responses in Bullying. *Child Development Perspectives*, 2015, 9 (4), 201-205.

610. Salmivalli, C. Bullying and the Peer Group: A Review. *Aggression and Violent Behavior*, 2010, 15 (2), 112-120.

611. Salmivalli, C., Karhunen, J., & Lagerspetz, K. M. J. How Do the Victims Respond to Bullying? *Aggressive Behavior*, 1996, 22 (2), 99-109.

612. Salmivalli, C., Kaukiainen, A., & Lagerspetz, K. Aggression and Sociometric Status among Peers: Do Gender and Type of Aggression Matter? *Scandinavian Journal of Psychology*, 2000, 41 (1), 17-24.

613. Salmivalli, C., Lagerspetz, K., et al. Bullying as a Group Process: Participant Roles and Their Relations to Social Status within the Group. *Aggressive Behavior*, 1996, 22 (1), 1-15.

614. Salmivalli, C., Lappalainen, M., & Lagerspetz, K. Stability and Change of Behavior in Connection with Bullying in School: A Two-year Follow-up. *Aggressive Behavior*, 1998, 24 (3), 205-218.

615. Salmivalli, C., et al. The Implementation and Effectiveness of the KiVa Antibullying Program in Finland. *European Psychologist*, 2013, 18 (2), 79-88.

616. Sarkadi, A., et al. Fathers' Involvement and Children's Developmental Outcomes: A Systematic Review of Longitudinal Studies. *Acta Peadiatrica*, 2008, 97 (2), 153-158.

617. Schaeffer, C. M., et al. Modeling Growth in Boys' Aggressive Behavior across Elementary School: Links to Later Criminal Involvement, Conduct Disorder, and Antisocial Personality Disorder. *Developmental Psychology*, 2003, 39 (6), 1020-1035.

618. Schaller, M., & Murray, D. R. Infectious Disease and the Creation of Culture. In M. Gelfand, C.-y. Chiu, & Y.-y. Hong (Eds.), *Advances in culture and psychology* (pp. 99-152). New York, NY: Oxford University Press, 2011.

619. Schneider, B. H., et al. Longitudinal Exploration of the Continuity of

Children's Social Participation and Social Withdrawal across Socioeconomic Status Levels and Social Settings. *European Journal of Social Psychology*, 2000, 30 (4), 497-519.

620. Schoeler, T. S., et al. Quasi-Experimental Evidence on Short- and Long-Term Consequences of Bullying Victimization: A Meta-Analysis. *Psychological Bulletin*, 2018, 144 (12), 1229-1246.

621. Schofield, T. J., et al. Reciprocity in Parenting of Adolescents within the Context of Marital Negativity. *Developmental Psychology*, 2009, 45 (6), 1708-1722.

622. Schoppe-Sullivan, S. J., et al. Comparisons of Levels and Predictors of Mothers' and Fathers' Engagement with Their Preschool-Aged Children. *Early Child Development and Care*, 2013, 183 (3-4), 498-514.

623. Schuster, B. Outsiders at School: The Prevalence of Bullying and Its Relation with Social Status. *Group Processes and Intergroup Relations*, 1999, 2 (2), 175-190.

624. Seals, D., & Young, J. Bullying and Victimization: Prevalence and Relationship to Gender, Grade Level, Ethnicity, Self-Esteem, and Depression. *Adolescence*, 2003, 38 (152), 735-747.

625. Seaman, J., Sharp, E. H., & Coppens, A. D. A Dialectical Approach to Theoretical Integration in Developmental-Contextual Identity Research. *Developmental Psychology*, 2017, 53 (11), 2023-2035.

626. Sear, R., & Mace, R. Who Keeps Children Alive? A Review of the Effects of Kin on Child Survival. *Evolution and Human Behavior*, 2008, 29 (1), 1-18.

627. Sebastian, C., et al. Corrigendum to "Social Brain Development and the Affective Consequences of Ostracism in Adolescence", *Brain and Cognition*, 2013, 83 (1), 92.

628. Selye, H. *The Stress of Life*. New York: McGraw-Hill, 1956.

629. Seo, H. -J, et al. Factors Associated with Bullying Victimization among

Korean Adolescents. *Neuropsychiatric Disease and Treatment*, 2017, 13 (9), 2429-2435.

630. Severance, L., et al. The Psychological Structure of Aggression across Cultures. *Journal of Organizational Behavior*, 2013, 34 (6), 835-865.

631. Shanks, A. The Stem Family Reconsidered: The Case of the Minor Gentry of Northern Ireland. *Journal of Comparative Family Studies*, 1987, 18 (3), 339-361.

632. Shek, D. T. L., & Lin, L. What Predicts Adolescent Delinquent Behavior in Hong Kong? A Longitudinal Study of Personal and Family Factors. *Social Indicators Research*, 2015, 129 (3), 1291-1318.

633. Shelleby, E. C. Economic Stress in Fragile Families: Pathways to Parent and Child Maladjustment. *Journal of Child and Family Studies*, 2018, 27 (12), 3877-3886.

634. Sheridan, S. M., et al. Family-Centered Positive Psychology: Focusing on Strengths to Build Student Success. *Psychology in the Schools*, 2004, 41 (1), 7-17.

635. Shetgiri, R., Lin, H., & Flores, G. Suboptimal Maternal and Paternal Mental Health Are Associated with Child Bullying Perpetration. *Child Psychiatry & Human Development*, 2015, 46 (3), 455-465.

636. Shields, A., & Cicchetti, D. Parental Maltreatment and Emotion Dysregulation as Risk Factors for Bullying and Victimization in Middle Childhood. *Journal of clinical child psychology*, 2001, 30 (3), 349-363.

637. Shute, R., Owens, L., & Slee, P. Everyday Victimization of Adolescent Girls by Boys: Sexual Harassment, Bullying or Aggression? *Sex Roles*, 2008, 58 (7-8), 477-489.

638. Shweder, R. A., et al. The Cultural Psychology of Development: One Mind, Many Mentalities. In W. Damon & R. M. Lerner (Eds.), *Hand book of child psychology* (Vol. 1), *Theoretical Models of Human Development*. NY: John Wiley & Sons, 2006.

639. Sijtsema, J. J., et al. Empirical Test of Bullies' Status Goals: Assessing

Direct Goals，Aggression and Prestige. *Aggressive Behavior*，2009，35（1），57-67.

640. Simadi，F. A.，Fatayer，J. A.，& Athamneh，S. The Arabian Family in the Light of Minuchin's Systematic Theory：An Analytical Approach. *Social Behavior and Personality：An International Journal*，2003，31（5），467-482.

641. Singh，D.，et al. Cross-Cultural Consensus for Waist-Hip Ratio and Women's Attractiveness. *Evolution & Human Behavior*，2010，31（3），176-81.

642. Singh，P.，& Bussey，K. Peer Victimization and Psychological Maladjustment：The Mediating Role of Coping Self-Efficacy. *Journal of Research on Adolescence*，2010，21（2），420-433.

643. Skinner，H.，Steinhauer，P.，& Sitarenios，G. Family Assessment Measure （Fam）and Process Model of Family Functioning. *Journal of Family Therapy*，2000，22（2），190-210.

644. Slee，P. T. Peer Victimization and Its Relationship to Depression among Australian Primary-School Students. *Personality and Individual Differences*，1995，18（1），57-62.

645. Slomkowski，C.，et al. Sisters，Brothers，and Delinquency：Evaluating Social Influence during Early and Middle Adolescence. *Child Development*，2001，72 （1），271-283.

646. Slomkowski，C.，et al. New Instrument to Assess Sibling Relationships in Antisocial Youth：The Social Interaction between Siblings（Sibs）Interview：A Research Note. *Journal of Child Psychology and Psychiatry*，1997，38（2），253-256.

647. Smith，G. C.，& Hancock，G. R. Custodial Grandmother-Grandfather Dyads：Pathways among Marital Distress，Grandparent Dysphoria，Parenting Practice，and Grandchild Adjustment. *Family Relations*，2010，59（1），45-59.

648. Smith，J. D.，George，S. M. St.，& Prado，G. Family-Centered Positive Behavior Support Interventions in Early Childhood to Prevent Obesity. *Child Development*，2017，88（2），427-435.

649. Smith，J. D.，Twemlow，S. W.，& Hoover，D. W. Bullies，Victims and

Bystanders: A Method of In-School Intervention and Possible Parental Contributions. *Child Psychiatry & Human Development*, 1999, 30 (1), 29-37.

650. Smith, P. K. The Silent Nightmare: Bullying and Victimization in School Peer Groups. *The Psychologist*, 1991, 4 (4), 243-248.

651. Smith, P. K., & Myron-Wilson, R. Parenting and School Bullying. *Clinical Child Psychology and Psychiatry*, 1998, 3 (3), 405-417.

652. Smith, P. K., et al. Definitions of Bullying: A Comparison of Terms Used, and Age and Gender Differences, in a Fourteen–Country International Comparison. *Child Development*, 2002, 73 (4), 1119-1133.

653. Smith, P. K., Madsen, K. C., & Moody, J. C. What Causes the Age Decline in Reports of Being Bullied at School? Towards a Developmental Analysis of Risks of Being Bullied. *Educational Research*, 1999, 41 (3), 267-285.

654. Smith, P. K., et al. Profiles of Non-victims, Escaped Victims, Continuing Victims and New Victims of School Bullying. *British Journal of Educational Psychology*, 2004, 74 (4), 565-581.

655. Smorti, A., Menesini, E., & Smith, P. K. Parents' Definitions of Children's Bullying in a Five-country Comparison. *Journal of Cross-Cultural Psychology*, 2003, 34 (4), 417-432.

656. Snyder, J., Bank, L., & Burraston, B. The Consequences of Antisocial Behavior in Older Male Siblings for Younger Brothers and Sisters. *Journal of Family Psychology*, 2005, 19 (4), 643-653.

657. Snyder, J., et al. Observed Peer Victimization during Early Elementary School: Continuity, Growth, and Relation to Risk for Child Antisocial and Depressive Behavior. *Child Development*, 2003, 74 (6), 1881-1898.

658. Sobolewski, J. M., & Amato, P. R. Economic Hardship in the Family of Origin and Children's Psychological Well-Being in Adulthood. *Journal of Marriage and Family*, 2005, 67 (1), 141-156.

659. Sourander, A., et al. Persistence of Bullying from Childhood to Adolescence—

A Longitudinal 8-Year Follow-up Study. *Child Abuse & Neglect*, 2000, 24 (7), 873-881.

660. Spriggs, A. L., et al. Adolescent Bullying Involvement and Perceived Family, Peer and School Relations: Commonalities and Differences across Race/Ethnicity. *Journal of Adolescent Health*, 2007, 41 (3), 283-293.

661. Stauffacher, K., & DeHart, G. B. Crossing Social Contexts: Relational Aggression between Siblings and Friends during Early and Middle Childhood. *Applied Developmental Psychology*, 2006, 27 (3), 228-240.

662. Steinberg, B. S. The Making of Female Presidents and Prime Ministers: The Impact of Birth Order, Sex of Siblings, and Father-Daughter Dynamics. *Political Psychology*, 2001, 22 (1), 89-110.

663. Stevens, V., De Bourdeaudhuij, I., & Van Oost, P. Relationship of the Family Environment to Children's Involvement in Bully/Victim Problems at School. *Journal of Youth and Adolescence*, 2002, 31 (6), 419-428.

664. Stocker, C. M., & Youngblade, L. Marital Conflict and Parental Hostility: Links with Children's Sibling and Peer Relationships. *Journal of Family Psychology*, 1999, 13 (4), 598-609.

665. Stocker, C. M., Burwell, R. A., & Briggs, M. L. Sibling Conflict in Middle Childhood Predicts Children's Adjustment in Early Adolescence. *Journal of Family Psychology*, 2002, 16 (1), 50-57.

666. Storch, E. A., & Ledley, D. R. Peer Victimization and Psychosocial Adjustment in Children: Current Knowledge and Future Directions. *Clinical Pediatrics*, 2005, 44 (1), 29-38.

667. Storch, E. A., & Masia-Warner, C. The Relationship of Peer Victimization to Social Anxiety and Loneliness in Adolescent Females. *Child Study Journal*, 2004, 27 (3), 351-362.

668. Stormshak, E. A., Bellanti, C. J., & Bierman, K. L. The Quality of Sibling Relationships and the Development of Social Competence and Behavioral

Control in Aggressive Children. *Developmental Psychology*, 1996, 32 (1), 79-89.

669. Stover, C. S., et al. Marital Hostility, Hostile Parenting, and Child Aggression: Associations from Toddlerhood to School Age. *Journal of the American Academy of Child & Adolescent Psychiatry*, 2016, 55 (3), 235-242.

670. Strassmann, B. I., & Garrard, W. M. Alternatives to the Grandmother Hypothesis: A Meta-analysis of the Association between Grandparental and Grandchild Survival in Patrilineal Populations. *Human Nature*, 2011, 22 (1-2), 201-222.

671. Stroud, C. B., et al. Spillover to Triadic and Dyadic Systems in Families with Young Children. *Journal of Family Psychology*, 2011, 25 (6), 919-930.

672. Stutzman, S. V., et al. Marital Conflict and Adolescent Outcomes: A Cross-Ethnic Group Comparison of Latino and European American Youth. *Children and Youth Services Review*, 2011, 33 (5), 663-668.

673. Sun, S. J., Fan, X. T., & Du, J. X. Cyberbullying Perpetration: A Meta-Analysis of Gender Differences. *International Journal of Internet Science*, 2016, 11 (1), 61-81.

674. Swearer, S. M. Relational Aggression: Not Just a Female Issue. *Journal of School Psychology*, 2008, 46 (6), 611-616.

675. Swearer, S. M., & Espelage, D. L. Expanding the Social-Ecological Framework of Bullying among Youth: Lessons Learned from the Past and Directions for the Future. In D. L. Espelage &, S. M. Swearer (Eds.), *Bullying in North American schools* (pp. 3-9). Routledge, New York, 2011.

676. Symeou, M., & Georgiou, S. Externalizing and Internalizing Behaviours in Adolescence, and the Importance of Parental Behavioural and Psychological Control Practices. *Journal of Adolescence*, 2017, 60 (10), 104-113.

677. Tateo, L. Gulliver's Eggs: Why Methods Are Not an Issue of Qualitative Research in Cultural Psychology. *Integrative Psychological and Behavioral Science*, 2015, 49 (2), 187-201.

678. Teräsahjo, T., & Salmivalli, C. "She Is Not Actually Bullied." The

Discourse of Harassment in Student Groups. *Aggressive Behavior*，2003，29（2），134-154.

679. Teti，D. M.，& Ahlard，K. E. Security of Attachment and Infant-sibling Relationships：A Laboratory Study. *Child Development*，1989，60（6），1519-1528.

680. The World Health Report. *Reducing Risks*，*Promoting Healthy Life*. World Health Organization，Geneva，2002.

681. Thelen，E. Dynamic Systems Theory and the Complexity of Change. *Psychoanalytic Dialogues*，2005，15（2），255-283.

682. Thelen，E.，& Smith，L. Dynamic Systems Theories. In W. Damon & R. Lerner（Eds.），*Handbook of Child Development：Volume 1. Theoretical Models of Human Development*（pp. 258-311）. New York：Wiley，2006.

683. Thomas，H. J.，Connor，J. P.，& Scott，J. G. Why Do Children and Adolescents Bully Their Peers? A Critical Review of Key Theoretical Frameworks. *Social Psychiatry and Psychiatric Epidemiology*，2018，53（5），437-451.

684. Thomas，R. M. *Violence in America's Schools：Understanding，Prevention，and Responses.* Westport，CT：Praeger Publishers，2006.

685. Timmer，S. G.，& Veroff，J. Family Ties and the Discontinuity of Divorce in Black and White Newlywed Couples. *Journal of Marriage and Family*，2000，62（2），349-361.

686. Tippett，N.，& Wolke，D. Socioeconomic Status and Bullying：A Meta-analysis. *American Journal of Public Health*，2014，104（6），48-59.

687. Tokunaga，R. S. Following You Home from School：A Critical Review and Synthesis of Research on Cyberbullying Victimization. *Computers in Human Behavior*，2010，26（3），277-287.

688. Tremblay，R. E. Development of Physical Aggression from Early Childhood to Adulthood. In R. E. Tremblay，R. G. Barr，& R. V. Peters（Eds.），*Encyclopedia on Early Childhood Development*（pp. 1-6）. Montreal，Quebec：Center of Excellence for Early Childhood Development，2002.

689. Tremblay，R. E.，et al. The Search for the Age of "Onset" of Physical Aggression: Rousseau and Bandura Revisited. *Criminal Behaviour and Mental Health*，1999，9（1），8-23.

690. Trivers，R. L. Parent-Offspring Conflict. *American Zoologist*，1974，14（1），249-264.

691. Tucker，C. J.，& Updegraff，K. The Relative Contributions of Parents and Siblings to Child and Adolescent Development. In L. Kramer & K. J. Conger（Eds.），Siblings as Agents of Socialization. *New Directions for Child and Adolescent Development*（pp. 13-28）. San Francisco: Jossey-Bass，2009.

692. Tucker，C. J.，et al. Older Siblings as Socializers of Younger Siblings' Empathy. *The Journal of Early Adolescence*，1999，19（2），176-198.

693. Turner，H. A.，et al. Family Structure，Victimization，and Child Mental Health in a Nationally Representative Sample. *Social Science & Medicine*，2013，87（6），39–51.

694. Turns，B. A.，& Sibley，D. S. Does Maternal Spanking Lead to Bullying Behaviors at School? A Longitudinal Study. *Journal of Child and Family Studies*，2018，27（9），2824-2832.

695. Twemlow，S. W.，Fonagy，P.，& Sacco，F. C. The Role of the Bystander in the Social Architecture of Bullying and Violence in Schools and Communities. *Annals of the New York Academy of Sciences*，2005，1036（1），215-232.

696. Underwood，M. K.，Beron，K.，& Rosen，L. S. Continuity and Change in Social and Physical Aggression from Middle Childhood through Early Adolescence. *Aggressive Behavior*，2009，35（5），357-375.

697. Undheim，A. M.，& Sund，A. M. Prevalence of Bullying and Aggressive Behavior and Their Relationship to Mental Health Problems among 12- to 15-Year-Old Norwegian Adolescents. *European Child & Adolescent Psychiatry*，2010，19（11），803-811.

698. Van Eldik，W. M.，et al. Personality，Depressive Symptoms，the

Interparental Relationship and Parenting: Prospective Associations of an Actor–Partner Interdependency Model. *Journal of Family Psychology*. Advance online publication, 2019, 33 (6), 671-681.

699. Van Geel, M., et al. Are Youth Psychopathic Traits Related to Bullying? Meta-analyses on Callous-Unemotional Traits, Narcissism, and Impulsivity. *Child Psychiatry & Human Development*, 2017, 48 (5), 768-777.

700. Van Ryzin, M. J., & Dishion, T. J. From Antisocial Behavior to Violence: A Model for the Amplifying Role of Coercive Joining in Adolescent Friendships. *Journal of Child Psychology and Psychiatry*, 2013, 54 (6), 661-669.

701. Varjas, K., Henrich, C. C., & Meyers, J. Urban Middle School Students' Perceptions of Bullying, Cyberbullying, and School Safety. *Journal of School Violence*, 2009, 8 (2), 159-176.

702. Veenstra, R., et al. Bullying and Victimization in Elementary Schools: A Comparison of Bullies, Victims, Bully/Victims, and Uninvolved Preadolescents. *Developmental Psychology*, 2005, 41 (4), 672-682.

703. Velotti1, P., et al. Emotional Suppression in Early Marriage: Actor, Partner, and Similarity Effects on Marital Quality. *Journal of Social and Personal Relationships*, 2015, 33 (3), 277-302.

704. Vernon, P. E. *Intelligence and Cultural Environment*. London: Methuen & Co Ltd, 1969.

705. Von Marées, N., & Petermann, F. Bullying in German Primary Schools. *School Psychology International*, 2010, 31 (2), 178-198.

706. Walden, L. M., & Beran, T. Attachment Quality and Bullying Behavior in School-Aged Youth. *Canadian Journal of School Psychology*, 2010, 25 (1), 5-18.

707. Walsh, F. A Family Resilience Framework: Innovative Practice Applications. *Family Relations*, 2002, 51 (2), 130-137.

708. Walsh, F. Family Resilience: A Developmental Systems Framework. *European Journal of Developmental Psychology*, 2016, 13 (3), 313-324.

709. Wang, Q. & Leightman, M. D. Same Beginnings, Different Stories: A Comparison of American and Chinese Children's Narratives. *Child Development*, 2000, 71 (5), 1329-1346.

710. Wang, Y. S., An Analysis of Changes in the Chinese Family Structure between Urban and Rural Areas: On the Basis of the 2010 National Census Data. *Social Sciences in China*, 2014, 35 (4), 100-116.

711. Watzlawick, P., Beavin, J. H., & Jackson, D. D. *Pragmatics of Human Communication*. New York: Norton, 1967.

712. Werner, E. E., & Smith, R. S. *Journeys from Childhood to Midlife: Risk, Resilience, and Recovery*, Ithaca, NY: Cornell University Press, 2001.

713. White, R., et al. Longitudinal and Integrative Tests of Family Stress Model Effects on Mexican Origin Adolescents. *Developmental Psychology*, 2015, 51 (5), 649-662.

714. Whiteman, S. D., Jensen, A. C., & Maggs, J. L. Similarities and Differences in Adolescent Siblings' Alcohol-related Attitudes, Use, and Delinquency: Evidence for Convergent and Divergent Influence Processes. *Journal of Youth and Adolescence*, 2014, 43 (5), 687-697.

715. Whiteman, S. D., Jensen, A. C., & Maggs, J. L. Similarities in Adolescent Siblings' Substance Use: Testing Competing Pathways of Influence. *Journal of Studies on Alcohol and Drugs*, 2013, 74 (1), 104-113.

716. Whitney, I., & Smith, P. K. A Survey of the Nature and Extent of Bullying in Junior/Middle and Secondary Schools. *Educational Research*, 1993, 35 (1), 3-25.

717. Widman, D. R., & Philip, M. M. Punishment of Hypothetical Polygamous Marriages. *American Psychological Association*, 2019, 13 (3), 286-294.

718. Williams. N. C. *The Relationship of Home Environment and Kindergarten Readiness*. A dissertation for the degree Doctor in Education. East Tennessee State University, 2002, 15-35.

719. Williamson, J., Softas-Nall, B., & Miller, J. Grandmothers Raising

Grandchildren: An Exploration of Their experiences and Emotions. *The Family Journal*, 2003, 11 (1), 23-32.

720. Wolke, D., & Samara, M. M. Bullied by Siblings: Association with Peer Victimisation and Behaviour Problems in Israeli Lower Secondary School Children. *Journal of Child Psychology and Psychiatry*, 2004, 45 (5), 1015-1029.

721. Wolke, D., & Skew, A. J. Bullying among Siblings. *International Journal of Adolescent Medicine and Health*, 2012, 24 (1), 17-25.

722. Wolke, D., Tippett, N., & Dantchev, S. Bullying in the Family: Sibling Bullying. *The Lancet Psychiatry*, 2015, 2 (10), 917-929.

723. Wright, J. C., Giammarino, M., & Parad, H. W. Social Status in Small Groups: Individual-Group Similarity and the Social "Misfit". *Journal of Personality and Social Psychology*, 1986, 50 (3), 523-536.

724. Yang, G. S., & McLoyd. V. C. Do Parenting and Family Characteristics Moderate the Relation between Peer Victimization and Antisocial Behavior? A 5-Year Longitudinal Study. *Social Development*, 2015, 24 (4), 748-765.

725. Yodprang, B., Kuning, M., & McNeil, N. Bullying among Lower Secondary School Students in Pattani Province, *Southern Thailand. Asian Social Science*, 2009, 5 (4), 46-52.

726. Zahn-Waxler, C., et al. Young Children's Representations of Conflict and Distress: A Longitudinal Study of Boys and Girls with Disruptive Behavior Problems. *Development and Psychopathology*, 2008, 20 (1), 99-119.

后　记

　　经常有人问我为什么关注校园欺凌问题，为什么偏偏研究家庭与校园欺凌的关系。夜深人静之时，回想自己的研究历程，过去时光如同影片一样在我的眼前浮现。2003年初秋，我辞职攻读山东师范大学发展与教育心理学的博士学位，读书期间参与导师张文新教授主持的国家自然科学基金项目"儿童的攻击与同伴侵害：发展轨迹、稳定性及其性别差异（30570612）"，从此正式加入攻击与欺凌研究领域。可以说，导师张文新教授把我领进了儿童青少年攻击与欺凌的学术研究大门，而之后的研究工作、教育教学以及咨询实践让我反思家庭教育。

　　刚刚踏上教师工作岗位时，我特别喜欢和大学生讨论人生规划。我通常会问学生两个问题：高考时你为什么报现在的专业？你将来打算从事什么职业？大学生未来取向、人生规划并非我的研究领域，学术界有成熟的研究体系和科学的研究结论。我和大学生交流这一主题并不是为了研究，只是从教师角度关心大学生学习积极性是否受志愿的影响，他们是否为未来发展做准备。有位学生的回答让我感触颇深，让我深刻地感受到家庭教育的重要意义。他回答第一个问题时说："我根本没有报山师这个学校！"原来是家长修改了孩子的志愿。他对第二个问题的回答更让我震撼："没考虑未来做什么，考虑了有用吗？"学生的意思是，家长会帮忙安排工作，我的意愿不重要。父母有自己的考量，父母安排的路可能没有错，可能会让孩子平稳、安宁地渡过一生。可是，这样的家庭教育让孩子失去了独立思考能力与创新能力，扼杀了孩子因憧憬未来而换发的蓬勃生命力。这位学生的回答让当时尚还年轻的我开始思考家庭教育，是什么样的父母、怎样的教养方式让这位风华正茂的学生变得如此暮气沉沉。于是我从早期儿童开始，调查家庭教育可能出现的偏差与儿童发展的关系。如果说这名大学生让我关注家庭教育，但让我最终走向从家庭视角研究校园欺凌问题，则是研究与咨询实践的指引。

作为一名家庭系统疗法的实践工作者，许多咨询案例让我彻夜难眠。在去幼儿园、中小学的实地调研时，教师和家长非常热切地希望我帮助他们解决现实中的问题。实践工作让我发现了一个残酷的事实：如果你只通过修正儿童心理进程、提升儿童自身能力的方式去帮助卷入欺凌事件的儿童，无法彻底改变攻击与欺凌现状。等你用大量精力和老师一起帮助一名儿童成功减少欺凌行为后，你会发现不久该儿童又故态复萌。我们常说，一个有问题的儿童背后有一个有问题的家庭。家庭是儿童成长的土壤，不改变土壤只改变行为，效果只是暂时的，当儿童回到原来的"问题"土壤中，问题行为必定重新长出。当我使用家庭疗法的原理对欺凌、受欺凌儿童及其家庭进行干预时，忽然发现面前是一条宽广的大路，有一种"山重水复疑无路，柳暗花明又一村"的感觉。家长是儿童的第一任教师，家庭是儿童成长的最初环境，儿童则是家庭土壤孕育的树苗。家庭环境的任何一个环节出了问题，儿童首当其冲受到影响。因此，以家庭系统理论为分析框架，探索家庭系统内部各因素与儿童欺凌的关系，从家庭入手帮助卷入欺凌的儿童就成为我努力的方向。

作为一名家长，我一直在思考如何帮助那些陷入困境的父母，如何更多、更好地帮助那些卷入欺凌的孩子们。仅凭我一己之力显然不可能。即使所有从事欺凌工作的研究者和实践者全年无休地一对一帮助，也无法短时间内解决校园欺凌问题。我想，关注校园欺凌的同仁们和我一样，最终还是拿起了手中的笔，把自己的研究成果与实践经验写出来，让更多家长去阅读，让更多家庭受益。当所有父母都能够温馨相处、互敬互助，当所有父母都拥有了正确的教养理念、能够使用适宜的教养方法，那么，每一个家庭必定和谐幸福，欺凌也就失去了生根发芽的土壤。本着这一想法，我决定把自己的所思、所想、所见整理成文字，希望尽自己绵薄之力帮助那些卷入欺凌的孩子们。水平所限，书中疏漏及错误之处在所难免，恳请同行专家和阅读此书的实践工作者批评指正！

　　书稿写作过程中导师张文新教授提出了许多建设性意见，人民出版社王萍女士为本书的立项、出版、部分章节的修改以及编辑付出了辛劳，山东师范大学教育学院在读研究生蔡晴、尹媛媛、李小婷、李丹丹、章晨颖、李雅琪、崔珊等在资料整理、文献编排与文字校对等方面付出了辛勤的劳动。本书最后出版得到山东师范大学教育学部一流学科经费赞助。对于他们的帮助，我在此致以真挚的感谢！

董会芹

2020 年 5 月 8 日于山东师范大学

责任编辑:宫　共
封面设计:源　源

图书在版编目(CIP)数据

家庭应对儿童欺凌策略研究/董会芹 著. —北京:人民出版社,2020.8
ISBN 978-7-01-022263-9

Ⅰ.①家…　Ⅱ.①董…　Ⅲ.①校园-暴力行为-预防-研究②儿童教育-
　家庭教育-研究　Ⅳ.①G474②G782

中国版本图书馆 CIP 数据核字(2020)第 118033 号

家庭应对儿童欺凌策略研究
JIATING YINGDUI ERTONG QILING CELUE YANJIU

董会芹　著

人民出版社 出版发行
(100706　北京市东城区隆福寺街 99 号)

北京佳未印刷科技有限公司印刷　新华书店经销

2020 年 8 月第 1 版　2020 年 8 月北京第 1 次印刷
开本:710 毫米×1000 毫米 1/16　印张:25　字数:370 千字

ISBN 978-7-01-022263-9　定价:68.00 元

邮购地址 100706　北京市东城区隆福寺街 99 号
人民东方图书销售中心　电话 (010)65250042　65289539

版权所有·侵权必究
凡购买本社图书,如有印制质量问题,我社负责调换。
服务电话:(010)65250042